대우건설의 성장과 세계경영

경영학박사 노 순 규 저

감사의 말씀

노순규 원장의 141권째 저서 '대우건설의 성장과 세계경영'을 저희 연구원에 강의를 의뢰하여 주신 전국의 시도교육청, 교육연수원 교육담당자님께 감사드리며 아울러 서울시교육연수원(교육관련 노동법의 이해), 부산시교육연수원(교원.공무원노조의 이해), 울산시교육연수원(공무원노조의 이해), 충남교육연수원(공무원 노사관계의 발전방안), 경남공무원교육원(단체교섭 및 단체협약 체결사례), 대구시교육연수원(리더십과 갈등관리), 경기도교육청(갈등관리와 교원의 역할), 충북단재교육연수원(교원능력개발평가의 필요성과 성공기법), 강원도교육연수원(학교조직과 갈등관리), 경북교육연수원(공무원 노동조합의 역할과 발전방안), 인천시교육연수원(교원단체와 노사관계), 광주시교육연수원(교육관련 노동법의 이해), 경남교육연수원(교원단체의 이해), 전남교육연수원(학교의 갈등관리와 해결기법), 전북교육연수원(커뮤니케이션의 기법과 효과), 경북교육청(학교의 갈등사례와 해결방법), 제주탐라교육원 및 제주도공무원교육원(갈등의 원인과 해결방법), 대전시공무원연수원(갈등의 유형과 해결방법), 공무원 인재개발원, 강원도공무원교육원, 전북공무원교육원, 경남공무원교육원, 충남공무원교육원, 부산시공무원교육원, 한국기술교육대학교 노동행정연수원(환경변화관리와 리더십), 강원대학교 교육대학원 교육연수원(학교갈등의 사례와 해결방법), 경북교육연수원(학교폭력의 해결방법과 청소년 문화의 이해), 충남공무원교육원(소통의 방법), 대구시교육연수원(학생.교원 인권교육)의 교육담당자님께 감사드립니다.

한국기업경영연구원

머리말

　대우건설은 1973년 11월 대우건설주식회사로 창립하였으며 1981년부터 무역부문과 통합되면서 ㈜대우 건설부문으로 변경되었다. 1999년 8월 대우사태로 인해 대우계열사의 기업개선작업(워크아웃: work out) 대상기업으로 지정되어 기업개선작업을 진행했다. 2000년 12월 27일 (주)대우가 무역부문과 건설부문을 각각 분할하여 독립법인인 (주)대우건설로 새롭게 출범하였다. 2003년 대우아파트 신규 브랜드 '푸르지오'를 선보였으며 12월 워크아웃(기업구조 개선작업)을 종결하였다. 2006년 12월 금호아시아나그룹으로 편입되었고 2007년 2월 외국인투자기업으로 등록하였다. 3월 폐기물 해양 배출업을 사업목적에 추가하였고 12월에 대한민국 토목건축 기술대상 종합대상을 수상하였다. 2008년 프리미엄 브랜드지수(KS-PBI)에서 '푸르지오'가 1위 브랜드로 선정되었다. 그러나 2009년 금호아시아나그룹의 유동성 위기가 불거지면서 경영환경이 악화되었고 2010년 12월 산업은행이 인수하면서 1조원의 유상증자를 하였다. 국내의 주요 시공물로는 월성원자력발전소 3,4호기, 동작대교, 누리마루, 거가대교, 시화호조력발전소 등이 있으며, 해외의 주요 시공물로는 파키스탄 고속도로, 리비아 종합병원, 말레이시아 텔레콤빌딩, 라오스 호웨이호댐 등이 있다. 계열회사로서는 (주)대우에스티, 대우송도호텔(주), 푸르지오서비스(주), 한국인프라관리(주), 도곡동피에프브이(주), 중국 구이린대우호텔(Guilin Daewoo Hotel Co. Ltd.), 대우아메리카디벨로프먼트(Daewoo America Development, Inc.), 대우트리폴리인베스트먼트앤드디벨로프먼트(Daewoo Tripoli Invesment & Development Co.), 사이판라우라우디벨로프먼트(Saipan Laulau Development, Inc.) 등이 있다. 브랜드 인지도가 낮았던 대우건설이 '푸르지오'라는 아파트 브랜드 하나로 리서치 인터내셔날 인지도 조사에서 아파트 부분 1위를 기록했다. 고품격 이미지라는 감성광고, '푸르지오에 사는 여성은 미래가치를 볼 줄 아는 여인'이란 콘셉트를 강조함으로써 생활의 프리미엄을 내세웠던 대우건설이 그동안 관심이 적었던 '물'을 활용하여 실개천, 분수대를 만들고 피트니스센터에서 산책로 그리고 아파트 벽화까지 등이다. "아직도 만남보다 소중한 말을 알지 못한다. 그리움보다 진한 말을 알지 못한다. 가슴이 따뜻한 사람과 만나고 싶다." 이는 어떤 시인의 글이었지만 광고카피로도 인용된 시들도 있다. 실제 대우건설은 원자력·화력·수력·조력 등 발전 전분야에 걸쳐 국내에서 가동중인 발전소의 4분의1 이상을 시공한 경험을 갖고 있다. 대우건설은 특히 복합화력발전소를 해외전략 사업부문으로 정하고 역량을 기울여 왔다. 이와같은 성과는 해외수주의 발판으로 이어지고 있다. 그동안 대우건설은 중동아시아아프리카 등지에서 총 19개 프로젝트에 60억달러가 넘는 해외 발전소 공사를 수주하는 등 가시적인 성과를 내고 있다. 특히 모로코 조르프 라스파, 리비아 즈위티나, 아랍에미리트연합 슈웨이핫, 오만 수르, 나이지리아 OML58, 알제리 라스지넷 등 최근 3년간 해외에서 대형 화력발전소 6건을 수주하며, 국내 건설업체중에서 최고의 경쟁력을 과시하고 있다. 특히 대우건설은 최근 나이지리아에서 1만MW 규모의 민자발전사업 진행을 위한 양해각서를 체결했다. 대우건설은 석유화학분야에서는 특히 LNG 액화 플랜트 시공분야에서 독보적인 경쟁력을 보이고 있다. 현재 총 10기의 LNG 액화 플랜트를 완공하거나 시공중이다. 이는 세계 시장점유율 10%에 해당하는 실적이다.

한권의 책이 출간되어 나오는 데는 많은 분들의 도움이 필요할 것이다. 그동안 저희 연구원으로 강의를 의뢰해 주신 전국의 시.도 교육연수원, 공무원교육원, 한국기술대학교 노동행정연수원, 서울시교육연수원, 부산시교육연수원, 울산시교육연수원, 대구시교육연수원, 경기도교육청, 충남교육연수원, 충북단재교육연수원, 경북교육연수원, 인천시교육연수원, 광주시교육연수원, 강원도교육연수원, 제주도탐라교육연수원, 경북교육청, 강원도공무원교육원, 제주도공무원교육원, 광주광역시 공무원교육원, 대전광역시 공무원교육원, 강원대학교 교육대학원 교육담당자님께 이 기회를 빌어 진심으로 감사드린다. 1989년에 개원하여 지금까지 25년간 우리나라의 산업평화와 인재개발을 위해 강의 및 출판사업을 매진해왔으며 내조자 아내 박순옥, 항상 자신의 일에 열성을 다하는 든든한 아들 '노지훈(현대백화점)', 재원인 며느리 '김수향(캐나다대사관)'에게 고마움을 표한다.

2013년 5월 6일

저자 노 순 규 드림

목 차

제1장 대우건설의 역사와 성장과정 ········· 17
1. 대우건설의 설립과 역사 ········· 17
    1) 대우건설의 설립시기와 업종 ········· 17
    2) 대우건설의 구체적 분석 ········· 18
2. 과거 대우그룹의 위상 ········· 19
3. 2004년도 대우건설의 매각시 관련정보 ········· 20
    1) 대우건설의 매각결정 ········· 20
    2) 대우건설의 고난행군 ········· 21
    3) 금호그룹의 '먹튀' 행위 3년 ········· 22
    4) 부실매각 중단요청 ········· 23
    5) 사주가 아니라 국민을 위한 매각 ········· 24
4. 대우건설의 신사업 확대를 위한 새로운 비전선포 ········· 25
5. 대우건설 이어 대한통운을 낚아챈 'M&A전략' ········· 26
    1) 인수합병의 성공 ········· 26
    2) "500년 기업 만들 것" ········· 27
6. 금호아시아나의 대우건설 인수실패의 원인 ········· 27
    1) 해외투자은행, 해외증권사 집단에 대한 맹신 ········· 28
    2) 대한통운의 무리한 인수 ········· 29
    3) 법원의 잘못된 판단 ········· 30
    4) 재무적 투자자(FI, Financial Investor)에 대한 과도한 의존 ········· 30
    5) 피인수주체인 대우건설에 대한 성장의 청사진 제시 못해 ········· 31
    6) 그룹 시너지(Synergy)의 창출 실패 ········· 32
    7) 금호아시아나그룹의 엄청난 타격 ········· 32
    8) 대우건설 분리 후 ········· 32
    9) 교훈: 거시경제 환경의 관찰과 반영의 중요성 ········· 33
7. 대우건설 매각에 금호의 엄청난 손실원인 ········· 34

8. 영욕의 대우건설, 위기 때마다 '오뚝이'처럼 일어났지만 ·················· 35
9. 대우건설의 '위기속에 강한 DNA' ··· 37
   1) 승자의 저주 ·· 37
   2) 최근 대우건설 굴곡의 10년 탐방 ······································· 38
10. 대우건설의 역사: 동아일보 창간 92주년 기념의 기업없이 미래없다. ······ 38
11. 2006년의 경사, 대우건설의 '1위 등극' ··· 40
    1) 창사 이래 건설업계의 1위 등극 ·· 40
    2) 삼성건설 2위, 현대건설 3위, GS건설 4위 ·························· 40
12. 대우건설의 기구한 10년 역사와 부활 ··· 41
    1) 대우건설 역사의 반전 ·· 41
    2) 리비아에서 시작된 발전소 건설의 경쟁력, 아프리카 전역 ······ 42
    3) 위기 때마다 턴어라운드는 주택, 이익의 상향(upside)요인 ······· 42
13. 대우건설의 경영계획 발표 ·· 42
    1) 산업은행의 대우건설 지분 50.8% 인수완료 ······················· 43
    2) 경영목표 수주 14조원, 매출 7조 2,000억원, 영업이익 3,740억원 ·· 43
    3) 신성장동력사업의 선점과 육성 ·· 44
    4) 총 15,000세대의 아파트 공급계획 ···································· 44
14. 포스코의 대우건설 인수에 대한 의견, 무관심 vs 전략 ·················· 45
15. 대우건설의 창립 38주년 맞아 새로운 CI 발표 ······························· 46
16. 대우건설의 글로벌 넘버원 방법 ··· 48
17. 대우건설의 2012년 경영실적 발표 ·· 49
18. 대우건설의 향후 사업전망과 턴어라운드 ······································· 51
    1) 향후의 영업과 사업전망 ··· 51
    2) 회사의 현황 ·· 53
    3) 대우건설의 재무제표(2011년 결산실적의 턴어라운드) ············ 55

제2장 대우건설의 생존전략 ·· 58
1. 최고의 건설사로 인정받아 공정 하나하나에 심혈 ·························· 58
2. 기분 좋은 상상, 대우건설이 짓는 미래의 실버주택 ······················· 59

3. 대우건설의 미래와 먹거리의 환경에너지 ·················· 62
4. 현대건설 vs 대우건설의 경쟁력 비교 ·················· 63
5. 대우건설의 주택문화관서 노래교실과 노래대회 개최 ·················· 64
6. 대한건설협회의 '2013년 경영전략' 발표회 개최 ·················· 64
7. 대우건설의 브랜드 이미지 개혁 ·················· 66
8. 대우건설의 에너지 사용량 알림이 ·················· 69
9. 인간중시 U라이프와 이미지 'UP' ·················· 70
10. 하반기 경영전략, 신성장사업 역량강화와 글로벌 대우건설 ·················· 71
   1) 재도약 모멘텀 마련, '글로벌 대우' 박차 ·················· 71
   2) 신성장동력사업의 강화, 산업은행과 시너지 극대화 ·················· 72
11. 건설사의 2012 경영전략과 CEO의 경영계획 ·················· 73
   1) "새로운 사업모델 창출" ·················· 74
   2) "주택공급 및 공공수주 1위 수성" ·················· 74
   3) "신용보강 통해 수주능력 배가" ·················· 75
12. 대우건설, 'HY-CALM' 방재신기술 지정 '쾌거' ·················· 76
   1) 지진의 진동과 바람의 풍진동 제어 ·················· 76
   2) HY-CALM 시스템의 기존 구조물 손상흡수 및 풍진동 성능개선 ··· 76
13. 대우건설의 치밀한 융합론과 먹히는 전략 ·················· 78
   1) 독보적 및 공격적 사업전략 ·················· 78
   2) 산업은행과의 시너지 극대화 ·················· 78
   3) 올해의 신성장동력 ·················· 79
   4) 국내외 사업, 독보적 진행 ·················· 79
14. 글로벌기업의 신성장 미래전략의 대우건설 ·················· 80
15. 위기의 건설업의 생존전략, 대우건설의 원가혁신 해외시장확대로 돌파 ··· 81
   1) EPC혁신 - 효율·프로세스·원가 등의 통합관리시스템 가동 ··· 81
   2) 조직과 인력의 개편: 해외플랜트, 영업기획, 재무 등의 확대 ··· 83
   3) 글로벌시장 강화: 해외비중 50% 이상, 해외수익율 제고 ·················· 83
16. 법원 "포스코건설, 대우건설에 컨소시엄 분담금 49억원 줘라" ·················· 84
17. '정대우' '구도일' 게 섯거라, '하이맨'이 간다 ·················· 85

18. 대우건설의 신문로사옥 매입 놓고 고심 ················· 87
19. 대우건설의 푸르지오 아파트 하자보수 실종과 대응 ················· 89
    1) 민원제기와 대응 ················· 89
    2) 동화자연마루, 3년에서 10년으로 하자보수 연장 ················· 90
20. 판 커진 거가대교의 비리와 향후의 방향 ················· 91
    1) 비리조사 ················· 91
    2) 경실련, 부당이득 최대 9,173억원 추정 "통행료 재산정" ········· 93
    3) 감사원 "공사비 438억원 과다산출" VS 대우건설 "사업비" ······ 93
    4) 비리 묵인한 부산시·경남도 공무원의 유착 의혹 ················· 94
21. 검찰의 '거가대교 비리의혹' 대우건설 사장 등 무혐의 처분 ········ 95
22. 대우건설의 '마이웨이식 위기대처법' 눈길 ················· 96
23. 브랜드파워대상, 신광에코로드이엔씨, 방음터널 ················· 97
24. 한국시설안전공단과 대우건설의 업무협약 체결 ················· 100
25. 대우건설과 KT의 전략적 업무협력 위한 MOU 체결 ················· 101
26. 대우건설의 세계적인 엔지니어링업체 2개사와 전략적 제휴 ········ 102
27. 대우건설의 푸르지오 새 TV광고 선보여 ················· 104
28. 위기의 건설 및 해운의 심각성 ················· 105
    1) 자본잠식에 증시퇴출 걱정할 판, 매각도 '지지부진' ········· 105
    2) 줄줄이 어닝쇼크, '아 옛날이여' ················· 106
    3) 만기 회사채 '잠재 위협', 정부 지원책도 속속 ················· 107
29. 경제의 창 W와 2013년 건설산업의 긴축과 해외지향 ················· 108
30. 부동산의 이슈분석과 건설사의 새해 경영전략 ················· 113
    1) 글로벌화 및 차별화된 상품개발로 경기침체 극복 ················· 113
    2) 해외수주 확대 위해 지역·공종 다변화 적극 추진 ················· 114
    3) 중소형 위주의 아파트 공급 확대 ················· 115
31. 대우건설의 2013년 건설현장 재해율 0.1 다짐 ················· 116

제3장 대우건설의 기업가치와 전망 ················· 118

1. 대우건설의 하반기 투자매력도의 증가, 토러스투자증권 ················· 118

2. 대우건설의 2013년 1월 30일 추천종목 ·················· 118
   1) 관련정보 ·· 118
   2) 추천사유 ·· 119
3. 대우건설의 수산물 수출가공 선진화 단지 방문 ·········· 120
4. 대우건설의 영업이익 3652억원, 전년비 17.4%↑ ········· 123
5. 대우건설의 올 해외사업 매출 52%까지 확대 ············· 124
6. 30대그룹 '몸집 불리기' 여전, 계열사 24개↑ ············· 125
7. 대우건설의 작년 순이익 부진, "올해도 어두워" ·········· 126
8. "대우건설의 전략적 투자자 1조원 이상 투자해야" ······· 128
9. 문정민 회장의 "대우건설 전략투자자 비율 60% 이상" ··· 129
10. 대우건설이 산업은행 인수된 후 고성장하는 진짜 이유 ····· 130
11. 대우건설의 업계 최초 올해 도시정비사업 수주 1조원 돌파 ···· 132
    1) 친환경 브랜드 이미지와 높아진 신인도의 폭넓은 수주활동 ··· 132
    2) 2007년 이후 매년 2조원 이상 수주하며 업계 최고의 실적 ···· 132
12. 발전시장을 점령한 건설업체들, "안정적 수입 매력적" ······ 133
    1) 발전소시장 점령한 건설사들 ································· 133
    2) 안정적 수입에 낮은 리스크가 '매력' ························ 134
    3) 석탄 화력발전이 가장 인기 ··································· 134
13. 건설 빅5사의 근육+덩치 다 키웠네 ························· 134
14. 건설업계의 "성장신화는 잊자. 수익이다" ··················· 137
    1) 수익성 위주의 내실경영, 일부 대형사 마이너스 성장 목표 ···· 137
    2) 더 이상 높은 성장 기대 못해, 저성장시대 대비 ········ 138
15. 대우건설의 동반성장, 180억원 긴급운용자금 조성, 돈 가뭄 협력사 '단비' ···· 138
16. 협업과 보안 강화로 글로벌 기업으로의 성장기반 마련 ········ 140
17. 수유 푸르지오시티 무결점 제로의 품질관리 최고 ········ 143
18. 브랜드관리: 열정, 경영, 리더십 ······························· 145
19. 건설株, '4·1 부동산대책에 꿈틀 ···························· 147
    1) 건설株, 정책 기내감에 바다권 탈출 시도 ················· 148
    2) "뚜렷한 모멘텀 없어" vs "점진적 회복 가능성" ·········· 148

목차 9

제4장 대우건설의 인사관리와 노사관계 ·············· 150

1. 대우건설의 인사 및 정책 ································ 150
    1) 2012년 12월 5일, 대우건설의 임원 10% 감축 ·············· 150
    2) 2012년 11월 29일, 대우건설 "전·현직 임원 2명 배임혐의" ··· 150
    3) 2012년 9월 19일, 檢, 750억원대 부산 하수처리시설 로비 포착 ··· 151
    4) 2012년 9월 10일, 대구지검 "대우건설 비자금 사용처 수사" ··· 152
2. 대한민국 건설인재의 산실, 대우건설 ······················ 152
    1) 첫번째 DNA: 인재가 최고의 하드웨어 ················ 154
    2) 두번째 DNA: 세계수준의 기술력 ···················· 154
3. 무교섭 타결의 상징, 노사상생과 노동권 후퇴의 여부 ········ 155
    1) 무교섭 타결 확산, 새로운 노사문화의 디딤돌 ·········· 155
    2) 업종·지역 예외없이 확산 ························· 156
    3) 회사의 경영환경 고려한 현실적 선택 ················ 157
4. 대우건설 노조의 "무리한 전략적 투자자 지양해야" ············ 158
5. 입사관련 인터뷰 지도와 대우건설 ························ 159
    1) 기업정보 ······································ 159
    2) 채용정보 ······································ 160
    3) 인사담당자 인터뷰(인사팀 김혜진 과장) ············· 161
    4) 선배와의 인터뷰 ································ 162
6. 대우건설인은 위기극복 DNA를 소유 ······················ 164
    1) 대우건설의 소개 ································ 164
    2) 건설인재사관학교 ······························· 165
    3) 대우건설 지원의 Key point! ······················ 166
7. 대우건설의 인사가 만사 ································· 168
    1) 인사관리전문업체 선정 ··························· 168
    2) 100% 웹 기반의 인사시스템 구축 ·················· 169
    3) "전략적인 e-HR시스템 구축은 큰 흐름" ··············· 169
    4) e-HR시스템 구축의 의의 ························· 170
    5) 밤새던 인사철은 이제 '옛말' ······················ 170

6) 건설업계의 '첫 사례'로 주목 ·· 171
 8. 대우건설 인사관련 부서장과의 인터뷰 ································ 172
 9. 과거 대우건설 노조가 화난 사연 ······································ 174
10. 표류하는 대우건설 매각에 노조의 "전략적 투자자로 참여" ········· 176
   1) "우리사주조합 참여가 좋은 대안" ································· 176
   2) 동상이몽 ·· 177
11. 대우건설의 '2011년 최악 산재기업 사망자만 13명' ··············· 177
12. 건설업계에 이공계 CEO의 두각, 기술·경영 접목, 시너지 만점 ··········· 179
   1) '해외건설전문가' ·· 179
   2) '현장의 최일선에서 뛴다' ··· 180
   3) '빠른 판단과 결단이 승부수' ··· 181
   4) 'CEO는 실적으로 말한다' ··· 181
   5) '건설명가(名家) 자존심 회복' ·· 182
   6) 기타 엔지니어 출신 CEO ··· 183
13. 대우건설의 입사, 제2외국어 우수자와 자격증 소지자 우대 ········ 183
14. 부지런하고 직원과의 친화력이 돋보이는 CEO, 대우건설 대표이사 ········ 184
   1) 평사원에서 CEO ·· 184
   2) 회사 생각에 자다가도 일어나는 부지런함 ························· 184
   3) 가족을 두고 7년을 해외근무할 정도의 헌신 ······················ 185
   4) 직원의 가정 대소사에 빠짐없이 챙기는 친화력 ·················· 185
15. 대우건설의 정기 임원인사 및 조직개편 실시 ························· 186
16. 대우건설, 조직혁신과 내실경영으로 불황파고 극복 ················· 186
17. 백업 데이터 1/16로 줄여 효율성 극대화 ······························· 188
18. 대우건설의 조직개편, '산은' 입김 부나 ·································· 189
19. 노사협력의 우수사례 : 대우건설 ·· 190
   1) 대우건설, 위기를 기회로 바꾼 노사협의 ··························· 190
   2) 위기의식 공유하며 사내혁신 추진 ···································· 191
   3) 3,200명의 직원이 사장되는 회사 ···································· 192
20. 공공공사를 기획제안으로 공략 ··· 192
21. 대우건설, 건설업계 최초의 채용 콘서트 개최 ························ 194

22. 5대 건설사중 삼성물산의 직원임원 연봉 '킹' ········· 195
23. 삼성·현대 주력사 직원의 평균연봉 억대 수준 ········· 196

제5장 대우건설의 위기극복과 품질경영 ········· 201
1. 건설사의 올해 경영 키워드, '내실의 강화, 역량집중, 위기극복' ········· 201
2. 대우건설의 도전과 역사 ········· 202
3. 세계 NO.1의 우수 기술력회사, 대우건설 ········· 204
4. 국내최초의 대우건설 탄소배출 저감 콘크리트 '현장에의 도입' ········· 207
   1) 탄소배출 저감 콘크리트 개발 ········· 207
   2) 염해대책을 위한 연구 '저탄소 콘크리트 개발 가져와' ········· 208
   3) 저탄소 콘크리트 개발 동기 ········· 209
   4) 저탄소 콘크리트의 특성 ········· 209
   5) 앞으로의 실용화 단계 ········· 209
   6) 대우건설 그린프리미엄 아이템 ········· 210
   7) 염해대책의 의미 ········· 210
5. 대우건설 돈받고 설계심사, 교수에 징역 1년 ········· 210
6. 건설사의 2013년 사업목표 ········· 211
   1) 주요 건설사의 2013년 사업목표 및 경영전략 ········· 211
   2) 전문가의 의견 ········· 213
7. 2010년 아시아건설대상과 대우건설의 '위기는 있어도 시련은 없다' ········· 214
8. "혁신(innovation)을 통해 위기를 뛰어넘자" ········· 215
9. 꼬일대로 꼬인 뉴타운과 출구전략 1년의 과제 ········· 217
10. 도서소개: 똑똑한 기업을 한순간에 무너뜨린 위험한 전략 ········· 219
   1) M&A의 실패와 교훈 ········· 219
   2) 실패자 명단에 오르고 싶지 않다면 반드시 읽어야 할 책 ········· 220
11. 일감 확보를 위한 눈물겨운 하소연 "머리도 못감아요" ········· 225
12. 대우건설의 위기관리 체계화한 조직개편, 임원 10% 감축 ········· 226
13. 건설불황의 '파고'를 넘는다, 대우건설 ········· 227
14. 대우건설, 미착공PF 1.4조원 '골칫거리' ········· 230

1) 손실만 쌓는 미착공 PF사업장 ················· 230
   2) 올해 실적은 '클린화 비용'이 관건 ················· 231
  15. 가스공사의 이라크 현장 피습 소식에 해외건설업계 '조마조마' ········· 232

제6장 대우건설의 마케팅전략과 성과 ················· 234
  1. 대우건설의 친환경 상품전략 QR코드 화제 ················· 234
  2. 건설기술로 소음민원 '제로'와 대우건설의 건설소음관리시스템(DW-CNMS)· 237
   1) 3차원 소음예측프로그램이란? ················· 238
   2) 소음관리프로그램이란? ················· 238
  3. '10년동안 주택공급 1위'의 대우건설 비법 ················· 238
   1) 푸르지오 설정의 의미 ················· 238
   2) 최적화 서비스로 푸르지오 명성 ················· 239
   3) 최적화 서비스로 입주자 마음을 사로잡는 대우건설의 푸르지오 ··· 240
   4) 톡톡 튀는 서비스로 고객마음을 훔쳐 ················· 241
  4. 아파트의 브랜드, 푸르지오·래미안·자이·e-편한세상·힐스테이트 ······ 241
  5. 푸르지오(prugio)의 마케팅전략과 경영분석 ················· 252
   1) 제로 에너지 하우스(Zero Energy House)'란? ················· 252
   2) 그린프리미엄(GREEN Premium)'이란? ················· 252
  6. 대우건설 푸르지오의 하반기 TV광고 On-Air ················· 253
   1) Real Premium Real Life 두번째 이야기 ················· 253
   2) 집은 이렇게 짓는 것이고 사람은 이렇게 사는 것 ················· 255
  7. 대우건설의 업계 최초 입주고객 대상 주거문화상품 '라이프 프리미엄' 론칭···· 255
   1) 라이프 프리미엄의 개념 ················· 255
   2) '숲속학교', '자전거 쉐어링' 등 상품으로 고객만족의 극대화 ··· 256
   3) 기존의 친환경 기술력에 더해 푸르지오의 브랜드 가치 상승 기대··· 257
  8. 건설사의 SNS 마케팅 홍보강화와 성과 ················· 257
   1) 공중파 광고 대비 효율적 ················· 258
   2) 인지도 강화에의 초점 ················· 258
  9. 집 구경하고 이벤트 즐기고, 실맞이 이색 이벤트 화제 ················· 259

10. 설맞은 모델하우스의 이색 마케팅 눈길 ······················· 262
11. 대우건설의 그린마케팅(Green Marketing) ·················· 263
   1) 이름에 부는 그린마케팅 ······································ 263
   2) 그린마케팅의 원조는 자연친화적인 매장 ················ 265
   3) 건자재업계에 부는 그린 바람 ······························ 266
   4) 소중한 자연을 기업이 보호 ································· 268
12. 환경마케팅의 중요성과 대우건설의 사례 ···················· 269
13. 그린마케팅과 환경보호의 관계 ·································· 272
14. 건설사와 부동산의 불황마케팅 열정 ·························· 274
   1) 단순 브랜드 아파트를 넘어 '브랜드타운'시대의 개막 ······· 274
   2) 랜드마크의 집값 상승, 학교, 커뮤니티시설 등 인프라 구축 ··· 275
   3) 눈길 끄는 브랜드타운 ··· 275
   4) 안산 초지.원곡연립 '푸르지오 타운', 시공자 선정 관심 ······ 276
   5) 온천 4구역의 재개발사업의 향후 전망 ··················· 276
15. 올해 새 아파트 분양물량은 지난해와 비슷한 수준 ········ 278
16. 건설, MB지원도 '녹색은 키운다 ······························· 279
   1) 녹색건축 정부지원 계속될까? ······························· 280
   2) 건설사, "녹색건축은 이제 선택 아닌 필수" ············· 280

제7장 대우건설의 세계경영과 미래전략 ················· 282
1. 12조원 규모의 태국 물관리사업 수주 ························· 282
2. 건설사의 올 매출목표 달성 해외수주가 '좌우' ·············· 284
3. 대우건설의 나이지리아 등 8억900만달러의 해외수주 ··· 285
4. 아프리카 현지화전략의 성과와 성장 기대 ··················· 288
5. 대우건설의 막강 영업망과 해외발전시장서 두각 ··········· 288
   1) 대우건설 리비아 벵가지 복합발전소 ······················· 289
   2) 해외발전소 수주 국내 최고, 발전플랜트 PF통한 민자발전소 ··· 289
   3) 대우건설의 모로코 조르프 라스파발전소 건설현장 ····· 290
   4) 화력발전소를 노하우 기반으로 원자력, 수력, 조력발전까지 ··· 290

5) 대우건설의 라오스 호우아이호 수력발전소 ·················· 291
6) 축산분뇨, 음식폐기물, 하수슬러지에서 전기 뽑아낸다 ············ 291
7) 안가는 곳 없는 시장다변화, 경기변동 문제없다 ··············· 292
8) 대우건설의 나이지리아 아팜발전소 ························· 292
6. 플랜트강국의 대우건설과 엔지니어링 세계 제패 ················· 292
7. NDR 후기: 국내 주택과 아프리카 시장에의 관심 집중 ············· 295
 1) 주요 관심 사항은 두 가지 질문으로 압축 ··················· 295
 2) 2013년 Top Line 성장과 주택리스크 감소에 주목 ·············· 296
8. 금융·시공·운영의 전문 TF팀 구성, 최근 2년 해외서 5건 수주 ········· 297
 1) 한국건설의 힘과 대우건설 ····························· 297
 2) 발전사업의 최강자 ································· 297
9. 대우건설, 2800억원 규모의 나이지리아 파이프라인 공사 수주 ········ 299
10. 대우건설의 사우디 주택시장 진출 ························ 299
11. 중동 의존 벗어나 건설시장의 다변화 ······················ 301
 1) 4대강의 태국 수출 길 ······························· 301
 2) 전방위적인 수주 노력의 결실 ·························· 301
 3) 대규모 토목수주의 해외건설로 새로운 이정표 ················ 302
12. 해외수주로 불황극복, "플랜트의 역량강화에 올인" ·············· 303
13. 한국 해외건설 제2의 붐 현장과 해외건설 호황 및 채용지도 ········ 305
14. 12조원의 태국 물관리프로젝트 수주 노력 ··················· 307
 1) K-팀 '몽키칙(Monkey cheek)을 점령' ···················· 308
 2) 일본과 중국의 반격 거세 ····························· 309
15. 해건협, 해외건설 환경플랜트 협의회 개최 ··················· 310
16. 서종욱 대우건설 사장, "해외서 매출 40% 달성" ················ 310
17. 대우건설, 불모지 모로코 개척·알제리서 맹활약 ················ 311
18. 사하라 모래바람·늪지대 위에 꽃피운 코리아 친환경기술 ········· 314
19. 글로벌 무대로 나가는 니제르델타의 강자 대우건설 ············· 316
20. 해외 곳곳 뛰어다닌 대우건설 "결국 일냈다" ·················· 319
21. 대우건설의 '푸르지오' 탄생 10주년 새 BI 발표 ················ 320

22. '대우건설의 신문로사옥' 도이치자산운용이 획득 ················ 321
23. 대우건설의 푸르지오 탄생 10주년 신규 TV광고 On-Air ················ 323
24. 세계평균의 IQ가 한국이 최고인 이유 ················ 324
　1) 한글의 우수성 ················ 326
　2) 높은 교육열과 높은 인구밀도 ················ 326
　3) 대한민국의 지세 ················ 326
　4) 한국의 전통문화 ················ 327
　5) 역사의 오랜 전통 ················ 327

제8장 대우건설의 세계경영과 성공전략 ················ 329

1. 대우건설, 싱가포르 벤데미어 콘도미니엄 공사 수주 ················ 329
2. 대우건설 "말聯 스카이라인 바꿔나간다" ················ 329
3. 대우건설 시공 쉐라톤 인천호텔, '세계 친환경 호텔상' ················ 331
4. 터키원전 수주 실패, 일본에 사업기회 빼앗겨 ················ 333
5. 대우건설, '푸르지오' 홈페이지 달라졌네 ················ 335
6. 대우건설이 글로벌 넘버원 건설업체로 가는 길 ················ 336
7. 대우건설 주총, "수주 매출이익 두자리수 성장" ················ 338
8. 망한 회사 살린 5가지 리더십 ················ 339
　1) 실패의 원인을 정확하게 찾아라. ················ 339
　2) "당신들은 결코 패자가 아니다" ················ 341
　3) "난 점령군이 아니다. 함께 얘기하자" ················ 342
　4) "살고자 하면 죽고, 죽고자 하면 산다" ················ 344
　5) "돌격하라"가 아니라 "나를 따르라" ················ 345
9. 김우중 전 대우회장의 대우그룹 창립행사 참석 ················ 346
10. '세계경영' 대우건설의 '통큰' 가족사랑 ················ 350
　1) "대우와 함께 땀흘려 일하는 우리 아빠 최고!" ················ 350
　2) "손꼽아 기다려요" 어린이날 가족걷기 행사 개최 ················ 351
　3) 가족사랑휴가에 특급호텔 지원 ················ 352

제1장 대우건설의 역사와 성장과정

1. 대우건설의 설립과 역사

1) 대우건설의 설립시기와 업종

(1) 회사명: 영어로는 DAEWOO ENGINEERING & CONSTRUCTION CO., LTD이며 이를 한글로 표현하면 (주)대우건설이다. 대우건설은 대우그룹에 속하였던 건설회사로서 2006년 말 금호아시아나그룹에 편입되었다가 2010년 12월 산업은행으로 인수되었다.

(2) 업종 및 취급품목: 아파트건설업, 아파트공사, 플랜트공사, 조경공사, 철강재공사, 준설공사, 가스공사, 시설물 유지공사 등

(3) 대표자: 서종욱

(4) 설립일: 1973년 11월(2000년 12월 27일에 새로운 출범)

(5) 기업형태: 외부감사법인, 유가증권시장의 상장법인, 외국인투자기업(미국)

(6) 본사소재지: 서울 종로구 신문로1가 57 대우건설

(7) 홈페이지: http://www.daewooenc.co.kr/

〈대우건설의 재무관련 연간통계(단위: 백만원, 명)〉

구 분	2007년	2008년	2009년	2010년
상시종업원수	3,420	3,651	4,811	4,854
매출액	6,066,559	6,577,701	7,097,387	6,734,285
영업이익	560,917	343,991	219,474	-362,530
당기순이익	938,030	247,004	80,003	-749,023
자산총계	6,350,650	9,242,052	8,841,021	9,214,340
자본금	1,628,594	1,628,594	1,628,594	2,078,113
자본총계	3,054,840	3,282,559	3,055,124	3,320,462
부채총계	3,642,130	5,959,493	5,785,898	5,893,878

구 분	2007년	2008년	2009년	2010년
현금흐름_영업활동	-221,786	-92,475	81,950	-191,546

자료: http://terms.naver.com/entry.nhn?cid=200000000&docId=1233583&mobile&
categoryId=200001822(2013.2.6)[1]

2) 대우건설의 구체적 분석

1973년 11월 대우건설주식회사로 창립하였으며 1981년부터 무역부문과 통합되면서 ㈜대우 건설부문으로 변경되었다. 1999년 8월 대우사태로 인해 대우계열사의 기업개선작업(워크아웃: work out) 대상기업으로 지정되어 기업개선작업을 진행했다. 2000년 12월 27일 (주)대우가 무역부문과 건설부문을 각각 분할하여 독립법인인 (주)대우건설로 새롭게 출범하였다. 2003년 대우아파트의 신규 브랜드인 '푸르지오'를 선보였으며, 같은 해 12월 워크아웃(기업구조개선작업)을 종결하였다. 2006년 12월 금호아시아나그룹으로 편입되었고 2007년 2월 외국인투자기업으로 등록하였다. 같은 해 3월 폐기물 해양 배출업을 사업목적에 추가하였고 12월에 대한민국 토목건축 기술대상 종합대상을 수상하였다. 2008년 프리미엄 브랜드지수(KS-PBI)에서 '푸르지오'가 1위 브랜드로 선정되었다. 그러나 2009년 금호아시아나그룹의 유동성 위기가 불거지면서 경영환경이 악화되었고 2010년 12월 산업은행이 인수하면서 1조원의 유상증자를 하였다. 국내의 주요 시공물로는 월성원자력발전소 3,4호기, 동작대교, 누리마루, 거가대교, 시화호조력발전소 등이 있으며 해외의 주요 시공물로는 파키스탄 고속도로, 리비아 종합병원, 말레이시아 텔레콤빌딩, 라오스 호웨이호댐 등이 있다. 계열회사로서는 (주)대우에스티, 대우송도호텔(주), 푸르지오서비스(주), 한국인프라관리(주), 도곡동피에프브이(주), 중국 구이린대우호텔(Guilin Daewoo Hotel Co. Ltd.), 대우아메리카디벨로프먼트(Daewoo America Development, Inc.), 대우트리폴리인베스트먼트앤드디벨로프먼트(Daewoo Tripoli Invesment & Development Co.), 사이판라우라우디벨로프먼트(Saipan Laulau Development, Inc.) 등이 있다.[2]

---

1) [출처] (주)대우건설 | 두산백과

2. 과거 대우그룹의 위상

과거의 대우그룹이 어느 정도까지 잘나갔었는지 구체적으로 알고 싶다.[3] "세계는 넓고 할 일은 많다."는 것이 대우그룹 김우중 회장의 주장이다. 해체 직전까지 글로벌대우를 외쳤던 대우는 일부 외국에서는 현재도 삼성과 같은 인지도를 가졌다고 한다. 신발을 신지 않는 아프리카 오지에 신발을 신기게 하여 신발을 팔고 러시아를 비롯한 유럽의 부지와 공장을 매입하였으며 특히 러시아에서는 대우라고 하면 극진한 대접을 받았다고 한다(MBC 히스토리 후).[4] 대우그룹은 붕괴 이전까지 재계 제3위에 머물며 삼성그룹과 재계 제2위를 노리던 슈퍼파워의 대기업이었다.(당시 재계 제1위는 정주영 회장의 현대그룹이며 넘사벽에 해당했다.) 그 때는 대우자동차가 그룹내에서 가장 큰 회사였지만 현재 GM과 합쳐 역사속으로 사라져 버렸다.

그러나 대우그룹의 각 계열도 우량계열사로서 매출규모와 자산총계가 수조원에서 수십조원에 이른다.

〈대우그룹의 주요 계열사〉

> (1) 대우건설 - '푸르지오'라는 브랜드로 국내 TOP3의 대형건설사
> (2) 대우증권 - 현재 산업은행 산하에 있으며 국내 TOP5의 대형증권사
> (3) 대우조선(해양) - 조선 수주량 세계 제3위의 대형조선사

그 밖에 최근 동부그룹에 인수된 대우일렉(옛 대우전자)과 주인을 기다리는 대우인터내셔날 등이 있다. 그리고 인터넷을 검색할 경우 더 많은 대우그룹 계열사를 찾아볼 수 있다.

김우중 전 회장은 31살이던 지난 1967년, 자본금 5백만원으로써 서울 명동에 대우실업 간판을 세웠다. 자본금중에서 절반은 빌린 돈이었기 때문에

---

[2] http://terms.naver.com/entry.nhn?cid=200000000&docId=1233583&mobile&categoryId=200001822(2013.2.6)
[3] rse**** 질문 1건 질문마감률0% 2013.01.27 22:50, 답변 1 조회 117
[4] Re : 옛날 대우 그룹 러브레인져(ahnjh4152) 답변채택률94% 2013.01.28 00:57

사실상 무일푼이나 마찬가지였다. 하지만 1970년대에 들어 한국경제가 한 강의 기적을 일궈나가면서 대우그룹도 초고속 성장을 거듭했다. 1999년 공식적으로 해체되었던 당시의 대우그룹은 총고용인원 15만명, 계열사 41개, 국외법인 396개로서 우리나라에서 두번째로 큰 그룹의 기업이었다. "세계는 넓고 할 일은 많다"면서 일년의 3분의 1 이상을 해외에서 보내고 비행기를 침실겸 사무실로 여기던 김 전 회장의 도전정신이 성공의 밑바탕이 됐다는 평가를 받았다. 하지만 외환위기가 닥치면서 김 전 회장의 어두운 면이 드러나기 시작했다. 이른바 문어발식 확장으로 그룹의 덩치를 키우는데 주력하는 바람에 계열사의 부실을 피할 수 없었고, 이를 감추기 위해 41조원의 분식회계를 지시했다는 사실이 드러났다. 김 전 회장은 하루 아침에 성공신화의 주인공에서 우리 경제의 대외신인도를 떨어뜨린 주범으로 전락한 채 1999년 10월 쓸쓸히 해외유랑길에 올랐다. 이 때 김 전 회장은 대우 직원들에게 보낸 편지를 통해 "대우의 밝은 미래를 위해 어두운 과거는 스스로 짊어지고 가겠다"고 밝혔다. 시대의 변화에 적응하지 못한 채 고도성장시대의 경영을 답습하다가 끝내 모든 것을 잃고만 실패한 경영인의 뒤늦은 후회였다.[5][6]

3. 2004년도 대우건설의 매각시 관련정보

1) 대우건설의 매각결정

2004년에 대우건설 매각과 관련해서 내부고발사건이 일어났다.[7] 이 사건에 대해서 좀더 상세하게 알고 싶다.[8] 그 때 당시 금호아시아나그룹이 2004

---

5) 출처 : SBS 러브레인져(ahnjh4152), 중수 채택 54 (91.5%)
6) http://kin.naver.com/qna/detail.nhn?d1id=4&dirId=410&docId=166125355&qb
=64yA7Jqw6rG07ISk7J2YIOychOq4sOqyveyYgQ==&enc=utf8&section=kin&rank=
28&search_sort=0&spq=0(2013.2.7)
7) jun**** 질문 23건 질문마감률89.5% 2009.12.05 19:57 6, 답변 1 조회 13,637
8) re: 2004년 대우건설 매각 사건좀 자세히 설명해주세요 똘이(giant2002) 답변채택률 76.5% 2009.12.11 19:55 답변 추천하기 6 6 마이지식

년 대우건설 매각입찰에 응하기도전에 미국 등 외국업계에서도 대우건설이 팔려야 한다는 목소리가 나온 적이 있었다.

그리고 고 노무현 전 대통령의 친형인 노건평 씨도 뇌물과 비리에 연관되어 있다는 말이 떠 돌았다. 그 외에도 대우건설과 관련된 정보를 정리하면 다음과 같다.

▲ 1999년 8월26일= ㈜대우 등 대우그룹 12개사 워크아웃 개시
▲ 2000년 1월29일= 23개 투신사 보유 대우채권(18조4000억원) 양수도 계약 체결
▲ 2000년 12월27일= ㈜대우건설과 ㈜대우인터내셔널 및 잔존회사인 ㈜대우로 분할
▲ 2001년 12월29일= 채권단 출자전환 결의
▲ 2003년 12월30일= 대우건설과 대우인터내셔널 워크아웃 졸업 및 공동매각협의회 구성
▲ 2004년 11월11일= 매각주간사(시티그룹 글로벌마켓증권, 삼성증권) 선정
▲ 2005년 8월22~11월4일= 대우건설에 대한 매각자문사 실사
▲ 2005년 12월9일= 입찰참가의향서(LOI) 접수
▲ 2005년 12월16일= 예비입찰안내서 발송(18개사)
▲ 2006년 1월20일= 예비입찰제안서 접수(금호아시아나그룹 등 10개사)
▲ 2006년 1월26일= 최종 입찰대상자 선정(금호아시아나그룹 등 6개사)
▲ 2006년 2월13일= 최종 입찰대상자의 대우건설 실사
▲ 2006년 6월9일= 최종 입찰제안서 접수(금호아시아나그룹 등 5개사)
▲ 2006년 6월22일= 우선협상대상자로 금호아시아나그룹 선정
▲ 2006년 11월15일= 금호아시아나그룹 대우건설 인수 본계약
▲ 2009년 6월1일= 금호아시아나그룹-산업은행 재무구조개선 약정 체결
▲ 2009년 6월28일= 금호아시아나그룹 대우건설 재매각 발표

2) 대우건설의 고난행군

세계적 일류기업인 대우건설이 이른바 먹튀자본 즉, 먹고 뛰는 의미인 투

기자본으로의 매각위험에 처했었다. 대우건설의 고난역사는 외환위기 이후인 지난 1999년 말 (주)대우가 공중분해되면서부터 시작됐다. 그러나 직원들의 책임의식과 자율경영 의지로 국내 3대 건설사 위치에 오른 뒤 출범 3년만에 워크아웃을 졸업했다. 매년 실적도 좋아져 정부는 2004년 3월 대우건설 매각을 시작해 2006년 1월 본입찰을 통해 10곳의 참여업체중 금호그룹 컨소시엄과 프라임산업 컨소시엄이 경쟁하게 됐다. 그러나 매각과정은 순탄치 않았다.

'호남기업'이라는 특혜시비와 매각주간사 선정상의 비리, 노조의 반발 등이 있었지만 결국 미래에셋·팬지아데카·칸서스·메릴린치·KTB 등을 비공개 풋백옵션(대우건설 주가가 2009년 12월15일 기준 3만4천원 미만일 경우 차액을 보전해 주는 매입조건)으로 끌어들인 금호그룹 컨소시엄이 6조4천억원에 대우건설을 인수했다. 애초 대우건설노조는 '금호그룹 컨소시엄의 고가인수는 인수되는 기업의 부담을 높여 기업의 영속성을 떨어뜨린다'고 강하게 반발했으나 그 당시의 사회적 분위기에 묻혀버리고 말았다. 그런데 결국 금호그룹의 막무가내식 매각의 출발은 노조의 우려처럼 금호그룹이 인수할 당시부터 안고 있었다.

3) 금호그룹의 '먹튀' 행위 3년

대우건설에 대해 최종적으로 매매계약을 체결한 2006년 11월 이후 금호그룹은 당장 다음해 2월 대우건설 순이익 대비 38.6%라는 고율의 현금배당을 통해 1천696억원을 빼내어 갔다. 그리고 2008년 2월에는 1천620억원(32%), 그 다음해 2월에는 814억원(32.3%)의 현금배당을 실시했다. 당시 다른 기업들이 순이익 대비 14.6%(현대건설), 6.7%(GS건설) 등의 배당률을 보이는 것과는 비교할 수 없는 고율이었다. 2007년 7월에는 서울역 주변의 트레이드마크였던 대우빌딩을 매각해 9천50억원의 현금을 손에 쥐었다. 금호그룹은 이 빌딩을 매각한 대금으로 2007년 8월 유상감자를 하는데 4천614억원을 쏟아 부었으며, 2007년 12월 1천억원의 자사주를 매입했다. 이 밖에 2008년 3월 대한통운 인수에 대우건설을 투자자로 참여시키며 교환사채를 통해 5천750억원, 은행권대출 5천500억원, 보유현금 5천250억원 등을 투입한 결과 6천567억원의 손실을 입혔다. 대우계열사를 금호로 사명을 변경한 경우도 있다. 이렇듯 금호그룹은 지난 3년동안 꾸준히 대우건설의 자산을 이용해 대출 혹은 매각하였는데, 이는 외국의 먹튀성 투기자본에게서나 봐왔던 모습이었다. 대우건설이 금호그룹의 온갖 작태에도 불구하고 건재한 것은 인력과 기술력이 그나마 상당한 경쟁력을 갖추고 있었기 때문이다.

4) 부실매각 중단요청

금호그룹은 지난 6월 말 대우건설 매각을 결정하고 금호그룹의 주채권은행인 산업은행과 노무라증권이 공동매각주간사 역할을 맡아 매각을 진행했다. 납득할 수 없는 것은 금호그룹의 유동성문제로 인해 멀쩡한 대우건설이 매각돼야 한다는 사실이었다. 2006년 금호그룹은 대우건설을 인수하면서 재무적 투자자들에게 비밀약정을 했다. 이 약정에 명시된 풋백옵션의 만기가 가까워짐에 따라 어쩔 수 없이 매각을 진행하고 있는 것이다. 금호그룹이 책임져야함에도 불구하고 3년간의 탐욕과 부실경영으로 인한 주가의 차액을 메우지 못하게 돼 대우건설을 또 이용하게 된 것이다. 그러나 3년동안 금호그룹의 실체를 알게 된 대우건설 노조와 직원들은 금호그룹을 떠나게 된 사실에 안도했다. 비록 금호그룹의 탐욕과 잘못으로 만신창이가 됐지만 더 나은 기업가치를 위해서라면 대우건설 매각에 굳이 반대하지 않는다는 것이다. 하지만 매각이 진행되면서 노조와 직원들은 금호그룹이 경영권을 놓지 않으려 할 뿐 아니라 먹튀성 투기자본으로의 고가매각을 시도하려는 움직임을 알게 됐고, 매각의 직접적 당사자인 직원들의 의견이 반영돼야 한다는 것을 주장했다. 그럼에도 불구하고 금호그룹과 산업은행은 직원들의 정당한 주장을 무시하고 비밀약정을 맺어 입찰의 원칙과 기준을 전혀 공개하지 않은 채 고가매각을 위해 신속하게 입찰을 진행해왔다. 또 금호그룹은 초지일관으로 경영권에 대한 욕심을 부리며 지분 전량매각이 아닌 부분매각을 선택했다. 투기자본으로 매각하되 금호그룹이 재경영하는 의도를 노조와 직원은 선혀 받아들일 수 없었다.

쌍용자동차를 상하이자본에 매각할 때 '중국시장을 겨냥한 좋은 기회'라고 내세웠듯이 금호그룹과 산업은행은 '중동 국부펀드의 투자는 대우건설이 중동시장을 석권할 수 있는 좋은 기회'라고 포장하고 있었다. 그러나 중동자본을 끌어들이기 어렵다고 판단한 금호와 산업은행은 매각대금 경쟁과 유찰의 위험부담을 줄이기 위해 서로 야합해 우선협상대상자를 유례없이 복수로 선정했다. 산업은행은 매각주간사를 철회하면서 인수를 위한 금융지원의 의지까지 밝혔다. 그것도 주간사 철회 발표시점으로부터 1주일전에 철회했다는 발표까지 곁들이면서이다.

5) 사주가 아니라 국민을 위한 매각

대우건설의 매각에 대해 직접 당사자인 직원과 노조 그리고 여론까지 우려를 나타내기도 했다. 외환은행·오리온전기·쌍용자동차를 반면교사로 삼아야 한다. 우선협상대상자인 자베즈파트너스와 TRAC 등은 모두가 불분명한 실체를 노출하며 자금조달능력도 없는 것으로 드러나고 있다. 뛰어난 기술력과 인력을 보유한 세계 일류기업 대우건설을 5천만원짜리 사모펀드나 미국에서 부도까지 낸 전력이 있는 당사자에게 먹잇감으로 던져줘서는 안된다는 것이 많은 사람들의 주장이다. 산업은행과 금융감독 당국은 금호그룹 사주를 위한 입찰이 아니라 무엇이 국가와 국민을 위한 일인지 명심하고, 적극 개입해야 한다는 주장이 제기되기도 했다. 바람직한 기업매각의 원칙과 기준을 사회적으로 합의해 대우건설 매각을 적정한 시점에서 다시 진행하는 것이 역사의 처벌을 면하는 길이다고 주장하였던 것이다.[9][10]

---

9) * 출처: http://news.nate.com/view/20090628n06010,
   http://www.vop.co.kr/A00000274556.html, 본인 + 뉴스자료 참조 (민중의 소리, 머니투데이) 똘이(giant2002), 태양신 채택 17583 (86.9%) 최근 받은배지 지역 Q&A 답변, 검색해도 없는 지역궁금증을 해결하는 지역 Q&A 답변자
   http://www.me2day.net/giant2002

10) http://kin.naver.com/qna/detail.nhn?d1id=6&dirId=6&docId=100395463&qb=
    64yA7Jqw6rG07ISkIOqyveyYgQ==&enc=utf8&section=kin&rank=1&search_sort
    =0&spq=0&pid=Re4zY35Y7u4ssuK%2B4d8ssssstd-114604&sid=URIywHJvLCsA
    AGyBpqc(2013.2.6)

4. 대우건설의 신사업 확대를 위한 새로운 비전선포

'아름다운 미래를 창조하는 글로벌 E&C 리더'[11] 대우건설은 6일 서울 남대문로 대우센터빌딩 컨벤션홀에서 금호아시아나그룹 박삼구 회장과 신훈 부회장, 박창규 사장 등이 참석한 가운데 '대우건설 비전선포식'을 갖고 해외개발과 리조트 등 적극적인 신사업 확대를 선언하고 나섰다. 이날 비전선포식에서 대우는 '아름다운 미래를 창조하는 글로벌 E&C(engineering & construction) 리더'라는 새로운 비전을 선포하고 이를 실천하기 위해 7대 중장기전략을 발표했다. 그 중요한 내용은 크게 해외사업확대, 수익기반확충, 경쟁력 혁신 등을 위해서이며 7대 중장기전략은 ▲ 글로벌 플랜트사업 본격 전개 ▲ 비플랜트 해외사업 확대 ▲ 개발사업 강화 ▲ 그룹과의 시너지 극대화 ▲ 브랜드 강화 ▲ 프로젝트관리 최적화 ▲ 외주구매 강화 등이다.

대우는 특히 도심재개발과 프로젝트파이낸싱(PF) 등 대규모 복합형 개발사업을 적극 전개할 방침이라고 설명했다. 이와함께 그룹과 연계해 레저 및 리조트 개발사업에도 적극 참여하는 한편 말레이시아와 베트남 등 동남아지역의 고급주택개발사업에도 진출할 계획이라고 밝혔다. 대우건설은 "새로운 비전과 중장기전략에는 급변하는 기업환경과 무한경쟁시대의 새로운 도전을 맞이해 세계적인 건설사로 거듭나기 위한 회사의 성장동력과 지향점을 포함하고 있다"고 설명했다. 이날 비전선포식에서 박삼구 회장은 격려사를 통해 "이번 비전은 대우건설 전체 임직원의 지혜와 의지를 모은 것인 만큼, 모든 임직원들이 의지와 열정, 확신을 갖고 노력해 대우건설의 비전을 달성해 달라"고 당부하고, "그룹차원에서도 최대한의 지원을 아끼지 않겠다"고 말했다.[12][13]

---

11) 2007년 09월 18일 (화) 14:46:29
12) 주서환경신문(http://www.rcnews.co.kr)
13) http://rcnews.co.kr/news/articleView.html?idxno=15148(2013.2.11)

5. 대우건설 이어 대한통운을 낚아챈 'M&A전략'

1) 인수합병의 성공

박삼구 금호아시아나그룹 회장이 새해 들어 다시 크게 웃었다. 인수합병(M&A)시장에서 가장 큰 대어(大魚)로 꼽히던 대한통운을 품에 안을 수 있게 됐기 때문이다. 웃음은 준비한 사람의 것이다. 17일 박 회장의 파안대소도 그런 것이다. "준비만 잘하면 M&A 기회는 항상 잡을 수 있다." 지난해 7월 그는 베트남 출장길에 이렇게 말했다. 대한통운 인수를 염두에 둔 채찍질이었다. 이런 준비 덕분에 자금조달에 대한 우려를 딛고 경쟁사인 한진과 STX, 현대중공업을 물리칠 수 있었다.14) 2002년 9월, 회장에 취임한 그는 앞으로 그룹이 먹고 살만한 성장엔진을 찾는데 주력하기 시작했다. 결론은 물류사업이다. 지난해부터 대한통운 인수에 총력을 기울였다. 우군 확보를 위해 주요그룹의 총수들과 연쇄접촉을 했다. M&A를 실무적으로 이끄는 오남수 전략경영본부장은 "사실상 박 회장이 M&A 팀장이다. 모든 걸 진두지휘하기 때문"이라고 말했다. 그는 또 "박 회장은 새로운 영역을 찾기보다는 경험이 있는 분야에 더 집중하곤 한다"면서 그의 M&A 스타일을 소개했다.

사실 얼마전까지만 해도 금호아시아나는 인수가격을 높게 써내지 못할 것이라는 전망이 많았다. 그래서 인수 가능성이 낮다는 얘기도 흘러나왔다.

2006년 대우건설 인수 때 6조4000억원을 써 여윳돈이 그리 많지 않으리라는 분석 때문이었다. 게다가 법원이 대한통운 인수기업에 1년간 유상감자를 못하도록 함으로써 돈을 빌리더라도 큰 이자부담을 안아야 하는 상황이었다.

하지만 그는 "오랜 시간 준비했으니 결과를 지켜보라"며 자신감을 보였다. 이런 치밀한 준비에서 나온 잇따른 M&A 성공을 두고 재계에서 나도는 말이 있다. "박 회장의 왕성한 식욕이 언제쯤 다 채워질지 궁금하다." 그에게도 실패의 추억이 있다. 2004년 범양상선 인수전 때다. STX그룹에 밀려

---

14) 2008/01/17 19:41, 블루오션, 대우건설 이어 대한통운 낚아챈 'M&A 전략'

고배를 마셨다. 그때부터 그의 치밀함은 더해졌다. 박 회장은 숫자에 굉장히 밝다. 재무제표를 다 외울 정도다. "숫자를 모르면 의사소통이 안된다. 부장 이상은 회계교육을 받아라"고 지시하기도 했다. M&A팀은 숫자, 특히 입찰가격 산정에 머리를 싸맸다. 대우건설 인수 때나 이번 대한통운 인수전에도 그랬다. 한 간부는 "최종적으로 인수가격을 결정한 분은 박 회장이었다"고 말했다. 그는 '전략의 귀재'라는 소리를 들을 만하다. 당초 인수전에서 금호산업이 인수 주체일 것이라는 예상이 나돌았지만 아시아나항공과 대우건설이 주체가 됐다. 그룹 관계자는 "대한통운이 갖고 있는 리비아 수로 건설권과 보유부동산 개발을 고려해 대우건설을, 항공과 육상물류의 결합을 통한 시너지 효과를 강조하기 위해 아시아나항공을 앞장 세웠다"고 설명했다.

2) "500년 기업 만들 것"

5일 박 회장은 신입사원 500여명과 경기도 광주 태화산에 올랐다. 그는 사원들에게 "새로 들어온 자네들이 최고"라고 치켜세웠다. 환호성이 터졌다. "내년엔, 후년엔 더 좋은 신입사원들이 들어올 것"이라는 말이 이어졌다. 사원들 사이에 긴장이 흘렀다. 이날 박 회장의 메시지는 500년 이상 지속될 기업을 만든다는 것이었다. 그는 신입사원들에게 "해마다 더 좋은 사원들이 들어오면 500년 영속기업이 되는 것이 아니냐"고 반문했다. 올해는 일단 대한통운 인수로 영속성을 이어나갈 튼튼한 기반을 마련한 셈이다.15)16)

6. 금호아시아나의 대우건설 인수실패의 원인

대우건설을 인수했던 금호아시아나 그룹이 최종적으로 대우건설을 매각하기로 결정하여 안타까움을 주었다.17) 왜냐하면 차후 경과가 어떻게 진행

---

15) 블루오션님
16) http://www.thinkpool.com/bbs/pdsRead.jsp?name=s_pub&number=418432 (2013.2.7)
17) seok (yi0***), 조회 1293 2009.06.28 22:17

되든 일단 인수주체와 피인수주체에게 모두 피해를 준 실패한 M&A(인수 합병)의 대표적인 사례로 남을 가능성이 크기 때문이다. 금호아시아나그룹은 2006년말 대우건설을 약 6조원 이상의 높은 가격에 매수하며 그룹 도약의 긍정적인 의지를 내비쳤다. 당시 이에 대한 호평이 이어졌다. 그럼에도 불구하고 금호아시아나그룹이 대우건설을 결국 내놓아야 할 지경에까지 온 이유는 무엇일까. 이에 대해 다각적인 견해를 인용하여 살펴 보고자 한다. 금호아시아나그룹이 대우건설의 완전한 인수에 실패한 이유는 다음과 같다.

1) 해외투자은행와 해외증권사에 대한 맹신

애초에 금호아시아나그룹(지주사 금호산업)이 대우건설을 인수할 때 해외투자은행(국내지점 해외증권사)들이 재무적인 조건을 형성하는 데 많이 간여한 것으로 알려지고 있다.

특히 6조원 이상의 매수대금에서 3조원 이상을 재무적 투자자(FI) 몫으로 돌리게 된 것도 이들의 제안이 유력하게 작용한 것으로 볼 수 있다. 재무적 투자자의 몫은 결국 '빚'이 된다. 절반 이상의 금액을 '빚'으로 샀다는 것이 된다. 그것도 절대적 금액이 3조원 이상이다.

국내지점 해외증권사들이나 해당 해외증권사 국내직원들의 경우, M&A의 금액이 커지면 M&A 주선에 따른 높은 금융자문 수수료를 수취해 간다. 즉, 이들의 입장에서는 수수료를 가져가는 것이 중요하지 M&A의 조건이 합리적인지 아닌지 혹은 M&A로 인해 이들이 성공하게 될지 실패하게 될지는 직접적으로 이들의 이해관계와는 상관이 없다는 뜻이다. 3조원 이상을 '빚'으로 충당하고 시작한 이런 M&A Financing 구조가 '선진적'이고 '합리적'인 것으로 얼핏 보이지만, 정말로 그러한가는 이미 당시부터 생각해 볼 필요가 있었다. 이렇게 해외투자은행들이나 해당집단에 대해 '묻지마'식 '맹신'이나 '환상'을 가지고 있었기 때문에 실제로는 경계를 많이 요하는 부분이다. 이런 '환상' 혹은 '착각'은 산업은행의 리먼브러더스 인수 시도에서 민유성 행장의 태도 혹은 최근의 '금융위기'의 진단 대담과정에서 이창용 금융위원회 부위원장의 태도에서도 나타나고 있다. '환상'에 불과한 공허한 '

사대주의'에 불과할 수 있다는 것이다.

2) 대한통운의 무리한 인수

금호산업(금호아시아나그룹)은 이미 대우건설을 인수하면서 3조원 이상을 '빚'으로 충당했다. 이에 따라 매년 이자도 지불하면서 동시에 향후 주식전환의 가능성도 열어두고 있었다. 또 주가가 3년안에 이자를 보상할 수준으로 가지 못하면 차액을 물어주는 '풋백옵션'(put-back option)의 형태를 취했기 때문에 대우건설 인수에 따른 재무구조를 안정화시키고 탄탄하게 하는 것이 M&A 이후의 최우선 과제였다. 그럼에도 불구하고 금호아시아나는 2008년 1월 '대한통운' 인수를 최종적으로 결정했다. 그런데 이 금액도 4조원 이상이었던 것으로 알려지고 있다. 다만, 금호산업(그룹 지주회사)은 그 이전부터 이미 '대한통운'의 인수의지를 피력하고 있었기 때문에 그와같은 인수시도는 이해할 수는 있다. 그러나 문제는 엄청난 금액이다. '대한통운'은 잘 나갈 때도 1년 당기순이익이 1천억원을 넘지 못했다. 당기순이익에 대한 배수(PER)를 시가총액으로 쳐주면 즉, 10배~15배를 쳐주면, 시가총액은 1조원~1.5조원 수준 정도이다. 최상일 경우에도 그렇다는 것이다. 여기에 경영권 프리미엄을 20~30% 쳐준다고 하더라도, 대한통운 M&A 인수금액은 2조원 이내에서 이루어져야 한다는 계산이 나온다. 유휴자산이 아무리 풍부했다고 하더라도, 그런 자산은 놀고 있는 자산으로 '현금창출'과 연결되고 있지 않기 때문에 값어치가 없는 것이며, '이득'이 아니라 '부담'으로 작용할 수 있는 것이다. 그럼에도 불구하고 금호그룹은 무려 4조원 이상으로 대한통운 인수를 추진했다. 여기서 분명히 잘못된 것이다. 아무리 인수의 마음이 강해도 무려 2~3조원의 현금을 추가로 넘겨주면서 인수할 필요는 없었다는 것이다. 쉽게 말하면 돈을 거져 '날린' 것이다. 금호아시아나그룹조차도 그룹 전체의 1년 당기순이익을 모두 합쳐도 몇 천억원이 안되는 그룹이다. 그런 그룹이 적정가치보다 2~3조원의 현금을 추가로 날렸는데 그것을 어느 시절에 회수하겠는가? 이것은 기업재무의 기본적인 사항에 속하는데 기업 내외부의 해당 자문가들이 문제가 있거나 최고경영자의 의사

판단에 분명히 문제가 있었다는 것을 뜻한다.

여기서 문제가 발생한 것이다. 금호그룹은 이미 대우건설 인수에 따른 부채상의 재무구조를 완전히 해소하지도 못하는 마당에 대우건설을 '얼굴마담'으로 세워 '대한통운'을 무리한 금액으로 인수했다. 대우건설 6조원 이상, 대한통운 4조원 이상, 이게 잘될 턱이 있겠는가.

즉, 대우건설을 인수한 것이 문제였던 것이 아니라 대한통운 인수과정이 더욱 큰 문제를 일으켰던 것이다. 또 이 시기는 2008년 1월이라는 시기는 기업경영 당사자라면 현장에서 충분히 위기를 감지하고 대응했어야 할 시기이다. 어떤 사람도 그 시절에는 이미 그런 위기대응을 촉구했을 것이다.

그러나 이 시기에 무리한 금액으로 추가적 인수에 나선 금호그룹의 선택은 지금 생각해도 이해가 되지 않는다는 것이 여론이다.

3) 법원의 잘못된 판단

당시 서울중앙지방법원 파산부는 대한통운 인수시에 무조건 '현금'을 쏟아부으라고 요구했다. 기업이 M&A에 나서게 되는 것은 쉽게 말하면 '장사'를 위해서이고, 경영의 '효율성'을 위해서이다. 인수주체나 피인수주체나 모두 마찬가지이다. 인수기업이 피인수기업의 부채를 떠않는 형식으로도 M&A는 성사될 수 있다. 그러나 서울중앙지방법원 파산부는 무조건 M&A 총대금을 '추가유상증자' 형식으로 무조건 쏟아부으라고 요구했다. 그런데 1년에 1천억원도 못 남기는 회사에 4조원 이상을 쏟아 부으면 되겠는가. 기업경영에서 돈을 못버는데 자금을 쏟아넣고 있는 것은 '죄악'에 해당한다. 왜 부동산 투기가 욕을 먹는지 그 이유와 똑같은 것이다. '잉여자금'은 '생산과 '효율성'에 기여하지 못하기 때문에 욕을 먹는 것이다. 그러나 서울중앙법원 파산부는 무리하게 현금만을 쏟아부으라고 하여 인수기업은 물론 피인수기업 모두에게 재무적 부담을 남겼다.

4) 재무적 투자자(FI, Financial Investor)에 대한 과도한 의존

대우건설 인수시의 재무구조로 돌아가 보겠다. 금호아시아나는 대우건설의 인수금액 6조원 이상에서, 무려 3조원 이상을 금융권에서 재무적 투자자(FI)를 참가시켜서 '빚'으로 충당했다. 이 재무적 투자자의 구조가 무엇인가 하면 사채의 형식으로 연간 높은 이자를 제공하면서, 3년 후에는 주식전환도 보장하는 형태이다. 즉, 매년 사채처럼 이자도 지급하면서, 향후에 FI들의 선택에 따라 주식전환도 보장하기 때문에 실질적으로는 '전환우선주' 형태와 유사하다. 예를 들면 3조원 이상을 빚으로 충당하면서, 매년 8%의 이자를 지급하고, 3년 후에는 주식전환도 보장하는 형태이다. 그러나 이런 주식전환 보장은 주가가 매년 이자를 넘어설만큼 충분히 올랐을 경우에 한정된다. 주가가 매년 이자분 누적분을 상쇄할만큼의 가격대에 오르지 않으면 3년 후에는 금호산업이 그 차액을 보상하고 FI의 투자지분을 되사오는 '풋백옵션'의 방식을 취했다. 이런 '풋백옵션'이 이제 3년이 다되가는 마당에 돌아오고 있고, 대우건설 주가는 현재 기대했던 것보다 턱없이 낮게 형성되어 있기 때문에 금호그룹 전반에 부담을 주고 있는 것이다. M&A 모형에서 재무적 투자자(FI)들을 끌어드리는 것은 최근 대유행했지만 금호그룹의 경우 전체 M&A 규모에 비해 FI에게 너무 많은 비중으로 의존을 했다.

또한 이들에게 제공한 메리트가 너무 과도했다. 결국 중간에 중개한 해외 증권사의 국내지점과 재무적 투자자들만 좋은 일을 시킨 꼴인 것이다. 다르게 표현하면 그들에게 당했다고 볼 수 있다.

5) 피인수주체인 대우건설에 대한 성장의 청사진 제시 못해

M&A가 성공하려면 인수주체나 피인수주체에게 모두 긍정적인 모델이 되어 발전적인 성장 청사진을 가져다 주어야 한다. 금호아시아나그룹은 대우건설을 인수하여 외형적인 규모의 확대를 추구했지만, 인수 이후에 뚜렷한 실적의 가시화나 성장의 청사진을 보여주지 못했다. 특히 피인수주체인 '대우건설'의 효과적인 미래를 제시하지 못했다. 일부 언론에서는 '대우건설' 직원들의 반응이 '다시 팔리게 되서 잘됐다'고 나타나고 있는 것은 그에 대한 반증이다. 가치가 증진되시 않고 서로 역행하는 M&A는 할 필요가 없는 것이다.

6) 그룹 시너지(Synergy)의 창출 실패

금호아시아나그룹의 경우, 대우건설 인수로 좋은 기회를 맞이했지만 이에 따른 재무구조가 안정화되기도전에 '대한통운'을 무리하게 인수하는 바람에 그룹의 재무구조가 결국 그 지경까지 왔다고 볼 수 있다. 그렇다고 '대한통운' 인수가 그룹의 시너지를 확대해 준 것도 아니다. 당기순이익에 비해 엄청난 자본을 끌어들였고 시너지도 미미하기 때문에 대우건설의 인수에 비할 바 없는 완전한 실패작이었다고 볼 수 있다. 당시에도 그렇게 평가되었는데, 사실상 지금도 달라질 이유도 없다. 대한통운은 좋게 얘기하면 물류(logistics)회사이고, 다르게 표현하면 "택배"회사이다. 금호아시아나그룹은 어떻게 하려고 했는지 모르지만 연간 당기순이익 1천억원에도 못미치는 "택배" 회사에다 4조원 이상을 쏟아넣으며 향후 그룹의 사활을 맡길려고 했는지 이해가 가지 않는다.

7) 금호아시아나그룹의 엄청난 타격

결국 금호아시아나 그룹의 최악의 선택은 '대한통운'의 인수라고 볼 수 있다. 엄청난 현금 유출을 발생시키며 금호아시아나그룹과 대우건설 모두에게 피해를 주었다고 볼 수 있다. 또 대한통운의 인수가 그룹에게 가져올 수 있는 시너지가 미미했다. 특히 인수금액이 너무 높았기 때문에 더욱 그러하다.

8) 대우건설 분리 후

금호아시아나그룹으로부터 분리되면 대우건설은 갈 길을 갈 것이지만 대우건설이 대한통운 인수과정에 동원되면서 엄청난 자산축소의 과정을 거쳤기 때문에 결국 '껍데기만 남게 되었다'는 일부의 험담은 유효할 수 있다.

영업력을 제외한 '자산'의 측면에서 본다면, 대우건설에게 좋은 결과를 남기지 못했다. 그렇더라도 아마 대우건설은 나름대로의 영업을 위주로 해서 앞 길을 개척해 나갈 것이다. 금호아시아나그룹의 경우 성장모델이 모호한 마당에 M&A의 기회를 살리지 못하고 엄청난 재무적 타격이 불가피하고 이자충당과 재매각에 따른 현금자산 축소가 불가피하기 때문에 당분간 큰 기대가 어렵다고 생각한다. 금호아시아나그룹은 M&A에 대한 실패 후유증으로 향후의 위기를 극복하고 그룹을 안정화시키는데 역량을 집중해야 할 것이다. 물론 금호아시아나그룹의 주가는 상당기간 정체 혹은 하락할 것으로 예상된다.

9) 교훈: 거시경제 환경의 관찰과 반영의 중요성

금호아시아나그룹이 대우건설을 대상으로 M&A를 시도한 것은 애초에 나쁜 것이 아니었다. 즉, 긍정적이었다. 그러나 암울하게 전개될 것이 확실시되는 2008년 초입에 무리하게 거대한 금액으로 '대한통운'의 추가 M&A를 시도하면서 결국 화를 자초했다고 볼 수 있다.

금호아시아나그룹이 이런 무리수를 둔 것은 결국 글로벌 '거시경제환경'을 충분히 관찰하지 않고 조망하지도 않았기 때문이다. 이는 2008년에 출발한 이명박정권에서도 마찬가지였다. 이명박정권이 2008년 이후 내내 국민들을 경제적으로 정신적으로 힘들게 한 것도 이러한 이유가 본질적으로 작용했다. 예를 들어 삼성그룹은 삼성경제연구소(SERI)를 운영하여 그 보고물들을 많이 참조하고 있다. 과연 삼성경제연구소의 연구결과물의 수준이 높은가?

왜 삼성그룹은 그 타격을 비교적 비껴가고 있는가. 그것은 이러한 옵져버(observer), 관찰자, 예측자들을 항상 곁에 두고, 자본을 투입하며 지원하고 있기 때문이다. 국가이든 기업이든, 이런 자원들을 지원하고 가꾸는 것은 위의 금호아시아나그룹의 M&A 실패사례가 보여주는 것처럼 결과에서는 엄청난 차이를 가져온다. 이는 경제에서 뿐만 아니라 '정치'에서도 그대로 적용되는 것이다. 국내의 정치가 이 지경인 것은 미래세대, 미래자원, 미래비전에 대한 체계적이고 충분한 자원의 투자를 안하고 있기 때문으로 볼 수가 있는데 이는 '정당', '국가', '정부', '국민' 모두에게 해당하는 사항이다.18)19)

7. 대우건설 매각에 금호의 엄청난 손실원인

　금호가 대우건설을 매각했는데 뉴스에서 보니까 금호가 엄청난 손실을 입었다고 하네요.20) 왜 금호가 손실을 이렇게 입은거죠? 오히려 매각했으니 금호가 더 이익이여야 하는거 아닌가요? 그래야 금호측면에서도 좋은 것 아닌가요? 대답해 주세요.21) 금호아시아나가 대우건설을 인수한 자금이 6조4천억원, 이중 3조원 가량을 18개 금융기관을 끌어 들여 부족한 자금을 충당했습니다. 18개 금융기관의 돈은 결국 남의 돈으로 빚이 되는 것입니다. 채권단에 대우건설 주식을 담보로 풋백옵션을 걸었는데 이 풋백옵션 행사가격이 주당 32000원, 2009년 말까지 대우건설 주가가 이 가격에 미치지 못할 경우 이 가격과 주가와의 차이만큼 금호아시아나가 채권단에 보상을 해주어야 합니다. 이런 이유 때문에 주가가 하락할 경우 금호아시아나는 점점 유동성에 빠질 수 밖에 없고 주가부양을 위해 대우빌딩 매도자금중 4천6백억원을 들여 1357억원어치, 주당 3만4천원에 유상감자를 실시하기도 했습니다. 그러나 현재의 가격은 풋백옵션 가격보다 한참 아래에 형성되고 있어 상당한 손실은 차치하고 남의 돈빌려 몸집키운 승자의 저주에 단단히 혼나고 있는 것으로 볼 수 있습니다.22) 금호가 풋백옵션에 따른 유동성에 어쩔 수 없이 대우건설을 뱉어내야 하지요. 하지만 누가 물량처리를 해줄까요? 받을만한 주체가 산은 정도밖에 없고 받더라도 풋백걸린 마당에 금호가 상당히 불리한 조건에 털어낼 수 밖에 없습니다. 더구나 대우건설의 무리한 합병에 따른 유동성 위기로 그동안 삼켰던 다른 기업들 지분도 상당히 토해내야 될 상황이어서 앞으로도 상당한 고통이 이어지겠네요.23)24)

---

18) (출처: http://assetguide.tistory.com/724)
19) http://bbs1.agora.media.daum.net/gaia/do/debate/read?bbsId=D115&articleId
=708463(2013.2.11)
20) 비공개 | 2009-06-29 16:40 | 조회 6817 | 답변 2
21) 다음시인 | 답변 127 | 채택률 81.7%, 활동분야 : 주식,증권
22) 2009-06-29 17:28, Fellos(tet***) | 답변 2 | 채택률 100%
23) 2009-06-29 18:14, Daum Communications

8. 영욕의 대우건설, 위기 때마다 '오뚝이'처럼 일어났지만

3년여만에 또 새주인 맞을 처지, 대우해체→워크아웃→금호 인수 겪어, 경쟁력 탄탄해 재도약 기회될 수도[25] 'I LOVE 대우건설', 최근 서울 광화문 대우건설 사옥에 커다랗게 걸린 현수막 내용이다. 재매각이 다가오며 회사 안팎의 분위기가 뒤숭숭해지자 이달 초 이 회사 노조가 직접 내건 내부결속용 캠페인 문구다. 대우건설의 한 관계자는 "지난번처럼 이번 재매각도 회사발전의 계기로 삼겠다는 회사 구성원들의 의지가 표현된 것"이라고 설명했다.

● 대우건설 워크아웃이후 10년사

1999. 8	㈜대우 등 대우그룹 12개사 워크아웃 개시
2000. 12	대우건설, ㈜대우에서 인적 분할해 독립
2001. 12	채권단 출자전환 결의
2003. 12	워크아웃 졸업 및 매각협의회 구성
2005. 12	대우건설 입찰참가의향서(LOI) 접수
2006. 6	금호아시아나그룹 우선협상대상자 선정
2006. 11	금호아시아나그룹 대우건설 인수 본계약
2009. 6	금호아시아나그룹-산업은행 재무구조개선약정 체결 금호아시아나그룹 대우건설 재매각 발표
2009. 11.23	대우건설 매각 우선협상대상자 발표

자료: http://media.daum.net/economic/estate/newsview?newsid=20091123180714569&srchid=IIM%2Fnews%2F26459315%2F2ffea02b9b1649cab3b6615e200b6e8b (2013.2.7)

---

24) http://k.daum.net/qna/view.html?category_id=QDB002&qid=3rIfz&q=%EB%8C%80%EC%9A%B0%EA%B1%B4%EC%84%A4%EC%9D%98%20%EC%9C%84%EA%B8%B0&srchid=NKS3rIfz(2013.2.7)
25) 서울경제 | 입력 2009.11.23 18:07 | 수정 2009.11.23 21:55

대우그룹 해체와 워크아웃, 금호아시아나그룹 인수, 그리고 3년만의 재매각, 지난 10년간 대우건설이 걸어온 길은 길고 험난한 여정의 반복이었다.

3년(2006~2008) 연속 건설업계 랭킹 1위라는 화려함 뒤에는 두 번이나 새 주인을 맞아야 하는 아픔이 뒤따랐다. 금호아시아나그룹에 인수된 후 지난 3년간 대우건설의 외견상의 변화는 크지 않았다. 금호아시아나에 인수돼 어수선한 상황에서도 2006년 매출 5조7,291억원에 당기순익 4,383억원을 올리면서 건설업계 시공능력평가 1위에 올랐고 이후 지난해까지 3년 연속 1위를 차지하는 등 건설업계 수위의 실적을 기록했다. 지난해 매출액 역시 6조5,777억원으로 인수 첫해보다 8,000억원 정도 커졌다. 하지만 리먼브러더스 파산사태의 여파로 국내 주택경기까지 침체되면서 주택사업의 비중이 40%에 달하는 대우건설의 성장세도 주춤해졌다. 인수전 4년간 평균 매출액 증가율은 13.5%였지만 이후 2년간 성장률은 7%선에 그쳤다. 매출이익 증가율 역시 이전 평균은 19%였지만 인수 이후인 2007년과 2008년에는 각각 -4%, -21%를 기록했다. 3년간 지켜온 시공능력 평가액 순위 1위 자리도 현대건설에 내주고 3위로 내려앉았다. 대우건설 관계자들은 서울역앞 대우빌딩 매각을 가장 아쉬워한다. 대우건설은 2007년 말 이 건물을 9,600억원에 모건스탠리펀드에 매각했고 이중 4,000억원은 세금으로 납부하고 나머지는 유상감자 등에 사용했다. 하지만 대우빌딩 자체가 가진 상징성을 감안하면 보이지 않는 손실은 그 이상이라는 것이 회사 내부의 반응이다. 금호아시아나는 대우건설을 인수한 이후 자금난을 겪으면서 '승자의 저주'를 겪고 대우건설 역시 핵심자산을 잃어버리는 결과를 빚은 셈이다. 하지만 업계는 단순히 수치로 나타난 결과만으로 대우건설의 앞날을 예단할 필요는 없다고 분석했다. 대우건설의 영업력은 여전히 건설업계의 최고 수준으로 꼽히는 등 인적자원만큼은 강한 경쟁력을 갖췄기 때문이다. 서종욱 대우건설 사장도 "회사의 미래를 결정하는 것은 자산이나 현금이 아닌 사람"이라며 "대우만이 가진 차별화된 DNA가 있는 한 누가 대우건설의 새로운 주인이 되더라도 미래를 걱정할 필요가 없다"고 말했다.

이 때문에 업계는 대우건설의 미래가 회사의 새 주인이 어떤 비전을 보여주느냐에 달렸다는 분위기다. 새로운 대주주가 중장기적 비전을 제시하고 적극적으로 투자한다면 대우건설로서는 오히려 이번 M&A가 새로운 도약의 기회가 될 수 있기 때문이다. 하지만 반대로 새 주인이 단기 시세차익과 투자비 회수에만 급급했던 과거 외국계 자본의 전철을 밟는다면 대우건설의 앞날도 역시 불투명해질 수밖에 없다. 건설업계의 한 관계자는 "새로운 인수자가 '곶감 빼먹기'식 경영을 한다면 위기 때마다 오뚝이처럼 일어선 대우건설의 앞날도 장담할 수 없을 것"이라고 지적했다.26)27)

9. 대우건설의 '위기속에 강한 DNA'

1) 승자의 저주

우여곡절 끝에 드디어 대우건설이 '승자의 저주'에 휩싸인 금호아시아나그룹의 손에서 벗어나 새 주인을 찾게 됐다.28) 대우건설은 IMF 외환위기에 따른 대우그룹 해체 이후 2000년 ㈜대우건설 출범, 2002년 기업구조개선작업(워크아웃) 돌입, 2003년 워크아웃 졸업, 2006년 금호아시아나그룹 피인수, 2009년 재매각이라는 굴곡의 역사를 써 나가고 있었다.

굴곡의 역사를 경험해왔지만 막상 금호아시아나그룹이 대우건설 재매각 방침을 발표하자 임직원들은 또 다른 당혹감을 감추지 못하고 있다. 대우건설 임직원들은 재매각설이 오르내릴 때마다 동요해왔고 매각대상에서 거론되는 것조차 불명예스럽게 받아들여 왔다. 그러면서도 이같은 '굴곡의 역사'를 겪은 탓인지 곧 이내 현실을 받아들이고 차분함을 유지하고 있었다. 서종욱 사장은 줄곧 "(대우건설) 조직문화와 조직원들 가슴속에는 '위기에 더

---

26) 서일범 기자 squiz@sed.co.kr, 인터넷한국일보(www.hankooki.com)
27) http://media.daum.net/economic/estate/newsview?newsid=20091123180714569&srchid=IIM%2Fnews%2F26459315%2F2ffea02b9b1649cab3b6615e200b6e8b (2013.2.7)
28) 머니투데이 이군호 기자 | 입력 : 2009.06.28 15:30

강한 DNA'가 있다"며 "우리는 보통 기업이 겪는 웬만한 위기상황을 모두 돌파한 경험이 있다"고 말해왔다. 대우건설은 이처럼 10년간의 위기돌파 경험을 살려 재매각이라는 소용돌이를 슬기롭게 대처해 나간다는 계획이다.

특히 금호아시아나그룹과는 달리 안정적인 경영체제를 지원해 줄 수 있는 새로운 주인을 찾기 위해 기업가치를 높이는데 주력하기로 했다. 다만 대우건설의 고민은 하반기에도 부동산시장이 회복될 것으로 예상하기 어려운데다 공공공사의 시장도 조기집행 이후 과잉 유동성을 걱정하는 우려 때문에 집행속도가 급속히 위축될 수 있는 상황에서 매각이 결정됐다는 점이다. 대우건설의 한 중역은 "매각을 앞두고 기업가치를 높여야 하는데 시장상황이 좋지 않을 때라 걱정은 된다"면서도 "가장 유리한 매각대상자를 찾는 것이 대우건설로서는 최적의 대안이자 방법이기 때문에 최선을 다할 것"이라고 말했다.

2) 최근 대우건설 굴곡의 10년 탐방

(1) 2000년 12월 대우그룹 해체, 기업분할을 통해 ㈜대우건설 출범
(2) 2001년 12월 채권금융기관협의회, 출자전환 결의
(3) 2002년 11월 19일 워크아웃 자율경영체제 전환
(4) 2003년 12월 기업구조개선작업(워크아웃) 졸업
(5) 2006년 12월 금호아시아나그룹 계열 편입
(6) 2009년 6월 금호아시아나그룹 재매각 결정[29][30]

10. 대우건설의 역사: 동아일보 창간 92주년 기념의 기업없이 미래없다.

대우건설은 기획·시공·금융 등의 융합 선도자이다. 대우건설은 2011년에 산은금융그룹체제로 편입되면서 확고한 성장의 기틀을 마련한 것으로 평가받고 있다. 이러한 성장잠재력을 바탕으로 대우건설은 '건설과 산업의 융합

---

29) '돈이 보이는 리얼타임 뉴스' 머니투데이
30) http://news.mt.co.kr/mtview.php?no=2009062814523195452(2013.2.7)

적 선도자'가 된다는 방침을 세웠다. 이것은 건설업이 단순한 시공이 아니라 기획, 개발, 금융이 복합된 광대역 산업으로 진화하고 있는 만큼 이 흐름에서 선도적인 역할을 담당하겠다는 뜻이다.31) 지난해 대우건설은 유럽의 재정위기에 따른 글로벌 경기둔화와 연초부터 계속된 중동 및 북아프리카 국가들의 민주화운동 등에도 불구하고 독보적인 기술을 바탕으로 전년 대비 40% 이상 증가한 50억6000만달러의 수주액을 올렸다. 또 주택경기의 침체에도 불구하고 지난해 2만2643채를 분양해 분양률 95.2%라는 성과를 거뒀다. 서종욱 대우건설 사장은 "경쟁기업과 똑같은 사업구조와 기술을 갖고 치열하게 경쟁하는 기존방식으로는 성장과 수익에 한계가 있을 수밖에 없다"며 "우리가 강점을 보유한 분야를 중심으로 다른 산업과의 협력, 제휴를 통해 건설업의 사업기회를 넓혀 나가야 한다"고 강조하고 있다. 이를 위해 대우건설은 올해부터 기존의 사업의 기획력과 시공의 능력에 더해 구조화된 금융조달 능력을 갖출 계획이다. 또 지난해 사상 최대의 해외수주 실적을 올린 데 이어 공격적 수주로 해외시장으로의 진출을 지속적으로 넓혀 나가고 국내 주택시장과 공공시장에서 보유한 독보적 경쟁력을 바탕으로 외형상의 성장전략도 유지할 계획이다. 물론 수익성 위주의 내실경영도 탄탄하게 유지할 방침이다. 서 사장은 "기존의 거점 지역인 북부 및 서부 아프리카, 중동지역에서의 우월적 시장경쟁력과 발전 프로젝트, 석유·화학 플랜트 등에서의 강점을 바탕으로 적극적으로 신규 해외시장을 개척할 것"이라며 "해외에서만 지난해 대비 24% 늘어난 63억달러 규모의 사업을 수주해 해외수주의 비중을 전체 수주액의 41%까지 끌어올릴 계획"이라고 포부를 밝혔다.32)33)

---

31) 동아일보 | 2012-03-30 03:17:19 대우건설(047040)8,78020+0.23%일별주가뉴스토론공시BIG차트 [동아일보]
32) 박선희 기자 teller@donga.com, 동아일보 & donga.com
33) http://finance.daum.net/news/finance/photo/MD20120330031719817.daum (2013.2.11)

11. 2006년의 경사, 대우건설의 '1위 등극'

1) 창사 이래 건설업계의 1위 등극

대우건설이 창사 이래 처음으로 '건설업계의 1위'에 올라선 것이다.[34] 건설업체 순위를 매기는 기준인 시공능력평가액에서 대우건설은 6조7300여억원으로 평가돼 삼성건설(6조2100여억원)과 현대건설(5조4800여억원)을 제치고 종합 1위를 차지한 것으로 알려졌다. 시공능력평가액이란 한 업체가 공사 1건을 수행할 수 있는 한도액을 말한다. 사실상 모든 평가작업은 끝났고 31일 정부의 '공식발표'만 남겨둔 상태다. 시공능력평가액 외에도 대우건설의 실적은 눈부시다. 5년간 연속 주택공급 1위를 차지했고 턴키 수주성적도 으뜸이다. 1분기의 실적이 건설업계에서 최고를 기록한데 이어 2분기 실적도 최상위권(상반기 경상이익 3816억원)이다. 1973년 창립 이후 최고의 전성기를 구가하고 있는 셈이다. 당연히 큰 잔치를 열고 자축해야 할 상황이지만 '대우맨'들의 표정이 밝지만은 않다. 왜냐하면 건설업계의 1위로 등극한 해에 또 다른 회사에 팔려야 하는 상황이 직원들의 어깨를 축 처지게 하고 있기 때문이다. 한 임원은 "직원들의 노고를 치하하고 사기를 진작시키기 위한 자축행사를 벌여야 마땅한데 매각을 앞두고 있는 처지라 상당히 껄끄럽다"고 말했다.

2) 삼성건설 2위, 현대건설 3위, GS건설 4위

한 직원은 "IMF 외환위기 및 대우그룹 해체 등 큰 어려움을 이겨내고 일궈낸 1위라 자랑스럽다"며 "다른 회사로 넘어가야 하는 상황이 안타깝지만 대우건설의 새 주인이 누가되든지간에 창조·도전·희생의 대우정신은 대우건설 직원들의 마음속에 영원히 각인돼 대우건설을 초우량회사로 가꿔가는 원동력이 될 것"이라고 말했다. 한편 2006년의 시평순위에서는 2004년과 2005년에 연속 1위를 차지했던 삼성건설이 2위였던 대우건설에 1위 자리를 내줬고 현대건설은 지난해에 이어 올해도 3위에 머문 것으로 알려졌다. 현

---

[34] 중앙일보조인스랜드 | 함종선 기자 | 입력 2006.07.26 17:45

대건설은 1961년 시평제도(도급한도액 제도 포함) 도입 이후 2003년까지 40여년간 줄곧 1위를 지켰었다. 이어 GS건설이 5조4200여억원으로 4위를 차지해 지난해 순위보다 한 계단 올라섰고 대림산업은 5조3000여억원으로 5위를 기록했다. 대우건설, 삼성건설, 현대건설, GS건설 등 상위 4개사는 주택부문은 물론이고 해외부문에서도 고른 실적을 거둬 높은 점수를 받은 것으로 알려졌다. 시공능력평가제도는 공사 발주자가 적정한 건설사를 선정할 수 있도록 공사실적, 경영상태, 기술능력, 신인도 등을 종합평가하는 것으로서 정부의 평가기준제시와 관리감독속에 건설협회가 건설업체들의 전년도 수주내역과 실적 등을 평가해 매년 발표한다.[35)36)]

12. 대우건설의 기구한 10년 역사와 부활

1) 대우건설 역사의 반전

8월 27일 모닝미팅 기업분석 Report의 대우건설편에 따르면 대우건설은 기구한 10년의 역사를 뒤로 하고 이제는 부활을 시도중이다.[37)] 하반기 시장이 원하는 세가지 키워드를 갖췄다. 그것은 발전, 신시장, 주택의 안정성 등이다. 목표주가를 13,000원으로 정하여 18% 상향조정한다. Valuation의 기준 EPS를 올해 12개월 forward로 변경했기 때문이다. 턴어라운드 주식의 경우 밸류에이션 부담이 빠르게 하락해 내년을 겨냥한 선투자가 필요하다.

중요한 포인트는 다음과 같다.

(1) 장기 유망한 발전시장에서의 뚜렷한 경쟁력
(2) 중동을 벗어나 아프리카라는 자신만의 시장보유
(3) 건설업계가 주택대손의 후유증에서 자유롭지 않은 반면 오히려 주택부터 시작된 턴어라운드

---

35) 중앙일보조인스랜드
36) http://realestate.daum.net/news/detail/invest/51306.daum(2013.2.7)
37) 이슈, 여의도증권가, 불스탑분서팀 | 조회 13 |추천 0 | 2012.08.27. 10:09, 한국증권 이경자

2) 리비아에서 시작된 발전소 건설의 경쟁력, 아프리카 전역

대우건설은 지난 5년간 해외발전소를 가장 많이 수주한 업체이다(원전 제외, 45억달러). 2004년에 리비아 '벵가지'를 시작으로 나이지리아, 모로코로 영역을 확대했으며 하반기에는 알제리에서의 수주가 예상된다. 전력청, IPP개발자, 국제석유회사 등 다양한 발주처로부터 수주한 경험이 있다. 이제 KDB와 해외IPP를 추진중이다. 검증된 기술력을 기반으로 금융과 결합하는 사례이므로 최상의 수주경쟁력이 창출될 것으로 보인다. 현재 확보한 257억달러의 공사에 대한 안건중 47%가 아프리카 공사다. 한국간 출혈경쟁이 아닌 소수 유럽업체와의 제한경쟁이기 때문에 6.8조원의 해외수주 달성은 무난해 보인다.

3) 위기 때마다 턴어라운드는 주택, 이익의 상향(upside)요인

위기의 상징이던 워크아웃상태였던 대우건설에게 행운을 가져다 준 2003년 턴어라운드의 주역은 '디오빌' 등 오피스텔 상품이었다. 지금도 당시와 유사하다. 작년 2.3만세대에 이어 올해 2.7만세대의 주택을 공급할 계획이며 이 중에서 8,400세대는 오피스텔이다. 침체기에도 미시적 변화를 포착하여 수요대응형 상품을 발굴해내는 강점이 있다. 상반기의 주택원가율은 전년 대비 2.0% 하락한 84.7%로 뚜렷한 실적개선을 이끌어 냈다. 보수적으로 가정한 내년의 주택원가율은 87.5%이며 1% 하락시마다 EPS는 4% 상승한다. 또한 SOC 매각차익이 내년에 모두 반영된다면 2013년의 PER은 7.4배로 하락함과 동시에 이익이 크게 향상(upside)될 것으로 보인다.[38)39)]

13. 대우건설의 경영계획 발표

지난 2009년 6월 금호아시아나그룹의 유동성 위기로 19개월간 표류했던

---

38) 본 정보는 투자 참고용 자료로서 그 정확성이나 완전성을 보장할 수 없으며, 어떠한 경우에도 법적 책임소재에 대한 증빙자료로 사용될 수 없습니다.
39) http://cafe.daum.net/stockwang/8nu7/12701?docid=3907171200&q=%B4%EB%BF%EC%B0%C7%BC%B3%C0%C7%20%C0%A7%B1%E2&re=1(2013.2.7)

대우건설 M&A가 산업은행이 1월에 지분 29.1%를 인수하고 1조원의 유상증자를 통해 총주식의 50.8%를 확보하고 화요일 임시주주총회에서 새로운 이사를 선임함으로써 최종적으로 종료됐다.[40]

1) 산업은행의 대우건설 지분 50.8% 인수완료

국내 최고수준의 기술력과 다양한 공사실적, 우수한 인재집단을 보유하고 있음에도 불구하고 잘못된 M&A의 희생양이 될 뻔했던 대우건설이 든든한 산업은행이 대주주가 됨에 따라 사실상 전화위복이 된 셈이다. 전문가들은 건설업이 금융과 융합한다면 새로운 사업영역이 확대되어 우리나라 건설업 역사에 새로운 전환점이 될 수 있다고 말한다. 특히 대우건설이 강점을 보유하고 있는 사업기획능력과 시공능력을 바탕으로 해외에서의 부동산 개발과 시공자, 금융제공 조건의 대형 프로젝트, 자원연계 프로젝트 등 파이낸싱을 동반하는 프로젝트에 산업은행과 공동으로 진출한다면 사업참여의 기회가 대폭 늘어나고 획기적인 수익성 확보가 가능하다는 것이다. 또한 국내 개발사업의 경우에도 PF구성의 성공여부가 결정적인 요인으로 작용하고 있는데 국내에서는 이 부문에서 선두인 산업은행이 파트너로서의 역할을 한다면 대우건설은 보다 많은 기회를 확보할 수 있을 것으로 보인다. 뿐만 아니라 유상증자를 통한 1조원의 유입으로 회사의 재무구조를 개선하고 신규사업에 투자할 수 있는 여력을 확보했으며 해외사업 확대를 위해 필수적인 엔지니어링분야의 역량을 강화할 수 있게 됐다.

2) 경영목표 수주 14조원, 매출 7조 2,000억원, 영업이익 3,740억원

대우건설은 2011년의 경영목표를 신규수주 14조원, 매출 7조 2,000억원, 영업이익을 3,740억원으로 정하고, 통합과 혁신의 원년으로 삼고 글로벌 건설기업으로 거듭난다는 계획을 수립했다. 대우건설은 이를 위해 산업은행과의 시너지를 바탕으로 해외사업을 확대해 나가고 미래 신성장동력사업을 선점해 나갈 방침이다. 특히 해외사업을 확대해 해외비중을 45%까지 점진

---

40) 기사입력: 2011/01/26 [14:04] | 최종편집

적으로 확대할 계획으로서 해외수주목표를 지난해의 34억달러보다 56% 늘어난 53억달러로 정했다. 대우건설은 해외수주목표를 달성하기 위해 이미 충분한 경쟁력을 확보하고 있는 LNG 및 발전소분야와 나이지리아, 리비아, 알제리 등 주요 거점국가에서의 시장지배력을 강화하고 오일 및 가스분야의 수주를 확대해 나갈 것이다. 또한 산업은행과의 시너지를 통해 국제적인 개발사업도 적극 추진할 계획이며 동유럽, 남미 등 신규시장의 개척을 통해 시장다변화를 추진한다는 계획이다.

3) 신성장동력사업의 선점과 육성

대우건설은 원전, 바이오가스 플랜트, 조력발전소, 해저터널 등 미래 신성장동력사업의 시장을 선점하여 회사의 가치를 극대화하고 안정적인 성장을 지속해 나갈 방침이다. 대우건설은 월성원전 3,4호기, 신월성원전 1,2호기 등 국내 원전시공을 통해 기술력과 시공경험을 축적해왔으며, 국내 최초의 해외원전 수출로 우리나라 원전역사에 새로운 역사를 쓴 요르단 연구용 원자로를 통해 세계의 원전시장에서도 기술력과 시공능력을 인정받고 있다. 특히 바이오가스 플랜트분야에서는 대우건설이 독자적으로 개발한 'DBS공법'을 통해 유럽시장에 본격적으로 진출할 계획이며, DBS공법과 연계하여 생활폐기물을 종합처리 Process를 거쳐 고형연료로 생산해내는 신사업을 구상중이다. 또한 조력발전분야에서는 국내 최초이자 세계 최대규모의 시화호조력발전소의 시공경험을 바탕으로 향후 8조원에 달할 것으로 예상되는 국내 조력발전소 건설시장을 선점해 나갈 방침이다.

4) 총 15,000세대의 아파트 공급계획

지난해 총 7,691세대의 아파트를 공급한 대우건설은 금년에도 총 15,034세대의 아파트를 공급할 계획으로 10년 연속 아파트 공급 1위업체의 위상을 지켜나간다는 계획이다. 대우건설은 뚜렷한 변화가 없는 부동산경기에 대비해 기본에 충실하겠다는 방침이다. 시장조사를 강화하여 분양성이 담보되는 지역에 사업을 추진하고 1,2인 가구, 은퇴세대, 고소득 싱글족의 증가 등 최근의 트렌드에 대한 모니터링을 강화해 그에 맞는 상품을 출시할 계획이다. 또한 산업은행의 금융과 대우건설의 개발역량 및 기술이 시너지를 발휘할 수 있는 도시환경정비사업 등 개발형 사업을 추진하여 타사와는 차별화된 사업구조를 만들어 갈 계획이다. 2020년까지 '제로 에너지 하우스'를 공급한다는 계획에 따라 내년까지 에너지절감률 50%인 아파트를 개발하는데 역점을 둘 계획이며 친환경분야의 선도자로서 업계를 선도해 나갈 것이다.[41)42)]

14. 포스코의 대우건설 인수에 대한 의견, 무관심 vs 전략

정준양 포스코 회장이 대우건설을 인수할 의사가 없다고 공개적으로 밝힌 가운데 업계 일각에선 정 회장의 발언이 M&A전략중의 하나일 뿐이라며 더욱 유리한 입장에서 입찰경쟁에 참여하기 위한 사전작업이라는 분석을 내놓고 있다.[43)] 정 회장은 9일 서울 그랜드인터콘티넨털호텔에서 열린 철강업계 경영자 조찬모임이 끝나고서 기자들과 만나 대우건설의 인수 의향을 묻는 질문에 대해 "전혀 생각하지 않고 있다"고 잘라 말했다. 포스코에서 대우건설의 인수와 관련해 언급이 나온 것은 처음으로 4조원이 넘는 자금의 동원능력과 시너지 효과 등을 고려할 때 포스코는 당초 강력한 인수후보로 거론됐었다. 그런데 실제로는 포스코가 내부적으로 대우건설 M&A에 상당한 관심을 두고 예의주시하는 것으로 알려졌다. 대우건설 매각 주관사인 산업은행과 노무라증권이 현재 실사를 진행중인 가운데 포스코는 조용히 상황을 지켜보며 계산기를 두드리는 것으로 보인다. 한 증권사의 관계자는 "포스코의 올해 추정 부채비율은 34%이고 현금보유액은 4조7천억원을 웃돌고 있어 재무구조가 상당히 안정돼 있다"면서 "대우건설과 같은 대형 M&A에 당장 입찰할 수 있는 기업은 실제로 몇개 안된다"면서 포스코

---

41) 조영순 기자, yhenews.com.
42) http://yhenews.com/sub_read.html?uid=130(2013.2.7)
43) 뉴스토마토 기시전송 2009-07-10 16:15, [뉴스토마토 김영택 기자]

의 인수 가능성을 점치기도 했다. 이와 함께 포스코는 지난해 대우조선해양의 인수에 실패하면서 신성장동력 확보에 난항을 겪고 있기 때문에 '대우건설'에 군침을 흘릴 수밖에 없다는 지적도 힘을 얻고 있다. 한편 매각 주관사인 산업은행의 민유성 행장은 정 회장의 발언에 대해 "원래 인수합병을 할 때는 관심이 있더라도 '관심없다'고 이야기하는 것이 기본전략"이라며 "현재 대우건설에 대한 실사가 진행되고 있으며 시장에서 매각이 잘될 것으로 본다"고 말했다.44)45)

15. 대우건설의 창립 38주년 맞아 새로운 CI 발표

대우건설이 창립 38주년을 맞아 새로운 CI(기업이미지)를 31일 공개했다. 새 CI는 무한성장과 영속성을 상징하는 뫼비우스의 띠를 모티브로 하고 도전과 열정으로 세계로 뻗어나가는 대우건설의 모습을 이니셜 D로 형상화했다.46) 심볼마크의 3개의 띠는 기술, 인재, 미래를 상징하고 궁극적으로 발전적인 조화를 의미한다고 회사측은 설명했다. 심볼마크의 색은 신뢰, 안정, 첨단을 상징하는 대우건설 전통색인 진한 청색을 사용했다. 대우건설 관계자는 "새 CI는 지난 38년동안 창조적 도전정신으로 한국을 대표하는 기업으로 성장해 온 대우건설의 정통성을 유지하고 '기술과 인재로 최상의 가치를 창조하는 글로벌 E&C 리더'라는 대우건설의 비전을 담았다"고 말했다. 대우건설은 내달 1일 창립 38주년 기념식에서 CI 선포식을 갖고 본사와 모든 사업장에 새 CI를 적용할 예정이다.47)48)

---

44) 뉴스토마토 김영택 기자 ykim98@etomato.com, 뉴스토마토
   (www.newstomato.co.kr)
45) http://news.nate.com/view/20090710n12925(2013.2.6)
46) 입력: 2011-10-31 10:22 / 수정: 2011-10-31 10:30
47) 김보형 기자 kph21c@hankyung.com
48) http://img.hankyung.com/news/app/newsview.php?aid=2011103141237&ltype=
   1&nid=003&page=1&sid=0103(2013.2.11)

〈과거의 대우건설의 심볼〉

자료: http://blog.naver.com/PostView.nhn?blogId=mushsonge&logNo=40143184265

〈새로운 대우건설의 심볼〉

자료: http://blog.naver.com/PostView.nhn?blogId=mushsonge&logNo=40143184265

 대우건설

자료: http://blog.naver.com/PostView.nhn?blogId=mushsonge&logNo=40143184265

 무한성장 · 영속성을 의미하는
'뫼비우스의 띠'로 이니셜 'D' 형상화

자료: http://blog.naver.com/PostView.nhn?blogId=mushsonge&logNo=40143184265

신뢰 · 안정을 상징하는 Blue에
창조적 변화를 표현하는 Gradation 사용

자료: http://blog.naver.com/PostView.nhn?blogId=mushsonge&logNo=40143184265

창립 38주년을 맞아 **재도약**하는 대우건설의 **희망찬 미래와 자신감** 표현

자료: http://blog.naver.com/PostView.nhn?blogId=mushsonge&logNo=40143184265

9개월 간 사내 **의견수렴** 과정 거쳐 탄생 임직원 **하나로 묶는 새로운 계기**

자료: http://blog.naver.com/PostView.nhn?blogId=mushsonge&logNo=40143184265

2011년 11월 1일,
창립 38주년 기념식에서 CI 선포식과 함께 선보이는 대우건설 새 CI는 본사 및 모든 사업장에 적용됩니다!

자료: http://blog.naver.com/PostView.nhn?blogId=mushsonge&logNo=40143184265 (2013.2.12)

16. 대우건설의 글로벌 넘버원 방법

이제는 건설회사라고 해서 뚝딱뚝딱 건설'만을' 하는 시대는 지나지 않았을까?[49] 기후 온난화, 토양오염, 유해가스 배출 등 이미 다양한 분야에서 논란이 되고 있는 여러 환경문제들! 이제는 귀 따갑게 들어 이러한 환경문

---

[49] 녹색경영   대대홍 8기♥ / 대외활동   2012/10/18 00:08,
http://blog.naver.com/merong907/168928084

제의 심각성에 대해 익숙하게 알고 있을 것이다.

그와함께 환경을 생각하는 지속가능경영의 중요성이 커지면서 요즘 기업경영에서 '환경'은 기업이 성장하는 데 큰 비중을 차지하는 요소중의 하나로 떠오르고 있다. 특히 환경을 생각하지 않을 수 없는 분야인 건설업계에서 항상 발 빠르게 움직이는 대우건설은 '환경'부분을 강화하기 위해 '녹색경영팀'을 출범시켰다. 녹색경영팀은 대우건설의 각 부서에 있던 환경분야 담당자를 한 팀으로 꾸려 총 5명의 직원으로 이루어져 있다. 녹색경영팀은 업무에 대한 부담감을 최소화하고 효율성을 극대화하기 위해 탄생하게 되었다고 한다. 녹색경영팀은 좀더 효율적으로 연구하기 위해 주제별로 담당자를 선정한 다음, 담당자가 수집한 자료를 바탕으로 함께 토의를 한 후 다음 모임에서 발표하는 형식으로 진행된다고 한다. 지식을 익혀 업무에 도움이 될 뿐만 아니라 업무추진의 방향도 서로 공유하게 되어 업무의 파악에도 많은 도움이 된다고 한다. 녹색경영팀은 그 첫 결과물로 지속가능경영보고서를 탄생시켰다. 이 보고서는 지속가능경영의 핵심분야로 환경을 꼽으며 그 중요성을 명시했다고 한다. 신생팀인 만큼 녹색경영팀의 결과물은 아직 많지 않지만 그 기대치는 상당히 높다. 녹색경영팀이 대우건설로 하여금 넘.버.원. 글로벌 회사로 가는 탄탄한 길을 만들어 주는 원동력이 되리라고 많은 기대를 해본다. 세계 1위를 향한 대우건설의 무궁무진한 발디딤, 그 이야기는 앞으로도 계속될 것이다.[50][51]

17. 대우건설의 2012년 경영실적 발표

회사측은 올해도 18% 이상 매출증가로 예상했다. 대우건설은 지난해 경영실적을 잠정적으로 집계한 결과, 13조8124억원을 신규수주했다고 30일 밝혔다. 이는 전년도 수주액 13조2708억원보다 4.1% 증가한 것이다.[52] 국내

---

50) [출처] 대우건실이 글로벌 넘버원 건설업체로 가는 길-그 첫번째 이야기, 녹색경영|작성사 SJY
51) http://blog.navor.com/merong907?Redirect=Log&logNo=168928084(2013.2.6)

의 주택 및 건축부문과 북아프리카 등 해외부문의 호조가 수주액 초과달성을 주도했기 때문이다. 국내에서는 주택과 건축부문이 각각 연초목표를 110.7%, 109.8% 초과 달성했다. 해외에서는 주력시장인 북아프리카 지역에서 활발한 수주활동을 벌인 결과, 전년도 5조3841억원 대비 18.1% 증가한 6조3612억원을 수주했다. 해외수주는 2008년부터 매년 성장을 거듭하고 있다. 지난해 말 대우건설의 수주잔고는 38조2315억원(전년 37조3710억원)으로 연간 매출액 대비 4년7개월치의 일감을 확보했다.

특히 수주잔고 현황을 보면 해외지역(아프리카 52%, 중동 27%, 아시아 21%)과 분야별 공종(석유화학 33%, 발전 35%, 토목건축 32%)이 다각화돼 안정적인 사업 포트폴리오를 구성했다. 지난해의 매출은 8조1803억원으로서 전년도 7조319억원 대비 16.3% 성장했다. 목표인 8조원을 102.3% 초과 달성한 것이다. 국내의 건축, 플랜트, 해외부문 호조로 매출증가를 이끌었다. 대우건설은 올해도 주택·건축부문의 분양호조에 입어 매출이 18% 이상 증가할 것으로 예상하고 있다. 특히 해외부문은 알제리 라스지넷 등 북아프리카 대형발전소 착공으로 전년 대비 9.3% 늘어날 것으로 전망했다.

매출총이익(매출에서 원가를 뺀 것)과 영업이익 모두가 증가했다. 매출총이익은 8056억원으로 전년 6689억원 대비 20.4% 늘었다. 매출총이익률은 9.8%로 전년 9.5%보다 0.3% 향상됐다. 영업이익은 3652억원으로 전년도의 3111억원에 비해 17.4%인 541억원 가량 증가했다. 영업이익률도 전년 4.4%보다 0.1% 상승한 4.5%를 달성했다.[53][54][55]

---

52) 〈세계닷컴〉
53) 김현주 기자
54) 김현주 기자, 입력 2013.01.30 17:31:24, 수정 2013.01.30 17:31:24, egg0love@segye.com
55) http://www.segye.com/Articles/NEWS/ECONOMY/Article.asp?aid=201301300 24478&subctg1=&subctg2=&OutUrl=naver(2013.2.6)

18. 대우건설의 향후 사업전망과 턴어라운드

1) 향후의 영업과 사업전망

(1) 건설업계의 현황

(가) 건설산업의 특성

건설산업은 광범위한 고정자본 형성 및 사회간접자본시설의 확충을 직접적으로 담당하는 국가경제의 기간산업이다. 또한 주택, 도로, 철도 등 국민생활과 각종 산업활동의 근간을 제공하며 타 산업의 생산활동을 간접적으로 지원하여 경제성장을 뒷받침하는 보완적 기능도 하고 있다. 이외에도 타 산업에 비하여 생산, 고용, 부가가치의 유발효과가 크기 때문에 정부 차원에서 경기조절용으로 활용하는 정책산업이라고 할 수 있다. 이러한 영향으로 인해 건설산업은 사업수행 지역의 법률, 규범, 기준에 크게 영향을 받는 산업이다. 각종 시설에 대한 요구수준 즉, 안전, 환경 등에 대한 규제가 나라마다 다르고 기술적 평가기준이 상이하므로 이에 맞추어 건설수주와 관리전략이 달라지고 품질수준도 달라지기 마련이다. 또한 해당 국가의 도덕적 수준, 사회적 투명성 등에 의해서도 영향을 받게 되며 이에 대응하기 위하여 국제법, 계약기준 및 정보에 능통한 전문가가 요구되는 글로벌산업이라고 할 수 있다.

(나) 건설산업의 성장성

국가의 기간적 인프라시설이 완비되고 주택보급이 포화되면서 우리나라의 건설시장도 유지, 보수 중심의 선진국형으로 변화될 것으로 예상하고 있다. 그러나 우리나라의 국토여건, 첨단기술과의 융합, 남북한 관계개선, 지속가능한 국토로의 개조 등을 해결하는 새로운 성장동력을 확보하는 잠재적 성장성이 계속 존재할 것으로 예상된다.

(다) 경기변동의 특성

건설업은 기본적으로 수주산업이기 때문에 정부의 사회간접시설에 대한 투자의 규모, 타산업의 경제활동수준 및 기업의 설비투자 등은 물론 주택경기 상황 등에 의하여 생산활동이 파생되므로 경기에 아주 민감한 산업이다.

특히 건설산업은 정부에 의한 국내경기 조절의 주요한 수단으로 활용되기 때문에 부동산 가격 및 관련법규나 정부규제 등 외적요인에 의해 상당한 영향을 받을 수 있다.

(라) 경쟁요소

턴키/대안 및 CM발주 등 사업의 효율성을 강조한 발주방식의 증가로 건설제품의 범주에 대한 인식이 시공의 중심에서 시공전(pre-construction) 단계인 기획 및 엔지니어링과 시공 후(post-construction) 단계인 유지보수 단계까지 확대되는 한편, 공사의 대규모와 복잡화는 다양한 수직적 및 수평적 협력관계(Partnering)에 의한 사업방식을 부상시키고 있다. 이와같은 다양한 변화는 건설업의 핵심적 경쟁요소를 과거의 경험과 시공기술력(Hard능력)에서 공사관리(Construction Management)능력, 금융조달능력, 기획능력, 전략적 제휴능력, 사업타당성 분석능력 등 다양한 Soft능력으로 전환시키고 있다. 추구하는 전략의 방향에 따라 그 비중에는 다소 차이가 있겠지만, 이제 시공 위주의 단순구조에서 복합구조로 변해가는 건설사업에서 이윤을 확보하기 위해서는 Hard능력과 Soft능력의 결합이 필수적으로 요구된다.

(마) 자원조달의 특성

건설자재의 경우 타산업에 비해 철강, 시멘트 등 국내수급 자원의 비율이 높은 편이나 목재, 골재, 모래 등은 국내자원의 소진에 따라 수급에 어려움이 있어 해외의존도가 점차 상승하는 추세이다. 또한 건설업의 계절적 특성에 따라 계절별 수요량의 변화가 크고, 주거형태가 다변화되지 못하며, 특정 지역에서의 과다 수요발생으로 지역간 수요편차가 심한 편이며 건설업 특성상 여타산업에 비해 자동화, 표준화가 미흡하여 인력자원의 비중이 큰 산업이다.

(바) 관계법령 및 정부의 규제 등

현재 건설산업은 다양한 법률에 의해 규정되고 있다. 예컨대 설계감리계약을 포함한 계약은 국가를 당사자로 하는 계약에 관한 법률과 건설기술관리법이 규정하고 있다. 설계 및 엔지니어링 활동은 건축사법, 건설기술관리법, 엔지니어링기술진흥법, 환경관련법률의 적용을 받도록 되어 있다. 아울러 설계감리활동에 있어서는 건축법, 건축사법, 건설기술관리법 등의 적용을 받는다. 시공 및 시공관리업무도 건설계약, 건설시공, 전기계약, 전기시공, 전기통신계약, 전기통신, 소방계약, 소방시공 감리계약, 감리 등으로 이루어지며 다양한 법률의 적용을 받고 있다.

2) 회사의 현황

(1) 영업개황

대우건설은 1973년에 창업을 한 이래 지난 30여년동안 최고의 기술력과 품질로 한국건설업을 선도해 왔으며, 세계 30여개국에서 지구촌 건설에 앞장 서왔다. 특히 최근 급격한 대내외 환경변화에 직면하여 기업경쟁력을 획기적으로 제고, 건설업계 최고 수준의 외적 성장은 물론 최고의 수익성과 건전한 재무구조 등 내적 성장을 병행하여 명실상부한 국내 정상의 건설회사로 자리 매김하였다. 2011년에는 매출 70,319억원, 영업이익 3,649억원을 달성하였다. 향후 건설시장 전망에서 대우건설은 업계 최고의 기술력과 영업력을 바탕으로 내실경영을 지속적으로 추구하면서 각 사업부문의 역량을 강화하여 경영의 안정화를 실현해 나갈 것이며, 노사가 화합하는 조직문화와 투명경영의 강화를 통한 고객 및 주주 중시의 기업경영에 주력할 예정이다.

(2) 건설시장의 특성

IMF를 지나오면서 건설환경의 변화는 건설시장 구조의 변화를 가져왔다. 즉, 건설업이 단순 도급사업에서 벗어나 아파트 분양사업, 재개발/재건축사업, SOC민자사업 등으로 다양화되면서 개발사업의 성격이 짙어졌으며, 이에 따라 일반건설업체와 협력업체 뿐 아니라 부동산개발업자, 시행사 나아가 금융기관 및 투자자 등 다양한 주체들의 사업참여가 이루어지고 있다.

이러한 참여주체의 다양화는 이해관계를 다양화하여 프로젝트의 구조를 더욱 복잡하게 만들고 있다. 최근 건설업을 둘러싼 환경변화는 수요와 공급 측면에서 건설산업의 구조를 설정하는 요인을 과거와 전혀 다른 양상으로 바꾸어 놓았다. 최근의 건설산업은 자동차나 금융산업에서 보는 바와 같이 그 성격이나 결과물의 특성 그리고 결과물을 구현하는 데 사용되는 재료, 기술, 서비스 등의 범위와 폭에 있어서 주요한 변화가 일어나고 있는 것이다.

저성장기 시대의 진입과 경제발전에 따른 건설투자의 감소는 결과적으로 시장을 축소시켜 물량의 감소를 가져오는 반면, 기존에 업체들의 물량확보에 기여하였던 업종간의 진입장벽의 해소는 결국 각 영역에서 신규 진입기업을 증가시켜 궁극적으로는 경쟁을 격화시키는 방향으로 작용할 것이다.

(3) 신규사업 등의 내용 및 전망

정부의 국가에너지 기본계획수립 이후 녹색성장정책과 신재생에너지 사업이 구체화되고 있다. 이에 당사는 신재생에너지 사업이 회사의 성장을 가늠하는 중요한 사업이 될 것으로 판단하여 지속적인 성장이 가능하도록 조직역량을 결집하여 왔다. 특히 바이오에너지 가스분야에서는 대우건설의 자체 개발 DBS공법을 보유하고 있으며, 동 기술은 국내기업 최초로 유럽시장에 수출하여 친환경성, 고효율성, 경제성 등 기술력을 대내외에 입증한 바 있다.

또한 국내 조력발전의 선두주자로서 준공시 세계최대 규모인 시화조력발전소(254MW)를 건설중에 있으며, 이외에도 강화, 새만금, 아산만 등 다수의 조력발전 프로젝트를 추진중에 있다. 외형적인 성장 뿐만 아니라 조직역량의 강화에도 주력하여 현장의 문제해결 및 생산성을 극대화하고 혁신활동을 통해 글로벌기업에 걸맞는 내부역량과 인프라를 갖추어 지속적으로 고객가치를 창출할 수 있도록 하겠다.[56]

---

56) http://stock.daum.net/item/bbs.daum?code=047040&bbsId=stock&articleId=4020899&viewObj=1:2:0(2013.2.11)

3) 대우건설의 재무제표(2011년 결산실적의 턴어라운드)

⟨재 무 상 태 표⟩

제 12 기 2011. 12. 31 현재
제 11 기 2010. 12. 31 현재

(단위 : 원)

과 목	제 12기	제 11기
1. 유동자산	5,812,856,082,404	6,389,964,143,384
(1) 당좌자산	5,100,338,780,204	5,948,838,037,119
(2) 재고자산	712,517,302,200	441,126,106,265
2. 비유동자산	3,171,925,661,609	3,069,524,371,157
(1) 투자자산	1,950,029,006,924	1,951,996,581,026
(2) 유형자산	180,491,325,576	177,366,084,895
(3) 무형자산	68,943,698,014	64,220,613,582
(4) 기타비유동자산	972,461,631,095	875,941,091,654
자 산 총 계	8,984,781,744,013	9,459,488,514,541
1. 유동부채	3,577,246,661,260	3,444,707,390,021
2. 비유동부채	2,047,088,842,947	2,759,651,167,522
부 채 총 계	5,624,335,504,207	6,204,358,557,543
1. 자본금	2,078,113,190,000	2,078,113,190,000
2. 자본잉여금	548,200,217,905	548,290,757,935
3. 기타자본항목	-99,173,814,034	-109,827,083,467
4. 기타포괄손익누계액	43,230,932,792	144,516,711,405
5. 이익잉여금	790,075,713,143	594,036,381,125
자 본 총 계	3,360,446,239,806	3,255,129,956,998
부채와자본총계	8,984,781,744,013	9,459,488,514,541

자료: http://stock.daum.net/item/bbs.daum?code=047040&bbsId=stock&articleId= 4020899&viewObj=1:2:0(2013.2.11)

〈손 익 계 산 서〉

제 12 기 (2011. 1. 1 부터 2011. 12. 31 까지)
제 11 기 (2010. 1. 1 부터 2010. 12. 31 까지)

(단위 : 원)

과 목	제 12기	제 11기
1. 매출액	7,031,863,671,636	6,719,062,404,701
2. 매출원가	6,363,201,660,579	6,606,260,891,335
3. 매출총이익	668,662,011,057	112,801,513,366
4. 판매비와 관리비	326,981,314,801	309,899,891,604
5. 기타영업수익	352,926,680,650	140,408,879,147
6. 기타영업비용	329,740,996,123	930,844,293,633
7. 영업이익	364,866,380,783	-987,533,792,724
8. 금융원가	113,999,589,554	161,752,723,026
9. 기타수익	71,119,235,443	43,839,626,222
10. 기타비용	61,772,374,577	40,422,917,176
11. 법인세비용차감전순이익	260,213,652,095	-1,145,869,806,704
12. 법인세비용	33,456,194,444	-332,268,311,430
13. 당기순이익	226,757,457,651	-813,601,495,274

자료: http://stock.daum.net/item/bbs.daum?code=047040&bbsId=stock&articleId=4020899&viewObj=1:2:0(2013.2.11)

〈포 괄 손 익 계 산 서〉

제 12 기 (2011. 1. 1 부터 2011. 12. 31 까지)
제 11 기 (2010. 1. 1 부터 2010. 12. 31 까지)

(단위 : 원)

과 목	제 12기	제 11기
Ⅰ. 당기순이익(손실)	226,757,457,651	-813,601,495,274
Ⅱ. 세후 기타포괄손익	-121,350,634,813	3,945,865,677
1. 매도가능금융자산평가손익	-79,610,824,997	21,171,338,994
2. 해외사업환산손익	-21,674,953,616	-4,197,301,735
3. 보험수리적손익	-20,064,856,200	-13,028,171,582
Ⅲ. 당기 총포괄이익(손실)	105,406,822,838	-809,655,629,597

자료: http://stock.daum.net/item/bbs.daum?code=047040&bbsId=stock&articleId=4020899&viewObj=1:2:0(2013.2.11)

〈이익잉여금처분계산서〉

제 12 기 (2011. 1. 1 부터 2011. 12. 31 까지)
제 11 기 (2010. 1. 1 부터 2010. 12. 31 까지)

(단위 : 원)

과 목	제 12기	제 11기
1. 처분전 이익잉여금	688,339,336,881	487,300,004,863
(1) 전기이월이익잉여금	481,646,735,430	1,313,929,671,719
(2) 보험수리적이익(손실)	-20,064,856,200	-13,028,171,582
(3) 당기순이익	226,757,457,651	-813,601,495,274
2. 임의적립금등의 이입액	2,666,666,667	5,000,000,000
(1) 임의적립금이입액	2,666,666,667	5,000,000,000
3. 이익잉여금처분액	-8,000,000,000	-10,653,269,433
(1) 이익준비금	-	-
(2) 자기주식처분손실	-	-10,653,269,433
(3) 배당금		
가. 현금배당	-	-
나. 주식배당	-	-
(4) 연구 및 인력개발준비금	-8,000,000,000	-
4. 차기이월이익잉여금(1 2 3)	683,006,003,548	481,646,735,430

자료: http://stock.daum.net/item/bbs.daum?code=047040&bbsId=stock&articleId=
4020899&viewObj=1:2:0(2013.2.11)

- 최근 2사업연도의 배당에 관한 사항

구 분	제12기	제11기
주당배당금	-	-
배당총액	-	-
시가배당율	-	-

자료: http://stock.daum.net/item/bbs.daum?code=047040&bbsId=stock&articleId=
4020899&viewObj=1:2:0(2013.2.11)

제2장 대우건설의 생존전략

1. 최고의 건설사로 인정받아 공정 하나하나에 심혈

"첫 공사는 미미했습니다. 하지만 발주처에서 대우건설이기 때문에 가능할 것이라면서 먼저 연결공사를 요청해 초기의 공사보다 10배가 커졌습니다." 최영민 대우건설 나이지리아 에스크라보스 가스액화연료 생산시설(EGTL) 프로젝트 현장소장은 9일 문화일보와의 전화통화에서 "공사규모가 처음 7100만달러에서 7억1800만달러로 10배가 넘게 증가했다"며 "엄청난 자부심과 책임감을 느끼며 공정 하나하나에 심혈을 쏟고 있다"고 했다.

실제로 천연자원이 풍부한 산유국 나이지리아에서 진행되는 건설 프로젝트에는 전 세계 유수의 건설업체들이 수주에 열을 올린다. 하지만 공사를 수주해 수행하는 도중에 손을 들고 철수하는 게 태반인 것이 현실이다. 우기가 되면 공사를 중지해야 하는 기후조건, 외국인에 배타적인 부족사회, 테러위협 등 돌발변수의 외적 조건이 공사과정에서 수시로 발목을 잡기 때문이다. 최 소장은 "정말 어려운 환경속에서 대우건설은 30여년간 나이지리아 정부와 각종 오일 메이저 발주처들로부터 최고의 건설사라고 인정받고 있다"며 "다른 건설사들과 달리 직원들이 꾸준하게 보여준 성실함과 정(情)에 현지인들과 발주처도 감동받고 마음으로 하나가 될 수 있게 한 것이 현지 동화 배경"이라고 설명했다. 그는 "나이지리아에서 현지화 노하우와 경험은 누구도 따라올 수 없는 대우건설만의 경쟁력"이라고 덧붙였다. 대우건설은 나이지리아에서도 강성으로 꼽히는 지역 부족민들과 무장반군 출신 근로자가 많은 현장임에도 단 한건의 노사분규도 발생하지 않는 등 현지인들과의 관계형성에서 성공을 거두었다. 최 소장은 "지역의 부족장에 해당하는 리더들과의 유대와 소통, 다양한 지역과 국가간 근로자들을 묶어주는 유화정책, 투명하고 공정하면서도 엄격한 인사정책들이 시너지를 만들어 회사와 한국인 직원들을 신뢰할 수 있도록 만들었다"고 강조했다.57)58)

2. 기분 좋은 상상, 대우건설이 짓는 미래의 실버주택

정말 추웠던 겨울이 가고 봄을 질투하는 꽃샘추위가 찾아왔습니다.59) 겨울은 또다시 내년을 기다려야 하나봅니다. 날씨가 추워지니 몸이 추워지는데요. 이런 날씨에 밖을 돌아다니다 주변을 전전긍긍하고 계시는 할아버지, 할머니들의 모습을 보면 마음까지 추워지네요.

최근 한국사회에는 인구문제의 한 축으로 '고령화'를 빼놓을 수 없습니다. 하지만 이에 대한 정부의 대책은 체계적으로 이뤄지지 않고 있는 게 현실이며 정부 차원의 대책 뿐만 아니라 다양한 차원의 대책이 필요할 때입니다. 이번에는 기분 좋은 상상, 대우건설이 짓는 미래의 실버주택을 소개합니다! 대우건설이 짓는 미래의 실버주택은 대우건설의 실제 기술력과 저의 상상을 펼쳐볼 예정입니다. 실버주택의 핵심은 나이가 지긋하신 노인분들을 위한 시스템이 중심이 될 것입니다. 그럼 한번 대우건설 미래의 실버주택으로 들어가 볼까요?

첫번째 시스템은 실버주택 시스템입니다. 그것은 대우건설의 실제 기술력이기도 한데요. 욕실의 미끄럼방지 타일 or 모서리 보호대 부착입니다.

간단한 설계기술이지만 세심한 배려를 통한 설계의 미비한 사고를 미리 예방하는 기술이라고 할 수 있습니다. 미끄러운 욕실에서 자칫 넘어져서 약한 뼈가 자칫 골절이 될 수 있으며 뾰족한 모서리같은 곳에서는 자칫 살이 금방 찢어질 수 있으니 조그마한 기술이지만 세심한 배려를 통해 실버주택

---

57) 이용권 기자 freeuse@munhwa.com, munhwa.com '대한민국 오후를 여는 유일석간 문화일보'
58) http://www.munhwa.com/news/view.html?no=2012101001032124046008 (2013.2.11)
59) 대내홍 5기 / It's possible 2011/03/04 17:00, http://blog.naver.com/skymk777/40124683648

의 첫번째 모습을 띠고 있습니다. 이 첫번째 기술은 현재 부천 중동역 푸르지오에서 볼 수 있는 시스템이라고 합니다.

자료: http://blog.naver.com/skymk777?Redirect=Log&logNo=40124683648(2013.2.11)

　두번째 시스템은 인체공학적 시스템을 도입하여 물이 받아져 있는 욕실에 들어가 있기만 해도 자동으로 건강측정 시스템이 가동되어 종합건강검진 서비스를 받을 수 있는 의료시스템 주택으로의 도입입니다. 몸이 불편하신 노인분들을 위해서 집에서 자동으로 종합건강검진을 받을 수 있는 시스템을 기능적으로 설치해 놓은 기술입니다. 물론 신체적으로 손상을 입은 경우에는 어쩔 수 없이 병원을 찾아가야겠지만 21세기형 주택-의료시스템 기술이라는 점에서 주목할만 합니다.
　세번째 시스템은 오토-리모컨(Auto-remote control) 시스템입니다. 주변에서 쉽게 찾아볼 수 있는 TV리모컨같은 경우에는 중년층까지는 비교적 쉽게 사용할 수 있습니다. 하지만, 70대 정도의 연령에 들어서는 노인분들에게 있어서 TV리모컨은 사용하기 쉽지 않습니다. TV리모컨에 적혀 있는 글씨 크기가 너무 작아 보기 힘들 뿐만 아니라 적혀 있는 글씨에 대한 기능을 읽어봐도 잘 모르시기 때문입니다. 이렇게 봐도 힘든 TV리모컨 시스템을 모티브로 삼아 간단히 노인분들이 자주 사용하는 기능들을 TV리모컨보다는 약간 크지만 노인분들께서 쉽게 사용하는 데 주안점을 뒀습니다. 여기서 TV리모컨의 크기보다 더 크게 한다는 것에 의문점을 제기할 수도 있는데요. 그야 물론 리모컨에 적혀있는 글씨 크기를 더 늘리고, 버튼 크기도 늘려서 사용하기 편리하게 하려는 의도가 있습니다. 그리고 오토-리모컨 시스템을 통해 사용할 수 있는 기능에는 간단히 생각하면 창문 및 블라인드 자동 개폐, 현관문 자동개폐, 집안 내부 가전제품들의 호환 기능 등 간단히 생각해도 노인분들이 집에서 편리하게 사용할 수 있는 오토-리모컨 시스템을 생각하고 그것을 미래에는 기대할 수 있습니다.

지료: http://blog.naver.com/skymk777?Redirect=Log&logNo=40124683648(2013.2.11)

간단한 욕실의 미끄럼방지 타일이나 모서리 보호대를 부착하여 사고를 예방하는 차원의 '설계적 기술'도 중요하지만 노인분들의 적극적인 주택기능 사용을 증가시키기 위해 '기능적 기술'도 중요합니다.

간단히 예를 들어 위에서 말한 욕실의 미끄럼방지 타일이나 모서리 보호대 등의 설계를 통한 기술은 '설계적 기술'이라고 할 수 있고, 인체공학을 고려한 건강측정시스템을 도입하여 건강검진 서비스를 받을 수 있는 기술은 '기능적 기술'이라 할 수 있습니다. 앞으로 대우건설이 짓는 미래의 실버주택이 궁금해지는 순간입니다. 대우건설의 미래 실버주택을 기다려보죠! 기분 좋은 상상, It's possible, 역시 대우건설입니다.60)61)

3. 대우건설의 미래와 먹거리의 환경에너지

산업은행의 글로벌 인지도 활용을 통해 해외시장 다변화도 적극 모색62) 대우건설이 미래 먹거리 사업으로 에너지와 환경을 꼽았다. 대우건설은 미래 신성장동력의 사업분야로 발전플랜트, 신재생에너지, 바이오가스, 해저터널, 그린프리미엄주택을 꼽았다. 또 조력발전 등 신재생에너지 분야와 유기성폐기물을 에너지원으로 활용하는 바이오가스분야에서도 글로벌 기술경쟁력을 확보할 계획이다. 대우건설은 해외에서도 시장을 다변화한다. 기존의 나이지리아, 알제리, 아랍에미레이트연합 등 주요 거점국가에서의 시장지배력을 더 공고히 하고 나아가 동유럽 남미 등으로 눈을 돌릴 계획이다. 인도네시아, 몽골 등지에서는 산업은행 네트워크를 활용한 투자개발형 사업도 발굴해 나갈 계획이다. 이와같이 시장다변화를 통해 국외 수주목표를 지난해 34억달러보다 56% 늘어난 53억달러로 정했다. 대우건설은 올 상반기 신규수주 5조8780억원, 영업이익 2359억원의 경영실적을 거두었으며 연말까지 수주 14조원, 매출 7조2000억원으로 정했다. 올 2분기 매출은 전

---

60) 출처: 기분 좋은 상상, 대우건설이 짓는 미래의 실버주택?!|작성자 노용부
61) http://blog.naver.com/skymk777?Redirect=Log&logNo=40124683648(2013.2.11)
62) 2011년 07월 29일 (금) 21:41:54 이재성 기자 greennews@korea.com

년동기 대비 4.2% 줄어든 1조7천340억원, 영업이익은 1천639억원, 분기 순이익은 1천124억원을 기록했다. 대우건설은 금호아시아나그룹에서 탈피해 산업은행에 속한 후 올 2분기에 흑자전환에 성공했다. 업계에서는 대우건설의 자체 경쟁력과 산업은행의 금융부문 지원 기능이 시너지를 발휘한 결과로 보고 있다. 대우건설이 해외시장을 다변화하려고 하는 것은 산업은행의 글로벌 시장에서의 인지도를 십분 활용하겠다는 전략이다. 앞으로 해외시장에서의 대우건설의 움직임이 주목되는 이유이다.[63)64)]

4. 현대건설 vs 대우건설의 경쟁력 비교

다음은 Daum카페 텐인텐 부산(http://cafe.daum.net/10in10busan)에서 등록된 질문입니다.[65)] 힐스테이트와 푸르지오에 대한 것입니다. 둘다 건설사 상위 1등급 건설사지만 굳이 뽑자면 어느 브랜드가 더 셀까요? 저의 개인적인 생각으로는 대우 푸르지오가 좀더 낫다고 생각을 합니다. 물론 개인적인 생각입니다.[66)] 두 회사의 인지도는 비슷하다고 보지만 두개의 건설사중에서 굳이 서열을 가려 달라하면 푸르지오가 4위, 힐스테이트가 5위로 보아야 합니다.[67)] 그러나 삼성래미안과 LG자이를 제외하고는 대림, 대우가 동급이라 보고 현대가 다소 아래로 보아야 하고 그러나 3,4,5위는 브랜드 인지도보다는 위치와 주변여건, 환경 등의 입지조건과 구조, 방향, 가격 등의 내부요건으로 결정하여야 합니다.[68)] 예전 IMF 이후 건설산업이 어려울 때 대우건설측에서 일을 수주할 수 없던 여건에서는 아파트공사를 주도적으로 밀어 붙여 아파트를 대량으로 공급하게 되었지만 품질에 대한 자존심이나 회

---

63) 이재성 기자, 에코뉴스(http://www.econews.co.kr)
64) http://econews.co.kr/news/articleView.html?idxno=15063(2013.2.11)
65) 죠디스 | 2012-10-02 15:50 | 조회 379 | 답변 6
66) 해얼(poul****), 전문분야 : 경매, 공매 (1위) | 임대차 (1위) | 답변 8197 | 채택률 100%
67) 2012-10-02 16:34, 엑스퍼트 한마디(부동산도우미1004님)
68) 2012-10-02 23:35, 엑스퍼트 한마디(해얼님)

사에 대한 인지도 등에서는 아무래도 현대건설이 한 수 위가 아닐까요? 예전에도 그렇지만 지금도 현대건설이 막무가내식 사업보다는 가려서 추진하다 보니 다소 최근의 공급은 부족한 편이나 건설업 맏형으로서 품질에 대한 자부심은 과거, 현재 그리고 미래에도 최고가 아닐까 생각합니다.69)70)

5. 대우건설의 주택문화관서 노래교실과 노래대회 개최

대우건설은 주택문화관 '푸르지오 밸리'에서 '푸르지오 LEARN & SING CONTEST'를 개최한다.71) '푸르지오 LEARN & SING CONTEST'는 주부 및 만 30세 이상의 여성들을 대상으로 하며, 총 5회에 걸쳐 10곡의 노래교실과 노래대회로 구성된다. 참가자는 먼저 희망하는 노래교실을 차수별로 참석하고 참석자 가운데 희망자가 다시 노래대회에 출전하는 형식이다. 가수 김란영이 진행하는 노래교실은 8월11일부터 5주간 매주 수요일 오전에 열리며 노래대회는 9월25일 토요일 오후 2시에 진행된다. 노래대회 입상자에게는 김치냉장고를 비롯해 푸짐한 경품이 지급될 예정이다. 노래교실은 푸르지오 홈페이지를 통하여 신청을 받고 매회 80명을 추첨해 참석자를 선정한다. 노래대회는 필요시 예선을 거친 20명의 최종 대상자가 경합할 예정이다.72)73)

6. 대한건설협회의 '2013년 경영전략' 발표회 개최

중소업체의 경쟁력 강화 차원에서 마련, 대한건설협회(회장 최삼규)는 국

---

69) 2012-10-30 16:48 | 출처 : 본인작성 1:1질문
70) http://k.daum.net/qna/view.html?category_id=QDA&qid=4yVBT&q=%EB%8C%80%EC%9A%B0%EA%B1%B4%EC%84%A4%EC%9D%98%20%EB%AF%B8%EB%9E%98&srchid=NKS4yVBT(2013.2.11)
71) (입력) 2010-07-06 11:50:38 (수정) 2010-07-06 11:50:38, (태그) 대우건설 주택문화관 노래교실 노래대회 푸르지오, [서울=DIP통신] 강영관 기자
72) kwan@dipts.com, 소비자가 보는 경제뉴스 DIP통신
73) http://www.nspna.com/news/?mode=view&newsid=23223(2013.2.7)

토해양부 및 주요 건설업체를 초청, 오는 29일 오후 2시 건설회관 2층 중회의실에서 '2013년 경영전략 발표회'를 개최한다. 이번 발표회는 수년간 지속되고 있는 국내경기 침체, 글로벌 경제위기 등 대내외 건설환경이 어느 때보다 어려울 것으로 예상되고 다수의 중소업체의 경우 전문가, 정보력 부족 등으로 전략수립에 어려움을 겪고 있어 중소업체의 경영지원 차원에서 마련되었다.

2013년 경영전략 발표회 프로그램

시 간	내 용	발표자
14:00~14:50 (50분)	건설환경 변화에 따른 건설업계 대응전략	지창구 박사 (GS건설)
14:50~15:20 (30분)	대림산업 2013년 경영전략 소개	최병준 팀장 (대림산업)
15:20~15:30 (10분)	휴 식	
15:30~16:30 (60분)	2013년 정부 도로정책 동향 및 추진계획	윤성배 서기관 (국토해양부)
16:30~17:00 (30분)	대우건설 2013년 경영전략 소개	김종성 차장 (대우건설)

※ 발표자는 변동될 수 있음.

자료: http://blog.naver.com/kgunsulin?Redirect=Log&logNo=40178420642(2013.2.7)

　본 발표회에서는 대우건설, GS건설, 대림산업이 자사의 경영전략을 각각 소개하고 특히 국토해양부의 '2013년 도로정책 동향 및 추진계획'을 발표하는 자리도 같이 마련되어 건설사의 경영전략 수립에 많은 도움이 될 것으로 보인다고 한다. 한편 건설협회 관계자는 "이번 발표회는 작년에 이어 개최됨으로써 대중소 상생발전의 모범사례로 정착화되어가고 있어서 건설협회는 중소업체의 경영지원을 위해 경영전략 발표회를 지속적으로 추진할 계획"이라고 말했다.74)

7. 대우건설의 브랜드 이미지 개혁

브랜드 인지도가 낮았던 대우건설이 '푸르지오'라는 아파트 브랜드 하나로 리서치 인터내셔날 인지도 조사에서 아파트 부분 1위를 기록했다.75) 고품격 이미지라는 감성광고, '푸르지오에 사는 여성은 미래가치를 볼 줄 아는 여인'이란 콘셉트를 강조함으로써 생활의 프리미엄을 내세웠던 대우건설이 그동안 관심이 적었던 '물'을 활용하여 실개천, 분수대를 만들고 피트니스 센터에서 산책로 그리고 아파트 벽화까지 등이다. "아직도 만남보다 소중한 말을 알지 못한다. 그리움보다 진한 말을 알지 못한다. 가슴이 따뜻한 사람과 만나고 싶다." 이는 어떤 시인의 글이었지만 광고카피로도 인용된 시들도 있다.76)77)

---

74) http://blog.naver.com/kgunsulin?Redirect=Log&logNo=40178420642(2013.2.7)
75) 기사입력: 2007/05/18 [09:11] | 최종편집: 울산여성뉴스, 신승부 울산대학교 교수
76) 울산여성뉴스
77) http://www.uwnews.co.kr/sub_read.html?section=section60&uid=7148
(2013.2.11)

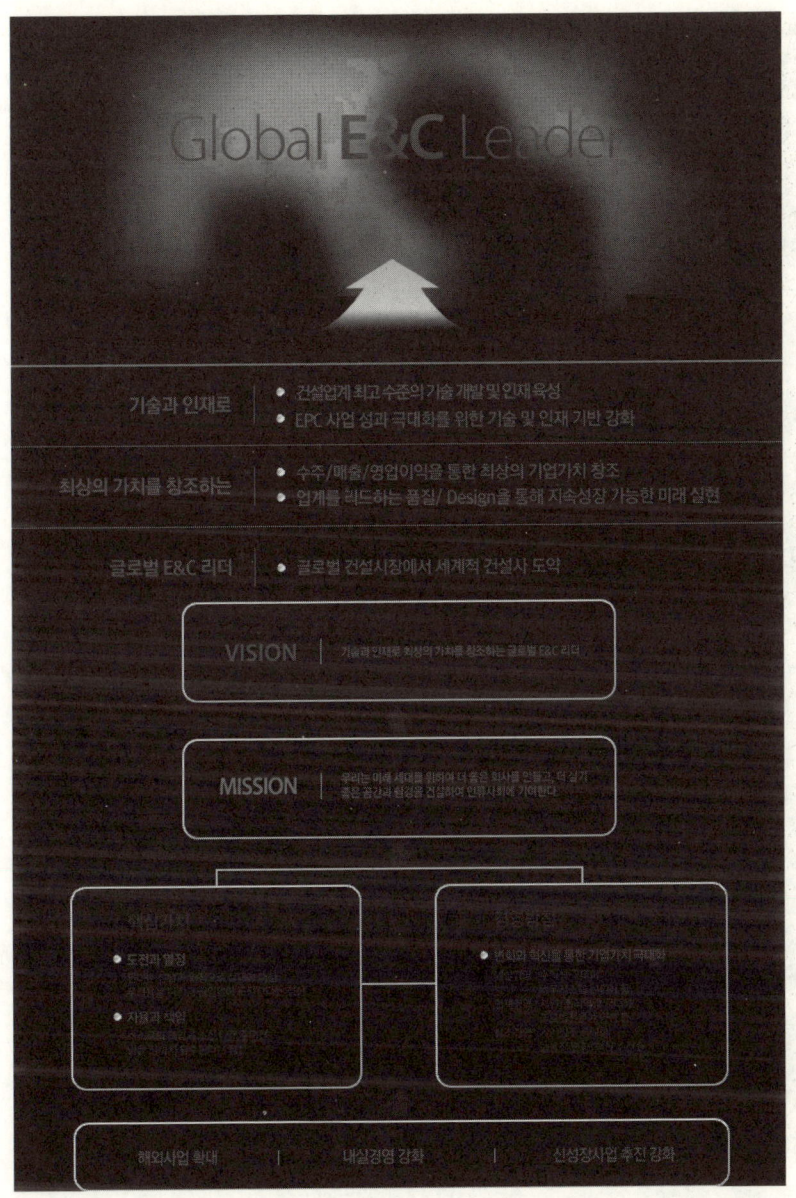

자료: http://cafe.daum.net/kdcpolice/H32N/1809?docid=3979777789&q=%B4%FB%BF%EC%B0%C7%BC%B3%C0%C7%20%BA%F1%C0%FC&re=1(2013.2.11)

제2장 대우건설의 생존전략

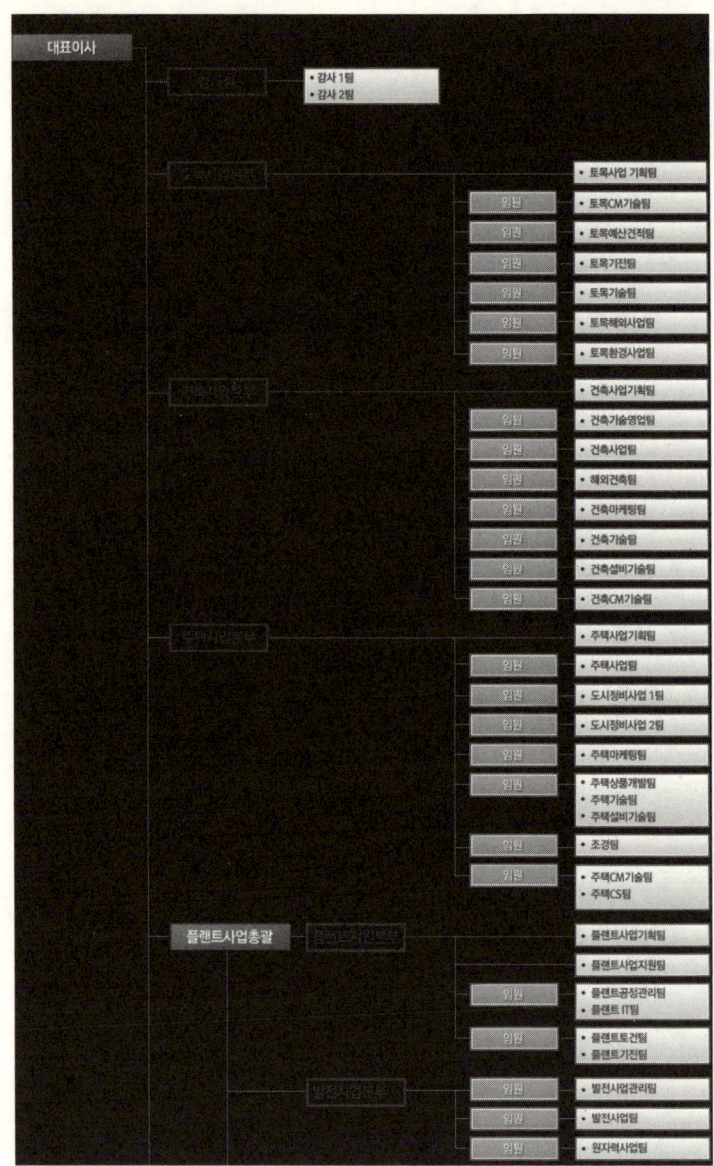

자료: http://cafe.daum.net/kdcpolice/H32N/1809?docid=3979777789&q=%B4%EB%
BF%EC%B0%C7%BC%B3%C0%C7%20%BA%F1%C0%FC&re=1(2013.2.11)

8. 대우건설의 에너지 사용량 알림이

앞으로 대우 푸르지오 입주자는 자신이 사용한 에너지량을 곧바로 확인할 수 있게 된다. 대우건설은 신규로 분양하는 푸르지오 단지에 실시간 에너지 모니터링 시스템을 도입한다고 24일 밝혔다.[78] 실시간 에너지 모니터링 시스템이란 각 세대에서 사용하는 전기, 가스, 온수, 난방 등 최대 5개 에너지 항목에 대한 사용량을 5초 주기로 측정해 실시간으로 입주자에게 알려주는 시스템이다.

또 사용자가 설정한 사용량을 초과할 경우 경고 메시지를 보낸다. 대우건설은 오는 25일부터 1순위 청약접수를 시작하는 흑석한강 푸르지오부터 이 시스템을 적용할 계획이다. 대우건설 관계자는 "지난해에 2020년까지 `제로 에너지 하우스`를 공급한다는 비전을 발표했다"면서 "내년까지 에너지 절감률 50% 아파트를 개발할 것"이라고 말했다.

〈 실시간 에너지 모니터링 시스템 〉

자료: http://blog.speedbank.co.kr/blog/blog.jsp?a=173224&b=2goldman (2013.2.11)[79][80]

[78] (흑석 첫적용) 2010/02/25 09:32 , 출처: 스피드뱅크 뉴스/투자정보 :: 대우건설, 에너지 사용량 알려줍니다 (2010-02-24 이데일리)

9. 인간중시 U라이프와 이미지 'UP'

대우건설은 지난 2003년 2월 "푸르지오"를 앞세워 주택시장의 브랜드 경쟁에 뛰어들었다. 이후 푸르지오는 광고 캠페인을 시작한지 불과 2년만에 소비자의 인지도와 선호도면에서 건설업계를 선도하는 파워 브랜드로 성장했다.[81] 푸르지오는 "푸르다"는 순우리말에 지구, 대지를 뜻하는 "GEO"가 결합된 말로 건강하고 싱그러움이 넘치는 생활문화공간을 의미한다. 인간의 정신적, 사회적, 육체적 활동이 최상의 주거환경에서 즐겁고 싱그럽게 이루어지는 공간을 창조하자는 비전이 담겨져 있다. 대우건설은 전국 주택 점유율 1위라는 확고한 지위를 바탕으로 고품질, 고품격의 푸르지오 아파트를 많은 소비자에게 노출시키고 이것을 바탕으로 구전효과를 노리는 캠페인을 전개하고 있으며 전국적으로 입지여건이나 주변환경에 대한 평가에서 뛰어난 사업지를 선별 및 공급하는 방식을 통해 푸르지오 아파트를 각 지역의 랜드마크로 부상시키는 계획을 실행하고 있다. 대우건설 푸르지오의 가장 큰 특장점을 정의하면 프리미엄 웰빙과 유비쿼터스의 조화라고 할 수 있다. 대우건설은 프리미엄 웰빙을 실현하기 위해 3단계에 걸친 위해요소 저감시스템을 적용한다.

1단계는 마감과정에서 친환경자재를 적용해 새집증후군을 미연에 방지한다.

2단계는 집안의 환기가 원활하게 이루어 질 수 있도록 공기의 흐름을 고려한 평면을 적용한다.

3단계는 입주 3개월전부터 난방설비를 가동시켜 만에 하나 있을지 모를 위해요소를 제거한다. 또 하나의 중요한 화두인 유비쿼터스를 실현하기 위해 홈네트워크시스템을 더욱 강화할 방침이다. 가스, 난방, 조명, 에어컨 등의 원격조정 뿐만 아니라 오락기기나 보안시스템까지를 포괄하는, 그야말

---

79) http://blog.speedbank.co.kr/2goldman/173224
80) http://blog.speedbank.co.kr/blog/blog.jsp?a=173224&b=2goldman(2013.2.11)
81) [브랜드대상]

로 때와 장소에 관계없이 편리한 주거생활이 가능하도록 만든다는 계획이다.[82][83]

10. 하반기 경영전략, 신성장사업 역량강화와 글로벌 대우건설

해외 신규수주 크게 증가
상반기 영업이익 495% 껑충
산업은행과 손잡고 개발사업 확대
오피스텔 시장도 적극 공략[84]

국내 대표의 '건설 명가(名家)'로 꼽히는 대우건설(사장 서종욱)이 대폭 호전된 펀더멘털(기초체력)을 발판으로 재도약에 박차를 가하고 있다. 하반기 신정상동력사업의 역량강화 및 수익성 위주의 내실경영을 앞세워 국내 정상급 자리를 탈환하겠다는 복안이다. 이 회사는 그룹해체, 워크아웃, 회사매각 등 숱한 풍파속에서도 2006년부터 2008년까지 줄곧 시공능력 평가 1위를 차지하는 저력을 과시한 바 있다.

1) 재도약 모멘텀 마련, '글로벌 대우' 박차

대우건설은 리비아 사태, 주택시장 침체 등 대내외적인 악재에도 불구하고 올 상반기 호실적을 내놨다. 지난 21일 발표한 상반기 경영실적의 결과에 따르면 영업이익 2359억원을 기록, 전년 동기(396억원) 대비 495% 가량 증가했다. 매출액은 1조7340억8600만원으로 지난해 같은 기간에 비해 4% 줄었지만 당기순이익은 1123억6400만원으로 333% 늘었다.

해외신규시장을 공격적으로 개척해 안정적인 공사물량을 확보한 덕분이다. 실제로 이 회사의 상반기 신규수주는 5조8780억원, 이중 해외수주는 전년 동기 대비 159%로서 2조5340억원에 달한다. 신규수주중 해외부문이 차

---

82) 자료 : 헤럴드 경제 2005. 5. 30, 2005-05-31 오후 6:19:09
83) http://www.chungsol04.com/skyboard/board_read.asp?code=sky_life&id=1
 (2013.2.11)
84) 헤럴드경제 원문 기사전송 2011-07-25 11:05

지하는 비중도 지난해 상반기 27.4%에서 43.1%로 확대됐다. 대우건설의 관계자는 "하반기 아랍에미리트(UAE) 루와이스 정유저장시설 등 대형공사의 매출이 본격적으로 반영되면 올해 매출목표인 7조2000억원은 무난히 달성할 수 있을 것"이라고 내다봤다. 건실한 해외실적이 재도약의 발판이 되고 있는 셈이다.

이에 그치지 않고 시장다변화를 모색하고 있다. 중동내 거점지역을 디딤돌로 사우디아라비아, 이라크, 쿠웨이트 등으로 시장을 확대하는 한편 동남아시아, 중앙아시아 및 남미지역에로의 진출을 추진하고 있다. 아울러 글로벌 EPC 수행역량 강화도 꾀하고 있다.

사진: 대우건설이 건설중인 국내 최초 및 세계 최대 규모의 시화호 조력발전소 전경으로서 완공되면 하루 최대 25만 4000㎾의 전력을 생산할 수 있게 된다.
자료: http://news.nate.com/view/20110725n08746(2013.2.6)

2) 신성장동력사업의 강화, 산업은행과 시너지 극대화

대우건설은 원자력, 신재생에너지 등 신성장동력의 사업에도 심혈을 기울이고 있다. 특히 하반기에는 대주주인 산업은행과 국내외 개발사업에 파이낸싱 공동참여를 확대, 도시개발사업 등 신사업모델을 적극 검토한다는 계획이다. 플랜트부문의 경우 하반기부터 중동, 북아프리카 지역의 정치적 불안이 해소됨에 따라 본격적인 발주가 이뤄질 것으로 전망된다. 이에 대비해 영업정보력을 강화하고 금융과 시너지를 이용해 민자발전사업 등의 개발사업을 추진하고 있다. 해외 원자력 수주, 해상풍력사업 참여 등 신성장동력 육성에도 투자를 계속해 나갈 예정이다. 건축부문에서는 서울과 수도권내 오피스텔 시장의 공략에 나선다. 아파트시장 침체속에서도 인기상품으로 떠오른 주거형 오피스텔 호조세가 당분간 계속될 것이라는 판단에서다. 이에 1~2인 가구를 겨냥한 소형특화 상품개발에 공을 들이고 있다. 하반기 비핵심 자산매각으로 획기적인 재무구조 개선도 기대된다. 대한통운 지분, 서울외곽순환도로 지분, 하노이 대우호텔 등의 매각을 통해 1조원 규모의 현금이 유입될 예정이다. 대우건설은 자산매각대금과 영업현금흐름으로 차입금을 상환함으로써 2010년 연간 순이자비용 1579억원을 올해 1100억원 규모로 줄인다는 계획이다.[85)][86)]

11. 건설사의 2012 경영전략과 CEO의 경영계획

'건설과 금융의 융합을 통해 글로벌 건설사로 도약하겠다.'[87)] 대우건설은 올해 '건설과 금융'을 결합시킨 '컨버전스 이노베이터'로 거듭나는데 경영의 주안점을 두기로 했다. 그 결과물은 민자발전소사업으로 발전시킨다는 전략이다. 서종욱 대우건설 사장은 "대우건설은 국내 발전소중 4분의 1을 지었고 현재 해외 6개국에서 9개 프로젝트에 60억달러 규모의 발전소 건설을

---

85) 김민현 기자/ kies@heraldm.com, 헤럴드 생생뉴스 Copyrights ⓒ 헤럴드경제 & heraldbiz.com
86) http://news.nate.com/view/20110725n08746(2013.2.6)
87) 서종욱 대우건실 사장, 파이낸셜뉴스 원문 기사전송 2012-01-19 17:04 최종수정 2012-01-19 22:19

진행중"이라며 "수주의 전망이 밝은 중동지역의 민자발전소 건설사업에 대우건설의 건설경험과 기술력, 산업은행의 금융기법을 접목시켜 시너지효과가 크고 부가가치가 높은 새로운 사업모델을 창출하겠다"고 말했다.

1) "새로운 사업모델 창출"

기존의 일반적인 해외건설 수주방식인 설계·구매·시공(EPC)에다 사업기획 능력 및 파이낸싱을 추가함으로써 새로운 사업기회를 창출하고 수익을 극대화하겠다는 것이다. 대우건설은 지난해 KDB산은금융그룹에 편입되면서 경영실적 개선에 성공했다. 건설사중 가장 많은 2만3174가구의 주택(오피스텔 6283실 포함)을 공급한 가운데 분양률도 90%를 웃도는 양호한 실적을 거뒀다. 한때 전국적으로 8000가구에 달하던 미분양주택은 2000가구로 줄었다.

더불어 지난해 국내 공공공사 수주실적도 1위에 랭크됐다. 이같은 경영성과로 지난해 말 신용등급이 A+로 한 단계 상승했다. 서 사장은 "올해는 수주 15조원, 매출 7조9000억원을 달성하겠다"면서 "특히 수주목표액 15조원중 절반가량인 7조1000억원을 해외시장에서 거둘 계획"이라고 강조했다.

주택시장의 여건이 개선되지 않고 있지만 대우건설은 올해도 틈새지역과 틈새상품 등을 중심으로 공격적으로 주택시장을 공략한다는 계획이다. 올해에는 2만1135가구를 계획하고 있지만 아직 사업이 확정되지 않은 물량을 합하면 최대 2만7000여가구로 늘어날 것으로 내다봤다. 서 사장은 "지난해 업계가 주택사업에 대해 부정적으로 봤고 또한 실제로도 그랬는데, 대우건설의 분양률이 90%를 넘는다"면서 "이는 치밀한 시장조사, 수요조사, 마케팅전략 등의 결과"라고 말했다. 그는 "올해도 시장여건이 어려울 것으로 예상되지만 철저한 시장조사를 통해 공급계획을 세우고 특히 1~2인용 소형주택과 같은 틈새시장도 적극 개척해 나갈 계획"이라고 설명했다.

2) "주택공급 및 공공수주 1위 수성"

국내 공공건설 시장에 대해서도 1위 자리를 지키겠다는 전략이다. 서 사장은 "공공시장은 성숙기에 접어들어 물량이 많지 않지만 과당경쟁을 통해 수주하지는 않겠다"면서도 "경제에서 내수시장이 기본이듯이 건설업체에는 공공공사가 기본이기 때문에 전략적으로 그리고 착실하게 수주에 임하겠다"고 밝혔다. 서 사장은 "올해 국내의 건설경기는 상반기에 바닥을 찍고 하반기부터는 서서히 회복국면으로 전환될 것으로 본다"면서 "내년 이후에는 경기가 본격적인 회복국면에 접어들 것으로 예상된다"고 말했다.

대우건설 경영 실적 및 목표

구분	2011년 실적	2012년 목표
아파트	1만6448가구	1만6302가구
오피스텔	6283실	4675실
도시형 생활주택	443가구	158가구
총 수주 (해외 수주)	미정 (약 5조7000억원)	15조원 (약 7조1000억원)

자료 : 대우건설

자료: http://news.nate.com/view/20120119n29737(2013.2.6)

3) "신용보강 통해 수주능력 배가"

대우건설은 리스크관리 차원에서 올해 프로젝트파이낸싱(PF) 지급보증 1조원을 감축할 계획이다. 모기업인 산은 주축의 금융권이 신용공여를 한 자산담보부기업어음(ABCP)을 발행해 조만간 보증규모를 4000억원 가량 축소하고 나머지 6000억원도 연내에 감축하겠다는 것이다. 산은의 여신한도(크레디트라인)를 5000억원 정도로 확대하고 금리도 낮춰 대우건설의 조달비용을 줄이는 한편 해외공사 이행보증, 기자재 구매 때의 신용장(L/C) 라인 확보 등 기업금융 연계와도 이뤄졌다. 대우건설은 올해 해외매출 계획을 지난해에 비해 크게 늘려잡았지만 지금까지 주력시장이던 리비아에서의 수주와 매출은 '제로'로 잡았다. 서 사장은 "리비아는 아직도 혼란스러운 상황이기 때문에 치안이 확보되지 않은 상황에서는 들어갈 수 없다"면서 "오는 6월 선거가 치러지고 새 정부가 정식 출범한 뒤 내년부터 리비아 재건사업 발주물량이 나올 것으로 본다"고 말했다. 서 사장은 최근 화제가 되고 있는 정부의 호남고속철도 민간 위탁운영과 관련, "컨소시엄 대표사인 동부건설과 함께 검토를 하고 있고 민영화된다면 민간도 충분한 경쟁력을 갖출 수 있을 것으로 본다"면서도 "아직 원론적인 수준으로서 구체적인 계획이 있는 것은 아니다"라고 밝혔다.[88)89)]

12. 대우건설, 'HY-CALM' 방재신기술 지정 '쾌거'

1) 지진의 진동과 바람의 풍진동 제어

대우건설이 지진에 의한 진동과 바람에 의한 풍진동을 동시에 제어하는 최첨단 공법을 개발했다.[90)] 대우건설(대표이사 서종욱)이 SH공사, DRB동일과 공동으로 개발한 최첨단 복합제 진공법인 HY-CALM 시스템이 소방방재청 주관 방재신기술 31호로 지정됐다고 밝혔다.

HY-CALM 시스템은 지진을 제어하기 위해 설치되는 강재를 이용한 기존 댐퍼공법에 고감쇠고무를 함께 적용해 바람에 의한 진동을 동시에 제어할 수 있는 최첨단 공법이다.

2) HY-CALM 시스템의 기존 구조물 손상흡수 및 풍진동 성능개선

이번에 지정된 신기술은 기존의 내진설계가 지진에 의해 가해지는 힘을 구조물이 저항하는데 반해, 하나의 장치로 지진 뿐만 아니라 바람에 의한 풍진동까지 동시에 제어할 수 있는 신기술로 대우건설은 국내외 초고층 건물을 대상으로 점차 적용을 확대할 계획이다.

---

88) shin@fnnews.com 신홍범 기자, 파이낸셜뉴스
89) http://news.nate.com/view/20120119n29737(2013.2.6)
90) [뉴스] 대우건설, 'HY-CALM' 방재신기술 지정 '쾌거' 최신기사 2013/01/17 15:36, http://bizecokr.blog.me/110156952808, [환경매일 조나현 기자]

△ HY-CALM 시스템의 기존 구조물 손상흡수 및 풍진동 성능개선
자료: http://blog.naver.com/bizecokr/110156952808

    대우건설은 HY-CALM 시스템을 통해 대지진시 건물의 손상 및 초대형 태풍에 의한 초고층 건물의 풍진동을 효율적으로 제어해 고층부에 살고 있는 입주민의 거주 편의성과 건물의 구조안전성이 큰 폭으로 향상될 것으로 기대하고 있다. 또한 지진발생 이후 시스템의 쉽고 빠른 점검 및 교체가 가능해 유지관리측면에서 편리하다. 대우건설 관계자는 "지진 뿐만 아니라 향후 기후변화에 따라 우리나라에도 발생 가능성이 높은 슈퍼태풍 등의 위험으로부터 피해를 예방할 수 있게 될 것"이라고 전망했다. 한편 소방방재청이 주관해 지정하는 방재신기술은 지난 2006년부터 시작된 것으로 국내 지진발생 빈도의 증가 및 이상 기후에 따른 태풍의 영향이 증대되고 있어 이에 대한 국민적 요구를 반영해 제도가 운영되고 있다.[91][92]

---

91) 환경매일신문(The Daily Green), http://www.bizeco.kr, [출처] [뉴스] 대우건설, 'HY CALM' 방재신기술 지정 '쾌거'|작성자 환경매일
92) http://blog.naver.com/bizecokr/110156952808(2013.2.7)

13. 대우건설의 치밀한 융합론과 먹히는 전략

1) 독보적 및 공격적 사업전략

산업은행과의 시너지, 재무구조의 대폭 개선, 외형·내실경영 동반추진[93] 독보적이면서 공격적인 사업전략으로 지난해 사상 최대의 실적을 올린 대우건설이 2012년에도 거침없는 행보가 이어질 전망이다. 올해는 △ 해외시장 진출 확대 △ 독보적인 주택공급 △ 재무구조 개선 호재 등을 앞세워 글로벌 건설기업으로 거듭나겠다는 포부를 밝혔다. 올해 대우건설은 건설사 업구조의 틀을 과감하게 바꾸고 건설·금융·첨단기술이 복합된 광대역 산업의 선두주자가 되겠다는 청사진을 제시했다. 이른바 '건설융합론'이라 할 수 있는 새로운 틀을 정립시켜 나가고 있는 모양새다. 서종욱 대우건설 사장은 "외형성장과 내실경영의 두 마리 토끼를 잡는다는 큰 틀 안에서 산업은행과 시너지 창출을 통한 활력소를 적극 활용할 계획"이라고 말했다.

2) 산업은행과의 시너지 극대화

대우건설이 사상 최대의 실적을 기록했던 지난해보다 올해가 더 기대되는 이유는 재무구조 개선을 꼽을 수 있다. 대우건설은 지난해 산업은행 체제로 전격 편입되면서 성공적인 턴어라운드로 성장의 기틀을 마련했다. 특히 공격적인 해외시장 개척, 주택시장에서의 독보적인 공급물량과 분양성공, 대폭적인 미분양 해소, 신규 공공공사 수주 1위 등 위기에 강한 대우건설의 저력을 유감없이 발휘했다는 평가다. 무엇보다 대우건설은 (주)한국기업평가로부터 지난해 12월30일, 대우건설의 장기 신용등급을 A0에서 A+로, 단기 신용등급을 A2에서 A2+로 상향조정했다. 산업은행에 편입된 후 수익성 개선과 대한통운 매각으로 인한 재무구조 개선효과 등이 반영된 것으로 보인다. 이로써 대우건설은 대한통운 매각대금 8862억과 차입금 8923억원, 미분양 주택도 대폭 감소하는 등 재무구조가 빠른 속도로 개선되고 있다.

또한 최대 주주인 산업은행과의 시너지 창출로 PF 채무규모도 2009년 4

---

[93] 프라임경제 원문 기사전송 2012-01-11 18:06

조3679억원→2012년 2조2547억원으로 지속적으로 감축하고 있다. 대우건설 관계자는 "금년에도 비핵심자산 매각을 통해 재무구조를 개선하고 투자 및 엔지니어링 역량강화의 재원으로 활용할 계획"이라고 밝혔다.

3) 올해의 신성장동력

서종욱 대우건설 사장은 올해 신성장 동력으로서 건설융합을 강조했다. 건설산업 자체가 단순한 시공이 아닌 기획, 개발, 금융 등이 복합된 광대역 산업으로 진화하는 것에 발맞춰 선도적인 역할을 담당하겠다는 것이다. 서 사장은 "경쟁기업과 똑같은 사업구조와 기술을 가지고 치열하게 경쟁하는 기존의 방식으로는 성장과 수익에 한계가 있을 수밖에 없다"면서 "자신의 강점보유분야에 타산업과의 협력과 제휴를 통해 건설산업의 사업기회를 넓혀 나가야 한다"고 말했다. 대우건설은 올해부터 기존의 사업기획력과 시공능력에 구조화된 금융조달이 가능할 수 있도록 하고 지속적인 정보의 축적이 가능한 솔루션을 제공하는 건설사로 거듭난다는 계획이다.

4) 국내외 사업, 독보적 진행

대우건설은 올해 경영목표를 수주 15조원, 매출 7조5000억원, 영업이익률 5%대로 잡았다고 밝혔다. 이를 위해 올해는 해외시장쪽에 사업비중을 늘리고 공종의 다각화를 통해 63억달러의 해외수주를 목표로 설정했다. 특히 지난해 전체 수주의 40%, 매출의 35% 수준에 머물렀던 해외사업 비중을 올해는 수주 45%, 매출 40% 수준으로 높일 계획이다. 이를 위해 지난해와 마찬가지로 올해에도 사하라 이남 아프리카 지역 및 남미 지역에 진출, 전략적 거점을 확보하는 등 시장다변화를 적극 추진할 계획이다. 기존의 거점지역인 북부, 서부 아프리카 및 중동지역에서도 우월적 시장경쟁력을 바탕으로 시장지배율을 높여간다는 방침이다. 공종별로도 IPP 민자발전시장 및 LNG Process, LNG Tank Farm 공사를 적극적으로 수주할 계획이다. 올해는 대우건설의 사업비중이 해외에 초점이 맞춰져 있지만 국내 건설시장에서도 공격적인 사업을 진행한다. 앞서 대우건설은 지난해 불안정한 국내외 경영환경속에서도 주택 2만2643가구를 분양한 바 있다. 그 결과 2위군 경쟁사보다 두 배 이상 많은 주택을 공급했음에도 95.2%라는 분양률을 기록했다. 올해 역시 주택공급물량이 많이 잡혀있지만 대우건설의 사업전략에 맞춰 내실있는 주택을 공급할 계획이다. 서 사장은 "푸르지오의 브랜드 경쟁력을 앞세워 2만1150여가구를 공급할 계획"이라며 "물량은 많지만 충분한 시장조사와 주택수요 분석, 마케팅 등으로 틈새시장을 공략하는 내실있는 공급으로 주택공급 1위의 성공을 이어갈 것"이라고 밝혔다.[94][95]

14. 글로벌기업의 신성장 미래전략의 대우건설

대우건설이 통합과 혁신을 통해 글로벌 건설사로 변신한다. 올해 목표를 신규수주 14조원, 매출 7조2000억원, 영업이익 3740억원으로 정하고 중동뿐 아니라 중남미까지 사업의 영역을 넓히고 있다.[96] 서종욱 대우건설 사장은 "산업은행과의 시너지를 바탕으로 해외사업을 확대해 나가고 미래의 신성장동력사업을 선점해 나갈 방침"이라면서 "특히 올해는 해외비중을 45%까지 점진적으로 확대하고 해외수주 목표를 지난해 34억달러보다 56% 늘어난 53억달러로 정했다."고 말했다. 따라서 대우건설은 충분한 경쟁력을 확보하고 있는 LNG 및 발전소분야와 나이지리아, 알제리, UAE 등 주요 거점국가에서의 시장지배력을 강화하고 오일 및 가스분야의 수주를 늘리기도 했다. 또 산업은행과의 시너지를 통해 국제적인 개발사업도 적극적으로 추진할 계획이며 동유럽, 남미 등 신규시장 개척을 통해 시장다변화를 추진할 방침이다. 대우건설은 액화천연가스(LNG)플랜트, 복합화력발전소 등 플랜트 분야와 터널, 해저침매터널, 장대교량 등 토목기술분야에서 세계적 수준의 경험과 기술을 보유하고 있다. 이에 더해 전문인력의 충원 및 인수합병(M&A)을 통한 플랜트 EPC(설계·구매·조달·시공 일괄수행 방식) 역량강화에

---

94) 김관식 기자 kks@newsprime.co.kr, 프라임경제(http://www.newsprime.co.kr)
95) http://news.nate.com/view/20120111n25009(2013.2.6)
96) 서울신문 원문 기사전송 2011-07-15 03:22

도 나선다. 또 프로젝트관리 강화 및 정보기술(IT) 시스템의 강화로 사업의 효율성을 높인다. 미래를 대비한 신성장동력사업 개발을 통해 신시장 선점 기술을 확보하는 데에도 노력을 기울일 방침이다. 서 사장은 "해외사업의 확대와 차별화된 국내시장 공략 강화를 통해 사업포트폴리오를 합리화하는 것이 최우선 과제"라면서 "이를 통해 대우건설을 세계 최고의 글로벌 건설사로 만들겠다."고 강조했다.[97][98]

15. 위기의 건설업의 생존전략, 대우건설의 원가혁신 해외시장확대로 돌파

대우건설은 올해를 '혁신을 추진하는 비상경영의 해'로 정하고 건설경기의 장기침체 국면을 돌파해 나간다는 전략이다.[99] 대우건설은 이를 위해 EPC 혁신체제를 가동하고 2010년부터 준비해 온 전사적 IT기반 통합관리시스템인 '바로콘'을 올해안에 정착키로 했다. 이와함께 원가혁신과 유동성 관리를 전담하는 각각의 소위원회를 구성해 주단위와 월단위로 추진상황을 점검한다. 대우건설의 경영전략은 조직의 효율성과 핵심역량을 먼저 극대화하고 이를 바탕으로 글로벌 경쟁력과 신성장동력을 확보하는 '저성장시대의 맞춤형 성장 패러다임'으로 평가받고 있다.

1) EPC혁신 - 효율·프로세스·원가 등의 통합관리시스템 가동

대우건설이 추진중인 EPC혁신은 Efficiency, Process, Cost 등의 혁신을 의미한다. 이를 위해 2010년부터 준비해 온 IT기반 통합관리시스템 '바로콘'을 올해 전사 각 부문에 활용한다는 계획이다.

---

97) 한준규 기자 hihi@seoul.co.kr, 서울신문(www.seoul.co.kr)
98) http://news.nate.com/view/20110715n01824(2013.26)
99) 2013년 2월 6일 (수) 오전11:37:57 산업 ▼ 산업 기업 부동산 [위기의 건설업 생존전략] ③대우건설, 원가혁신 해외시장확대로 위기 돌파[조세일보] 눈성희 전문위원, 입력 : 2013.02.05 08:57 | 수정 : 2013.02.05 09:01

◆…대우건설이 베트남 하노이에 건설중인 스타레이크씨티 조감도
자료: http://www.joseilbo.com/news/htmls/2013/02/20130205170677.html(2013.2.6)

(1) 효율

Efficiency Innovation은 IT통합관리시스템 '바로콘'의 안정화를 통해 프로젝트의 견적, 입찰, 계약, 시공, 준공의 전체 싸이클을 효율적으로 관리하고 정보공유와 신속한 의사결정을 통해 리스크를 사전에 예방하는 효율혁신을 의미한다.

(2) 프로세스

Process Innovation은 공사의 수주 및 낙찰에서 완공까지 전 과정에 걸쳐 철저한 사전조사와 준비를 통해 경쟁력을 획기적으로 제고하는 업무추진 혁신이다. 특히 영업 및 수주 프로세스에서는 기존의 불합리한 업무관행을 과감히 탈피하여 모든 업무과정에서 윤리와 준법실행까지 관리할 수 있도록 했다.

(3) 원가 통합관리

Cost Innovation은 일상적 원가경비절감 차원을 넘어 전 공정을 상시 모니터링하는 혁신이다. 이를 통해 원가율 상승이 예상되는 프로젝트의 선제적 집중관리는 물론, 투자심의, 신규공사심의, 리스크관리위원회 등의 운영강화로 부실요인을 사전에 차단키로 했다.

2) 조직과 인력의 개편: 해외플랜트, 영업기획, 재무 등의 확대

대우건설은 올해 경영목표로 설정한 비상경영과 이노베이션이 각 현장에서 실제로 원활하게 돌아갈 수 있도록 조직의 개편과 인력운영의 개선작업도 병행하여 추진한다. 먼저 원가혁신과 유동성 확보를 위해 원가혁신위원회와 유동성확보위원회를 조직했다. 위원회에서는 매주, 매월 단위로 각 부문별 추진목표를 설정하고 실행사항을 점검·조정해 회사 전체의 원가와 유동성 목표가 달성되도록 각 부문을 총괄적으로 관리한다. 대우건설은 이 과정을 통해 원가를 2000억원 이상을 줄일 계획이다. 대우건설은 글로벌 핵심역량을 강화하기 위해 지난해 말 조직개편을 단행했다. 1개 본부로 구성되었던 플랜트 부문에 플랜트사업 총괄부문을 신설하고 산하에 플랜트지원본부, 발전사업본부, 석유화학사업본부, 플랜트엔지니어링본부 등 4개 본부를 두어 플랜트 부문에 힘을 실었다. 영업쪽에서도 해외 플랜트와 원자력 플랜트의 영업력을 강화하기 위해 해외영업본부를 플랜트 부문에 편입하고 원자력 영업실과 기획영업부를 신설했다. 기획관리부문에서는 비상경영체제 관리지원을 위한 조직개편이 이뤄졌다. 또 전사적 리스크관리기능을 강화하기 위해 리스크매니지먼트 부분과 재무부문, 대외홍보 기능을 확대했다.

인력관리측면에서도 엔지니어링 인력을 확충하고 글로벌 인재발굴을 위한 현지전문가의 채용과 기존직원들에 대한 글로벌 역량강화 교육을 추진할 계획이다.

3) 글로벌시장 강화: 해외비중 50% 이상, 해외수익율 제고

대우건설의 작년 한해 해외부문의 성과는 눈부시다. 알제리 라스지넷 복합화력발전소, 사우디 지잔 정유시설공사, 모로코 조르프라스파 비료공장 등 대규모 해외건설 프로젝트를 잇달아 수주해 연초에 세웠던 수주목표를 초과달성했다. 이 회사는 여세를 몰아 해외부문 목표를 30% 정도 높게 잡고 해외비중을 54%까지 끌어 올릴 계획이나. 그리고 외형성장과 함께 해외사업의 수익률을 국내사업 수준으로 높여 내실도 탄탄하게 다진다는 전략이다. 세계시장 공략은 진출형태별로 구분해 차별화된 전략으로 추진할 예정이다. 기존 아프리카와 중동시장에 대한 높은 의존도에서 벗어나 지역별로 최적의 사업 포트폴리오를 구축하기로 했다. 시장 재진입에 성공한 UAE, 사우디, 말레이지아, 싱가포르에서는 기반을 공고히 다지는 전략을 수립하고 그리고 새로 개척할 중남미, 남부 아프리카, CIS 지역에서는 적극적인 신뢰구축에 중점을 두어 자원과 인력을 효율적으로 배분할 계획이다.

대우건설은 KDB가 최대 주주인 잇점을 살려 파이낸싱을 동반한 해외의 사업발굴에 적극 나서기로 했다. KDB와의 협력을 통해 최근 글로벌 건설시장의 대세인 '건설산업융합'의 선도적 지위를 확보할 예정이다. 단순한 시공을 넘어서 기획, 개발, 금융, 시공, 관리 등이 복합된 광대역 산업으로 진화하는 전략을 추진한다. 서종욱 사장은 "이노베이션은 한해의 노력으로 모두 다 성취할 수 없다"고 전제한 뒤 "지속적인 시행을 통해 조직문화속에 스며들고 일상화, 내재화될 때 대우건설은 경쟁력을 갖춘 진정한 글로벌 리더가 될 것"이라며 경영비전을 설명했다.100)101)

16. 법원 "포스코건설, 대우건설에 컨소시엄 분담금 49억원 줘라"

강화 연륙교관련 판결102) 서울중앙지법 민사합의 45부(부장 김명한)는 인천시 강화군 교동연륙교 공사 컨소시엄의 최대 지분을 가진 대우건설이 두번째 지분을 가진 포스코건설을 상대로 낸 분담금 49억원 청구소송에서 원고 승소판결했다고 5일 밝혔다. 대우건설과 포스코건설은 2008년 교동연륙교 공사입찰을 위해 대우건설이 40%, 포스코건설이 30%의 지분을 갖는 조건으로 협약을 체결했다. 두 업체는 효율적 공사진행을 위해 수주 이후

---

100) 조세일보(http://www.joseilbo.com), 서울시 중구 남대문로1가 18번지 조세일보(주) | 발행인/편집인 : 황춘섭 | 정기간행물 등록번호 : 서울아00013 | 등록일 : 2005년 8월 8일 | 창간일 : 2001년 2월 1일
101) http://www.joseilbo.com/news/htmls/2013/02/20130205170677.html(2013.2.6)
102) 한국일보 원문 기사전송 2013-02-06 02:46

설계와 시공은 모두 대우건설 몫으로 하고 시공중에 발생하는 모든 이익과 손실에 대해서는 지분비율대로 부담하기로 약정했다. 컨소시엄은 사업을 따냈지만 2009년 대우건설과 하청업체의 법적 분쟁, 공사현장 기초골조가 4차례나 급류에 떠내려가는 사고가 발생하면서 난관에 봉착했다. 공사기간과 공사비가 늘어나자 포스코건설은 "시공과정에서 대우건설의 과실이 명백해 일어난 일인만큼 증가한 분담금을 낼 이유가 없다"며 분담금 45억여 원을 2011년 7월부터 지급하지 않았다. 대우건설은 소송을 제기했고, 두 건설업체는 9개월간 법정공방을 벌였다. 재판부는 "두 업체가 이익 뿐 아니라 손실도 지분 비율대로 부담하기로 약정한 이상 당초 추정된 공사금액보다 비용이 늘어났다 하더라도 포스코건설은 분담금을 지급해야 한다"고 판단했다. 재판부는 "설령 대우건설의 과실이 명백하다고 인정될지라도 이는 공사 종료 후 규정에 따른 정산절차 혹은 대우건설에 대한 손해배상 청구로 해결할 성질의 문제"라고 덧붙였다.103)104)

17. '정대우' '구도일' 게 섯거라, '하이맨'이 간다

효성 '신바람나는 조직문화 만들기 캠페인', 캐릭터 및 꽃바구니 전달 등 임직원 '고충전담 해결사'로 활약!05) ▶ 입사: 2007년 ▶ 소속: 홍보팀 ▶ 좌우명: 바꾸고 나서는 그냥 후회하지만 가만히 있다가는 땅을 치고 후회한다 ▶ 특기: 실행력 ▶ 현재 업무: 임직원 소통채널 '와글와글 게시판'에서 고충상담가로 활약106) 효성그룹 고충상담 캐릭터 '하이맨(HI Man)'의 간단한 신상명세다. 효성이 '하이맨'을 내세워 '신바람나는 조직문화 만들기 캠페인'에 나섰다. 7일 효성에 따르면 '하이맨(HI Man)'은 '효성 이노베이션맨(Hyosung Innovation Man)'의 약자다. 그는 최근 그룹 본사인 서울 공덕동

---

103) 인터넷한국일보(www.hankooki.com), 정재호 기자 next88@hk.co.kr
104) http://news.nate.com/view/20130206n01125(2013.2.7)
105) 헤럴드생생 원문 기사전송 2013-02-07 16:35
106) 헤럴드경제=신상윤 기자

공덕빌딩내에 배기가 잘되지 않던 실내 흡연실에 대한 직원들의 고민을 접수, 흡연실을 외부로 옮겨 임직원들의 고민을 말끔히 해결해줬다. 애연가인 동료들의 눈치 때문에 적극적으로 나서기 어려운 사안을 '하이맨'이 소통창구로 나서 해결한 것이다. '하이맨'은 임직원들을 위해 달콤한 '이벤트 가이' 역할도 수행중이다. '하이맨'은 캠페인 일환으로 직장의 동료와 선후배에게 감사하는 마음을 '하이맨'에게 전달하면 추첨을 통해 영화 단체관람권과 초콜릿 세트를 증정하는 '함께 웃는 우리팀! 달달한 이벤트'를 진행하고 있다. 지난해 3월 14일, 화이트데이 때에는 사연을 받아 20명을 추첨, 사랑하는 사람에게 '하이맨'표 예쁜 꽃바구니와 사탕을 배달해주는 '하이맨, 사랑의 배달부가 되어드립니다'라는 이벤트를 진행해 임직원들의 호응을 얻었다. 올해에도 화이트데이에 사연을 접수해 사랑을 배달할 예정이다. 최근 B2B(기업 대 기업간 거래) 기업들이 온·오프라인에서 귀엽고 발랄한 캐릭터를 활용하여 무거운 기업의 이미지를 개선하고 임직원과 일반인들에게 보다 친근하게 다가가려 노력하는 추세다. 실제로 대우건설과 S-OIL은 CF 등을 통해 각각 '정대우밴드' '구도일' 등의 캐릭터를 내세워 인기를 끌고 있다. 효성의 관계자는 "앞으로 '하이맨'은 효성을 보다 신바람나는 회사로 만들기 위한 활동에 큰 역할을 할 계획"이라며 "블로그나 페이스북 등 SNS(Social Network Service·소셜 네트워크 서비스)를 통해 일반인들에게 자칫하면 딱딱하고 어려울 수 있는 효성의 이야기를 '하이맨'이 나서 친근하게 전달하겠다"고 말했다.[107][108]

---

107) ken@heraldcorp.com, 헤럴드 생생뉴스, 헤럴드경제 & heraldbiz.com
108) http://news.nate.com/view/20130207n27042(2013.2.7)

자료: http://news.nate.com/view/20130207n27042(2013.2.12)

자료: http://news.nate.com/view/20130207n27042(2013.2.12)

18. 대우건설의 신문로사옥 매입 놓고 고심

제이알에 풋옵션 제공, 2800억원에 재매입 약정 만기 도래[109] 대우건설이 서울 신문로 사옥 소유주인 제이알 제1호 기업구조조정리츠의 만기가 다가오면서 고민에 빠졌다. 제이알과 임차계약을 체결하는 과정에서 미리 정해진 가격에 건물을 매입한다는 풋옵션을 제공한 탓이다. 1일 관련업계에 따르면 대우건설 (8,720원 80 0.9%)은 지난 2009년 1월 제이알 제1호와 신문로 사옥 임대차 계약을 맺으면서 4년이 경과된 후 6개월동안 매수청구권(콜옵션)을 행사할 수 있는 옵션을 뒀다. 대우건설은 오는 3월부터 6개월 동안 콜옵션을 행사할 수 있다. 대우건설이 6개월간 콜옵션을 행사하지 않으면 제이알 제1호가 매도청구를 할 수 있는 권리(풋옵션)도 계약에 포함됐다. 결과적으로 콜옵션을 행사하지 않더라도 제이알 제1호가 풋옵션을 행사하면 건물을 살 수밖에 없다. 매매대금은 2867억원으로 임대차 계약의 옵션 체결과 함께 미리 정해졌다. 제이알 제1호가 2009년 금호생명으로부터 매입할 당시 가격인 2400억원보다 467억원 높은 금액이다. 당시 감정평가액(프라임감정평가법인) 2903억원보다는 낮다. 제이알 제1호는 다만 시장에서 이보다 높은 가격을 제시하는 원매자가 나타날 경우 대우건설에게 매도하지 않을 것으로 예상된다. 5년내 청산을 통해 지분 투자자들에게 이익을 분배해야하는 제이알 제1호는 이번 기회에 투자금을 회수하겠다는 입장이다. 제이알 제1호 관계자는 "투자금 회수를 계획대로 진행한다"며 "건물 매각 방식에 대해서는 대우건설과 논의가 필요할 것"이라고 말했다. 대우건설은 그러나 제이알 제1호의 반응을 조심스럽게 지켜보고 있다. 매입을 위한 구체적인 자금조달 계획은 아직 수립되지 않았다. 대우건설 관계자는 "일단 제이알 제1호측에서 어떻게 나올지 모르기 때문에 지켜보고 있는 상황"이라며 "매입계획에 대해서는 구체적으로 수립된 바가 없다"고 밝혔다. 대우건설은 이같은 반응을 보이고 있지만 제이알 제1호의 풋옵션에 응하지 않기는 쉽지 않을 것으로 보인다. 무엇보다도 법적 소송에 휘말릴 가능성을 배제할 수 없기 때문이다. 업계에서는 대우건설이 사옥매입을 위한 자금의 마련이 어렵지 않을 것으로 보고 있다. 증권사 연구원은 "2012년 말 기준

---

109) 머니투데이 더벨 이효범 기자 |입력 : 2013.02.04 11:51, MTIR sponsor더벨|이 기사는 02월01일(16:39) 자본시장 미디어 '머니투데이 thebell'에 출고된 기사입니다.

대우건설은 3200억원 가량의 현금성 자산을 보유하고 있다"며 "일반적으로 사옥매입의 경우 담보대출을 통해 자금의 절반 이상을 조달하기 때문에 대우건설의 현금흐름에 큰 무리가 없을 것"이라고 답했다. 신용평가사 연구원은 "운전자본투자로 영업활동에 자금소요가 발생하면서 유동성 지표는 저조한 양상을 보이고 있다"며 "차입규모가 회사규모에 비해 크지 않고 경쟁업체에 비해 매입채무가 작은 수준이어서 추가적인 자금조달이 가능할 것으로 분석된다"고 전했다. 대우건설은 지난해 9월 말 기준으로 운전자본금 1조5011억원을 투자했다. 다만, 2010년 말 1616억원, 2011년 말 4391억원 등과 비교하면 급등한 수치이다. 지난 5년동안 5000억원 이상을 유지해오던 현금성 자산은 3200억원으로 떨어진 상태다. 2000년에 준공된 대우건설 사옥은 옛 금호생명이 쓰던 건물로 3441㎡(1041평)의 대지에 건축면적 1917㎡(583평), 연면적 5만4363㎡(1만6500평)로 지하 7층, 지상18층 규모의 인텔리전트 빌딩이다.110)

19. 대우건설의 푸르지오 아파트 하자보수 실종과 대응

1) 민원제기와 대응

청주 사직동 30여세대 강화마루가 흠 투성이이다.111) 즉, 충북 사직동 푸르지오 아파트 30여세대 강화마루가 곳곳이 부풀어 오르고 일부는 틈새가 생기는 등 하자가 발생해 보수를 요구했지만 대우건설은 1년 6개월이 넘도록 관리부실이라며 책임을 회피하고 있다. 심지어 본사에 민원을 제기해도 5개월째 보수를 나몰라라 한다. 청주시 사직동 푸르지오 시공업체인 대우건설이 하자발생 부분을 입주자 관리부실로 몰아가는가 하면 본사에 민원을 제기해도 현지 하자보수팀에게 수개월째 책임을 미루는 바람에 입주자들의 불만이 크다. 또한 대우건설에서는 현지 확인없이 아파트 단지내의 하

---

110) http://www.mt.co.kr/view/mtview.php?type=1&no=2013020411469625955&outlink-1(2013.2.6)
111) 김태순 기자 | kts5622@hanmail.net

자보수팀 보고만 믿고 '하자보수 불가' 통보를 하고 있다. 강화마루 하자로 인해 생활에 큰 불편을 겪고 있는 108동 806호 K씨는 "마루 곳곳이 부풀어 오르고 일부는 틈새가 생기는 등 아파트 전체의 재시공이 불가피한 실정"이라며 "그동안 수차례 하자보수를 요구했으나 관리부실로 인한 하자라면서 지금까지 보수를 해주지 않고 있다"고 말했다. 이 세대가 40평 규모의 마루를 재시공할 경우 700여만원이 소요된다. K씨는 "보수팀에 의하면 본사에 보고했으나 '무조건 하자보수 불가'란 통보만 왔고 시공회사인 코인상사에 연락을 해도 하자보수팀으로 미루다가 지금은 자재가 없어 하자보수가 불가능하다고 통보했다"고 분통을 터뜨렸다. 이 아파트는 벽 간격을 12㎜ 띄워야 하는 규정도 준수하지 않은 데다 그라인딩 작업을 하지 않아 문틈과 모서리 아래가 벌어진 상태이다. 하자보수팀은 "벌어진 문틈은 수리를 해주겠지만 부풀어 오르고 틈새가 벌어진 마루수리는 불가능하다"며 무조건 관리부실로 몰아가고 있다. 이에 따라 K씨는 지난 1월15일 대우건설에 하자보수관련 민원을 제기했으나 5개월이 지나도록 현지 확인도 하지 않고 아파트 하자보수 책임자인 소장이 답변토록 하는 등 무성의로 일관하고 있다. 이처럼 시공만 해놓고 나몰라라 하는 대기업의 행태에 입주민들이 분노하고 있다. 강화마루 시공시 벽 간격을 12㎜ 띄워야 하는 규정을 준수하지 않고 그라인딩 작업도 하지 않아 문틈과 모서리 아래가 크게 벌어졌다.

2) 동화자연마루, 3년에서 10년으로 하자보수 연장

대우건설이 강화마루 하자를 입주자들에 전가하는 반면, 중소기업인 동화자연마루는 하자보수기간을 대폭 늘려 좋은 대조를 보이고 있다. 지난해 3월부터 동화자연마루는 강화마루 전 제품의 무상 품질보증기간을 3년에서 10년으로 연장했다. 표면이 찍히거나 패였을 때, 이음매 부분이 벌어지거나 솟아오른 경우 등 주로 마루제품에서 발생하는 대부분의 문제점에 대해 사후 서비스를 받을 수 있으며 마루업계에서 처음 도입하는 서비스라는 게 회사측 설명이다. 이에 양진석 소장은 "강화마루판은 자재 특성상 외부의 습기와 과다하게 접촉시 미세한 변형이 발생될 수 있다"면서 "지난 1월 6일

806동을 방문 확인한 결과 문 틈새에 벌어진 부분은 하자보수를 해주겠지만 마루판 변형부분은 보수를 해줄 수 없다"고 답변했다.112)113)

20. 판 커진 거가대교의 비리와 향후의 방향

1) 비리조사

서울중앙지검 특수1부 송치, 건설사 집중조사 전망114) 각종 비리의혹으로 얼룩진 '거가대교 사건'이 지난 달 서울중앙지검 특수1부로 옮겨지면서 본격적인 수사에 착수한 것으로 알려졌다. 서울중앙지검은 2011년말 이 사건을 부산지검으로 이송해 GK해상도로㈜ 임직원에 대한 조사 등을 마무리했다. 지난해 7월 사건을 다시 이송받아 수사과에서 기초조사를 마친뒤 지난달 특수1부로 사건을 송치해 판이 더욱 커진 양상이다. 서울중앙지검 특수1부에서는 대우건설을 비롯한 건설사들이 집중조사를 받을 전망이다.

검찰은 거가대교 사업시행자인 GK해상도로㈜와 GK해상도로㈜의 최대주주인 대우건설로부터 사업계획서, 공사대금 집행내역서 등 각종 문건과 회계자료를 임의 제출받아 분석중이다. 검찰은 GK해상도로㈜와 대우건설이 사업을 추진하는 과정에서 불거진 사업비 과다책정 및 부당이득 의혹, 공무원 유착비리 의혹 등 사업전반에 대해 문제점을 살펴보고 있는 것으로 알려졌다. 거가대교는 부산에서 가덕도를 거쳐 거제도를 잇는 다리로서 2개의 사장교와 해저터널을 비롯해 총길이는 8.2km에 다다른다.

총 사업비는 1조4,469억원이 투입된 것으로 추산되고 있다. 거가대교의 건설사업은 사업과정에서 사업비 부풀리기와 부당이득 챙기기, 행정기관의 방조와 사업시행자와의 유착 의혹, 감리단의 부실묵인과 허위준공서 발급 등 민간투자사업에서 나올 수 있는 모든 문제점들이 지적됐다. 경제정의실천시민연합(이하 경실련)은 지난 2011년 11월 GK해상도로(주), GK시공사업

---
112) 세종데일리
113) http://www.sjdailynews.co.kr/news/articleView.html?idxno=8056(2013.2.10)
114) 서영욱 기자 (syu@osyoeconomy.com)2013.01.08 17:05:04, [이지경세=서영욱 기자]

자료: http://ezyeconomy.com/news/article.html?no=41845&(2013.2.10)

단, 거가대교건설조합(주무관청), 책임감리단, 실시협약 협상단, 사업제안서 심의위원 등을 사기, 업무상 배임, 조세포탈, 직무유기, 허위공문서 작성, 공무집행방해 등의 혐의로 검찰에 고발한 바 있다. 거가대교의 민간투자사업은 1994년에 부산·경남권 광역개발계획으로 고시된 이후 1995년 민자유치 대상사업으로 선정되면서 사업이 본격화되기 시작했다. 2003년 2월 18일 실시협약이 체결되면서 사업시행자로 GK해상도로(주)가 지정됐으며, 주무관청인 부산~거제간 연결도로 건설조합이 설립됐다. 이후 2004년 12월에 착공, 6년에 걸친 공사끝에 2010년 12월 완공돼 2011년 1월 1일부터 운영되고 있다. 이 사업은 BTO(Build-Transfer-Operate)사업방식으로 사업시행자는 GK해상도로(주), 원도급 공사는 GK해상도로(주)가 출자한 GK시공사업단이 수행했다. 실제 공사는 전문건설업체들이 GK시공사업단이 발주한 하도급을 수주해 진행했다.

책임감리는 사업시행자인 GK해상도로(주)가 지정한 책임감리단(유신코퍼레이션 등)이 수행했다. 총사업비는 1조4,469억원(재정지원금 4,473억, 민간투자 9,996억)이며, 실제 투입된 공사비는 총 1조6,205억원으로서 이 중에서 1,217억원을 민간사업자들이 이윤으로 가져간 것으로 추정되고 있다.

2) 경실련, 부당이득 최대 9,173억원 추정 "통행료 재산정"

경실련에 따르면 사업시행자 GK해상도로(주)와 GK시공사업단이 그동안 수많은 건설사업 경험을 통해 누구보다 이 사업의 사업비를 잘 알고 있음에도 불구하고 사업비를 부풀려 제안해 높은 사업비를 책정하고 실제 시공과정에서는 하도급업체들에게 가격경쟁방식으로 저가하도급을 발주해 최대 9,173억원의 부당이득을 챙겼다는 것이다. GK시공사업단은 대우건설을 비롯해 대림산업, 두산건설, 나건설, 고려개발, 한일건설, 원하종합건설 등으로 구성돼 있다. 특히 대우건설은 부당한 임대료 수익과 공사비 이중계산을 통한 부당이득을 취했다는 의혹을 받고 있다. 경실련에 따르면 대우건설이 자신의 토지(통영시 34만9,963㎡)를 GK해상도로(주)로부터 공사도 시작하기 18개월전(2003.10~2005.3)에 매월 3.7억원의 임대료를 받아 총 66.6억원의 부당한 이득을 챙겼다. 또 대우건설은 이 부지를 2006년 6월 830억원에 성동조선에 매각했는데 거가건설조합에 신고한 토지매각대금은 661억원으로서 약 169억원의 차액이 발생했다. 대우조선이 하나의 도크장을 건설하고 사업부지를 성동조선에 매각하면서 도크장 건설비용을 매각비용에 포함해 수익을 얻고, 동시에 거가대교 PC제작현장의 침매함 제작장의 도크장 건설비용을 사업비(투자비)로 계상해 두번의 이득을 취했다는 것이다.

현재 거가대교의 통행료는 승용차 기준 1만원이다. 전경련에 따르면 통행료는 GK해상도로(주)가 실시협약서의 공사비 전액을 집행한다는 것을 전제로 결정됐다. 전경련 관계자는 "GK해상도로(주)와 GK시공사업단이 위와 같이 최소 4,821억원~최대 9,173억원의 부당이득을 챙겼다면 통행료를 재산정해야 하며 이 경우 통행료는 반값도 가능할 것"이라고 주장했다.

3) 감사원 "공사비 438억원 과다산출" VS 대우건설 "사업비"

앞서 2011년 7월 감사원도 감사결과 소형차 기준 1만원인 통행료를 8,000

원으로 내리라고 권고한 바 있다. 또 거가대교 총공사비도 과다하게 산출돼 모두 438억1,000만원을 환수하라는 결정을 내렸다. 감사원은 거가대교 총공사비 1조9,831억원 가운데 402억1,000만원을 감액하고 안전관리비 16억7,600만원 정산, 부산지역 교통영향평가 승인조건 미이행 19억2,400만원 등 총 438억1,000만원을 환수하라고 조치했다. 감사원은 또 거가대교에 설치된 휴게소(경남 거제장목·부산 가덕도 등 2곳) 등 부속시설사업의 수입도 매년 총 1억원으로 낮게 추산돼 비싼 통행료에 영향을 줬다고 지적했다. 감사원은 게다가 연간 통행료 초과수입이 발생하면 사업시행자가 주무관청에 환불하는 최소수익보장률 상향범위도 122.45%에서 당초 계획했던 110%로 낮추라고 통보했다. 예를 들어 연간 통행량이 122.45%대를 넘으면 사업자로부터 행정기관이 통행요금을 환불받을 수 있던 것에서 110대만 넘어도 되돌려받을 수 있도록 조치한 것이다. 그러나 대우건설과 부산시, 경상남도는 받아들일 수 없다는 입장을 밝혔다. 대우건설 관계자는 "대한상사중재원의 중재심판을 받아 총공사비에 문제가 없다는 판결을 받았다"며 "공사비와 관련해서는 큰 문제가 없는 것으로 판단하고 있다"고 해명했다. 또 "수사와 관련해 협조할 수 있는 사항은 적극 협조하고 있으며 이번 사건이 무난하게 마무리될 것"이라고 덧붙였다.

4) 비리 묵인한 부산시·경남도 공무원의 유착 의혹

경실련에 따르면 개념설계 방식은 설계와 시공의 세분화로 사업주체가 사업관리 능력부재시 품질저하 발생, 조기 공사착공으로 설계(계약)변경의 요인이 많고 공사비를 확정하기 어렵다는 단점이 있다. 하지만 GK해상도로(주)가 개념설계를 바탕으로 산출한 공사비를 근거로 사업계획서를 제출했음에도 불구하고 총사업비를 확정하는 특혜를 부여했고 그 결과 GK시공사업단이 하도급을 낙찰률 66.5%에 발주해 약 3,874억원의 사업비 가로채기가 가능했다고 주장하고 있다. 최소운영수입보장제(MRG)의 특혜 제공도 도마위에 오르고 있다. GK해상도로(주)는 2000년 1월에 '수정사업계획서'를 제출하면서 MRG를 요구했고 이에 부산시와 경상남도가 협상과정에

MRG를 포함시켜 특혜를 제공했다는 의혹을 받고 있다. 경실련 관계자는 "부산시는 GK해상도로(주)와 GK시공사업단이 고의적으로 공사비를 부풀려 실시협약을 맺고 하도급을 통해 실제 집행돼야 할 공사비에서 최대 9,173억원을 불법적으로 취득한 사실을 알았을 가능성이 높으나 이를 묵인하고 통행료가 책정되는 것을 방조했다"고 지적했다.115)116)

21. 검찰의 '거가대교 비리의혹' 대우건설 사장 등 무혐의 처분

서울중앙지검 특수1부(부장검사 윤석열)는 '거가대교' 사업 특혜·비리 의혹과 관련해 배임혐의 등을 받고 있는 서종욱 대우건설 사장, 김경수 GK해상도로 대표, 허남식 부산시장 등 15명에 대해 전원 혐의없음 처분을 내렸다고 17일 밝혔다.117) 검찰 관계자는 "주무관청인 경남도·부산시와 건설사의 양측 전문가들이 모여 공사대금을 합리적으로 산정했기 때문에 사업비를 과다계상한 것으로 볼 수 없다"며 "총공사비는 하도급비 외에 자재비, 간접비 등 다양한 항목으로 이뤄지는데 공사이윤과 하도급계약으로 인한 차액만 갖고는 사전에 확정이윤을 정해놓고 공사한 것으로 단정할 수 없다"고 말했다. 이어 "공사수주나 발주과정에서도 법적으로 하자가 있거나 절차상 문제가 없었다"며 "건설사와 공무원간 유착의혹도 물증을 확보하거나 사실로 확인된 게 없어 무혐의 처분했다"고 설명했다. 앞서 경실련은 2011년 11월 사업비 과다 책정, 부당 임대료 수익, 공사비 이중계산 및 탈세, 설계·감리비 허위산정 방식으로 최대 9173억여원의 부당이득을 얻은 의혹을 제기하며 GK해상도로와 대우건설, 경남도, 부산시 관계자 등을 사기 및 업무상 배임혐의 등으로 고발했다. 서울중앙지검은 2011년 말 이 사건을 부산지검으로 이송해 GK해상도로㈜ 임직원 및 공무원에 대한 조사를 마무리한

---

115) [쉽고 빠른 뉴스-이지경제/ezyeconomy.com] Copyrights ⓒ 2010 이지경제
116) http://czyoconomy.com/news/article.html?no=41845&(2013.2.10)
117) 기사등록 일시 [2013-03-17 06:00:00], 공사 대금 등 사업비 전문가들이 합리적으로 산정, 【서울=뉴시스】 박준호 기자

뒤 지난해 다시 사건을 이송받아 수사에 본격 착수했다. 부산 가덕도와 경남 거제를 잇는 거가대교 민간투자사업은 부산·경남권 광역개발계획 일환으로 지난 1995년 민자유치대상사업으로 선정돼 BTO(Build-Transfer-Operate)사업 방식으로 추진됐다.

사업시행사는 GK해상도로㈜, 원도급 공사는 GK해상도로㈜가 출자한 GK시공사업단이 담당했다. GK시공사업단에는 대우건설(대주주)을 비롯해 대림산업, 두산건설, SK건설, 고려개발, 한일건설, 원하종합건설이 참여했다. 한편 감사원은 거가대교 총공사비가 과다산출돼 통행료 재산정 등의 방식으로 400억원이 넘는 금액을 환수하라고 지적한 바 있다. 거가대교 총공사비는 1조9831억원으로 감사원은 침매터널구간의 스프링쿨러 등 설비를 누락 또는 축소하거나 부력에 대한 안전율을 낮추는 방식 등으로 공사비 402억원을 차감할 요인이 생겼다는 게 감사원의 분석이다.[118][119]

22. 대우건설의 '마이웨이식 위기대처법' 눈길

국내 시공능력평가 1위인 대우건설(8,760원 60 0.7%)이 '마이웨이식'으로 금융위기를 돌파해 가고 있어 눈길을 끌고 있다.[120] 20일 업계에 따르면 대우건설은 이달 초 대한주택보증에 환매조건부 미분양주택 매입을 신청했다. 회사는 지방 미분양주택 1770가구, 약 1000억원어치를 신청했으며, 이 중 절반 가량인 500억~600억원 정도가 주택보증에 팔릴 것으로 예상했다.

10대 대형 건설사중 미분양 매입을 신청한 것은 대우건설이 유일하다. 그간 정부 지원책이 나오면 대형 건설사들이 묵시적으로 손발을 맞춰온 점을 감안하면 다소 돌발적인 행동이다. 다른 대형사들은 공정률 등 주택보증의 매입조건에 맞지 않는 이유도 있지만 대외 이미지를 고려해 매입신청을 꺼

---

118) pjh@newsis.com, NEWSIS.COM
119) http://www.newsis.com/ar_detail/view.html?ar_id=NISX20130315_001192336
    1&cID=10201&pID=10200(2013.3.24)
120) 머니투데이 원정호 기자 | 입력 : 2008.11.20 10:48 | 조회 : 6273

린 것으로 알려졌다. 대우건설 관계자는 "정부로부터 500억원을 융통할 수 있는데 신청을 마다할 이유가 없다"면서 "5000가구의 미분양을 갖고 있다는 것은 이미 대외적으로 알려진 사실"이라고 말했다. 대우건설은 또 현재의 경영상황을 외부에 솔직하게 공개해 애널리스트로부터 호평을 사고 있다. 특히 대우건설 경영진은 투자자들의 문의가 오면 기업내용을 소상히 알리는 편이어서 일부 애널리스트들이 놀라기도 한다. 이 역시 괜한 소문에 휩싸일까 외부에 공개를 숨기는 건설업계의 최근 풍토와는 차별화한 것이다. 대우건설은 유동성 문제와 관련하여 약 4000억원의 현금을 보유하고 있으며 내년 3월 대한통운 유상감자로 들어오는 8600억원 전액을 차입금 상환에 사용해 차입금을 2조8000억원에서 2조원으로 줄일 계획이라고 밝혔다. 또 부산정관지구에 있는 500억원 규모의 보유토지를 정부에 매각하고, 회사가 보유한 준공후 미분양주택 500가구, 약 600억원을 회사채 유동화에 사용할 방침이다. 물론 이렇게 현금흐름을 공개하면 일부 금융권이 프로젝트파이낸싱(PF)대출을 상환하라고 압박을 가하기도 한다. 대우건설의 한 임원은 "요즘같은 시기에 무언가 숨긴다고 해서 감춰지는 게 없다"면서 "오히려 정보공개를 하지 않고 무작정 숨긴 회사들이 어렵다는 소문을 듣는 것 같다"고 말했다.121)122)

23. 브랜드파워대상, 신광에코로드이엔씨, 방음터널

"시속 100km로 일일 18만대의 차량이 매일 통과하는 고속도로에서 교통차단과 우회도로 없이 이동식 작업대차로 터널공사를 2년동안 수행하였습니다. 그러다가 볼트나 너트 한 개만 떨어져도 차량 유리창이 깨지면서 대형 교통사고가 나지 않겠습니까? 그래서 2년동안 숨죽이며 무재해 무사고 준공을 간절히 기원하면서 정성을 다해 공사를 수행하여 준공한 기분이란

---

121) '돈이 보이는 리얼타임 뉴스' 머니투데이
122) http://stock.mt.co.kr/view/mtview.php?no=2008111916242696161&type=1 (2013.2.7)

말로 다 표현하기 어렵습니다"[123) 신광에코로드이엔씨(www.star85.net, 대표 김학렬)는 최근 서울외곽순환고속도로 판교 IC 1.6km 구간에 길이 600m, 왕복 8차선 규모의 방음터널을 무사고, 무재해로 준공하였다. 이곳은 하루에 약 18만대의 차량이 시속 100km의 속도로 통과하는 국내 최다 통행량의 고속도로서 공사기간 656일간 차량 차단 및 우회도로없이 원활한 교통소통을 유지하면서 공사를 진행한 국내 최초의 사례를 기록하게 되었다. 지난 11월 26일 환경부 주최 '우수방음시설 공모전'에서 본 시설을 출품하여 최우수상을 수상하였다. 창립 28년이 되는 신광에코로드이엔씨는 풍부한 시공실적을 바탕으로, 부설 에코토피아기술연구소를 통한 적극적인 기술, 공법개발 등으로 품격있고 안전한 친환경 도로시설물 개발, 설계 및 시공전문 기업으로 정평이 나 있다. '믿을 수 있는 대표기업'을 목표로 협력업체, 자재납품업체 및 현장작업 근로자들에 대해 성실한 계약당사자로서의 의무를 다하고, 대금지급도 정해진 기일내에 현금으로 지급하는 경영방침으로 하고 있다. 이를 통해 '발주처, 원청사 및 자재, 장비 납품업체 등 관련기관 및 업체들로부터 완벽한 책임준공을 보증하는 믿고 맡길 수 있는 대표기업'의 이미지를 확실하게 구축하였다. 또한 아무도 가지 않은 길을 개척하려는 김대표의 도전정신을 통해 신광에코로드이엔씨를 '국내 최초'라는 수식어가 따라붙는 기업으로 발돋움하게 했다. 신광에코로드이엔씨는 국내 최초 민자사업 제1호 방음터널(광주 제2순환도로) 및 국내 최초 캐노피형 방음터널(강원도 화천군 사내~잠곡간 도로), 국내 최초 박공지붕형 방음터널(용인 죽전지구 동아고가교) 등 무려 8개의 국내 최초 업적을 지니고 있다. 특히 국내 최초 자동청소시스템의 개발 및 시공기록을 보유하고 있는 '죽전4교 방음터널'은 죽전 신도시 입주민의 쾌적한 주거생활환경을 위해 계획되어 죽전~동백의 구간 도로의 죽전 4교위에 설치되었는데 디자인, 컬러, 안전, 재해예방, 유지관리 등 모든 면에서 새로운 개념의 아이디어와 엔지니어링

---

123) 머니투데이 고문순 기자 |입력 : 2013.01.24 16:53

기술력이 총동원되었다. 이로 인해 친환경 뿐만 아니라 친주민형 시설물로서 평가되어 건설관련 장관상 및 환경부 장관상을 수상하였고, 준공 후에는 도로시설물 설계 및 시공전문가와 지방자치단체 공무원의 견학코스가 되기도 하였다. 또한 신광에코로드이엔씨는 끊임없는 기술개발로 피암터널의 기능을 가진 한쪽 측면이 개방된 사면붕괴 안전구조물 등 6개의 특허권과 27개의 디자인등록을 보유하고 있다. 피암터널이란 산사태 발생시 낙석이 본 시설물 경사면 상부를 통과하여 곧바로 강이나 계곡으로 떨어지도록 하는 기능을 가진 터널을 말하는데, 자연재해로부터 인명과 차량에 대한 안전성을 확보하고 사면붕괴시에 발생하는 교통의 단절을 예방할 수 있는 경제적이고 실용성이 우수한 기술이다. 한편 지난 2009년 신광에코로드이엔씨는 카타르 나킬라트 수리조선소 건설공사에 대우건설과 동반 진출하여, Hauling in Track, Cable Reeling, Stopper, Bollards 등 해양 금속구조물 설치공사를 진행하였다. 약 150억원 규모의 이 공사에서 신광에코로드이엔씨는 국제기준에 부합한 품질시공을 통해, Punch-List zero, 무재해 무사고 책임준공 기록을 달성하여 향후 해외진출의 자신감을 얻게 되었다.

이같은 소중한 경험을 바탕으로 이 회사는 대형 건설사들의 해외진출에 적극 참여하고 있으며 올해에만 10개국, 16개 해외 대형 프로젝트의 입찰견적을 지원하였고, 국내 주요 Top 건설사들과는 상호간에 형성된 신뢰관계를 바탕으로 해외 동반진출을 위한 전략적 협업관계를 강화하고 있다. 앞으로 토목, 플랜트 부문 등에서 글로벌 경쟁력을 확보해 프로젝트를 수행함으로써 동남아, 중동, 중앙아시아, 아프리카, 남미 등 개발도상국들을 대상으로 한 해외시장에서도 당당히 성장해 나갈 계획이다.[124)125)]

---

124) '돈이 보이는 리얼타임 뉴스' 머니투데이
125) http'//www.mt.co.kr/view/mtview.php?type=1&no=2013012400020886323&outlink=1(2013.2.10)

24. 한국시설안전공단과 대우건설의 업무협약 체결

한국시설안전공단 시설안전연구소(본부장 김성영)와 (주)대우건설 기술연구원(원장 안종국)이 시설안전 및 방재기술 교류협력체계 구축을 위한 업무협약을 체결했다.126)

자료: http://media.daum.net/economic/estate/newsview?newsid=20130205173706215
(2013.2.6)

이번 협약은 시설물 안전, 방재분야 기술교류 및 협력을 통해 건설 및 시설물 안전사고를 예방하고 기술발전과 경쟁력 강화를 도모하기 위한 목적으로 체결됐다. 양 기관은 앞으로 협약의 내용에 따라 연구인력 교류, 정보 및 연구성과 공유, 실험장비 및 연구시설 상호활용 등에 관하여 상호 적극 협력할 것을 약속했다. 공단 관계자는 "이번 협약은 양 기관의 기술교류와 협력을 통해 서로 윈윈할 수 있는 생산적인 관계형성의 시발점으로서 매우

---

126) 한국경제TV | 김택균 | 입력 2013.02.05 17:37

의미가 크다. 앞으로 적극적인 협력을 통해 시설안전 및 방재기술 발전에 이바지하겠다"고 밝혔다.127)128)

25. 대우건설과 KT의 전략적 업무협력 위한 MOU 체결

건설업계 최초로 유·무선 통합환경 구축, 직원간 업무협력 및 비용절감 효과 기대129)

자료: http://news.nate.com/view/20100610n13491(2013.2.6)

　대우건설은 10일 본사 18층 대회의실에서 대우건설-KT 양사간의 전략적 업무협력을 위한 MOU(Memorandum Of Understanding)를 체결했다고 밝혔다. 이날 MOU 체결에 따라 대우건설은 KT와 함께 건설업계 최초로 스마트폰과 무선랜을 기반으로 한 유·무선 통합환경을 구축하게 됐다. 또한 KT는

---
127) 김택균 기자 tgkim@wowtv.co.kr, 한국경제티브이
128) http://media.daum.net/economic/estate/newsview?newsid=201302051737062 15(2013.2.6)
129) 한국경제 원문 기사전송 2010-06-10 14:38 최종수정 2010-06-10 15:27

건설 및 부동산 개발사업 및 유관사업 추진시 대우건설과 상호협력하게 된다. 대우건설은 이미 지난 4월부터 한국IBM과 이메일, 전자결재, 화상회의, IP전화기, 게시판, 메신저, 모바일 등이 한꺼번에 연동되는 통합커뮤니케이션 환경구축을 추진하고 있다. 이번 유·무선 통합환경이 구축되면 외부에서 스마트폰을 이용해 이메일, 전자결재, 메신저 이용이 가능해져 직원들간의 업무협력이 보다 긴밀하게 이루어질 것으로 보고 있다. 특히 이를 통해 업무효율성 증대와 업무수행시간 절감, 출장비 및 통신비 등의 실제적인 비용 절감 효과도 기대하고 있다. 이에 따라 대우건설은 오는 7월까지 임원·팀장·현장소장 등에게 스마트폰 지급을 완료하고 9월까지 모바일 오피스를 오픈해 전자결재 등 실제업무에 활용할 계획이다. 또한 향후 스마트폰의 지급을 전 직원으로 확대해 유·무선 통합환경 구축을 완료할 계획이다.[130)131)]

26. 대우건설의 세계적인 엔지니어링업체 2개사와 전략적 제휴

미국 KBR 및 쇼그룹과 해외 플랜트시장 확대 목표, 쇼그룹과는 10억달러 인도네시아 사업 공동참여키로, 엔지니어링 기술과 시공경험 합쳐 시너지 효과 기대[132)] 대우건설은 세계적인 엔지니어링업체인 미국의 KBR(Kellogg Brown & Root) 및 쇼그룹(Shaw Group)과 장기적인 협력관계를 유지, 해외 플랜트 건설시장 진출을 확대하기로 합의했다고 30일 밝혔다. 대우건설 서종욱 사장은 지난 9월 24일 미국 휴스턴에 위치한 KBR 및 Shaw Group 사장단과 만나 향후 장기간의 파트너십 구축에 대해 합의했으며, 우선 Shaw Group과 10억달러 규모의 인도네시아 석유관련사업에 공동참여하기로 기본양해각서(MOU)를 체결했다.

대우건설 해외영업본부장 조응수 전무는 "이번 KBR사 및 Shaw Group과의 합의를 통해 선진 엔지니어링업체가 보유한 핵심기술과 대우건설의 강

---

130) 한경닷컴 송효창 기자 ssong0825@hankyung.com, 〈성공을 부르는 습관〉, 한경닷컴
131) http://news.nate.com/view/20100610n13491(2013.2.6)
132) 한국경제 원문 기사전송 2009-09-30 12:04

점인 해외 플랜트 시공경험이 결합되어 막대한 시너지효과를 창출하게 될 것"이라고 설명했다.

자료: http://news.nate.com/view/20090930n09486(2013.2.6)

KBR은 액화천연가스(LNG) 액화가스(GTL,Gas-to-Liquid), 암모니아처리 등 석유화학 플랜트분야의 핵심기술을 보유하고 있으며 지난해 116억달러의 매출을 기록했다. 특히 이 회사는 중동지역에서 매출 세계 제1위를 달성한 세계적인 엔지니어링업체이다. 대우건설은 1996년 나이지리아 LNG사업을 통해 KBR과 인연을 맺은 후, 나이지리아 LNG 1, 2, 3, 5, 6호기, 에스크라보스 GTL, 예맨 LNG 저장탱크 등의 프로젝트를 통해 13년째 협력관계를 이어오고 있다. 대우건설과 KBR은 나이지리아와 알제리 건설시장에서 양사간 지속적인 협력관계를 유지하는 한편 유가회복에 따라 발주량이 급증할 것으로 예상되는 중동지역의 석유화학사업에 공동참여하기로 합의, 향후 양사간 협력규모가 급속히 팽창할 것으로 기대하고 있다. Shaw Group은 플랜트 설계와 구매시장의 신흥강자로 연간 70억달러의 매출을 기록하고 있다. 특히 고도화된 기술 및 지적재산권을 다수 보유하고 있는 것으로 알려졌다.

2008년 ENR지가 발표한 발전사업부문 세계 500대 기업중 설계부문 1위를 차지한 업체이다. 대우건설과 Shaw Group은 프로젝트별로 컨소시엄을 구성하는 기존의 방식으로는 각사의 역할에만 책임이 한정되어 진정한 의미의 협력관계 구축이 어려웠다고 판단, 지속적인 협력관계 구축을 통해 상호이익을 극대화하는 새로운 협력방식을 모색하기로 합의했다.

이러한 합의를 바탕으로 대우건설과 Shaw Group은 10억달러 규모의 인도네시아 석유관련 사업에서의 공동참여를 위한 기본양해각서(MOU)를 체결하고 협력체제의 가동을 시작했다. 대우건설은 Shaw Group과 아시아 시장에서의 협력을 시작으로 향후 대우건설이 활발하게 활동하고 있는 알제리를 포함한 아프리카 및 중동지역에서 플랜트 프로젝트에서 협력을 강화해 나갈 방침이다.[133)134)]

27. 대우건설의 푸르지오 새 TV광고 선보여

대우건설은 오는 9월 주택브랜드 푸르지오의 새로운 TV광고를 선보인다고 밝혔다.[135)] 부동산경기 침체의 장기화로 대형 건설사들마저 브랜드 광고에 보수적인 행보를 보이고 있는 현실에서 대우건설은 오히려 공격적인 브랜드 PR전략을 취하고 있어 대조적인 모습을 보이고 있다. 대우건설 관계자는 "대우건설 아파트 브랜드인 '푸르지오'를 통해 8년간 주택공급실적 1위를 달성하며 주택시장을 선도하고 있고, 올해에도 서울·수도권·부산 등 총 2만7435가구를 공급하며 공격적인 분양전략을 취하고 있다"고 말했다.

대우건설은 '푸르지오'의 연속적인 분양성공으로 인해 소비자들로부터 높은 인지도 및 선호도를 형성하고 있으며 '사람과 자연이 함께하는 주거문화

---

133) 한경닷컴 김호영 기자 enter@hankyung.com.
134) http://news.nate.com/view/20090930n09486(2013.2.6)
135) [뉴시스] 입력 2012.08.31 10:21, 【서울=뉴시스】우은식 기자

공간이라는 브랜드 핵심가치가 좋은 반응을 얻고 있기 때문에 브랜드 인지도의 선두자리를 굳히겠다는 전략이다.136)137)

28. 위기의 건설 및 해운의 심각성

쌍용건설·대한해운, 완전 자본잠식에 매각 '난항', 유력 건설·해운기업 일제히 '어닝쇼크', 회사채 위협도138) 장기침체의 터널에 빠진 건설과 해운업계에 드리운 불황의 그림자가 더욱 짙어지고 있다. 상당수의 기업들이 2년 연속 적자에 신음하는 가운데 아예 자본잠식으로 매각에 난항을 겪거나 상장폐지를 걱정하는 회사들도 많다. 올해 안으로 갚아야 할 채권까지 줄줄이 대기중이어서 정부 차원의 구제대책이 조금씩 나오고 있지만 아직은 '백약이 무효'다.

1) 자본잠식에 증시퇴출 걱정할 판, 매각도 '지지부진'

17일 건설·해운업계에 따르면 최근 2012년도 결산실적을 공개한 주요기업들의 성적표는 예상 이상으로 참담하다. 이 중에서도 글로벌 건설기업으로 성장한 쌍용건설[012650]과 국내 2위 벌크선사인 대한해운[005880]의 전액 자본잠식 소식은 투자자들을 큰 충격에 빠뜨렸다. 쌍용건설의 지난해 당기순손실은 4천114억원으로 전년도 1천570억원의 두배가 넘었다. 2년 연속 적자로 자본금을 모두 까먹은 쌍용건설은 사업보고서 제출기한인 오는 4월 1일까지 자본잠식상태를 해소하지 못하면 상장폐지 절차를 밟아야 한다.

또 기업회생절차(법정관리)를 진행중인 대한해운은 지난해 2천655억원의 당기순손실을 내 2011년에 이어 적자행진을 이어갔다. 이로써 완전자본잠식 상태에 빠진 대한해운은 남은 한달반동안 재매각에 성공하거나 외부자본을 유치하지 못한다면 마찬가지로 증시퇴출을 피하기 어려울 것으로 보

---

136) eswoo@newsis.com, '한국언론 뉴스허브' 뉴시스통신사
137) http://isplus.live.joinsmsn.com/news/article/article.asp?total_id=9199440
 (2013.2.7)
138) (서울=연합뉴스) 윤선희 강건택 기자

인다. 경영위기가 심각해진 탓에 이들 기업의 인수합병(M&A)작업에도 제동이 걸린 상태다. 대한해운의 우선협상 대상자인 한앤컴퍼니는 보증채무 규모와 해소방안에 대한 이견을 좁히지 못해 지난 14일 인수를 포기했고, 2007년에 시작된 쌍용건설 매각작업도 최근 실적부진의 여파로 사실상 중단될 위기다. 이밖에 한일건설[006440]은 지난해 2천988억원의 당기순손실을 내 자본금 전액 잠식상태에 들어갔다. 결국 이 회사는 15일 법정관리 개시를 신청했다. 이미 법정관리에 들어간 범양건영[002410], 남광토건[001260], 벽산건설[002530] 등 3개사는 작년 3분기 말 기준으로 완전 자본잠식 상태여서 연말기준으로도 해소하지 못할 가능성이 큰 것으로 관측된다.

2) 줄줄이 어닝쇼크, '아 옛날이여'

자본잠식까지는 아니더라도 이들 업계의 상당수 기업이 '어닝쇼크'를 피하지 못한 것으로 나타났다. 건설업계에서는 주택경기 침체의 장기화로 적자를 낸 기업들이 속출하고 있다.

쌍용건설과 한일건설 외에도 삼호[001880], 삼부토건[001470], 금호산업[002990] 등이 20011년에 이어 작년에도 순손실을 기록했다. 신세계건설[034300]과 KCC건설[021320]의 순이익은 각각 63.8%, 79.8% 급감했고 계룡건설[013580] 순이익도 전년 대비 52.8% 줄어들었다. 그나마 상위권 대형 건설사들은 적극적인 해외시장 공략으로 외형적으로 비교적 양호한 성적을 올렸지만 수익성 측면에서는 썩 만족스럽지 못한 편이다. 금융정보업체 에프앤가이드가 현대건설[000720], 삼성물산[000830], 대우건설[047040], GS건설[006360], 대림산업[000210], 현대산업개발, 삼성엔지니어링[028050] 등 7개 주요 건설기업의 지난해(추정치)와 재작년의 합산 실적을 비교한 결과 매출은 재작년보다 15.07% 늘었지만 영업이익은 7.98%, 순이익은 7.57% 각각 감소했다. 해운업계의 쌍두마차인 한진해운[117930]과 현대상선[011200]도 예외는 아니다. 한진해운은 지난해 매출 10조5천894억원으로 우리 국적 선사로는 처음으로 매출 10조원을 돌파했지만 영업손실과 당기순손실은 2년 내리 적자를 면치 못했다. 벌크 시황 악화와 원화 강세에 따른 환차손의

'이중고'를 겪은 현대상선은 영업손실과 당기순손실 폭이 전년보다 더 늘어났다. 아직 실적을 발표하지 않은 3위 기업 STX팬오션[028670]도 지난해까지 2년 연속 적자가 유력한 것으로 알려졌다. 이런 가운데 STX팬오션의 매각 주관사가 인수에 관심을 보이는 기업들에 대해 투자설명서(IM)를 보냈지만 아직까지 큰 호응을 얻지 못한 것으로 전해졌다.

3) 만기 회사채 '잠재 위협', 정부 지원책도 속속

이들 업계에서는 올해 안으로 만기가 돌아오는 회사채가 많아 잠재적인 위협으로 작용할 전망이다. NH농협증권[016420]에 따르면 올해 만기가 돌아오는 기업 회사채는 모두 44조원 규모로 이중에서 건설업이 4조4천억원(24.4%), 해운업이 1조9천억원(10.9%)을 각각 차지한다. 건설사별로 보면 대우건설 8천460억원, 롯데건설 6천300억원, 한화건설 4천600억원, 현대산업개발 4천500억원, 두산건설[011160] 7천50억원, 동부건설[005960] 2천800억원 등의 규모로 추정된다. 건설사들은 만기가 도래하는 프로젝트파이낸싱(PF) 대출규모도 적지 않아 자금압박이 더욱 크다. 금융업계의 추산 결과 올해 기준으로 현금성 자산 대비 회사채와 PF관련 대출 등을 합친 총 유동성 부담액은 한화건설 1조4천억원, 한라건설[014790] 1조5천억원, 두산건설 2조4천억원, 코오롱건설[002020] 8천100억원, 동부건설 7천100억원, 계룡건설 4천500억원 등이다. 해운업계에서는 한진해운, 현대상선, STX팬오션 등 '빅3'에 만기 회사채가 대부분 몰린 것으로 집계됐다. 다만 이들 기업은 1~2월 만기가 된 회사채를 대부분 상환하거나 연장해 상당 부분 부담을 던 것으로 전해졌다. 이경록 NH농협증권 연구원은 "올해는 기업별로 그룹이나 대주주의 신용도가 우수한지의 여부에 따라 상환부담이 차별화될 것"이라며 "회사채 상환부담이 큰 기업은 재무구조의 개선노력이 필요할 것으로 판단한다"고 지적했다. 이에 따라 정부는 건설·해운업을 살리기 위한 다양한 방안을 모색하는 분위기다. 국토해양부는 건설업계의 유동성 위기를 극복하고 PF사업을 정상화하고자 대한주택보증과 함께 '보증부 PF 적격대출' 제도를 도입하기로 하고 금융기관과 협의중이다. 보증부 PF 적격대출이란 대한주택보증이 PF대출 보증을 선 건설사업장에 한해 금융기관이 시공사 신용등급이나 사업성 등에 관계없이 동일하게 낮은 금리로 대출해주는 제도를 가리킨다. 또 건설업체의 수익성 악화의 주요 원인으로 지목되는 최저가 낙찰제 개선을 위해 종합평가 낙찰방식 도입을 적극 추진한다는 등의 내용을 담은 제4차 건설산업진흥기본계획을 수립했다. 해운업계의 유동성 지원을 위해서는 해운보증기금을 설립하는 방안과 박근혜 대통령의 공약인 선박금융공사를 세우는 방안 등을 심도있게 검토하고 있다. 공기업들인 5개 한전 발전자회사들이 최근 국적 선사들과 15만t급 벌크선 9척에 대한 18년간 용선계약을 체결한 것도 장기적인 해운경기의 부양에 상당한 도움을 줄 것으로 기대된다.139)140)

29. 경제의 창 W와 2013년 건설산업의 긴축과 해외지향

〈앵커〉

건설·부동산 시장에서 2012년의 한 해는 그야말로 고난의 시기였습니다. 2013년에도 국내의 건설경기는 지난해와 비슷한 양상이 펼쳐질 것이라는 전망이 나오고 있습니다. 먼저 화면을 통해 만나보시겠습니다.141)

〈기자〉

침체일로인 국내 주택시장, 글로벌 금융위기 이후 거래량의 침체상황은 2012년에도 이어졌습니다. 얼어붙은 주택거래 정상화를 위해 정부가 취득세 감면과 미분양주택 양도세 감면 카드를 잇따라 꺼내들었습니다. 하지만 이 마저도 11월에 7만가구를 넘은 것을 제외하고는 전반적으로 거래약세가 지속됐습니다. 집값의 하락도 계속됐습니다. 2012년의 아파트가격은 단 한 번도 상승을 못하고 줄곧 내림세로 마감했습니다. 부동산정보업체가 주 단

---

139) firstcircle@yna.co.kr, 연합뉴스, 2013/02/17 06:11 송고
140) http://www.yonhapnews.co.kr/bulletin/2013/02/16/0200000000AKR20130216005800003.HTML?did=1179m(2013.2.17)
141) [경제의 창 W] 2013 건설산업 긴축·해외, 한국경제TV | 엄수영기자 | 입력 2013.01.02 19:05

위로 조사를 시작한 2007년 이후 처음 있는 일이었습니다. 전문가들은 국내 외 경기여건이 개선될 경우, 하반기쯤 회복의 신호탄을 보일 수 있다고 점 치고 있습니다.

〈인터뷰〉 김규정 우리투자증권 연구위원

"저금리 기조에 맞춰 저점매수하려는 투자자들의 움직임이 가시화되면 주택거래량이 늘거나 가격상승 움직임이 나타날 것"입니다.

〈앵커〉

거래실종, 집값하락, 주택시장은 이처럼 어려운 한해를 힘겹게 '넘겼다'고 정리할 수 있을 것 같습니다. 자세한 내용을 부동산팀 엄수영 기자와 알아 보도록 하겠습니다. 엄 기자, 주택경기침체가 이렇게 계속되고 있는 걸 봐 선 국내 건설시장도 마찬가지겠죠?

〈기자〉

네, 건설시장도 부동산시장과 다르지 않게 어려운 상황이 지속됐습니다. 국내의 건설시장은 2007년 정점을 찍은 후 계속해서 침체상태가 이어지고 있는데요. 수주량에 있어서는 2011년에 111조원 정도가 됐었는데 2012년에 는 그보다 약간 떨어진 110조 3천억원 정도에 머물 것으로 예상됩니다. 전 반적으로 수주물량이 떨어지는 가운데 건설투자가 일부 늘어나기는 했지만 잠재적 성장률을 밑도는 모습을 보여주고 있기 때문에 향후 유동성 위기와 맞물려 전반적으로 어려움이 지속되고 있다고 정리할 수 있습니다. 관련해 서 인터뷰 영상을 보시겠습니다.

〈인터뷰〉 두성규 건설산업연구원 연구실장

"통칭해서 건설시장을 전망해본다면 수주물량에 있어서는 110조 3천억원 정도에서 0.6% 정도 감소할 것으로 보여집니다. 그밖의 서울시나 특히 공 공투자에 있어서도 긍정적인 요인은 찾아보기 어려운 상황이고 민간건설시 장에 있어서도 여전히 부동산시장의 침체와 함께 긍정적인 흐름을 이어가 기는 어려워 보일 것으로 예상됩니다." 보시다시피 근본적으로는 경기회복이 뒤따라주어야만 새로운 실마리를 찾을 수 있을 것으로 보여집니다.

〈앵커〉

주택경기의 장기침체에 수주곳간까지 감소하면서 건설사 수난이 계속된 셈이군요. 지난해 4대강 사업과 혁신도시 이전사업 등의 굵직한 공사가 종료된 것도 영향을 미쳤을텐데요. 이렇게 국내시장이 어려워지면서 건설사들의 해외시장 진출이 한층 더 본격화된 거겠죠?

〈기자〉

네, 그렇습니다. 해외건설이 유일한 돌파구라 하다 보니 대형사 중심으로 건설사들이 해외수주에 주력하고 있습니다. 2012년 해외건설 수주액은 총 649억달러로 집계됐습니다. 그야말로 불황속 선방이었는데요. 2010년 180억 달러 상당의 UAE 원전을 제외하면 10년동안 성장세를 지속해온 셈입니다.

2012년 연초에는 유럽의 재정위기가 해결의 가닥을 잡지 못하면서 이에 따라 경기에 민감한 석유화학 플랜트의 발주가 속속 연기되는 불안한 출발을 보였습니다. 이러한 상황은 하반기에 들어 서서히 호전되기 시작했는데요.

유럽사태가 가닥을 잡고 불확실성이 해소되는 상황이 연출되면서 2013년에는 미뤄왔던 석유화학 플랜트 프로젝트들도 발주가 재개되고 국내의 업체들이 보다 더 적극적인 행보를 보일 수 있을 것으로 기대됩니다. 여기에 리비아나 이라크의 경우도 전후 복구사업이 계속 이어질 것으로 전망되는데요. 이와 관련한 인터뷰 내용을 들어보시겠습니다.

〈인터뷰〉 김효원 해외건설협회 전무

"입찰을 봐서 계약 대기중인 프로젝트가 270억달러가 있고 이미 입찰을 본 공사중에서 2013년중에 계약될 공사분과 2013년도에 신규로 입찰에 참여해서 계약될 공사분까지 합해서 700억불은 상회할 수 있는 실적을 보일 수 있을 걸로 전망하고 있습니다."

〈앵커〉

국내의 건설사들이 그야말로 해외건설시장에 목숨을 걸고 있는 모습이군요. 2013년 건설사들의 각오가 만만치 않을 것 같은데요.

〈기자〉

2013년에 국내의 건설사들은 성장과 도약보다 이 혹한의 시기를 어떻게 견뎌낼지가 관건입니다. 올해는 역시 유일한 성장동력인 해외시장을 철저히 공략한다는 입장인데요. 주요 건설사들의 2013년의 경영전략을 보시겠습니다. 올 상반기까지 국내의 건설경기는 회복되기 힘들 전망입니다. 이에 따라 국내 대형 건설사들은 주택사업을 줄이고 해외수주 경쟁력을 확대하는 쪽으로 위기극복의 돌파구를 찾고 있습니다. 국내 건설업계 최초로 해외수주 누적액 900억달러를 돌파한 현대건설은 2012년에는 해외에서 105억달러의 수주고를 올렸습니다. 올해에는 자회사인 현대엔지니어링과 함께 플랜트를 주력으로 수처리사업과 원전성능 개선사업 등을 신성장동력으로 활용한다는 방침입니다. 삼성물산도 2013년의 정기 임원인사에서 '글로벌'에 핵심을 두고 지난해보다 더 많은 인원을 승진시켰습니다. 해외시장에서 공격적으로 영업해 프로젝트를 따내고 수주현장은 철저히 관리함으로써 경기 침체를 정면으로 돌파하겠다는 포석입니다. 2012년에 국내에서 총 2만5천여가구를 공급해 주택시장 최강자에 등극한 대우건설은 주택시장의 침체가 지속되면서 올해는 지난해의 절반 수준인 1만 4천가구 정도를 공급할 계획입니다. 대신 플랜트 부문의 강화를 통한 해외매출 비중 확대에 초점을 맞춰 조직을 개편했습니다. 대우건설은 지난해 11월 공사를 시작한 '베트남 스타레이크시티 신도시사업'을 필두로, 단순한 시공을 넘어 기획과 설계, 자금조달과 운영까지 아우르는 융복합으로 경쟁력을 끌어올린다는 방침입니다. 2013년의 신규 수주 목표액 12조원중 6조원을 해외수주로 편성한 GS건설은 기존의 해외 정유·석유화학플랜트 사업에 대한 성과를 높이면서 해수담수화플랜트 분야로 영역을 확장할 계획입니다. 대림산업은 국내외 전력의 수요급증에 따라 발전사업을 올해 성장동력으로 키워나가겠다는 입장입니다.

〈앵커〉

해외건설을 성장동력을 삼고 있지만 그 어느 때보다 어려운 시기를 보내고 있는 건설업계일텐데요. 차기 정부에 바라는 기대감도 클 것 같습니다.

〈기자〉

네, 그렇습니다. 사실 이번 대선에서 건설부동산 관련공약은 상대적으로 적었다고 볼 수 있습니다. 하지만 실제 내수경기에 큰 영향을 끼치는 건설시장 회복에 정책적 노력이 모아져야 한다는 목소리가 적지 않은데요. 전문가의 이야기를 들어보시겠습니다.

〈인터뷰〉 두성규 건설산업연구원 연구실장

"무엇보다도 일반 건설분야에서는 최저가 낙찰제 등이 해소됨으로 인해서 건설업계가 실질적으로 제값을 받을 수 있는 환경이 조성될 필요가 있다고 보여지고 건설업계는 현재 유동성 부분에 있어서 굉장히 어려움을 많이 겪고 있습니다. 그런 부분에 대한 정부의 지원이 필요한 상황이고 부동산시장에 있어서도 시장정상화에 대한 기대감이 상당히 큰 편입니다."

〈인터뷰〉 김효원 해외건설협회 전무

"우선 금융부문에 대한 뒷받침입니다. 정보를 입수하고 네트워크를 구축하는 역량을 집결해야겠고요. 또 그 외에도 우리가 정책을 개발하고 지원정책을 효율화시키는 정책기능을 강화할 필요가 있고요." 2012년은 경기회복과 주택시장 정상화의 뚜렷한 해법을 찾지 못하고 유동성 악화가 심화된 해였습니다. 올해에도 국내외 경제여건을 감안할 때 메마른 돈줄에 단비가 내리기는 힘들 것으로 보이는데요. 건설사들도 비상경영을 선포하는 등 '긴축'으로 허리띠를 졸라매고 빈 곳간을 해외수주로 채우는 전략을 짜고 있습니다. 2013년은 건설사들에게 조직의 슬림화와 신성장동력의 개척을 통해 '버티는' 한해가 될 것으로 전망됩니다.

〈앵커〉

네, 엄수영 기자와 함께 2013년의 건설업계 청사진에 대해서 알아봤습니다. 잘들었습니다.[142)143)]

---

142) 한국경제티브이

30. 부동산의 이슈분석과 건설사의 새해 경영전략

1) 글로벌화 및 차별화된 상품개발로 경기침체 극복

현대·GS·포스코건설 등 대형사들의 교량·주택·토목분야 경쟁력 강화, 중동·阿 신흥시장 수주 확대에 나서, 국내서는 중소형 중심의 공급을 늘리고, 오피스텔·재개발 '틈새시장' 공략143) 지난해 국내 건설업계의 '슈퍼스타'를 선정한다면 쟁쟁한 후보들을 제치고 최종 경연후보로서 포스코건설과 대우건설이 꼽힌다. 시공능력평가 순위가 각각 4위와 6위인 두 건설사는 지난해 괄목할만한 실적을 올렸다. 포스코건설은 지난해 14조4,000억원을 수주해 국내 1위로의 등극이 확실시된다. 5조원짜리 브라질 일관제철소를 수주하는 등 전체 수주액의 약 60%를 해외에서 따낸 힘이 컸다. 대우건설은 건설사중에서 유일하게 2만가구가 넘는 주택을 공급하여 경쟁사를 멀찌감치 따돌렸다. 수익형부동산으로 각광받고 있는 오피스텔 시장을 적극 공략한 것이 주효했다. 포스코건설과 대우건설의 성공은 국내 건설경기의 침체와 유럽의 재정위기, 중동의 민주화 사태라는 삼각파도를 헤치고 나갈 방향타를 제시하고 있다. 적극적인 해외시장 개척을 통한 글로벌화와 고객의 니즈에 발맞춘 차별화된 상품개발이 그것이다. 다른 대형건설사들의 사업전략도 크게 다르지 않다. 올해 주요 건설사들의 경영 키워드는 '글로벌화(globalization)'와 '차별화(differentiation)'로 압축된다.

---

143) http://media.daum.net/economic/estate/newsview?newsid=20130102190503348(2013.2.17)
144) [부동산 이슈 분석] 건설사 새해 경영전략 본문[부동산 이슈 분석] 건설사 새해 경영전략, 서울경제 | 입력 2012.01.17 16:36

자료: http://media.daum.net/economic/industry/newsview?newsid=20120117163628713&srchid=IIM%2Fnews%2F49570625%2F6670ef41d09935c826f1e3c17397684f (2013.2.17)

2) 해외수주 확대 위해 지역·공종 다변화 적극 추진

올해 공공물량의 발주가 줄어들고 주택경기의 활성화도 기대하기 힘든 만큼 주요 건설사들은 그동안 쌓은 실적을 바탕으로 해외시장에서 활로를 마련할 전략이다. 현대건설은 올해 100억달러 이상의 해외수주를 목표로 하고 있다. 지난해 47억달러보다 2배 이상 많은 금액이다. 이를 위해 현대건설은 그룹의 글로벌 브랜드 파워를 적극 활용할 계획이다. 지난해 5조 2,000억원의 해외 수주액을 올린 삼성물산 건설부문 역시 올해 2배 가까이 늘어난 10조2,000억원을 목표로 세웠다. 초고층 건물이나 발전플랜트 등 기존 핵심상품을 바탕으로 지하공사 및 교량·항만 등 고부가가치 토목분야를 적극 공략한다는 복안이다. GS건설과 포스코건설은 오는 2020년까지 해외매출 비중을 70%까지 늘린다는 목표로 글로벌화에 박차를 가한다. GS건설은 기존 주택사업과 석유화학·정유 플랜트 중심의 사업 포트폴리오를 LNG·원자력발전·해수담수화·해상플랜트 등으로 확대하는 한편 인수합병(M&A) 등을 위해 5조원을 투자할 계획이다. 지난해 창사 이래 최대 실적을 올린 포스코건설은 스마트원자로·해상풍력·해수담수·초고층건물 등 핵심상품에 대한 기술력을 강화하는 한편 해외 신시장 개척을 위해 외국에 리서치랩을 설치하기로 했다. 지난해 각각 59억2,000만달러와 50억6,000만달러의 해외수주액을 올려 이 부문의 3,4위에 오른 대림산업과 대우건설 역시 현재 30~40%대인 해외사업 비중을 올해 40~50%까지 끌어올린다는 목표로 글로벌화에 드라이브를 걸고 있다. 이를 위해 대림은 해외 및 개발사업을 수행할 수 있는 전문인력 확충에 적극 나설 계획이다. 대우건설은 민자발전(IPP)을 적극 공략하고 초고층빌딩·토목·주택 등 공종의 다변화를 통해 올해 63억달러를 해외에서 수주한다는 목표를 갖고 있다. 롯데슈퍼타워 등 초고층건물 시공에서 강점을 지닌 롯데건설은 중동과 중국·아시아 등지의 초고층 시장에 적극 진출하는 한편 올해부터는 플랜트 사업의 비중도 늘려나간다는 방침이다.

현대산업개발은 건축·토목·플랜트사업본부 등 각 본부의 해외사업관련 태스크포스를 편성하고 해외건축팀과 해외토목팀을 신설하여 적극적인 해외사업 추진에 나설 계획이고 SK건설도 설계·구매·시공 등 각 분야에서 글로벌 인재를 적극 영입하고 해외 유수의 기업과 협력을 강화해 글로벌 사업수행 역량을 높여나간다는 계획이다. 쌍용건설은 자원부국과 개발도상국을 중심으로 사회 인프라관련 발주가 늘어날 것으로 보고 해외 고급건축과 고난도의 토목분야 수주에 주력할 방침이다.

3) 중소형 위주의 아파트 공급 확대

대형 건설사들이 이처럼 해외시장 공략에 공을 들이는 것은 국내 건설경기가 악화일로에 있기 때문이다. 특히 침체된 주택시장에서 어떤 성적표를 받아 쥐느냐에 따라 성적표가 좌우되는 만큼 분양률을 높이기 위한 묘안을 짜내는 데 역량을 집중할 것으로 보인다. 10내 대형 건설사들은 올해 주택시장이 침체된 속에서도 공격적인 주택공급에 나설 계획이다. 10대 건설사가 올해 신규분양하는 아파트는 9만1,000여가구로 지난해보다 약 1만가구 가량 늘었다. 지난해 가장 많은 주택을 공급한 대우건설이 1만6,000여가구로 가장 많고 GS건설과 포스코건설·삼성물산·롯데건설·SK건설은 약 7,000~9,000여가구를 신규 분양할 것으로 예상된다. 대림산업은 6,000가구 안팎의 아파트를 공급할 예정이다. 이들 건설사는 신규 분양 아파트의 70% 이상을 중소형으로 구성할 계획이다. GS건설의 한 관계자는 "1~2인 가구와 노령인구 증가 등 변화하는 주거 트렌드를 반영해 다양한 소형주택의 평면 개발에 더욱 주력할 계획"이라고 말했다. 중소형 아파트 공급이 대세를 이루는 가운데 각 건설사들은 차별화된 상품전략으로 고객에게 한발 더 다가간다는 전략이다. 신재생에너지를 활용해 전력사용을 최소화하고 첨단 정보기술(IT)과 친환경 기술을 접목한 단지의 조성 등이 대표적이다. 대우·SK·쌍용은 오피스텔과 도시형 생활주택과 같은 틈새상품 공급도 늘릴 계획이다. 대형건설사들은 또 재건축·재개발 등 도시정비사업 수주에도 적극 나선다는 방침이다. 한 건설사의 관계자는 "미분양 리스크를 최소화 할 수 있는 도시정비사업을 놓고 어느 때보다 경쟁이 치열할 것"이라고 내다봤다.145)146)

31. 대우건설의 2013년 건설현장 재해율 0.1 다짐

대우건설 서종욱 사장 및 임직원 200여명이 지난 5일 청계산에서 안전수주를 다짐하고 있다.147) 대우건설(047040) 임직원들이 올 한해 안전수주를 다짐했다. 대우건설은 지난 5일 서울 서초구 청계산에서 서종욱 사장을 비

---

145) 성행경 기자 saint@sed.co.kr, 인터넷한국일보(www.hankooki.com) 기사배열 책임자 : 최정훈, Daum Communications
146) http://media.daum.net/economic/industry/newsview?newsid=20120117163628713&srchid=IIM%2Fnews%2F49570625%2F6670ef41d09935c826f1e3c17397684f (2013.2.17)
147) 뉴스토마토 | 원나래 | 입력 2013.01.07 11:53, [뉴스토마토 원나래 기자]

롯한 임직원이 참석한 가운데 '2013년 안전수주기원제'를 개최했다고 7일 밝혔다.

자료: http://media.daum.net/economic/industry/newsview?newsid=20130107115306136&srchid=IIM%2Fnews%2F62536118%2F10dd2fc3424ba6e3d63a40a67201da0a (2013.3.24)

　이날 안전기원제는 새벽 6시부터 시작돼 영하 13도의 혹한속에서도 임직원 200여명이 참석했다. 대우건설은 올해 목표를 '현장 재해율 제로(zero)'로 정하고 다양한 사전 재해예방활동을 통해 재해율을 0.1 이하로 달성하겠다는 의지를 다졌다. 참고로 재해율 0.1은 1000명이 1년간 일하면서 1명 이하가 부상을 당하는 확률로, 건설업 평균 재해율 0.7에 이른다.[148)149)]

---

148) 원나래 기자 wiing1@etomato.com, 경제전문 멀티미디어 뉴스통신 뉴스토마토
149) http://media.daum.net/economic/industry/newsview?newsid=20130107115306136&srchid=IIM%2Fnews%2F62536118%2F10dd2fc3424ba6e3d63a40a67201da0a (2013.3.24)

제3장 대우건설의 기업가치와 전망

1. 대우건설의 하반기 투자매력도의 증가, 토러스투자증권

토러스투자증권은 6일 대우건설(047040)(8,730원 90 +1.04%)에 대해 상반기보다 하반기의 투자매력도가 증가할 전망이라며 투자의견 '매수', 목표주가 1만2000원을 유지한다고 밝혔다.[150] 박용희 토러스투자증권 연구원은 "대우건설의 올해 매출 가이던스는 전년 대비 9.8% 증가한 9조원에 이를 것"이라며 "이는 매출 전망 추정치 9조3000억원보다 소폭 낮은 수치"라고 말했다. 박 연구원은 "올해 매출총이익률(GPM)은 전년 대비 소폭 밑돌 전망"이라며 "이는 주택 미착공 프로젝트 파이낸싱(PF)의 착공 전환으로 마진율 하락요인이 발생하기 때문"이라고 설명했다. 그는 또 "대우건설의 올해 신규수주 가이던스는 전년 대비 8.6% 증가한 15조원에 달할 전망"이라며 "다소 공격적인 수주목표라는 판단"이라고 덧붙였다.[151]

2. 대우건설의 2013년 1월 30일 추천종목

1) 관련정보
   (1) 종목: 대우건설
   (2) 매수가: 시가전후 지지확인후 분할매수
   (3) 목표가: 1차 목표가, 매수가 대비 3%
   (4) 손절가: 9,180원 이탈시

---

150) 입력시간 | 2013.02.06 08:29 | 문영재 기자, [이데일리]
151) http://www.edaily.co.kr/news/NewsRead.edy?SCD=JB31&newsid=01302166602707896&DCD=A00203&OutLnkChk=Y(2013.2.6)

2) 추천사유

수급과 흐름이 좋은 종목으로 상승파동시 수익실현, 실적발표 예정(1월30일), 대우건설이 치열해지고 있는 해외시장 공략을 위해 공종다양화와 함께 기술력과 파이낸싱(자금조달) 기법을 바탕으로 새로운 해외시장 개척에 주력한다. 홍기표 대우건설 해외영업본부장(전무)은 "지난해 시장 재진입에 성공한 사우디와 싱가포르에서 지속적으로 수주가 이뤄지고 있고 올해는 중남미, 남부 아프리카, 독립국가연합(CIS) 등에서 수주를 기대하고 있다"고 말했다.

홍 본부장은 "아프리카, 중동시장에 대한 의존에서 벗어나 새로운 신시장 개척을 통해 최적의 지역별 사업 포트폴리오 구축에 앞장 설 것"이라고 고 강조했다. 지난해 5월 따낸 알제리 엘하라쉬 하천정비사업이 공정확대를 위한 대표적인 사례다. 이 사업은 국내기업 최초로 물관리사업을 따낸 것이다. 관련기술 수출 1호인 셈이다. 하천의 환경정비사업기술을 보고 감동한 알제리 정부의 인사가 대우건설과 단독으로 계약을 추진했다. 향후의 하천 정비, 물관리 사업분야에 있어 해외시장을 선점할 수 있는 계기를 마련했다는 게 홍 본부장의 설명이다. 또한 대우건설은 이미 기술력을 쌓은 '오일-가스'(Oil & Gas) 처리시설, 액화천연가스(LNG) 및 천연가스액화정제시설(GTL) 등의 상부산업(Upstream)에도 주력할 방침이다.

대우건설은 LNG의 핵심 프로세스 공정인 트레인(Train)을 나이지리아에서 5기, 러시아 사할린에서 2기, LNG 저장탱크는 한국회사로서는 최초로 예멘에서 2기를 준공했다. 지금은 알제리 및 파푸아뉴기니에서 추가 LNG 트레인 공사를 시공중이다. 이를 통해 올해 해외사업의 비중을 전체 매출의 50% 수준으로 끌어올릴 계획이다. 이는 전년 대비 30% 가량 증가한 수치다. 홍 전무는 "올해에도 어려운 시장상황이 예상되지만 임직원들의 '설계·구매·시공혁신'(EPC Innovation)을 통해 전력을 다해 목표를 달성하겠다"며 "거점시장 수성과 신시장 개척을 통해 새로운 기회와 사업발굴로 해외비중을 50%대로 확대해 나갈 것"이라고 강조했다. 특히 대우건설은 최대 주주인 KDB산업은행과 함께 파이낸싱(자금조달)기법을 토대로 해외사업을 발굴하는데 힘을 쏟을 예정이다. 유럽업체들이 공격적으로 해외의 수주활동에 뛰어든 데다 중국업체들의 저가공세도 해외시장의 경쟁을 부추기고 있기 때문이다. 홍 전무는 "세계의 건설시장은 중동과 아프리카 지역의 발주감소에도 불구하고 아시아 지역의 물량증가로 인해 약 6%대의 성장이 예상된다"며 "중동을 비롯한 해외 유수의 발주처들은 조달자금을 동반한 새로운 사업모델을 요구하고 있어 이에 적극적으로 대응할 계획"이라고 말했다.152)

3. 대우건설의 수산물 수출가공 선진화 단지 방문

얼마전 대대홍 8기분들이 1박 2일로 부산 원정을 오셨더라구요! 1박 2일이지만 알차고 유익하게 활동하고 돌아가신 것 같더라구요.153) 그렇게 포스팅된 글을 읽다가 눈에 띄는 것이 있었답니다! 바로 대우건설이 부산에서 수산물 수출가공 선진화 단지를 담당하고 있다는 사실입니다. 부산에 살고 있지만 이런 곳이 있는지도 몰랐네요 대우건설의 뛰어난 시공기술을 직접 눈으로 보고 싶은 마음에 저도 직접 한걸음에 달려갔답니다!

그런데 감천항이 어디 있는 것일까요? 찾아보니, 저희 집에서 무려 1시간 10분 정도 걸린다는 해운대보다 더 먼 것 같아요. 그래도 포기할 수 없었습니다! 버스 2대와 택시를 타고나서 도착한 감천항! 부산에 살지만 이런 곳이 있는 줄은 몰랐어요. 하지만 이날이 일요일이였고 날씨가 너무 흐렸어요. 출발전에도 일요일이라서 과연 관계자 분들이 계실까하고 걱정했었는데, 일을 하고 계시더라구요. 감사합니다! 하지만 대대홍분들처럼 미리 사전에 허락받은 것도 아니고 단체로 간 것도 아닌, 개인적으로 찾아 갔기 때문에 많은 걸 볼 수가 없었습니다. 그래도 포기할 수 없습니다!

---

152) http://cafe.daum.net/jonggosu/Enc1/64?docid=4086718252&q=%B4%EB%BF%EC%B0%C7%BC%B3%C0%C7%20%C0%CE%BB%E7%B0%FC%B8%AE(2013.2.10)
153) My life, 빵끗~ 2012.12.07 23:40 http://blog.daum.net/cjfdud12/63

자료: http://blog.daum.net/cjfdud12/63(2013.2.10)

　혼자서 이곳 저곳을 돌아다니면서 사진을 찍었는데요. 보이시나요? 당당한 대우건설, It's possible이라는 현수막이 딱! 멋있습니다! 그럼 수산물 수출가공 선진화단지란 무엇일까요? 부산시에서는 1400여억원을 들여 부산 감천항 동편 수산물부두 예정지 일대에 부지 67,110㎡, 연면적 83,591㎡ 규모의 수산물 수출가공단지를 지난 2010년부터 올해 2012년 완공을 목표로 추진하고 있답니다! 특히 2012년은 세계보건기구(WHO) 산하 국제식품규격위원회(CODEX)의 권장사항인 식품위해요소 중점관리기준(HACCP)이 의무적으로 적용되는 해이기 때문에 더욱 의의가 크다고 하네요! 부산시는 이 단지를 국제기준에 적합한 수출가공단지로 만드는 것은 물론, 수산가공산업 관련 연구기관 등을 대거 유치해 연구, 개발(R&D) 직접화단지를 구축한 뒤 고부가가치 상품개발과 국가적 수산물 수출가공 전략기지로 육성 및 발전시킬 계획이라고 합니다! 수산물의 수출가공단지 조성은 부산, 경남, 울산 등 영남지역의 중소 수산식품 가공기업들을 모아 원료공급과 제품생산, 선적 등 가공수출의 일련과정을 한곳에서 처리할 수 있는 원스톱 체계를 구축해 자유무역협정의 체결확대 등 급변하는 국제무역환경에서 국제경쟁력을 확보할 수 있을 것입니다. 특히 식품산업분야 최초로 시도되는 아파트형 가공시설과 연구지원기능이 결합된 수산가공 집적화 및 협동화단지 형태의 물류시스템이 도입돼 물류비용의 절감과 시설의 공동이용에 따른 비용절감 등 기업경영 개선효과에도 기여할 것으로 기대하고 있다네요! 역시 대우건설입니다! 혼자서 들어가 보지는 못하고 이곳저곳 돌아다니면서 찍었답니다. 그래도 일요일에도 열심히 일하시는 근로자분들과 이런 큰 프로젝트를 당당히 수행하고 있는 대우건설의 모습을 직접 보니 마음이 뿌듯하지 않을 수 없더라구요! 그런데 여기까지 왔는데, 그냥 돌아가기 너무 안타까웠습니다. 그래서 지푸라기라도 잡는 심정으로 대우건설 가설사무소의 문을 두드렸습니다. 안에서 문이 열리고 어떤 여자분이 저를 보고 깜짝 놀라시더라구요. '얼마전 대대홍분들이 다녀온 기사를 보고 찾아왔습니다'라고 정중히 말씀드리니 안에 계신 대우건설 관계자분에게 안내해 주시더라고요. 정중히 인사를 드리고, 저의 사정을 얘기해드리면서 뭔가 부탁을 드렸습니다. 너무 인상이 좋게 생기신 분이시기도 했고, 저의 뜬금없는 부탁에 너무도 친절히 대해주셔서 너무 감사했습니다. 상사에게 보고 올리고 답변주신다고 하시면서 명함을 찾으셨는데, 그때 마침 지갑이 없으시더라고요. 그래서 이름과 전화번호를 적어주셨습니다. 그렇게 다음날 연락을 드렸더니 이미 외벽은 완공이 거의 다된 상태이기 때문에 아쉽지만 안될 것 같다는 말씀을 해주셨습니다. 하지만 역시나 너무나 친절하셨어요. 역시 대우건설의 가족같은 이미지는 광고에서만 있는 것이 아니였답니다! 그러면서 따뜻한 말씀도 해주셨어요. 너무너무 감사드립니다! 최선을 다하겠습니다!

　이렇게 혼자서 떠난 대우건설 현장견학이 마무리 되었답니다. 다음 번에 또 기회가 있기를 바랍니다![154]

4. 대우건설의 영업이익 3652억원, 전년비 17.4%↑

매출은 8조1800억원 달성, "시장다변화 성과"[155] 대우건설은 지난해 매출 8조1803억원, 영업이익 3652억원을 달성했다고 30일 밝혔다.[156] 매출은 전년(7조319억원)보다 16.3%, 영업이익은 전년(3111억원) 대비 17.4% 각각 오른 실적이다. 영업이익률은 4.4%에서 0.1%p 상승했다.

구 분	2012년	전년(2011년)	전년대비
신규수주	13조8,124억원	13조2,708억원	4.1% 증가
매 출	8조1,803억원	7조 319억원	16.3% 증가
매출총이익	8,056억원	6,687억원	20.4% 증가
영업이익	3,652억원	3,111억원	17.4% 증가

자료: http://news.nate.com/view/20130130n27382(2013.2.6)

매출은 해외(42.0%), 국내건축(36.9%), 토목·플랜트(20.8%)에서 고른 비중을 보였다. 오만 수르(Sur), 모로코 조르프 라스파(Jorf Lasfa) 등 대형발전소 현장의 매출이 본격화되면서 해외부문의 매출액은 3조4383억원로 전년(2조5038억원) 대비 37.3% 증가했다. 해외의 매출비중은 전년도 35.6%에서 42.0%로 확대, 해외중심의 사업구조 개편 노력이 어느 정도 성과를 거둔 것으로 나타났다. 지난해 아파트 1만3087가구를 공급하며 국내 1위를 차지한 주택부문에서는 전년(1조2934억원) 대비 14.3% 증가한 1조4786억원의 매출

---
154) http://blog.daum.net/cjfdud12/63(2013.2.10)
155) 아시아투데이 원문 기사전송 2013-01-30 16:42
156) 아시아투데이 류정민 기자

실적을 올렸다.

신규수주는 전년(13조2708억원) 대비 4.1% 증가한 13조8124억원을 기록했다. 해외에서 대우건설의 주력시장인 북아프리카 지역에서 활발한 수주활동을 벌인 결과 6조3612억원의 수주실적을 올렸다. 해외수주금액은 전년 5조3841억원 대비 18.1% 성장했다. 대우건설의 수주잔고는 2011년 말 37조3710억원에서 38조2315억원으로 증가했다. 지역별 해외수주 잔고 비중은 아프리카 52%, 중동 27%, 아시아 21%다. 공종별 잔고는 석유화학 33%, 발전 35%, 토목·건축 32%로 다각화전략이 가시적인 성과를 거두고 있다. 대우건설의 관계자는 "북아프리카 지역 프로젝트의 매출반영이 본격화되는 올해 지속적인 수익성 증대를 기대하고 있다"고 밝혔다.157)158)

5. 대우건설의 올 해외사업 매출 52%까지 확대

알제리 등 아프리카시장의 거점화, 베네수엘라 지사의 설립 추진159) 대우건설이 올해 해외사업 매출 비중을 52%까지 끌어올리기로 했다. 김성회 대우건설의 전략기획부 차장은 29일 대한건설협회가 개최한 '2013년 경영계획발표회'에서 "2013년은 창사 이래 처음으로 해외사업 매출비중이 국내사업을 넘어서는 해가 될 것"이라며 이같이 밝혔다. 대우건설은 올 해외건설시장의 성장률을 6%로 전망했다. 특히 지난해 유럽의 경제위기 탓으로 미뤄진 프로젝트들이 대거 발주될 것으로 기대하고 있다. 그는 "중동지역에서의 경쟁은 더욱 더 심화될 것"이라며 "특히 중국업체들이 플랜트 분야에서 경쟁력을 갖추고 약진하고 있다"며 우려감을 표했다. 이에 따라 대우건설은 올해 신시장 개척에 주력하겠다는 계획이다. 아프리카, 중남미 등의

---

157) 대우건설 2012년 경영실적 잠정집계 결과, '글로벌 종합일간지' 아시아투데이 류정민 기자, ryupd01@asiatoday.co.kr
158) http://news.nate.com/view/20130130n27382(2013.2.6)
159) 머니투데이 원문 기사전송 2013-01-30 10:31, 더벨 이효범기자, 더벨│이 기사는 01월29일(18:58) 자본시장 미디어 '머니투데이 thebell'에 출고된 기사입니다.

시장을 눈여겨보고 있다. 대우건설은 특히 알제리 등 아프리카 지역의 시장 거점화에 주력하고 있다. 이라크, 인도네시아, 중남미 등에도 진출해 다변화를 꾀할 계획이다.

해외영업 네크워크도 확대해 나갈 예정이다. 지난해 콜롬비아 지사에 이어 올해는 베네수엘라에 지사를 설립할 계획이다. 최 차장은 "올해는 시장 다변화가 관건"이라며 "비상경영체제 실현을 통해 영업이익을 초과 달성할 계획"이라고 말했다. 대우건설은 앞서 지난 1월 신년사를 통해 올해를 '비상경영의 해'로 선포하고 내부역량 강화와 해외수주 영토확장에 역량을 집중시킨다고 밝혔다. 계사년 경영화두를 'EPC Innovation(효율·공정·원가혁신)'으로 정하고, 글로벌 시장에서 지속성장과 발전을 위한 내부 역량강화에 전력을 다할 계획이다. 이를 위해 작년 말 임원수를 10% 줄여 군살을 빼고 조직구조를 '1부문 14본부 1원 2실'에서 '3부문 12본부 1원 6실'로 재편해 해외수주 확대에 초점을 맞췄다.160)161)

6. 30대그룹 '몸집 불리기' 여전, 계열사 24개↑

30대그룹의 계열사가 24곳 증가한 것으로 나타났다.162) 재벌, 최고경영자(CEO), 기업경영평가 사이트인 CEO스코어(대표 박주근)는 30대 대기업의 계열사 현황을 조사한 결과 작년 12월 현재 총 1천221곳으로 같은 해 1월의 1천197곳에 비해 24곳 늘어났다고 6일 밝혔다. 계열사가 가장 많이 늘어난 곳은 CJ그룹이다. 2012년 1월 70곳에서 지난해 12월 86곳으로 무려 16곳이 추가됐다. CJ[001040]는 작년에 우성, 돈돈팜, CJ스포츠 등 9개사를 구조조정했지만 대한통운 인수로 관련사들을 한꺼번에 편입시키는 바람에 계열사가 크게 늘었다. 2위는 동부그룹이다. 47개에서 13개가 늘어난 60개에 이르렀다. 동부는 계열사를 줄이지 않은 채 동부택배, 가야, 농업법인, 팜슨 등

---

160) 엔지니어링뉴스 2012/12/06 09:58, http://blog.naver.com/h1hiro/50156426833
161) http://news.nate.com/view/20130130n09219(2013.2.6)
162) (서울=연합뉴스) 전준상 기자

을 설립하거나 지분을 취득하는 방법으로 계열사를 늘렸다. 3위 신세계[004170]는 2011년초 18개에서 작년말 28개로 10개사 늘어났다. 센트럴시티와 파라다이스면세점을 인수한 영향이 컸다. 4위 현대백화점[069960]은 24개에서 33개로 9개를 늘렸다. 5위 케이티의 계열사는 50개에서 56개로 증가했다. 현대중공업[009540](5개), GS[078930](4개), LG[003550](3개)·OCI(3개)·효성(3개), 삼성(2개)·현대차(2개)·LS(2개)·대우건설(2개) 등의 순이다. 삼성은 서해워터, 탑클라우드코퍼레이션, 누리솔루션 등을 편입한 반면 이삼성인터내셔날, 프로소닉, 보나비 등 8개사를 청산하거나 제외시켰다. 계열사가 가장 많이 줄어든 곳은 금호아시아나였다. 39개에서 20개로 줄었다. 대림의 계열사는 28개에서 18개로 감소했고, 포스코[005490]도 70개에서 63개로 몸집을 줄였다. SK는 5개사를, STX[011810]와 대우조선해양[042660]은 각 4개사를 제외시켰다. 2개사를 줄인 곳은 한화[000880], 두산[000150], 동국제강[001230], 코오롱[002020] 등 4개그룹이었다. 한국지엠과 에쓰오일의 계열사 변동은 전혀 없었다. 30대그룹이 새로 편입시킨 계열사의 업종은 서비스업이 39개로 가장 많았다. 창고물류(19개), 도소매업(19개), 제조업(18개), 부동산(15개), 에너지(13개) 등이었다.163)164)

7. 대우건설의 작년 순이익 부진, "올해도 어두워"

대우건설[047040]이 건설경기 부진과 주택관련 손실 때문에 올해의 수익이 악화할 것이라고 주식시장 전문가들이 31일 전망했다.165) HMC투자증권 이광수 연구원은 "대우건설은 올해 국내의 건축·토목 사업수주 감소로 연간 수주규모가 14조6천억원에 그칠 것"이라며 "올해 해외부문 성장으로 매출은 9조원으로 오르겠지만 원가율 상승 탓에 수익성은 둔화할 것"이라고

---

163) chunjs@yna.co.kr, 연합뉴스, 2013/02/06 09:47 송고
164) http://www.yonhapnews.co.kr/bulletin/2013/02/06/0200000000AKR20130206053900003.HTML?did=1179m(2013.2.6)
165) (서울=연합뉴스) 배영경 한혜원 기자

예상했다. 대우건설은 작년 영업이익이 3천652억원으로 전년보다 17.4% 증가했다고 전날 공시했다. 매출액은 8조1천803억원으로 16.3% 늘어났다. 그러나 당기순이익은 1천594억원으로 전년보다 29.7% 줄어들었다. 부동산경기 침체로 주택관련 일회성 손실 2천400억원 등의 비용이 반영됐기 때문이다. 이 연구원은 "대우건설은 작년 4분기 기준으로 부동산 프로젝트파이낸싱(PF) 2조2천억원과 주택용지 5천415억원을 보유하고 있다"며 "이와 관련된 손실과 비용이 발생하면 올해도 실적 부담이 상당할 것"이라고 덧붙였다. 그는 "주택관련 재고자산이 줄어들기전까지 대우건설의 실적 변동성이 커질 것"이라며 종목에 대한 투자의견 '보유' 목표는 1만원을 유지했다.

KTB투자증권 김선미 연구원은 "PF 때문에 대우건설은 올해 주택관련 일회성 비용이 지속적으로 발생할 것"이라며 "올해 미착공 PF중 7천800억원 규모가 착공으로 전환되면 기타영업손실에 1천200억원이 반영될 것"이라고 내다봤다. KTB투자증권은 예상 주택손실을 반영해 대우건설의 올해 순이익 전망치를 2천610억원으로 19% 하향 조정했다. 종목에 대한 목표가는 기존 1만3천원에서 1만1천원으로 내렸다. 전문가들은 대우건설이 해외수주 성장을 이용해 심각한 실적 악화는 면할 것이라고 예상했다. 김선미 연구원은 "대우건설은 2011~2012년 수주물량이 매출에 본격적으로 반영되면서 올해의 해외부문 매출이 25.1% 성장할 것"이라며 "특히 수익성이 좋은 아프리카 공사가 늘어 원가율이 작년보다 개선될 것"이라고 내다봤다. 한화투자증권 조동필 연구원은 "대우건설은 타 건설업체보다 해외수주잔고에서 중동(27%)의 비율이 높고 아프리카 시장의 비중도 큰 편"이라며 "앞으로 해외부문에서 안정적 성장과 수익성을 지속할 수 있을 것"이라고 전망했다.

조 연구원은 대우건설에 대한 투자의견 '매수'와 목표주가 1만2천원을 유지했다.[166)][167)]

---

166) hyel@yna.co.kr, 연합뉴스, 2013/01/31 08:27 송고
167) http://www.yonhapnews.co.kr/bulletin/2013/01/31/0200000000AKR20130131
   032451008.HTML?did=1179m(2013.2.6)

8. "대우건설의 전략적 투자자 1조원 이상 투자해야"

산업은행은 대우건설 경영권을 행사할 전략적 투자자(SI)는 1조원 이상을 투자해야 한다고 밝혔다. 산은은 감사나 최고재무책임자(CFO) 등을 선임해 대우건설을 재매각할 때까지 경영에 참여할 방침이다.168) 13일 금융권에 따르면 산은은 3조원 규모로 사모펀드(PEF)를 조성해 대우건설을 매입하는 방안을 추진하고 있다. 사모펀드는 금호아시아나그룹으로부터 대우건설을 사들여 기업가치를 높인 후 다른 인수자에게 되팔아 차익을 얻는다. 사모펀드에는 단순히 수익을 위해 돈만 대는 재무적 투자자와 경영권에 관심이 있는 FI가 참여한다.

산은의 고위 관계자는 "대우건설에 관심을 갖는 업체가 여럿 있다"면서 "하지만 경영권을 갖게 되는 SI는 일정의 요건을 갖춰야 할 것"이라고 말했다. 산은은 대우건설 SI의 요건으로 △ 경영능력 △ 향후 대우건설을 인수할 자금능력 △ 인수에 따른 시너지효과 등을 제시했다. 대우건설이 수익을 내며 정상적인 영업을 하고 있어 투자자 유치에는 별 어려움이 없다는 것이 산은측의 설명이다. 다만, 금호산업이 대우건설을 인수할 당시 FI들에게 제시한 풋백옵션(수익보장 장치)의 문제해결이 당장의 숙제다. 산은 관계자는 "18개 재무적 투자자에게 주식가격을 1만 8천원으로 제시했으며, 향후 풋백옵션 행사가격(3만1500원)과의 차액을 어떻게 처리할 것인가를 놓고 협의중"이라고 했다. 산은은 이들 FI들도 금호산업의 워크아웃(기업개선 작업)과정에 참여해 차액에 대해 출자전환할 것을 요구하고 있다. 산은은 PEF에 모이는 자금규모에 따라 자체 투입자금을 결정할 계획이다. 산은은 최대 1조원 정도까지 자체 자금을 넣을 수 있을 것으로 보고 있다. 산은이 일정 부분 자금을 대는 만큼 CFO나 감사, 사외이사를 선정해 중요한 경영결정에 참여할 방침이다. 산은은 PEF에서 대우건설을 인수한 후 3년 정도 지나면 되팔게 할 계획이다.169)170)

---

168) 노컷뉴스 원문 기사전송 2010-01-14 06:33, [CBS경제부 정영철 기자]

9. 문정민 회장의 "대우건설 전략투자자 비율 60% 이상"

TRAC의 "건설·개발사 SI 탄탄해 인수시 시너지 클 것"171) 대우건설 매각 우선협상대상자 두곳중의 하나인 TR아메리카 컨소시엄(TRAC)이 전략적 투자자(SI) 투자비율을 최근 60% 이상으로 끌어올리면서 인수의지를 강하게 내비치고 있다. 관련업계에서는 다른 복수 우선협상대상자인 자베즈파트너스가 다소 유리하다고 평가하면서도 TRAC의 막판 기세도 만만치 않다고 보고 있다. TRAC을 대표하고 있는 문정민 AC디벨로프먼트 회장은 17일 이데일리와 통화에서 "전체 인수자금의 60~65%를 해외건설·개발사들로 구성된 전략적 투자자들이 맡도록 했다"며 "당초 50%였던 전략적 투자자 비중을 더 끌어올렸다"고 밝혔다. 문 회장은 "우리 컨소시엄은 사모펀드에 가까운 경쟁자와 달리 탄탄한 전문성을 갖춘 건설·개발 SI 중심"이라며 "장기적인 인수 시너지가 클 것"이라고 말했다. TRAC 전략적 투자자는 미국 뉴욕지역 건설사인 티시먼(Tishman)과 인도의 건설사인 DSC그룹, 문 회장측 관계사인 DW디벨로프먼트그룹이 중심이다. 이들이 투자금의 30% 이상을 낼 예정이다. TRAC은 전략적 투자자(SI)가 인수대금의 총 60~65%를 부담토록 할 방침이다. 또 재무적 투자자(FI)가 10% 내외, 인수금융이 30% 안팎으로 분담키로 했다. 문 회장은 "약 10년간 대우건설에 장기투자할 계획"이라며 "짧은 시간에 또 주인을 찾아나서게 하도록 하지 않을 것"이라고 강조했다.

그는 "대우건설 아메리카를 미국에서 설립하고 그 산하에 특수목적회사(SPC)를 세워 인수작업을 진행할 예정"이라고 말했다. 이어 "거의 대부분의 SI와 FI로부터 투자확약서와 잔고증명서까지 제출한 만큼 경쟁자보다 자금

---

169) steel@cbs.co.kr, CBS 뉴스FM98.1 / 음악FM93.9 / TV CH 412, CBS 노컷뉴스 (www.nocutnews.co.kr)
170) http://news.nate.com/view/20100114n02066(2013.2.6)
171) 이데일리 원문 기사전송 2009-12-17 15:23 최종수정 2009-12-18 08:06, [이데일리 백종훈기자]

조달의 확실성측면에서도 앞설 것"이라고 덧붙였다. 문 회장은 해외업체에 대우건설의 경영권을 넘기는 것이 우려된다는 지적에 대해 통 큰 시각이 필요하다고 밝혔다. 그는 "대우건설은 아시아시장, 세계시장을 공략하는 일류회사가 돼야 한다"며 "미국 등 해외 건설계열 전략적 투자자들과 힘을 합치는 것은 큰 도움이 될 것"이라고 말했다. 한편 또다른 우선협상 대상자인 자베즈파트너스는 국내 금융회사들로부터 인수대금의 50%를 조달하고 나머지 50%는 중동계 FI들로부터 조달할 계획인 것으로 전해졌다.[172][173]

10. 대우건설이 산업은행 인수된 후 고성장하는 진짜 이유

대우건설은 2012년 연간 실적의 잠정집계 결과, 영업이익이 3,652억원으로서 전년(3,111억원) 대비 17.4% 증가했다고 31일 밝혔다. 또 신규수주는 13조8124억원으로 전년(13조2708억원) 대비 4.1% 증가했으며, 매출은 8조1803억원으로 전년(7조319억원) 대비 16.3% 증가했다.[174] 우선 신규수주와 관련해 대우건설은 국내에서 주택과 건축부문의 신규수주가 호조를 보이며 연초 목표 대비 각각 110.7%, 109.8%를 달성하였다. 해외에서 대우건설의 주력시장인 북아프리카 지역에서 활발한 수주활동을 벌인 결과 6조3,612억원의 수주실적을 올려 전년 5조3841억원 대비 18.1%의 비약적인 성장을 보였다. 이는 2008년부터 꾸준히 이어져온 높은 성장세를 계속 이어나간 것이다. 이로써 대우건설의 수주잔고는 2011년 말 37조3,710억원에서 38조2315억원으로 증가하며 연간매출액 대비 4.7년치의 일감을 확보했다. 해외의 수주잔고에서 지역(아프리카 52%, 중동 27%, 아시아 21%) 및 공종(석유화학 33%, 발전 35%, 토목/건축 32%) 다각화전략이 가시적인 성과를 거둬 안정적인 사업포트폴리오를 구성하며 질적 성장을 이뤄냈다. 이어 매출부문에선 국내의 건축/플랜트/해외부문에서의 호조로 목표였던 8조원 대비 102.3%의

---

172) 종합 경제정보 미디어 이데일리, 백종훈 iam100@
173) http://news.nate.com/view/20091217n13587(2013.2.6)
174) 기사입력 2013-01-31 09:53, 헤럴드경제=정순식 기자

달성률을 보였다. 사업부문별로는 국내 주택/건축부문 36.9%, 토목/플랜트 부문 20.8%, 해외부문 42.0%로 고른 매출비중을 보였다. 특히 해외 매출비중이 전년 35.6%에서 42.0%로 확대되며 해외중심의 사업구조로의 체질개선이 뚜렷하게 나타났다. 주택부문에서 전년(1조2934억원) 대비 14.3% 증가한 1조4786억원의 매출을 올렸으며, 부동산 경기침체에도 불구하고 아파트 1만3,087가구를 공급하며 이 부문에서 국내 1위를 기록했다.

또 건축부문에서도 오피스텔/주상복합 1만406가구의 독보적인 공급실적을 기록했으며, 매출도 전년 1조2162억원에서 1조5386억원(26.5% 증가)로 크게 늘어났다. 오만 수르, 모로코 조르프 라스파 등 대형 발전소 현장의 매출이 본격화되면서 해외부문 매출은 3조4,383억원으로 전년(2조5038억원) 대비 37.3% 증가했다. 매출 증가세는 올해도 계속 될 것으로 보인다. 대우건설 관계자는 "2011년과 2012년의 주택/건축부문의 분양호조에 힘입어 올해 매출이 약 18% 이상 증가할 것으로 전망된다"며 "해외에서는 알제리 라스지넷(Ras Djinet) 등 북아프리카 지역 대형발전소 공사를 착공하면서 전년 대비 9.3% 이상 증가할 것으로 예상된다"고 밝혔다. 이어 이익부문에서는 매출에서 원가를 제한 매출총이익(률)은 8056억원(9.8%)으로 전년(6687억원(9.5%)) 대비 20.4% 증가했다. 주택과 건축부문에서는 2011년과 2012년의 성공적인 분양성적이 안정적인 수익성으로 이어졌으며 해외사업의 수익성도 증가세를 보였다. 대우건설 관계자는 "북아프리카 지역 프로젝트의 매출반영이 본격화되는 올해 지속적인 수익성 증대를 기대하고 있다"고 밝혔다.

영업이익은 3,652억원으로 전년(3111억원)에 비해 541억원(17.4%) 증가했고 영업이익률도 4.4%에서 0.1%포인트 상승한 4.5%를 달성했다.[175][176]

---

175) sun@heraldcorp.com, 헤럴드생생뉴스, Re-imagine! Life beyond Media, 헤럴드경제
176) http://news.heraldcorp.com/view.php?ud=20130131000300&md=20130203004347 AN(2013.2.6)

11. 대우건설의 업계 최초 올해 도시정비사업 수주 1조원 돌파

대우건설은 지난 19일과 20일 이틀동안 3건의 재개발·재건축 사업을 연달아 수주하며 제일 먼저 올해 도시정비사업 1조원 수주를 돌파했다고 밝혔다.[177] 이번에 대우건설이 수주한 사업은 창원 가음주공6단지 재건축(1,780억원), 부산 우동3구역 재개발(4,693억원), 의왕 내손 라구역 재개발사업(2,665억원) 등으로 총 공사금액 9,138억원중 대우건설의 지분은 4,612억원이다.

1) 친환경 브랜드 이미지와 높아진 신인도의 폭넓은 수주활동

대우건설은 올해 4월 말까지 여의도 서울아파트 재건축(3,430억원), 안양 진흥 재건축(2,187억원), 수원 팔달115-6 재개발(1,587억원), 부천 원미6B 재개발(1,603억원) 등 4개 사업장에서 총 8,807억원 규모의 시공권을 확보했으며 이번 수주로 4,612억원을 더해 1조3,419억원의 수주고를 기록하며 건설업계 가운데 가장 빨리 올해 도시정비사업 1조원 수주를 돌파했다. 대우건설의 관계자는 "주택경기 침체로 상대적으로 안정적인 재건축·재개발 수주경쟁이 치열해진 가운데 얻은 결과라는 점에서 의미가 크다"며 "푸르지오의 친환경 브랜드 이미지와 산업은행 계열에서의 편입 이후 높아진 신인도가 조합원들에게 어필하는 것으로 판단된다"고 밝혔다.

2) 2007년 이후 매년 2조원 이상 수주하며 업계 최고의 실적

수익성 위주로 외형과 내실을 공고히 하는 투트랙 전략의 추진, 대우건설은 지난 2007년 이후 매년 도시정비사업에서 2조원 이상을 수주해왔으며 2010년 1위, 2009년과 2011년 2위를 기록하는 등 매년 업계의 최고의 수주실적을 기록해왔다. 대우건설은 올해도 서울, 수도권 뿐 아니라 지방 우량 사업지를 중심으로 수익성 위주의 수주활동을 펼치는 것과 더불어 이미 수주한 사업들에 대한 철저한 리스크분석을 통해 외형과 내실을 모두 공고히 하는 투트랙(two-track)전략을 추진한다는 계획이다.[178][179]

---

177) 기사입력 : 2012-05-25 10:25

12. 발전시장을 점령한 건설업체들, "안정적 수입 매력적"

건설사들이 민간 발전시장에 적극적으로 뛰어들고 있다. 주택경기 침체가 장기화하고 4대강 사업 이후 공공발주 물량이 줄면서 발전시장이 건설사들의 새로운 틈새시장으로 떠오른 것이다.[180] 건설사들은 대부분 발전소 시공기술을 가지고 있고 전기를 팔아 안정적인 수입을 올릴 수 있다는 점에 매력을 느끼고 있다. 해외 플랜트와 달리 국내사업은 위험이 덜하다는 것도 사업의 강점이다.

1) 발전소시장 점령한 건설사들

지식경제부는 지난달 20일 6차 전력수급 기본계획을 발표했다. 총 18기의 화력발전소를 새로 짓고 1580만kw의 전력을 공급하겠다고 밝혔다. 이날 지경부는 발전소를 운영할 예비사업자를 통보했는데 눈길을 끄는 것은 건설업체이거나 건설사와 관련있는 회사들이 대부분이었다. 강릉지역 석탄 발전사업권을 가져간 동부하슬라파워(200만kW)는 동부건설과 관련이 있다.

해당 지역에서의 사업권을 가져간 삼성물산(200만kW) 역시 삼성건설이 주축이다. 강원 삼척 지역의 석탄화력발전사업권(200만KW)을 가져간 동양파워는 ㈜동양소속이다. 가스복합발전(LNG)사업에서도 건설사의 이름을 쉽게 찾을 수 있다. GS EPS(당진복합 5호기 95만kW), 대우건설(대우포천 1호기 94만kW), SK E&S(여주천연가스 95만kW), 현대건설(통영 천연가스 1호기 92만kW) 등이 대표적이다. 건설사들이 발전소시장에 등장한 것은 이번이 처음은 아니다. 2008년 4차 전력수급계획 때부터 건설사들의 발전부문의 진출이 본격화했다. 건설업체의 한 관계자는 "글로벌 금융위기 이후 주택시장이 무너지고 공공부문 토목공사 발주가 감소하면서 발전부문이 새로운 시장으로 주목받기 시작했다"고 말했다. 업체별 전문분야도 다양하다.

조력발전의 경우 대우건설(047040)(강화, 교동도)과 GS건설(006360)(강화

---

178) 출처 : 대우건설
179) http://news.catchall.co.kr/news/news_view.jsp?seq=193147(2013.2.7)
180) 조선비즈 원문 기사전송 201-02-06 16:59 최종수정 2013-02-06 17:18

웅진·MOU 상태)이 두각을 나타내고 있다. 풍력발전은 대림산업(000210)(제주 한림), ㈜한양(전남 해남) 등이 사업을 진행중이다.

2) 안정적 수입에 낮은 리스크가 '매력'

건설사들이 발전시장으로 '외도'하는 가장 큰 이유는 안정적인 수입이 보장되기 때문이다. 전남 광양에서 복합화력발전소를 운영하는 SK E&S는 작년 3분기 영업이익이 6723억원으로 전년 대비 2배 이상 증가했다. 2011년에는 전년 대비 132% 증가했었다. 4대강 사업 이후 정부 발주의 토목공사 물량이 줄어든 점도 원인이다. 한 대형 건설업체 관계자는 "새 정권이 들어선 이후 주택 불경기와 더불어 토목공사도 많이 늘어나지 않을 것이라는 전망이 발전시장에 더욱 집중하게 만들고 있다"고 설명했다. 이미 갖고 있는 발전소 시공기술을 활용하는 것도 전략이다. 발전소 운영과 관련한 노하우만 배우면 사업을 시작할 수 있다. 건설사들은 운영사업에 진출하기전에 한국전력 자회사나 각종 민간 발전회사들과 특수목적 법인 등을 구성해 운영 노하우를 익히고 있다.

3) 석탄 화력발전이 가장 인기

발전소중에서는 석탄 화력발전이 가장 인기를 끌고 있다. 석탄은 LNG연료보다 가격은 싸지만 더 많은 전력을 만들어 낼 수 있어 안정적인 고수익이 가능하다. 또 터빈 외에 추가적으로 설비가 들어가지 않아 건설비용이 저렴하다는 것도 장점이다. 제6차 전력수급계획 사업자 선정에서도 석탄 화력발전소에 가장 많은 업체(6개)가 몰렸다. 동부건설의 관계자는 "화력발전사업과 더불어 발전사업에 지속적으로 참여해 발전 EPC관련 매출을 더욱 확대해 나갈 것"이라고 말했다.[181)182)]

13. 건설 빅5사의 근육+덩치 다 키웠네

해외사업 확장, 다변화의 힘, 대림산업 '매출 10조원 클럽' 가입, 삼성물산

---

181) 강도원 기자 theone@chosun.com
182) http://news.nate.com/view/20130206n27931(2013.2.6)

영업이익 60% 증가[83] 부동산의 경기불황속 건설사 '빅5'의 선전이 돋보이고 있다. 해외사업을 발빠르게 확장한 데 힘입어 지난해 외형은 물론 영업이익 등 내실도 크게 개선됐다. 장기불황에 대비하여 대대적으로 조직정비를 단행한 건설사들은 해외시장 다변화전략을 통해 작년에 이어 올해에도 상승세를 이어갈 것이라는 전망이 나온다. 4일 관련업계에 따르면 대림산업은 지난해 연결기준으로 매출액 '10조원 클럽'에 첫 가입하는 기염을 토했다. 지난 2011년 해외에서 수주한 사우디 쇼와이바Ⅱ복합화력발전소와 필리핀 페트론 정유공장 등 대형 플랜트 사업이 본격적으로 매출에 반영되기 시작한 결과이다. 특히 석유화학사업부는 글로벌 경기둔화에도 불구하고 폴리부텐과 같은 고마진 특화제품 판매증가에 따라 매출이 전년 대비 11% 증가한 1조3041억원을 기록하며 매출 성장세를 견인했다.

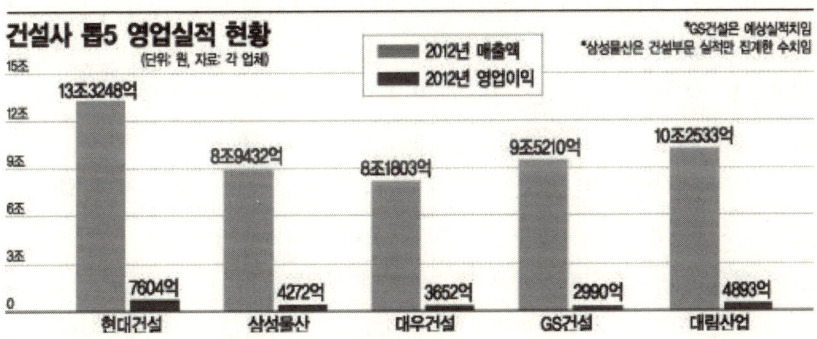

자료: http://news.nate.com/view/20130204n19577(2013.2.7)

대림산업 관계자는 "올 신규수주는 해외 8조7000억원을 포함해 총 13조원을 목표로 하고 있다"며 "조직 체질개선을 통한 경쟁력 확보에도 중점을 둬 환경변화에 선제적으로 대응해 나갈 것"이라고 강조했다. 수익성이 대폭 개선된 삼성물산도 주목된다. 실제로 삼성물산 건설부문 영업이익은 전년보다 무려 59.9%나 늘어난 4272억원을 기록했다. 매출액도 같은 기간보다

---

183) 아시아경제 원문 기사전송 2013-02-04 14.30, 아시아경제 조태진 기자

22.3% 늘어난 8조9432억원으로 합격점을 받았다. 2조원 규모의 사우디아라비아 쿠라야 복합화력 프로젝트를 진행하면서 4·4분기 영업이익이 전분기보다 293.5% 증가한 점은 눈에 크게 띈다. 삼성물산의 해외수주 상승세는 당분간 이어질 태세다. 지난해 6조2000억원어치를 수주해 45%까지 비중이 확대된데 이어 말레이시아 발전플랜트, 홍콩 지하철, 카타르 루사일 도로, 싱가포르 UIC 복합빌딩 등 효과로 올해 70%(11조6000억원)까지 늘어날 것이라는 분석이다. 업계의 맏형인 현대건설도 3년 연속 매출 10조원을 달성해 이름값을 했다. 지난해 매출액과 영업이익은 전년보다 각각 11.8%와 3.4% 증가한 13조3248억원과 7604억원을 기록했다. 플랜트부문 등 해외수주 역량이 강화된데다 국내외 전력 및 계열사의 매출 호조가 더해져 3년 연속 매출 10조원 시대를 열었다. 지난해 신규수주도 시장다변화 전략이 먹혀들면서 전년보다 26.7%나 증가한 21조2056억원에 달했다. 지난해 말 수주잔고는 46조2279억원으로 향후 3~4년동안 일감을 확보한 상태다. 현대건설 관계자는 "올해는 수주 22조1580억원과 매출 13조8570억원을 사업목표로 하고 있다"며 "해외 수주역량 강화 및 시장다변화 전략을 지속적으로 추진해 안정적인 사업 포트폴리오를 유지해 나갈 계획"이라고 강조했다. 대우건설도 8조1803억원의 매출을 기록, 전년보다 16.3% 늘었다. 전 사업부문이 고른 매출 신장세를 보인 가운데 해외매출 비중이 전년도 35.6%에서 42.0%로 확대됐다. 오만 수르, 모로코 조르프라스파 등 대형발전소 현장의 매출이 본격화되면서 해외부문의 매출은 3조4383억원으로 전년보다 37.3% 증가했다. 주택부문에서도 국내 최대규모인 1만3087가구의 아파트를 공급한 가운데 전년보다 14.3% 증가한 1조4786억원의 매출을 올렸다. 오는 7일 실적을 발표하는 GS건설도 개선된 성적표를 받아들 것이란 분석이 나온다.

　박상연 이트레이드증권 애널리스트는 "GS건설의 지난해 매출액은 해외부문 호조에 힘입어 시장 기대치를 충족하는 9조5210억원에 달할 것으로 추정된다"며 "상위권의 대형건설사들이 모두 매출과 영업이익 등에서 호전된 실적을 보이고 있다"고 말했다.184)185)

14. 건설업계의 "성장신화는 잊자. 수익이다"

1) 수익성 위주의 내실경영, 일부 대형사 마이너스 성장 목표

대형 건설사들의 올해의 경영방향이 예사롭지 않다. 현대건설, 대우건설, GS건설 등 10위권 대형건설사들의 올해 사업목표와 경영전략을 보면 예년처럼 수주, 매출 등 외형 목표를 전년보다 올려 잡던 관례를 깨고 수익성이나 유동성 확보에 초점을 맞추고 있다. 일부회사는 오히려 외형을 줄이는 등 이례적인 모습까지 보이고 있다.[186] 그만큼 건설환경이 심상치 않고 건설사들이 위기의식을 느끼고 있는 것으로 풀이된다. 건설사들은 작년 한해 국내의 건설시장 침체를 극복하기 위해 적극적으로 해외로 뛰어나갔고 기대 이상의 커다란 성과를 올렸다. 그러나 외형성장만큼 실속은 없었다는 것이 건설사들의 자체 평가다. 2012년 잠정실적을 공시한 현대건설, 대우건설, 대림산업의 작년 실적을 보면 수주와 매출은 10~30% 가까이 크게 성장했으나 영업이익의 증가는 수주와 매출을 따라가지 못했다. 즉, 매출 대비 이익률도 4~5%대로 떨어져 금융비용을 지급하고 나면 남을게 별로 없는 모습이 됐다.

건설사 2012 경영실적(잠정실적 공시 기준)

회사명	수주액 (조원)	증가율	매출액 (조원)	증가율	영업이익 (억원)	영업이익률
현대건설	21	27%	13	12%	7604	5.7%
대우건설	14	4%	8	16%	3652	4.5%
대림산업	N.A.	N.A.	10	28%	4893	4.8%

*증가율은 2011년 대비 자료 : 각사 2012년 잠정실적 공시
자료: http://news.nate.com/view/20130204n05432(2013.2.7)

건설업계의 관계자는 "해외비중이 높고 매출실적이 좋은 회사들도 수익성이 떨어졌다"며 "국내의 매출비중이 높은 회사들의 경우 수익성 뿐만 아

---

184) 조태진 기자 tjjo@, 아시아경제(www.asiae.co.kr)
185) http://news.nate.com/view/20130204n19577(2013.2.7)
186) 조세일보 원문 기사전송 2013-02-04 09:12, [위기의 건설업 생존전략]

니라 유동성도 심각한 수준이다"고 우려했다. 건설사들의 이익률이 낮아진 이유는 지난해 주력했던 해외시장에서 중국, 동구권 건설사들의 저가공세는 물론 해외시장으로 몰려나온 국내업체들끼리의 과당경쟁 때문이다.

거기다 국내에서도 적체된 미분양 해소를 위해 가격을 큰 폭으로 할인하는 고육책을 썼기 때문으로 분석된다. 이러한 수익성 저하로 현금사정도 나빠져 회사에 따라 영업현금흐름이 2000억원~7000억원까지 적자가 난 회사도 많아 올해는 유동성 확보도 급하게 챙겨야 할 경영과제로 떠올랐다.

2) 더 이상 높은 성장 기대 못해, 저성장시대 대비

국내 주요 건설사의 2013년 사업목표와 경영전략을 보면 현대건설과 삼성물산을 제외한 대부분의 회사들이 올해 경영의 최우선 과제를 수익성 확보와 내실경영에 집중하고 있다. 대우건설은 비상경영체제의 돌입을 선언했고 롯데건설은 생존경영을 우선과제로 설정했다. 이밖에도 GS건설, 포스코건설, 대림산업, SK건설이 올해 경영전략의 첫번째 목표를 체질개선과 수익성 개선으로 정했다.[187]

15. 대우건설의 동반성장, 180억원 긴급운용자금 조성, 돈 가뭄 협력사 '단비'

대우건설은 협력회사의 성장이 곧 대우건설의 성장이라는 철학을 바탕으로 '협력회사와 동반성장! 잇츠 파서블(It's Possible)'을 슬로건으로 다양한 동반성장 프로그램을 실시하고 있다.[188] 대우건설 서종욱 사장이 2011년 4월 서울 중구 소공로 플라자호텔에서 열린 '10개 건설사 공정거래 및 동반성장협약 합동선포식'에서 연설하였다.

---

187) http://news.nate.com/view/20130204n05432(2013.2.7)
188) [동반성장 특집] 180억 긴급운용자금 조성…돈 가뭄 협력사 '단비', 세계일보 원문 기사전송 2013-01-31 18:51

자료: http://news.nate.com/view/20130131n34182(2013.2.7)

　대우건설은 2000년 건설업계 최초로 동반성장 전담부서인 '상생경영팀'을 설치했고, 2011년 '10개 건설사 공정거래 및 동반성장 협약 합동선포식'의 주관사를 맡는 등 건설업계의 동반성장의 문화정착에 앞장 서 왔다. 대우건설은 협력회사 자금 지원과 교육지원 분야에 초점을 맞춰 동반성장 프로그램을 운용하고 있다. 지난해 최대주주인 산업은행과 협력해 195억원 규모의 동반성장 펀드를 조성해 173억원(88.7%)의 대출실적을 기록했다. 올해는 규모를 늘려 242억원 규모의 펀드를 조성해 더 많은 협력회사에게로 혜택이 돌아갈 수 있도록 할 계획이다. 또 협력회사에 긴급운용자금을 직접 지원하고 있다. 지난해 27개사를 대상으로 170억원을 무보증 및 무이자로 대여한 데 이어 올해는 액수를 180억으로 늘렸다. 교육지원 부문에서 중심이 되는 프로그램은 협력회사 대표이사 대상의 경영교육과 임직원 대상의 실무능력 강화교육이다. 오프라인과 온라인을 병행하여 교육하고 있다. 지난해 6회에 걸쳐 우수 및 주요 협력회사 CEO를 대상으로 경영전략, 인문, 예술 등 다방면에 걸친 조찬 아카데미를 마련했다. 대우건설 서종욱 사장은 지난해 2월 100여명의 협력회사 대표이사 초청간담회에서 "어려운 경영환경을 극복하고 새로운 도약을 위해서 대우건설과 협력회사간 상호신뢰가 중요하다"며 "신뢰를 바탕으로 상생기반을 더욱 확대해 나가겠다"고 밝혔다. 대우건설은 2015년까지 수주 55%, 매출 50% 이상을 해외시장에서 실현한다는 목표로 해외시장 공략을 가속화하고 있다. 이를 위해 협력회사와의 협업강화가 필수적이라고 판단하고 있다. 그동안 협력회사의 해외진출을 적극 지원해 온 대우건설은 올해도 계속해서 협력회사와 함께 글로벌 상생협력 네트워크를 구축해 나갈 계획이다. 또 공정거래 확립, 협력회사 지원 확대, 상호 유기적 커뮤니케이션 강화를 추진해 나갈 방침이다.[189)190)]

16. 협업과 보안 강화로 글로벌 기업으로의 성장기반 마련

1973년 창업 이래 국내외에서 기술력을 인정받아 온 대우건설은 토목, 건축, 주택, 플랜트를 비롯한 건설관련 전 분야에서 최고의 건설회사를 지향하고 있다. 특히 대우건설은 세계 30여국에 진출하여 200억불이 넘는 해외 수주실적을 기록하고 있는 대표적인 수출기업이기도 하다. 대우건설은 최근 '아름다운 미래를 창조하는 글로벌 E&C(Engineering & Construction) 리더'라는 새로운 비전을 선포하고 이를 실천하기 위한 7대 중장기 전략을 발표하였다.[191)] 대우건설의 중장기 전략은 크게 해외사업확대, 수익기반 확충, 경쟁력 혁신 등으로 요약되며, 7대 중장기 전략은 글로벌 플랜트 사업 본격 전개, 비플랜트 해외사업 확대, 개발사업 강화, 그룹과의 시너지 극대화, 브랜드 강화, 프로젝트 관리 최적화, 외주구매 강화 등이다. 3년 연속 시공능력평가 1위를 달성하며 국내 최고 건설사의 위상을 굳히고 있는 대우건설은 급변하는 기업환경과 무한경쟁시대의 새로운 도전을 맞이하고 있다. 이에 대우건설은 한국을 넘어 세계적인 건설사로 거듭나기 위해 회사의 성장동력과 지향점을 정리하여 글로벌 Top 건설사로 도약하기 위해 노력하

---

189) 세상을 보는 눈, 글로벌 미디어 세계일보 & Segye.com
190) http://news.nate.com/view/20130131n34182(2013.2.7)
191) [출처] [대우건설] 협업과 보안 강화로 글로벌 기업으로의 성장 기반 마련|작성자 한국어도비시스템즈

고 있다. 이러한 전략하에서 해외 플랜트 사업은 무엇보다도 중요한 성장동력이다. 해외 플랜트 프로젝트는 짧게는 수개월, 길게는 수년간 진행하는 경우가 많고, 관리해야 할 프로젝트 문서가 상당한 양을 차지한다. 하지만 수많은 해외거래처와 수백여개의 협력사와의 의사전달 과정에서 문서의 호환성, 보안 등의 문제로 인한 커뮤니케이션의 어려움을 겪고 있었다. 특히 해외 프로젝트에서 이러한 문제들이 수시로 발생하였고 고객과 대우건설, 대우건설과 협력사간의 협업은 원활하지 못했다.

이를 해결하기 위해 대우건설은 고객, 협력사와 원본문서를 공유하는 방식으로 문제해결을 시도했다. 원본문서의 공유는 협력업체와의 커뮤니케이션에 일정부문 기여하였지만 또 다른 문제점을 야기했다. 다양한 OS와 오피스환경으로 호환성과 문서보안 문제가 지속적으로 제기된 것이다. 무엇보다 가장 큰 문제점은 대우건설의 핵심 자산이라고 할 수 있는 설계도면이나 기술문서가 외부에 원본 형태로 공유되고 있다는 점이다. 원본문서가 그대로 배포될 경우, 대우건설 플랜트 사업부문의 노하우가 외부에 노출될 가능성이 높았다. 더욱이 지적재산권에 해당하는 설계도면이나 기술문서가 외부로 배포되는 것은 보안문제를 야기시킬 소지가 충분했다. 특히 이를 그대로 방치할 경우 잠재적으로 치명적인 위협이 될 가능성이 높았다. 이와같은 문제를 해결하기 위해서 대우건설은 중요 문서의 경우 원본파일의 형태를 유지하기 위해 원본문서를 스캔한 후 전송하기도 하였다. 하지만 원본문서를 스캔하여 보내는 것은 업무의 효율성이 그다지 높지 못했다. 스캔 이미지는 원본파일에 비해 인쇄품질이 떨어지고 파일 사이즈가 커지는 단점이 있어 네트워크 사정이 열악한 해외현장인 경우에는 전송에 많은 시간이 소요되었다. 이러한 과정을 겪으면서 대우건설은 고객대응력 향상과 협력사와의 거래에서 발생하는 문제점을 개선하기 위해서 다양한 방안들을 고민하게 됐고, 결과적으로 Adobe의 Acrobat을 극복할 대안으로 인식하게 됐다. 대우건설은 문서의 호환성 문제, 통합된 포맷 유지, 문서보안, 프로젝트 결과물에 대한 장기적 보관, 인쇄품질 향상 등의 여러 문제점을 해결하기 위해 Acrobat 도입을 결정했다. 대우건설에서 Acrobat을 도입하게 된 결정적인 계기는 해외 고객사나 협력사들 모두 고가의 SW를 구매없이 범용적으로 쓸 수 있는 환경을 구축할 수 있다는 Acrobat의 장점 때문이었다. 사실상 수많은 협력사의 다양한 IT 인프라 환경까지 개선하기에는 불가능했고 고객에게 이러한 환경을 강요할 수는 없기 때문이다. 더욱이 이에 따른 비용도 만만치 않았다. 하지만 Acrobat을 도입하면서 해외거래처와의 의사전달 과정에서 문서의 포맷이나 호환성 문제로 인한 커뮤니케이션의 어려움이 일거에 해소될 수 있었다. 또한 Acrobat에서 변환되는 PDF문서는 고객사나 협력사에 파일형태로 전달하기 용이한 구조로 전환시켜 주었다. 문서기반의 커뮤니케이션에서 다양한 부가자료가 첨부됨으로써 고객 및 협력사들의 이해를 높이는데도 일조했다. 또한 원본형태로 공유되던 설계도면과 제안서의 경우에도 원본은 유지하고 PDF파일로 공유되면서 보안문제도 해결할 수 있게 됐다. Acrobat의 암호화 기능을 활용할 경우, 고도의 문서보안도 가능하게 되었다. 또한 스캔 이미지보다 PDF포맷의 인쇄품질이 상당히 뛰어났기 때문에 고객의 만족도도 이전에 비해 크게 향상된 것으로 대우건설은 평가하고 있다. 또한 건설사에서 주로 사용하고 있는 AutoCAD 도면의 레이어를 그대로 살려서 PDF로 변환하거나 변환을 원하는 레이어를 선택해서 PDF로 변환하는 기능, 여러 개의 AutoCAD파일을 배치 프로세스로 한꺼번에 PDF로 변환하는 기능 등 Acrobat의 AutoCAD 지원기능도 도입을 결정하는 주요 요인으로 작용하였다. 대우건설은 Acrobat을 통해 고객과 대우건설, 대우건설과 협력사간의 원활한 업무환경을 구축했다. 특히 협업의 기반이 되는 커뮤니케이션이 PDF 문서기반으로 활성화됨에 따라 고객 대응력과 협력업체와 유기적인 협업시스템을 구축할 수 있게 됐다. 문서기반의 커뮤니케이션에서 다양한 부가자료와 기술문서가 첨부되어 업무효율성을 높일 수 있게 됐다. PDF문서로 변환한 뒤에는 원본 수정이나 훼손을 가하기 어렵고, 독창적인 창작물에 대한 문서보안 기능까지 개선할 수 있었다. 또한 별도의 DRM시스템 구축없이 Acrobat의 암호화 기능으로 문서보안의 수준을 높일 수 있다. 현재 대우건설은 수백, 수천장에 이르는 제안서나 결과보고서 문서를 PDF로 변환하여 제출 혹은 보고하고 있으며, 이들 문서에 대한 장기적인 보존에도 Acrobat을 활용하고 있다. 원본문서에 지적재산권이나 설계노하우가 담겨있는 기밀문서의 경우 보안기능을 강화해 적절한 보안수준을 유지할 계획이다. 또한 초기단계의 문서표준화를 추진하기 위해 결제문서용 폼을 만들어서 활용하고 있다. 아직까지 일부 문서에 국한하여 사용하고 있지만 대우건설은 그 적용분야를 더욱 확대해 나갈 예정이다.[192]

17. 수유 푸르지오시티 무결점 제로의 품질관리 최고

주택건설의 신화인 수유 푸르지오시티에 대해 대한주택건설과 한국주택의 찬사, 대한주택에서도 인정하는 수유 푸르지오시티 주택건설인의 찬사가 쏟아지고 있는 수유 푸르지오시티로 여러분을 초대합니다. 인간이 사회적 동물이라 함은 스스로 모든 것을 해결해 나갈 수 있을지라도 정신적 유대관계없이는 건강하지 못하다는 뜻이기도 합니다. 누군가에게 인정받지 못한다면 아무리 잘 나가도 허무하고, 누군가에게 기대지 못한다면 내 아무리 뛰어나도 힘들고 지치기 마련입니다. 이런 현대사회에 독신세대 1인세대가 늘다보니 주거는 지친 사회로부터 독립된 나만의 휴식공간의 의미가 큽니다.

수유 푸르지오시티는 이런 남들에게 인정받아야 하는 스트레스를 받은 현대인에게 나만의 휴식공간이자 안식처를 아무에게도 방해받지 않는 재충전을 할 수 있는 공간을 만들고자 노력하였습니다. 수유 푸르지오시티가 바로 그런 곳입니다. 자 함께 수유푸르지오시티로 떠나 볼까요~! 수유 푸르지오시티의 건축 개요자료부터 보시겠습니다. 편리성, 효율성, 경제성으로 애기되는 현대의 도시주거의 변화된 형태에서는 수유 푸르지오만큼 더 좋은

192) http://blog.naver.com/adobe_korea?Redirect=Log&logNo=100127978905 (2013.2.10)

* 수유 푸르지오시티의 조감도.
자료: http://blog.naver.com/zeus_top1?Redirect=Log&logNo=30149749711(2013.2.11)

상품은 없습니다. 바로 수유 푸르지오시티의 1~2인세대의 최고의 상품이 존재할 것입니다. 특히 한국인처럼 수익형 부동산의 자산의 의미가 더 크다고 할 수 있습니다. 훗날에 얼마만큼의 처분이익을 볼 수 있느냐를 따진다면 바로 수유 푸르지오시티라고 생각하시면 됩니다. 지금부터는 수유 푸르지오시티의 교통, 편의시설 그리고 프리미엄에 대한 자료를 보시겠습니다.

이처럼 현대 한국인들에게 투자상품으로는 최적합 상품입니다. 직장생활의 효율성을 생각하는 직장인은 이런 오피스텔에 살고 싶어 합니다. 그리고 투자자는 이런 재테크 수단을 좋아합니다. 수유 푸르지오시티가 바로 이런 상품입니다. 가족구성원이 1~2인으로 구성된 세대의 급증가로 이러한 소형주택이 인기가 있을 수 밖에 없습니다. 또한 교통과 주변대학의 수요까지 생각하신다면 더 없는 것입니다. 눈이 오나 비가 오는 날에도 밖에 나갈 필요없이 안에서 모든 것이 해결 가능한 곳, 저층으로 내려오면 주변에 쇼핑몰 편의시설 그리고 식당까지 모든 것이 주변에 있습니다. 단지내에는 스포츠센터가 있으며 어쩌면 세계의 많은 도시민이 이런 삶과 주거형태를 꿈꾸고 있을지도 모르겠죠. 홍콩의 도시주택처럼 편리성 효율성 그리고 경제성을 갖추고 있는 도시주거의 새로운 패러다임을 여기 수유 푸르지오가 새롭게 소개해 드립니다. 요즘은 부동산 투자대상으로 아파트의 가치가 줄어들고 수익형 부동산으로 많이 이동하였습니다. 경제상황이 어려워질수록 사람들은 기존체제의 단점을 직시하고 인생의 진실에 눈을 돌리게 되는 것 같습니다. 수유 푸르지오시티 또한 이러한 진실의 눈에 들어오는 상품입니다. 오히려 아파트보다 가격적인 면에서 위험부담도 적으면서 보장된 수익이 나오는 수유 푸르지오시티 아파트에 대해 부정적으로 대하는 것은 아니지만 언론매체를 통해서 본다면 그리 밝지는 않습니다. 지금 수유 푸르지오시티를 생각하세요. 도시브랜드에 맞는 이름인 수유 푸르지오시티에서 투자와 실입주를 시작하시기 바랍니다. 첨단 웰빙시스템에 분양가도 저렴한 수유 푸르지오시티, 각종 설비도 첨단 웰빙을 함께 추구하고 있는 크고 편리한 생활이 가능한 곳, 디지털네트워크시스템을 갖추고 있으며 대기전력 차단과 절전용 3파장 조명기구 일괄소등 등 경제적 생활시스템을 완벽히 갖춘 곳이 바로 수유 푸르지오시티입니다. 층간 충격소음 완화, 세대환기시스템, 친환경 강화마루 등 수십 가지의 최첨단기술을 접목한 곳이 바로 대우건설이 만든 수유 푸르지오시티입니다.[193)][194)]

18. 브랜드관리: 열정, 경영, 리더십

'千客萬來', 철저한 브랜드관리가 만든다.[195)] 식당이나 상점에 들어가면 '千客萬來(천객만래)'라는 글귀가 눈에 띈다. '천명의 고객이 만번 오게 해주소서'라는 뜻이다. 비록 네 글자의 짧은 글이지만 기업들에게 가장 필요한 말일 것이다. 상당수의 신규고객을 충성고객으로 만드는 것만큼 기업의 목적을 잘 표현한 말이 있을까? 하지만 품질의 차이가 나지 않는 수많은 제품들속에서 자신의 제품을 소비자들에게 인식시켜 신규고객을 확보하는 일

---

193) [출처] 수유 푸르지오시티 무결점 제로 품질관리 최고 | 작성자 zeus_top1
194) http://blog.naver.com/zeus_top1?Redirect=Log&logNo=30149749711(2013.2.10)
195) 2005/07/26 14:00, http://widerock1.blog.me/120015652203

은 그다지 쉬운 일이 아닐 것이다. 이 때문에 어떤 제품이나 서비스가 새롭게 출시되면 소비자와 첫 접점이 되는 브랜드의 중요성이 점점 커지는 것이다. 그렇다면 소비자들의 뇌리속에 강한 브랜드로 자리잡기 위해서 기업이 지나치지 말아야 할 것은 무엇일까?[196]

첫번째, 제품이나 서비스의 편의점과 강조하고 싶어하는 점을 브랜드내에 정확하게 표현해야 한다. 최근 소비자들이 시선을 끌기 위한 티저(teaser) 광고가 소비자들에게 호기심을 유발시키는 것보다 불쾌감이나 반발을 일으키고 있다는 기사를 보더라도 현대의 소비자들은 정확한 정보를 얻기를 원한다. 따라서 제품과 서비스에 대한 정확한 정보를 브랜드내에 함축적으로 표현하지 못한다면 이는 소비자들에게 각인되지 못할 것이다. 이를 잘 반영하고 있는 것이 요즘 경쟁이 치열해지고 있는 아파트 품목일 것이다. GS건설의 '자이'의 경우 '특별한 지성'을 의미하며, 시대를 앞서가는 사람들이 선택한 첨단 아파트라는 이미지를 표방한 대우건설의 '푸르지오'의 경우 친환경 아파트라는 이미지를 브랜드내에 잘 포함시키고 있어 성공한 브랜드로 인식되고 있다. 또 브랜드가치 평가기관인 브랜드스톡(www.brandstock.co.kr) 내에서 1위를 달리고 있는 '애니콜'은 언제 어디서든 터지는 핸드폰이라는 정보를 정확하게 표현하고 있으며 철저한 브랜드관리를 통해 전 세계적인 브랜드로 성장하고 있다. 그리고 비타민을 포함하고 있는 음료라는 점을 브랜드에 함축하고 있는 광동제약의 '비타500'의 경우도 올해 1월 63억원, 2월 68억원, 3월 87억원 등으로 매출증가세를 유지하며 지난달 처음으로 월매출 100억원을 넘는 성장을 거듭하고 있다.

두번째, 브랜드에 대한 선택과 집중도 중요하다. 한 품목내의 많은 브랜드들은 오히려 역효과를 만들고 있다. 브랜드중에서 옥선을 가리고 집중하는 것이 중요하다는 뜻이다. 예를 들어 최근 쌀 시장이 브랜드화되면서 전국에 1천2백여개의 브랜드 쌀이 난립하게 되어 소비자에게 혼선을 줘 경쟁

---

196) 김윤관(브랜드스톡 미디어국 기자)

력을 낮추는 요인이 되고 있다. 이에 각 지방자치단체들이 상표수를 줄이려는 노력하고 있지만 이미 소비자들의 인식속에 쌀 브랜드들이 혼란스러워진 것이다. 처음 쌀을 브랜드화 할 때에는 수입쌀이 대량으로 들어오면서 국내에서 생산된 쌀을 차별화할 목적이었으나 그 의도와는 달리 국내 쌀 내에서도 혼란을 가속화시킨 형태가 되어버린 것이다. 이는 브랜드의 선택과 집중을 통한 '파워 브랜드'의 형성이라는 점을 간과해 버린 결과라 할 수 있다.

세번째, 철저하고 체계적인 브랜드의 관리이다. 브랜드도 생명이 있어서 사람이 먹지 않고 잠을 자지 않으면 죽는 것처럼 관리하지 않으면 죽기 마련이다. IBM의 경우는 본사에 브랜드관리위원회를 두고 로고 및 상표 등을 Communication하는 데 있어 전반적인 계획을 수립하고 그 경과를 감독하고 있다. 삼성의 경우도 1996년 이후 브랜드 자산관리에 몰두하고 LG그룹 또한 브랜드관리팀을 신설하고 LG브랜드의 주력사업분야인 전자 및 화학산업부문에서 '글로벌 Top3 브랜드'로 육성하기 위해 전체적인 전략과 CI관리를 수행하고 있다.

SK그룹은 경영체제를 브랜드 경영체제로 전환하고 브랜드를 공유하고 육성할 것인가를 내부적으로 광범위하게 연구하고 있다.

위의 세 가지 요건들은 '천객만래'로 가는 첩경이 될 것이다. 이제 브랜드는 마케팅의 한 부속품이 아닌 마케팅의 주요 타깃이 되고 있다는 사실을 간과하지 말고 뚜렷하고 체계적인 관리를 해 나가야 할 것이다.197)198)

19. 건설株, '4·1 부동산대책'에 꿈틀

1일 박근혜 정부가 들어선 이후 처음으로 발표되는 부동산 정상화종합대책으로 인해 건설주들이 바닥권 탈출 움직임을 보이고 있다. 정책에 대한 기대감이 선반영되면서 지난주 5% 안팎으로 오른데 이어 이날 장 초반에

---

197) [출처] 브랜드 관리|작성자 너럭바위
198) http://blog.naver.com/widerock1?Redirect=Log&logNo=120015652203(2013. 2. 10)

도 강세를 보이고 있다.[199] 하지만 전문가들은 정책이 실적 개선으로 이어지기까진 다소 시일이 소요될 것으로 예상하고 있다. 대책의 내용이 서민주거안정에 방점을 찍은데다 시장의 기대치를 뛰어넘지 않는 이상 건설사들이 이미 정해 놓은 사업계획이나 경영방침을 바꾸기는 힘들기 때문이다.

1) 건설株, 정책 기대감에 바닥권 탈출 시도

이날 오후 부동산 정상화대책 발표를 앞두고 건설주들이 일제히 상승세로 출발했다. 오전 9시15분 기준 현대산업은 1.75% 상승했고 GS건설은 2.35%, 대우건설은 2.18%, 대림산업은 1.85% 상승중이다. 이번 대책에는 다주택자 양도세 중과 폐지, 분양가 상한제 탄력 운영 등 부동산 가격 상승기에 생긴 각종 규제를 완화하거나 아예 폐지하는 정책들이 다수 포함될 것으로 알려졌다. 양도세의 한시적 감면, 생애 최초 주택 구입자에 대한 취득세 감면 등 실수요자 기반을 확대하는 방안과 하우스푸어 대책, 행복주택, 목돈 안드는 전세주택 등 공약 실천방안도 포함될 것으로 보인다. 다만 가계부채 문제를 고려해 총부채상환비율(DTI), 담보인정비율(LTV) 등 금융규제 완화는 이번 대책에서 제외될 가능성이 커 실효성에 대한 의문이 제기되고 있다.

2) "뚜렷한 모멘텀 없어" vs "점진적 회복 가능성"

전문가들은 이번 부동산대책으로 인한 건설주의 급등은 없을 것으로 내다봤다. 금융규제 완화보다는 주거복지 향상을 위한 하우스 푸어 대책과 가격 상승 우려가 없는 거래활성화 대책이 주를 이룰 것이라는 전망에서다.

김규정 우리투자증권 팀장은 "LTV와 DTI 등 금융규제의 완화 여부가 건설주의 주가에 큰 영향을 미칠 것으로 전망된다"고 말했다. 일부에선 건설주에 대한 비중을 축소하라는 의견도 나왔다. 이들은 건설업종의 경우 해외와 국내부문에 대한 뚜렷한 모멘텀을 기대하기 힘들기 때문에 비중축소 의견을 유지했다. 반면 점진적인 회복세를 점치는 의견도 나왔다. 허문욱 KB

---

[199] 아시아경제 원문 기사전송 2013-04-01 11:11, 아시아경제 진희정 기자

투자증권 연구원은 "건설사들의 1분기 합산영업실적은 실적을 압박하는 악재가 쌓인 상황에서도 비교적 무난할 것"이라며 "최근 부동산관련 규제완화와 일자리창출을 위한 재정확대정책 발표 등 국내외 수주환경 역시 개선될 조짐을 보이고 있다"고 설명했다.[200][201]

---

200) 진희정 기자 hj_jin@〈세계를 보는 창 경제를 보는 눈, 아시아경제 (www.asiae.co.kr)〉
201) http://news.nate.com/view/20130401n11010(2013.4.2)

제4장 대우건설의 인사관리와 노사관계

1. 대우건설의 인사 및 정책

1) 2012년 12월 5일, 대우건설의 임원 10% 감축

대우건설[047040]은 5일 정기 임원인사를 통해 내년 비상경영을 앞두고 임원 숫자를 91명에서 82명으로 10% 감축했다고 밝혔다.[202] 이에 따라 임원의 승진규모를 전무 2명, 상무 4명으로 최소화했다. 또 지난해 도입한 부문제를 확대해 플랜트부문, 재무부문, 기획·영업부문 등 3개 부문으로 조직을 개편했다. 해외영업본부를 플랜트부문에 편입시켜 영업, 시공, 관리 등의 기능을 유기적으로 통합했고 국내영업본부를 공공영업실로, 개발사업본부를 개발사업실로 각각 축소 운영하기로 했다. RM실(리스크 매니지먼트)을 신설해 위험관리 기능을 강화하고 윤리경영팀을 신설했다. 대우건설은 내년 상반기 실적을 중간 평가해 추가로 임원인사를 단행할 계획이다.

◇승진<전무>▲홍기표 소경용 <상무>▲류준철 송창근 김중렬 김영후

2) 2012년 11월 29일, 대우건설 "전·현직 임원 2명 배임혐의"

대우건설[047040]은 대구지방검찰청이 전·현직 임원 2명에 대해 배임 등의 혐의로 공소를 제기했다고 29일 공시했다. 검찰의 공소장에 따르면 혐의와 관련된 금액은 250억원이다. 대우건설의 비자금 조성 비리사건을 수사하고 있는 대구지검 특수부(김기현 부장검사)는 28일 하도급업체에게서 받은 리베이트로 거액의 비자금을 조성한 혐의(배임 및 배임수재)로 대우건설 토목사업본부장이자 부사장인 구모(57)씨를 구속기소했다.[203] 검찰은 또

---

202) 건설관련, 새벽별 | 조회 120 |추천 0 | 2012.06.20. 11:36
203) 2012.11.28. 대구지검, 비자금 조성 대우건설 부사장 구속기소, 4년간 하도급 리베이트 257억원 받아 비자금 조성

경북 영천의 한 골프장 공사와 관련해 리베이트를 받은 혐의로 구속기소돼 재판을 받고 있는 전 대우건설 전무 조모(60)씨를 같은 혐의로 추가기소했다. 이들은 지난 2007년부터 4년동안 대우건설 토목사업본부장으로 연이어 근무하며 회사가 발주한 46개 공사와 관련 19개의 하도급업체와 60여개의 설계업체로부터 모두 257억원의 리베이트를 받아 비자금을 조성한 혐의를 받고 있다. 이들은 공사대금을 부풀려 지급한 뒤 차액을 되돌려 받은 것은 물론 공사대금을 부풀리지 않은 사업에서도 리베이트를 챙겼던 것으로 드러났다. 이들이 받은 리베이트 가운데 4대강 사업과 관련된 부분은 설계용역 2건과 하도급 공사 1건 등 3개 사업의 13억1천여만원인 것으로 확인됐다. 검찰은 이들이 조성한 비자금의 사용처를 밝히기 위한 수사를 계속할 방침이다. 검찰은 올 상반기에 4대강 칠곡보 공사와 관련한 수사를 하다가 대우건설이 거액의 비자금을 조성한 정황을 포착해 수사를 벌였으며 지난 7월 조씨 등 전·현직 임원 4명을 구속기소했었다. 대구지법 김연우 영장전담 부장판사는 "범죄의 중대성에 비춰볼 때 증거인멸이나 도주의 우려가 있다"고 영장발부 사유를 밝혔다.

3) 2012년 9월 19일, 檢, 750억원대 부산 하수처리시설 로비 포착

대우건설 간부의 부산도시공사 간부에 뇌물 제공, 검찰이 부산 하수오니(하수 슬러지)처리시설 시공업체 선정과 관련해 금품로비가 이뤄졌다는 정황을 포착해 상당한 파장이 예상된다. 부산지검 특수부(신호철 부장검사)는 대우건설 영남지사 간부가 부산도시공사 간부에게 수천만원의 뇌물을 제공한 혐의를 포착하고, 해당 간부의 사무실 등을 압수수색한 것으로 19일 확인됐다. 대우건설 이모 부장은 2010년 5월께 부산도시공사 김모 팀장에게 부산시가 발주한 부산 강서구 생곡동 '하수 슬러지 육상 처리시설'의 시공업체로 선정해달라는 청탁과 함께 4천만원을 전달한 혐의를 받는 것으로 알려졌다. 김 팀장은 당시 이 시설과 관련한 기술평가위원으로 활동한 것으로 전해졌다. 8천616㎡ 규모인 부산 '하수 슬러지 육상 처리시설'은 하수처리 과정에서 나오는 유기성 오니를 고형 연료화해 화력발전소 등의 보조연

료로 활용하기 위한 시설로 국·시비 750억원이 투입됐다. 대우건설 컨소시엄은 실제 이 공사를 따내 2010년 8월에 착공했고 올해 연말 시운전을 거쳐 내년 2월 완공 예정이다. 이에 따라 검찰은 건설사측이 전방위 로비를 벌였을 가능성이 크다고 보고 수사를 확대할 계획이다.

4) 2012년 9월 10일, 대구지검 "대우건설 비자금 사용처 수사"

대우건설 비자금 조성사건을 수사중인 대구지검 특수부(김기현 부장검사)는 비자금의 사용처를 밝히는데 수사력을 모으고 있다고 10일 밝혔다.

이를 위해 대구지검은 최근 형사부 검사 1명을 특수부로 배치해 수사인력을 보강했다. 김기동 2차장 검사는 "대우건설 비자금 수사는 하도급업체 리베이트 관행 등 건설회사의 구조적인 비리와 관련된 것이지 4대강 칠곡보 공사처럼 특정공사와는 관계가 없다"고 말했다. 이어 "해당 건설사의 비자금이 대부분 현금으로 조성돼 사용처를 밝히는데 어려움이 있지만, 비자금규모는 수사가 진행될수록 계속 커지고 있다"고 덧붙였다. 앞서 검찰은 지난 7월 대우건설 전·현직 임원 4명을 구속 기소했다. 8월말에는 협력업체 3곳에 대해 압수수색을 하고 대우건설 전·현직 임원 2명 등을 추가로 불러 조사했다.[204]

2. 대한민국 건설인재의 산실, 대우건설

류철호 한국도로공사 사장, 박창규 롯데건설 사장, 김현중/이근포 한화건설 사장, 김기동 두산건설 사장, 정태화 TEC건설 사장, 윤춘호 극동건설 사장, 장성각 벽산건설 사장, 노태욱 LIG건영 사장, 정재영 대우조선 해양건설 사장, 박영식 동아건설 사장, 대우자동차판매 건설부문 박상설 사장[205]

이들 모두의 공통점은 무엇일까요? 이들의 공통점은 모두 대우건설 출신

---

204) http://cafe.daum.net/suju-man/Qv1s/341?docid=3824286001&q=%B4%EB%BF%EC%B0%C7%BC%B3%C0%C7%20%C0%CE%BB%E7%B0%FC%B8%AE&re=1 (2013.2.10)
205) 대우건설소식, 박영운 | 조회 536 |추천 0 | 2010.10.13. 11:08

최고경영자(CEO)라는 것이다! 그런데 그들 CEO 뿐만 아니라 여러 건설사의 임원, 팀장급 등에도 대우건설 출신이 두루 포진해 있는데요 이들은 '대우건설 출신'이라는 끈으로 꾸준히 교류하면서 건설업계에서 강력한 인적 네트워크와 큰 영향력을 행사하고 있다고 합니다.

자료: http://cafe.daum.net/DWMOB/V5Jj/6?docid=3113844777&q=%B4%EB%BF%EC%B0%C7%BC%B3%C0%C7%20%C0%CE%BB%E7%B0%FC%B8%AE&re=1(2013.2.10)

최근 기자와 만난 한 건설사의 사장은 "대우건설에 있을 때부터 '창조'와 '도전'을 핵심가치로 삼고 직원들에게 강조하고 있다"고 말했습니다. 사실 창조와 도전은 대우건설이 1970년대 후반부터 해외사업에 집중하면서 내세웠던 핵심적 가치입니다. 대우건설 출신 인재들이 건설업계 곳곳에 자리 잡으면서 대우건설의 DNA는 한국 건설업계에 널리 퍼져 있다고 해도 과언이 아닌데요. 한국 대표의 건설사로 자리매김한 대우건설의 DNA는 무엇일까요?

1) 첫번째 DNA: 인재가 최고의 하드웨어

세계 최단기간에 시공한 월성 원자력발전소, 최첨단 침매터널 공법을 적용한 거가대교, 세계 최대 규모의 시화호 조력발전소, 아시아태평양경제협력체(APEC) 정상회의가 열렸던 누리마루 등, 대우건설은 1973년 창사 이래 40여년동안 한국의 건설역사에 다양한 기록을 세우고 랜드마크로 자리잡은 건물들을 지으며 국내 최대 건설사중의 하나로 자리매김했습니다. 수익성 위주의 선별 수주와 뛰어난 공사관리 능력, 고수익의 내실경영으로 2000년 이후 10년 연속 성장세를 지속하고 있다고 하죠. 그리고 2006년부터 3년 연속 시공능력평가 1위를 차지하며 한국 건설업계의 정상에 우뚝 섰습니다.

대우건설의 이러한 눈부신 성과의 이면에는 건설업계의 '사관학교'로 불릴만큼 우수한 인적 자원과 인재육성 시스템이 있다고 하는데요. 건설업계 인사담당자들이나 헤드헌터들에게도 대우건설 출신 임직원은 스카우트 1순위로 꼽힌다고 하네요. 이는 대우건설이 인재양성과 기술개발에 과감한 투자를 아끼지 않았기 때문에 가능했다고 볼 수 있는데요. 기업개선작업(워크아웃)과 글로벌 금융위기 등 회사가 어려운 상황에 놓였더라도 대우건설은 인재와 기술개발에 투자를 아끼지 않았습니다. 특히 대우건설은 인재양성을 위해 획일적인 집체교육에서 벗어나 직장내 교육훈련(OJT) 등 업무별 특성에 맞는 교육을 실시하고 있습니다.

2) 두번째 DNA: 세계수준의 기술력

대우건설은 1983년 건설업계 최초로 대우건설기술연구원을 설립해 40여건의 신기술과 360여건의 특허를 비롯해 600건이 넘는 신공법과 신기술을 개발했습니다. 1993년 업계 최초로 국제표준인 ISO 9001 품질경영시스템 인증을 취득했고 원자력발전부에서 전력산업기술기준(KEPIC)과 미국기계공학회(ASME) 인증을 보유하고 있는 등 세계적 수준의 역량과 기술을 확보하고 있습니다. 대우건설은 1998년 월성원전 3, 4호기 건설, 2003년 월성원전에 삼중수소제거설비 건설 등 세계적인 원전관련 시공기술 기록을 갖고 있습니다. 1998년 중국 진산원전 3단계 공사에 기자재 및 기술용역을 수출했으며 대만의 용문원전공사에 원전건설기술을 수출하는 등 국내업계 최초로 원전관련기술을 해외에 수출하기도 했습니다.

이러한 실적이 쌓여 지난해 요르단 연구용 원자로 공사를 따냄으로써 한국 원자력 연구개발 50년만에 첫 원자력 플랜트 수출의 쾌거를 달성하기도 했습니다. 또 대우건설은 세계 최대 규모의 시화호 조력발전소를 내년 2월 준공하고 부산~거제 연결도로에 국내 최초로 건설하는 해저 침매터널도 맡았으며 향후의 사업규모가 수십조원에 이르는 한중 및 한일 해저터널 건설의 기술적 토대를 마련하기도 했습니다.[206][207]

3. 무교섭 타결의 상징, 노사상생과 노동권 후퇴의 여부

1) 무교섭 타결 확산, 새로운 노사문화의 디딤돌

노사 무교섭으로 올 임금협상을 타결한 기업이 늘고 있는 가운데 이런 현상이 향후 노사관계 발전의 디딤돌이 될지 아니면 노동3권 후퇴로 작용할 것인지 귀추가 주목된다.[208]

지난해까지 무교섭 타결은 동부제강, 동국제강 등 몇몇 기업에 나타난 현상이었으나 올해는 포스코를 비롯한 철강업체는 물론 다른 업종과 지역까지 확산되고 있다. 지난 2일 포스코 노사는 올 임금협상을 무교섭으로 하되 인상의 폭은 회사측에 위임한다는 데 합의했으며, 풍산노조는 5월 4일 대의원대회서 임금을 회사에 일임하기로 결정했다. 현대하이스코도 5월 10일

---

206) 기사출처 : 대우건설 대학생 홍보대사 오유미
207) http://cafe.daum.net/DWMOB/V5Jj/6?docid=3113844777&q=%B4%EB%BF%E
C%B0%C7%BC%B3%C0%C7%20%C0%CE%BB%E7%B0%FC%B8%AE&re=1
(2013.2.10)
208) [진단] 무교섭 타결 확산, 새로운 노사문화 디딤돌 될까, 2005.06.07 03:17 | 최종
업데이트 05.06.07 22:12 추연만(영일만친구)

임단협을 무교섭 타결했다고 발표했다. 더불어 포스코 계열사인 포스렉은 5월 4일 임금 무교섭 타결 조인식을 가졌으며, 3월초 동국제강그룹의 유니온스틸도 노사 무교섭 타결을 하는 등 철강업체는 10여년간 무교섭으로 타결한 동부제강, 동국제강을 포함해 다수 대기업 노사가 무교섭 타결에 합의한 상태다. 무교섭 타결 현상은 철강업체 뿐만 아니라 전자업체(LG전자, 하이닉스반도체, 대우일렉트로닉스, 삼성전자)와 건설업체(대우건설, 쌍용건설, 쌍용양회), 정유업체(GS칼텍스, STX그룹 계열의 STX에너지, STX엔파코)로 확산되는 흐름이다. 또 공공기관인 부산시설관리공단과 한국가스안전공사, 대한항공 등으로 확대되고 있어서 무교섭 타결현상은 올 임금협상에서 두드러진 특징이다. 각 지역에도 무교섭 타결 추세가 확산되는 가운데 지난 1일 전남도는 "지금까지 무교섭을 선언한 회사가 12개로 지난해보다 훨씬 늘어날 것"이라고 전망했다.

2) 업종·지역 예외없이 확산

일부 언론과 연구기관은 이같은 흐름을 '상생의 노사관계를 만드는 새로운 노사문화 정착'으로 진단하는 등 부푼 기대감을 나타내고 있다. 삼성경제연구소는 지난 5월 '노사현안과 상생의 길'이란 보고서를 통해 "노사관계의 안정이 경제회복과 일자리 창출의 핵심조건이며 대기업 노사가 새로운 시대의 흐름을 수용하고 자세를 바꿔야 한다"고 밝혔다. 그러나 노동계 내부에서는 무교섭 타결에 대해 "새로운 노사관계 정착이라는 진단을 뒷받침할 근거가 부족하고 노동3권을 후퇴시킨다"는 우려를 제기해 평가가 엇갈리고 있다. 무교섭 타결을 한 이유는 많지만 노사는 무엇보다 회사의 경영환경을 고려한 현실적 선택이란 것을 공통으로 밝히고 있다. 포스코 노사는 "미래 성장기반을 위해 경영혁신과 신규사업을 추진하는데 회사의 역량을 집중할 필요가 있다"는 점을 큰 이유로 꼽았다. 풍산노조의 이상협 위원장은 "중국의 추격이 심해져 가까운 미래에 고용위기가 닥칠 수 있다"며 "지루한 임금협상 관행은 시대흐름에 역행하는 것"이라고 임금 회사위임 배경을 설명했다. 더불어 하이닉스반도체, 대우건설 등 워크아웃 처지에 있는 회사는 "교섭비용을 줄이고 새로운 기업으로 탄생시켜 빠른 시일내에 워크아웃을 졸업하자"는 이유로 무교섭 타결에 합의한 것으로 알려졌다. 현대하이코스나 LG전자도 각각 '당진공장 정상화'나 '환율하락에 미치는 영향'이란 경영환경에 맞서 노사가 소모전을 줄이고 어려움을 극복하자며 무교섭을 결정했다.

3) 회사의 경영환경 고려한 현실적 선택

그런데 노동운동진영에서는 회사별 실익 챙기기에 나선 것이란 분석도 나오고 있다. 지난해 주40시간 근로를 둘러싼 '임금의 저하없는 노동시간 단축'이 화두였던데 비해 올해 '비정규직 차별철폐' 대두로 대기업 노조가 비정규직 문제와 같은 노동계 공동의제를 교섭으로 다루지 않기 때문이라는 것이다. 즉, 공통의 요구가 사라짐으로써 기업별 노조는 '자기 팔 자기가 흔들기'가 훨씬 강화돼 무교섭 타결 확대로 이어졌다는 평가다. 노조가 교섭권을 일시 양보, 회사측에 일정한 부담(?)을 줘 고용보장이나 복지 등 비임금성 분야에 실익을 얻는 효과를 거둘 수 있다는 계산이 작용했다는 분석이다. 또한 일부 대기업의 관계자는 '임금이 오를 만큼 올라' 올 임금의 인상폭은 크지 않을 것이란 예측이 무교섭 타결을 이룬 배경이 되기도 한다고 보고 있다. 반면 풍산노조가 밝힌 것처럼 "노사 쌍방간의 주장과 언쟁만 되풀이하며 회의수만 늘어가는 지루한 임금협상" 교섭을 석 달 넘게 진행하는 등 장기교섭에 따른 내부 여론악화를 지적하기도 한다. 한 대기업의 관계자는 "화끈하게 밀어준 결과 오랜 협상보다 더 많은 실익을 얻었다는 현실적 판단이 무교섭을 확산한 계기가 되기도 한다"고 말했다. 그는 "노사 어느 한쪽이 힘겨루기에 밀려 인상폭을 고무줄처럼 늘렸다 올렸다 하는 시기는 지난 것 같다"며 협상의 효율성을 강조했다. 올 상반기에 불거진 채용비리 등 노조에 대한 사회적 시선이 곱지 않은 것도 노사 무교섭 타결에 간접배경이 된 것으로 노사는 진단하고 있다. 따가운 여론을 의식한 노동계가 노동권 후퇴를 감수하면서까지 무교섭 타결을 수용했다는 것이다.

대표적인 사례로 과거 장기파업을 한 GS칼텍스를 꼽는다. 그러나 무교섭 타결을 하기까지 노동계 내부는 노동권 사수논란으로 진통을 거듭한 것으로 알려지고 있다. 지난 2일 올 임금을 회사에 일임한 포스코 직원대표 일부는 "적게 받아도 좋다, 그러나 교섭을 해야 직원들이 더 박수를 칠 것이다"는 의견을 타결 직전까지 주장했다. 또 3일 노조정상화추진위원회 게시판에 한 직원은 "삭감도 좋다, 왜들 이러시나, 기업의 덩치에 맞게 당당하게 꼼수 쓰지 않는 공개적인 노사대화는 이렇게 요원하단 말인가? 2만명의 노동자 집단이 이렇게 무참하게 백기투항을 할 수밖에 없는 상황인가"라는 글을 올리기도 했다.209)210)

4. 대우건설 노조의 "무리한 전략적 투자자 지양해야"

대우건설 노동조합은 "산업은행이 대우건설을 인수하면서 전략적 투자자(SI)를 무리하게 끌어들이려 하는 것은 또다른 졸속·부실 매각으로 이어질 수 있다"고 주장했다. 대우건설 노조는 이날 발표한 성명에서 "산업은행이 주도하는 사모펀드(PEF)가 대우건설을 인수하는 것은 환영할만한 일이지만 전략적 투자자라는 명목하에 단순히 일부 자금을 댈 수 있다고 섣불리 인수자로 끌어들여서는 안된다"며 이같이 밝혔다. 노조는 "특히 산업은행이 투자참여의사를 물은 것으로 알려진 동국제강은 건설업에 대한 이해나 자금여력도 없을 뿐더러 쌍용건설 인수에 참여했다가 포기한 경력이 있어 부적절하다"며 "동국제강 인수참여시 저지에 나설 것"이라고 말했다.

1) 우리사주조합, 컨소시엄 구성을 추진할 계획

대우건설 노조는 "포스코도 이미 대우건설 인수의 참여의사가 없다고 밝혔는데 또다시 언급되는 이유가 불분명하다"며 "산업은행은 무조건 기업을 끌어들이기보다는 매각의 기준과 원칙부터 명확히 해야 할 것"이라고 강조했다. 김욱동 노조위원장은 "현재 산업은행은 5000억원 정도를 PEF에 투자

---

209) 출처 : 무교섭 타결, 노사 상생인가 노동권 후퇴인가 - 오마이뉴스
210) http://blog.daum.net/staryc/58(2013.2.11)

하면 우선매수권을 부여할 방침으로 알려졌는데 이 정도의 자금은 대우건설 임직원과 협력업체 등에서 충당할 수 있다"며 "산업은행 PEF와 우리사주조합의 컨소시엄 구성을 계속 추진할 것"이라고 덧붙였다.[211]

5. 입사관련 인터뷰 지도와 대우건설

1) 기업정보

기차를 타고 서울역에 도착하여 제일 먼저 보는 것은 서울역앞에 자리 잡은 한 건물이다. 보는 사람으로 하여금 압도당하게 만드는 거대한 갈색 빌딩이 있으니 그것이 바로 대우센터이다. 지금은 각자 독립회사로 존재하고 있지만 이들이 대우그룹이라는 한 지붕 아래 있었을 때엔 이 건물이 대우그룹의 상징이었다. 한 그룹의 상징이 될만큼 이 건물은 단순한 건축물 이상의 의미를 지니고 있는 것이다. 이 건물을 건설한 기업이 바로 대우건설이다. 대우센터외에도 대우건설은 우리에게 매우 친근하게 다가와 있다.

서울시민이 가장 많이 이용하는 지하철 2호선 공사에 참여했으며 또한 동작대교를 건설했다. 또한 대우건설은 우리나라가 국내외 역사상 중요한 획을 긋는데 첨병 역할을 해왔다.[212] 1973년 회사가 창립된 이래 건축, 주택, 플랜트, 토목 등 수많은 프로젝트를 수행하였다. 1978년 대한민국 최초의 도로 및 철도겸용 교량인 동작대교 건설을 시작으로 1979년에는 서울시민의 발인 지하철 2호선 공사(2-3공구)를 성공적으로 이루었다. 1981년에 88 고속도로를 착공하였으며 1988년에는 국내업계 최초로 미국건설시장에 진출하는 쾌거를 이루었다. 국내 뿐만 아니라 해외에서도 두각을 나타냈는데, 파키스탄 고속도로 건설(1991년), 대만 원자력발전소 건설(2000년), 리비아 도로공사 수주(2001년) 등의 업적을 이루었다. 대우건설의 영업실적은 기업

---

211) http://icn.joinsland.com/newsflash/total/read.asp?pno=82252(2013.2.7)
212) 인터뷰예시2_대우건설　신고하기 정여주. 2009.03.20 03:27 조회 57 | 스크랩 0 인터뷰예시 참고하세요. 본 자료는 서울대학교 경력개발센터에서 학생기자가 인터뷰한 내용입니다.

의 화려한 경력만큼이나 두드러진다. 대우건설은 건설업계에서 이미 시공능력부분 상위에 랭크된 회사로서 2003년 매출액 4조 2300억원을 달성한 명실상부한 우리나라의 대표적 건설회사다. 또한 수주 6조6000억원을 기록하는 등 몇 년 사이에 창사 이래 최고의 경영성과를 거두고 있기도 하다.

모기업인 대우그룹의 부도로 한 때 위기에 빠지기도 했었지만 충실한 워크아웃과정 수행과 임직원들의 단결된 노력의 결과로 인해 지금은 견실한 건설기업으로 환골탈태한 모습이다. 대우건설의 사업분야는 크게 5가지 분야로 나누어진다. 대우센터를 비롯하여 서초 교보생명빌딩, 아셈타워 등 오피스 및 복합건축물, 각종 문화시설을 건설하는 건축분야, 고속도로·지하철·항만·공항·교량·철도·상하수도를 시공하는 토목분야, 각종 발전소를 건설하는 플랜트분야, 대우아파트 대신 '푸르지오'라는 브랜드로 더 유명한 아파트와 주거복합건물을 건설하는 주택분야, 해외 각 지역의 공사를 하는 해외사업분야가 그 다섯 가지다.

특히 주택분야는 건설업계 최고수준의 이익률을 자랑하고 있다. 대우건설은 가치경영, 열린경영, 인재경영을 경영의 최고 좌표이자 가치로 지향하면서 경영의 기본체계로 삼아 건설업계의 최고기업을 장기비전으로 설정하고 이를 달성하기 위하여 여러 목표를 설정하여 노력중에 있다. '세상은 넓고 할 일은 많다'라는 모기업이었던 대우의 슬로건처럼 대우건설의 향후발전 모습도 그러하기를 기대해본다.

2) 채용정보

대우건설의 채용방식은 크게 두 가지가 있다. 정기채용과 수시채용이 그것이다. 수시채용은 인원소요가 발생하였을 때 비정기적으로 발생하는 채용방식이기 때문에 정기채용에 관해서만 설명을 하도록 하겠다. 정기채용에서는 인문계열과 토목, 건축, 기계, 전기계열을 모집한다. 정기채용의 인원과 시기에 있어서는 융통성이 있는데 2004년의 경우 상반기에는 100명의 신입사원을 정기채용으로 채용했다. 정기채용의 인원과 시기는 그때그때의 상황에 맞게 변하는 것이라서 딱히 정해서 말하기는 어렵다. 채용에 대한

정보는 일정시간을 두고 언론매체나 취업관련 사이트, 대우건설 홈페이지에서 찾아볼 수 있다. 대우건설의 채용과정은 다른 기업에 비해서 꽤 많은 단계를 거친다. 서류전형을 거친 뒤 인·적성검사 및 지식소양 테스트를 보게 된다. 그 후 3차에 걸친 면접을 통과한 뒤에 최종합격이 된다. 3차에 걸치는 면접은 대우건설만의 특징적인 면접이자 합격 혹은 불합격을 결정짓는 곳이기도 하다. 우선 1차 면접은 임원진들이 면접관으로 참여하게 된다.

임원 5-6명이 3명의 지원자들과 면접을 하게 된다. 주로 인성위주의 면접을 하게 된다. 2차 면접은 실무진인 과차장급 인사들과 면접을 하게 된다.

주로 전공지식과 건설관련 시사상식 문제들을 묻게 된다. 3차 면접은 지원자들의 집단토론이다. 6명이 한조가 되어서 30분동안 한 가지 주제에 관해서 토론을 하고 그 과정을 채점을 하게 된다. 이 모든 과정을 거쳐 각 단계별 성적 즉, 필기시험점수, 인·적성검사, 1·2·3차의 면접결과 등을 합산해 최종합격자를 발표하게 된다. 3차까지 실시되는 면접점수의 비중이 매우 높으므로 지원자 당락의 최대변수가 된다.

3) 인사담당자 인터뷰(인사팀 김혜진 과장)

대우건설의 인재상과 인력관리에 대해 알아보기 위해 대우건설 인사팀의 김혜진 과장을 만났다. 대우건설 사원의 연봉체계를 보면, 대졸신입사원의 경우 본사직원은 2800만원 수준이고 현장은 이보다 약간 많다. 해외현장의 경우는 약 1.5배 수준이다. 인센티브가 제외된 액수이기 때문에 실제 수령액은 이보다 더 많다고 볼 수 있다. 대우건설의 직급체계는 대졸신입사원으로 입사하면 Staff으로 3년간의 교육과정을 받게 되고, 그 후 Junior라고 불리는 대리직을 약 4년간 맡게 된다. 과장, 차장급인 Senior급에서 약 9년동안 일하게 되며 그 후에는 Manager급인 부장으로 승진케 된다. 여기서부터 능력에 따라 임원급인 이사부장이 될 수도 있다. 이상이 일반적인 직급체계이고 개개인의 능력과 평가결과 등에 따라 진급시기 등은 조금씩 다르다.

대우건설만의 인사관리상의 또 하나의 특징은 사원이 여러 분야를 두루 경험할 수 있도록 하는 직무 클러스터간 이동프로그램(CDP, 경력순환제도)

이다. 이러한 프로그램을 바탕으로 사원은 자신의 능력을 계발할 수 있으며, 본인 스스로도 경력관리를 할 수 있게 되는 것이다. 회사입장에서도 다양한 경험을 한 사원을 만들 수 있으며 이를 인사평가에 반영하기도 한다. 대우건설은 그 명성만큼이나 사원의 복지후생면에서도 탁월한 면모를 보여준다.

사원들의 능률향상을 위하여 주5일 근무제를 실시하고 있으며 선택적 복리후생제도를 운영하여 개개인이 필요한 복리후생을 차별화하여 제공한다. 대우 웨딩센타, 생활관 등을 운영하여 사원들에게 제공해 주기도 한다.

과거에 타기업들이 복리후생제도를 연공위주로 했다면 대우건설만의 특징은 모든 직원이 똑같이 사용할 수 있는 기회를 부여한 것이다. 사원별로 직급별로 포인트를 차등지급하여 그 포인트를 사용하는 형식으로 하는 것이다. 이로 인해 대다수의 사원들이 레포츠 및 어학학원 등 자기계발에 많은 포인트를 사용하고 있다고 한다. 또한 이를 바탕으로 사내 동호회활동이 매우 적극적이어서 회사생활의 활력소가 되고 있다고 한다. 마지막으로 김혜진 과장은 서울대 졸업생의 경우 능력이 뛰어나고 자신이 찾아서 할 수 있는 능력은 분명히 우수하지만, 취업에 대한 의지나 관심이 부족하다는 점을 언급하였다. 경험상 기업단체 채용 리쿠르팅이나 캠퍼스 리쿠르팅을 나가면 타대학 인원의 15~20% 정도에 그치는 상황을 아쉬워하였다.

4) 선배와의 인터뷰

대우건설 건축기술팀 과장으로 근무하고 계신 최덕신 선배님은 서울대학교 공과대학 건축학과를 1995년에 졸업하시고 동 대학원에 진학하신 후, 석사과정을 마치고 입사하셨다. 입사후 일정기간의 실습기간을 마친 후 자원하셔서 현장(도심지공사)에서 약 6년간 일하셨다.

본사로 돌아와서는 개발사업팀에 있다가 현재의 건축기술팀으로 오게 되었다고 한다. 주로 설계관리, 디자인 기획 및 개발의 업무를 맡고 계신다.

그는 대우건설을 선택한 이유를 엔지니어들을 우대하는 기업특유의 분위기에 매료되었다고 하였다. 팀장 및 임원진들이 이공계 출신이 많기 때문에 회사분위기가 이공계생들을 우대하는 분위기이며, 그 결과 의사결정과정에

엔지니어의 견해가 많이 반영되기 때문이라고 한다. 입사를 위해서 특별하게 준비한 것은 그다지 없었지만 영어공부는 열심히 하였다면서 후배들에게 영어공부를 열심히 할 것을 권면했다. 또 후배들이 서울대라는 타이틀에 취해서 자기계발에 신경을 쓰지 않는 경향이 종종 보인다면서 전문지식의 축적이라는 기본적인 학습에 매진하라고 충고해 주었다. 면접위원으로 참여하였을 때 보면 후배인데도 영어점수가 안되거나 학교성적이 낮아서 떨어지는 경우를 보면 안타까운 경우도 있다고 하신다. 그가 꼽는 회사의 장점은 지원동기가 되기도 했던 분위기 외에도 상대적으로 저(低) 직급의 담당권한이 크다는 점을 꼽았다.

타 기업의 경우 대리, 과장의 권한이나 역할이 그리 크지 않은 반면 대우건설은 그 직급만 되더라도 하나의 프로젝트를 자신이 주도하여 진행할 수 있고 의사결정의 단계가 합리적이며 효율적인 시스템을 가지고 있다고 했다. 그 결과 자신의 능력을 향상시킬 수 있는 기회가 많아지고 실제로 그런 결과를 거둔다고 한다. 그래서 대우건설에서 그 정도의 직책을 갖고 있으면 타 기업에서도 그 능력을 인정할 정도라고 한다. 또한 회사차원에서 직원들의 재교육에 힘쓰고 있어서 자신에게 끊임없이 채찍을 가할 수 있다는 점도 장점으로 꼽았다.

마지막으로 그에게 대우건설 취업을 희망하는 후배들에게 해줄 말을 여쭈었다. 선배님께서는 학생 때 너무 책만 가지고 공부하지 말 것을 요구하셨다. 건설업계로 취직하고자 자신의 길을 정했다면 학생 때부터 건설현장도 활발히 다녀보고 실습사원 등의 기회를 통해 업무를 직접 체험해보는 등 노력과 준비를 함으로써 자신의 미래를 설계하라는 것을 주문했다. 인턴 기회도 적극 활용하는 것을 추천하셨다. 자신의 미래를 아직 구체적으로 정하지 않았다면 향후에 자신이 무엇을 할 것인지를 크게 생각하고, 10년 단위로 끊어서 생각을 해보는 것도 좋다고 하셨다. 10년 단위로 자신의 계획과 뚜렷한 목표의식을 세우고, 구체적인 중간목표를 세워서 노력한다면 분명 좋은 성과가 있을 것이라면서 격려의 말을 잊지 않았다.[213)214)]

6. 대우건설인은 위기극복 DNA를 소유

안녕하세요. 대대홍 5기 이인재입니다. 드디어 상반기 공채시즌이 왔습니다.215) 어제부터죠. 대우건설은 3/11~ 3/20일까지 서류지원이 가능하답니다.

자, 아직 지원서를 안쓰신 분이나, "내가 될까?"하시는 분들! 고민하지 마시고, 도전하세요! 그전에 조금이라도 정보를 더 알려드리고자 경희대학교에서 열렸던 대우건설 채용설명회에 다녀와 보았답니다. 올해부터는 휴학이라 오래간만에 간 학교, 우리 학교에 이런 곳도 있었나, 두리번거릴 틈도 없이 파랑친구, 대우건설 현수막이 반겨줍니다. 일찍가서 좋은 자리 잡아야지~하고 30분전에 갔으나, 헉 취업은 역시 장난이 아닙니다. 사원모집 팜플렛과 기념펜, 대우건설에 항상 따라다니는 문구 It's Possible, 이젠 이 단어가 없으면 허전한 느낌이 듭니다. 인사팀에서 오신 박인철 사원님, 외모도 깔끔, 목소리는 더 깔끔입니다. 시작전의 사진촬영 가능 여부 때문에 인사하러 갔을 때, 대대홍이라고 하자 인자한 미소로 반겨주셨습니다. 드디어 시작된 대우건설 채용설명회, 가볼 준비되었나요?

1) 대우건설의 소개

첫 시작 시간에 대우건설의 연혁과 함께 두가지를 강조하셨습니다.

(1) 발빠른 해외진출: 대우건설은 1980년대 초부터 나이지리아, 말레이시아, 이란 등에 해외진출로 국외에서도 건설업에 기반을 다지게 됩니다.

(2) 재도약: 대우건설은 탄탄한 파트너인 산업은행을 만나 안정적인 자금을 바탕으로 건설 시너지효과를 기대할 수 있게 되었습니다.

위기극복의 DNA를 아시나요? 대우건설의 임직원분들에게는 '위기극복의 DNA'가 있다고 합니다. IMF 외환위기에 따른 대우그룹 해체, 2002년 기업

---

213) 기자: 지구환경시스템공학부 03학번 박치형
214) http://blog.naver.com/PostView.nhn?blogId=binsgo&logNo=20094507074
 (2013.2.10)
215) 대대홍 5기 / Event 2011/03/12 01:53,
 http://blog.naver.com/leeijlikeang/150104553784

자료: http://blog.naver.com/PostView.nhn?blogId=leeijlikeang&logNo=150104553784 (2013.2.7)

구조개선작업(워크아웃) 돌입, 2006년 금호아시아나그룹 피인수, 2009년 재매각 등 각종 시련의 시절이 있었지만 대우건설은 오뚝이처럼 일어섭니다.

요즘처럼 건설경기가 힘든 적이 없다는데, 그럼에도 불구하고 건설업계 최고의 자리를 유지하는 원동력은 바로 대우건설인을 더욱 강하게 뭉쳐주는 '위기극복의 DNA' 때문이랍니다.

2) 건설인재사관학교

학생들이 이해하기 난해한 표정을 짓자, 축구클럽에 비유하시는 등 즐겁게 그리고 쉽게 설명해주셨어요.

(1) 대우건설의 핵심가치

도전과 열정, 자율과 책임, 미래의 지향과 더불어 현재를 가장 잘 표현하는 대우건설의 소식문화입니다.

(2) 피할 수 없는 트랜드, 플랜트

플랜트의 비중이 절반 이상을 차지하고 있음을 알 수 있답니다. 그럼에도 불구하고 일반적으로 건축/토목의 시공 및 관리분야에 상대적으로 많은 지원자들이 몰린다고 합니다. 좁은 틈에 서로들 가려고 하니, 그보다는 플랜트쪽을 권유하십니다. 플랜트 분야는 건축이나 토목, 전기, 기계, 원자력 등 다양한 분야가 지원할 수 있는 분야입니다. 플랜트쪽에 가기 위해서는 물론 적성이 전제 조건이지만, 정교하고 많은 노하우가 필요합니다. 그렇기 때문에 많은 정보를 얻는 것이 중요합니다. 대우건설과 함께 새로운 길을 개척해보고 싶지 않나요?

(3) 인턴하면 대우건설

아시는 분은 알다시피 대우건설의 인턴직에서 신입사원으로의 합격률은 무지 높습니다. 무려 95%입니다. 작년에는 4%의 불합격자만 나왔고, 올해도 그 정도로 예상하고 있다고 합니다. 혹시 인턴의 급여가 얼마나 되는지 아세요? 무려 약 300만원! 대우건설은 인턴 또한 신입사원이라 생각하기에 그만큼 대우를 해준다고 합니다.

(4) 대우건설인을 위한 대우건설

대우건설인이 되면 글로벌 인재육성을 위해 MBA과정의 폭넓은 지원을 해준답니다. 그리고 콘도나 호텔 등의 숙박, 각종 문화생활, 자기개발, 여행 등 다양한 복리후생제도가 마련이 되어있다네요.

3) 대우건설 지원의 Key point!

첫째, 자기소개서 정말 중요합니다. 저 또한 이런 궁금증이 들었습니다. 과연 수천장, 수만장이나 되는 자소서, 다 읽어보는걸까? 다~ 읽어본다고 합니다. 스펙도 물론 중요합니다.

그러나 그보다 중요한 것은 대우건설의 핵심가치인 '도전과 열정, 자율과 책임'이 우선시 되어야 합니다. 아, 이 사람과 같이 일해보고 싶다. 이런 마음이 들 정도로 써보세요. 좋은 결과가 있을 것입니다.

둘째, 토익 speaking은 필수입니다. 대우건설의 면접은 영어면접이 아닙니다. 그러나 글로벌 인재가 되려면 영어로 하는 의사소통은 필수입니다. 토익 speaking을 꼭 제출하세요!

셋째, 대우건설에 필요한 사람이 되세요. 역량과 실력의 차이를 아시나요? 역량은 그 회사에서 바라는 실력입니다. 당장에 역량이 없다면 연결될 수 있는 잠재적인 역량을 준비하세요. 자신의 실제 경험과 경력을 바탕으로 '이런 것으로 난 무엇을 할 수 있기 때문에 대우건설에 필요한 사람이다'라고 어필한다면 대우건설은 여러분과 손을 맞잡을 겁니다.

정말 많이 온 취업준비생들의 열기가 대단합니다. 한눈 팔 겨를 없어요. 채용설명회의 마지막에는 동문출신의 대우건설인들께서 한마디씩 해주셨답니다. 대우건설은 뽑을 때 남자는 얼굴도 본다던데 그래서 그런가요? 무려 두시간이나 걸린 설명회, 그만큼 얻는 것도 많았답니다. 같이 갔던 선배에게 급하게 인터뷰를 하였습니다.

Q. 설명회 괜찮았어요?

A. 응, 몇군데 설명회를 들으러 가봤지만 이렇게 길게 설명해 주시는 것은 처음 봐. 지루하지도 않고, 오히려 대우건설에 꼭 가고픈 마음이 드는걸

Q. 형도 이번에 꼭 지원해 보실꺼죠?

A. 당연하지. 아직 내 자신이 부족한 면도 있지만 꼭 가고싶은 건설사니깐. 자소서 어떻게 써야 될까 고민했었는데, 꽤 도움이 된 것 같아. 플랜트 쪽으로 좀더 알아볼 필요가 있을 것 같아. 아! 그러구보니 key point 하나가 빠졌네요. 마지막으로 자신감을 가지세요! 무엇보다 가장 중요한 겁니다. 대우건설인이 가지고 있는 '위기극복의 DNA', 여러분도 자신감을 가지고 지원해보세요. '위기극복의 DNA'가 있음을 알리는 첫 시작입니다. 참고로 대우건설 채용사이트는 http://erecruit.dwconst.co.kr/ram/web/main.jsp입니다.[216]

---

216) http://blog.naver.com/PostView.nhn?blogId=leeijlikoang&logNo=150104553784(2013.2.7)

7. 대우건설의 인사가 만사

Case Study: 대우건설의 「인사(人事)」가 「만사(萬事)」, 건설업계 e-HR시스템 '처음'으로 구축[217] 어린 새순이 하늘거리는 느낌의 아파트 브랜드 '푸르지오(Prugio)'를 짓는 대우건설(www.dwconst.co.kr)은 지난 3월에 새로운 인사시스템인 e-HR시스템을 구축하여 가동에 들어갔다. 이는 동종업계에서는 처음 구축한 100% 웹기반 인사시스템이다.[218] 전형적인 굴뚝산업이라 인식된 건설업종이지만 의사결정권자의 적극적이고 한결같은 지원과 현업담당자들의 호응으로 구축된 e-HR시스템은 대우건설의 또 다른 자랑거리가 되고 있다.

〈프로젝트 개요〉
·개발기간 : 2004년 4월~2005년 3월
·투입인원 : 대우건설(3명)+화이트정보통신(15명)
·예산규모 : 하드웨어 포함 약 6억원

대우건설은 처음에는 1996년에 구축한 C/S기반의 인사관리시스템을 운용하고 있었다. 여러 해에 걸쳐 그룹사가 어려움을 겪는 통에 시스템에 대한 새로운 투자를 생각할 겨를은 없었다. 그러다가 2002년에 독립기업으로 출범하면서 새로운 투자가 재개됐다.

1) 인사관리전문업체 선정

대우건설은 그룹사에서 독립한 이후 인사컨설팅을 실시한 결과 신인사제도를 수립해야 할 필요성이 제기됐다. 기존에 사용하던 인사시스템은 계속 변하는 인적자원을 관리하는 데 한계가 있었고 이에 따라 e-HR시스템을 검토하기 시작했다. ERP시스템도 있고 내부의 그룹웨어도 사용하고 있었으나 이는 인사사항에 대한 총체적인 관리나 변화에 대한 관리는 쉽지 않았

---

[217] [본문스크랩] [Case Study] 대우건설 「인사(人事)」가 「만사(萬事)」 HR / Business Event 2006/11/10 14:56,
http://blog.naver.com/yw_pyo/50010680803
[218] 정진욱 기자 (ZDNet Korea), 2005/04/12

다. 따라서 2004년초에 대우건설은 전문업체를 선정하는 데 착수했다. 5개의 전문업체를 대상으로 기술력과 공급사례 등을 검토한 결과 화이트정보통신(www.win.co.kr)을 선정했다. 화이트정보통신의 인사관리시스템(HMS)은 사용자별로 대사원 서비스(ESS), 관리자 서비스(MSS), 인사담당자(HASS), 임원정보(EIS) 등 4개의 시스템으로 구성돼 있다. 기능측면에서 보면 경력개발, 인력운영, 보상관리, 성과평가, 교육연수, 복리후생 등 6개의 업무영역으로 나뉘어져 있다. 각 업무영역에는 세부업무별로 별도의 컴포넌트로 구성돼 있어 필요에 따라 선택할 수 있다는 점이 편리하다. 대우건설은 화이트정보통신의 시스템이 이같은 기본모듈의 완성도가 높다는 점을 높이 샀다. 대우건설 인사팀의 지국일 과장은 "자장과 짬뽕같은 기본음식을 잘하는 중국집이 다른 음식도 맛있다"는 평범한 진리에 기반한 것이라고 설명했다.

2) 100% 웹 기반의 인사시스템 구축

2004년 4월부터 개발에 착수한 e-HR시스템은 내부의 역량강화와 성과주의 인사문화 정착을 위한 인프라 구축에 초점을 두고 개발됐다. 과거 인사/급여 관리시스템 및 노무관리 시스템으로 분산, 운영돼오던 시스템들이 통합관리돼 운영되면서 인사업무의 생산성향상과 효과적인 정보제공이 가능하도록 했으며 인사관련정보를 임원, 인사담당자, 관리자, 일반사용자 등 사용자별로 맞춤 제공하도록 했다. 이를 통해 신속한 의사결정과 직원관리의 효율성을 강화하는 인프라를 구축했다. 또한 직무/역량중심의 시스템 구축으로 과거 오프라인을 통해 가능했던 인사업무 프로세스들을 100% 웹으로 완전전산화했으며 그리드 컴포넌트와 프레임을 활용한 사용자 편의성을 극대화했다. 이에 따라 대우건설의 e-HR시스템은 인력운영, 보상관리, 경력개발, 교육, 직무역량, 복리후생, 성과관리, EIS, 시스템, 서비스관리 부분으로 구성했으며 그 하단에는 각 컴포넌트들로 구성되어 있다.

3) "전략적인 e-HR시스템 구축은 큰 흐름"

대우건설이 업계에서는 처음으로 웹기반의 e-HR시스템을 구축한 것은 보수적인 건설업계에서는 이례적으로 보이는데 대우건설의 기업문화와도 관련되는 면이 많다. 대우건설은 2000년부터 3년간 지식경영대상을 수상한 전력에서도 확인할 수 있듯이 디지털 마인드가 어느 누구에게도 뒤지지 않는 기업이다. 특히 새로운 제도를 받아들이는 데 주저하지 않는다. 기업 전체의 업무가 실무담당자 중심으로 진행되고, 이에 대해 윗사람들도 적극 지원하는 분위기다. 개발과정에서도 윗사람들의 지원이 커 어려움없이 진행됐다. 개발공간의 충분한 확보는 물론, 간식과 음료 등의 지원, 밤샘도 함께 하려는 인간적 배려로 인해 서로간에 신뢰가 쌓였다. 사실 인사시스템은 직원들에게 예민한 문제이기 때문에 새로운 시스템을 쉽게 받아들이지 않았을 것 같다. 물론 처음에는 생소한 시스템에 대해 거부감이 없지 않았다. 예전 노츠기반의 그룹웨어에 익숙하기 때문에 사용자 인터페이스가 다른 새로운 e-HR 시스템을 어색해했다. 그러나 모든 프로젝트의 기본은 의사결정권자의 절대적 지지이며, 여기에 현업담당직원의 적극 동참이 어우러질 때 성공할 수 있다. 설명회를 통해 임직원들에게 충분히 설명을 하고 사용법이 익숙해지는 기간을 거쳤다. 이제는 대우건설의 직원 3300명 모두가 새로운 인사시스템을 사용하고 있고 만족을 표하고 있다. 앞으로도 현업 사용자들의 의견을 수렴해 고쳐나간다면 만족도는 더 높아질 것으로 기대하고 있다.

4) e-HR시스템 구축의 의의

인사담당자는 기존에 프로세스 운영이라는 역할에 한정돼 있었다. 그러나 이제는 기업의 컨설턴트나 코디네이터의 역할로 변하고 있다. 울 리치 교수는 자신의 저서에서 인사담당자의 역할을 전략파트너, 변화관리자, 직원옹호자, 행정전문가 등으로 표현했다. 이러한 시대의 흐름에 따라 기업의 서비스 딜리버리시간을 줄이고 비용을 절감하기 위해서도 e-HR시스템을 구축해야 하는 것은 당연하다.

5) 밤새던 인사철은 이제 '옛말'

대우건설 인사팀의 직원 대부분이 SQL(Structured Query Language)을 다룰 줄 안다. 따라서 쿼리를 돌릴 때 모든 요소를 하나하나 고려할 수 있기 때문에 시간은 오래 걸리지만 정보의 질은 좋았다. 그러나 이런 방식은 귀찮고 어렵기 짝이 없다. 이번에 e-HR시스템을 구축하면서 이런 점이 해소돼 인사담당직원들은 한결 업무가 간편해졌다. 직원들 입장에서도 처음 입사할 때 지원서와 인사양식을 작성하고 나면 자신의 이력을 관리할 수가 없었다.

내부 인사정보관리가 안돼 있으니 교육이나 업무의 변화에 대한 정보가 없었던 것은 오히려 당연했던 일이다. 그러나 이제는 언제 어디서나 자신의 인사기록을 살펴보고 경력을 관리할 수 있다. 지국일 과장은 "기존의 C/S시스템이 한 방향의 의사소통만 가능한 시스템이었던 데 비해 웹기반의 e-HR시스템은 피드백이 가능한 시스템으로 양방향의 의사소통수단이 확립된 것"이라고 설명하며, "권한관리를 통해 개인의 인사사항을 공개함으로써 연봉제 성과주의 체제에서 집단 인사제를 개인 인사제로 전환할 수 있게 됐다"는 점을 특히 강조했다. 이러한 시스템은 직원들이 스스로 경력을 관리할 수 있어 만족도가 높고 자기계발문화를 정착하는 데도 일조를 가하고 있다.

한편 기존에는 인사·급여·노무·교육·공사관리 등 인사관련시스템과 노츠기반의 그룹웨어인 바로넷이 분산 운용되고 있었다. 이에 따라 유기적으로 업무연결이 안됐고 통합된 정보를 제공할 수 없었다. 지국일 과장은 "그룹웨어와 오프라인 작업을 같이 사용했기 때문에 평가철만 되면 인사담당자는 두 달 정도를 밤샘하는 것이 예사였다. 그렇지만 이제는 이런 모든 업무과정을 시스템으로 녹여냈기 때문에 어느 누가 업무를 하더라고 관련정보를 한번에 제공할 수 있게 됐다"고 만족해 했다. 리포팅 툴도 이번에 얻은 성과를 예전에는 엑셀로 관리하던 대용량 자료도 버튼 하나로 가공된 리포트를 출력할 수 있게 됐다.

6) 건설업계의 '첫 사례'로 주목

대우건설의 e-HR시스템 구축은 건설업계에서는 처음이라는 점에서도 그 의의가 크다. 이미 여러 건설업체에서 대우건설의 e-HR시스템을 배우기 위해 다녀가고 있다. 시국일 과장은 건설업계의 인사담당자 모임인 '건인회'에서 이번에 구축된 e-HR시스템의 사례를 발표할 예정이기도 하다. 그러나 지 과장은 "이제 겨우 시작"이라고 겸손해했다. 인사팀 시각에 맞춰 시스템을 만들고 직원들과 의사소통을 통해 개선해 나가기 위한 틀을 짠 것에 불과하다는 것이다. 건설적인 용어로 표현하자면, 이제 골조를 올린 것이고 내장과 섀시의 작업을 앞두고 있다고 할 수 있다. 2차 사업은 e-HR시스템을 총무, 안전, 인력지원 등 통합서비스 업무까지 확장하는 것을 목표로 진행될 예정이다. 지금 시스템을 사용하면서 느낀 점을 반영한 시스템을 구상하다 보니 처음의 계획보다 규모가 40% 정도 늘 것으로 예상하고 있다. 이에 따라 CDP 프로세스 관리 및 핵심인재 관리시스템 개발을 추가로 진행할 예정이며, 앞으로도 현업 사용자의 요구를 꾸준히 수렴·반영해 앞선 e-HR시스템을 구축할 계획이다.[219)220)]

8. 대우건설 인사관련 부서장과의 인터뷰

대우건설 인사팀장과의 진행된 인터뷰 내용을 살펴본다.[221)] 수많은 사람들의 세심한 손길을 거쳐 하나의 건물이 완성된다. 건설현장에는 토목, 설계, 전기배선 등 각 분야의 전문가부터 단순 노무자에 이르기까지 다양한 기능과 개성을 지닌 사람들이 공존하고 있다. 전세계 350여개 현장에서 일하고 있는 대우건설 사람들은 '따로 또 같이' 일하는 법에 익숙하다. 즉, 각자 맡은 분야에서 최선을 다하되, 필요할 때는 머리를 맞대고 최상의 방법을 찾는 것이다. 대우건설은 이같은 건설현장의 특성을 토대로 인사관리를 한다. 인사팀 남기혁 이사는 "최상의 팀워크가 최고의 결과물을 낳는다"는 건설업계의 오랜 격언을 강조한다. 서로 마음이 맞아야 손발도 맞는 법이고 팀워크는 지시나 명령으로 이루어지는 것이 아니다. 대우건설이 인사관리

---

219) [출처] [본문스크랩] [Case Study] 대우건설 「인사(人事)」가 「만사(萬事)」 | 작성자 이베프
220) http://blog.naver.com/yw_pyo/50010680803(2013.2.10)
221) (발췌)| 인사팀장실, 강대리 | 조회 19 |추천 0 | 2004.09.07. 13:29

에서 구성원들의 '자율성'을 최대한 보장하는 것도 이 때문이다. 본부장, 현장소장, 팀장들이 인력배치는 물론 평가와 보상, 교육과 훈련 등에 대해 실질적인 권한을 갖고 있다. 인사팀은 이러한 일들이 순조롭게 진행되고, 형평에 어긋나지 않도록 정책과 제도를 연구하고 나아가 방향까지 제시한다.

직원들에 대한 평가와 보상방식도 '팀워크와 자율성'에 뿌리를 두고 있다. 개인의 능력에 따라 A~D까지 4개 등급으로 나눠 지급되는 성과급의 경우에 등급을 결정하는 일은 온전히 각 팀과 본부의 몫이다. 차장 이하의 진급에 대한 결정권 역시 각 본부가 갖고 있다. 무엇보다도 중요한 보상원칙은 "개인에 대한 보상이 팀워크를 해치지 않는 범위내에서 이루어진다"는 것이다. 대우건설 인사팀은 팀별 성과를 중시하고, 이에 대한 보상이 해당 팀 구성원들에게 골고루 돌아갈 수 있도록 하는 방안을 꾸준히 연구해왔다.

건설업계에서는 "임금의 차이가 10% 이상이 될 경우 팀이 무너진다"는 불문율이 있다. 남기혁 이사는 "경력이 비슷한 동료의 연봉이 나보다 높다는 사실을 알고 불만이 생기거나 사기가 저하되면 현장분위기가 순식간에 침체되기 때문"이라고 설명했다.

대우건설은 올해 150명의 신규인력을 채용할 계획이다. 4월초에 채용한 신입사원들은 올 하반기까지 인턴사원으로 현장에 투입하고 내년 1월부터 정식사원으로 일하게 된다. 지난해부터 시작된 인턴제도는 "대학에서 토목이나 건축을 전공한 사람들도 설계도조차 볼 줄 모르는 경우가 많다"는 현장의 목소리를 반영한 것이다. 남기혁 이사는 각 대학들이 기업이 필요로 하는 핵심인력을 파악하고 현실적인 교육을 해야 한다고 강조한다. 그리고 이와 관련해 "각 대학들이 각종 신축공사를 많이 하는데, 그 학교 학생들에게 설계나 토목 등 실무를 담당할 기회를 제공하는 것도 좋은 방안이 될 것"이라고 충고한다. 남기혁 이사는 대우건설에 적합한 인재상으로서 책임감이 강하고 현장관리 능력이 있는 사람을 꼽았다. "소수의 직원들이 현장에 나가 수십배의 인력을 지휘하고, 감독합니다. 셀 수 없이 많은 건자재들이 제때 공급될 수 있도록 협력업체들과 긴밀한 관계를 유지해야 하고요.

주변 사람들에게 믿음을 주며 일할 수 있는 사람, 매니지먼트 능력이 있는 사람이 필요하죠." 채용과정에서 면접이 특히 까다롭고, 비중이 높은 것은 이런 까닭이다. 대우건설의 면접은 임원진에서 시작돼 실무진에서 끝이 난다. 현장중심의 자율적 인사관리 원칙이 채용의 부분에도 고스란히 적용되는 셈이다. 1차 면접은 4~5명의 이사들이 참여해 지원자들의 인성과 태도를 살피고, 2차 면접에서는 부장이나 차장들의 '전공실무'에 대한 질문공세가 이어진다. 3차는 과장급이 주관하는 집단토론으로써 하나의 주제에 대해 구성원들이 자유롭게 이야기하는 방식으로 진행된다. 남 이사는 "톡톡 튀는 개성을 드러내는 것도 좋지만, 남의 의견에 귀를 기울이고 전체적인 흐름을 파악하는 사람이 더 높은 점수를 받는다"고 귀띔했다.222)

9. 과거 대우건설 노조가 화난 사연

차기 사장문제로 대우건설이 요즘 뒤숭숭한 분위기다. 현 정권 실세 쪽에서 특정인을 밀고 있다는 소문이 돌면서 급기야 노조도 행동에 나섰다.223)

사무직 직원들로 구성된 노조는 긴급 임시대의원회의를 열었다. 정권이 미는 사람(이 인사는 현재 대우건설 간부로 재직중)이 사장이 되게 해서는 안된다는 데 뜻을 모으고 구체적인 행동계획을 세웠다. 차기 사장 선임을 실력으로 저지하기로 했다. 우선 다음달 2일 대우건설에서 열릴 예정인 경영진추천위원회의 회의를 원천적으로 봉쇄키로 했다. 자산관리공사 등 채권단과 주요 금융기관 등이 참석하는 경영진추천위원회는 조만간 임기가 끝나는 현 남상국 사장 후임을 내정하는 자리이다. 노조는 이 회의가 어떤 식으로든 열려 정권 실세가 미는 사람으로 결정되면 이후 채권단운영위원회, 이사회, 다음달 23일 사장을 선임하는 주주총회까지 모두 원천봉쇄한다

---

222) http://cafe.daum.net/2kwinner/AMp/80?docid=3002140233&q=%B4%EB%BF%EC%B0%C7%BC%B3%C0%C7%20%C0%CE%BB%E7%B0%FC%B8%AE&re=1 (2013.2.10)
223) 중앙일보 조인스랜드, 안장원 기자 | 입력 2003.11.28 21:50

는 방침이다. 차기 사장 내정설이 나돌고 있는 이 인사는 대우건설 채권단 중 최대 지분을 갖고 있는 자산관리공사에서 면접을 보는 등 차기 사장으로 암암리에 자리를 굳혀가고 있다는 이야기도 나오고 있다. 이 인사는 28일 자리를 비웠으며 연락도 되지 않았다. 현 정권 실세측과 옛날부터 인연이 있었던 것으로 알려지고 있다. 노조는 이번 인사의 정당성만이 아니라 정권이 미는 인사의 자질도 문제삼고 있다. 사업본부장이나 영업본부장 등의 일선경험이 없이 주로 지원부서 경력이 많아 경영자의 자질로는 부족하지 않느냐는 게 노조측의 주장이다. 물론 이 부분에 대한 노조측의 의견에 대해 이의를 제기하는 쪽도 있다. 원칙주의자로 회사를 이끌어 가는데 큰 문제가 없다는 것이다. 아무튼 노사협의회측도 구체적인 행동방침을 정하지는 않았지만 이번 사장의 인사건을 두고 외부의 힘에 대한 불만을 토로하고 있다. 노조의 반발이 일면서 회사는 전전긍긍하고 있다. 워크아웃 졸업이 멀지 않았고 업계의 수위에 오를 정도로 회사가 안정을 되찾았는데 이번 일로 회사 이미지가 구겨질 것으로 보여서다. 하지만 현 남상국 사장 등이 이번 인사관련자들이어서 노조측에 어떻게 하라 말라고 말할 입장이 아니다. 회사 내부에서는 이번 사태를 두고 어차피 내부 3파전이라면 사전에 서로 조율을 했더라면 하는 아쉬움도 나온다. 그랬더라면 내부싸움으로 비치는 볼썽사나운 모습을 피할 수 있지 않았겠느냐하는 것이다. 이런 가운데 회사 직원들은 하루 빨리 이번 문제가 마무리되길 바라는 분위기다. 사장의 인사에 권력이 작용한다는 소문에 불쾌해하면서도 한편으론 내정설이 나돌고 있는 이 인사도 외부가 아닌 내부의 인사라는 데 그나마 다행이라는 표정이다. 2000년 3월 워크아웃에 들어간 대우건설은 연간 매출액이 당시 2조7천억원에서 올해 4조원 이상이 될 것으로 보인다. 지난 8월 정부가 발표한 시공능력평가액에서 2위를 차지했다. 9월에는 채권단에 워크아웃 졸업신청을 한 상태다.224)225)

---

224) 중앙일보 조인스랜드
225) http://realestate.daum.net/news/detail/invest/19611.daum(2013.2.10)

10. 표류하는 대우건설 매각에 노조의 "전략적 투자자로 참여"

"자베즈파트너스는 금호 대리인", 우리사주조합+산은 컨소시엄 제안226) 대우건설 우선인수협상자로 선정된 자베즈파트너스의 실체를 두고 논란이 이어지는 가운데, 대우건설 노조는 우리사주조합이 매각자문사인 산업은행과 컨소시엄을 꾸려 인수에 참여할 수 있다고 밝혔다.

1) "우리사주조합 참여가 좋은 대안"

3일 김욱동 대우건설 노조위원장은 기자회견에서 "산은PEF와 대우건설 우리사주조합이 전략적 컨소시엄을 구성해 금호그룹이 보유한 대우건설 지분(32%)과 재무적 투자자(FI)들의 지분 39%를 전량 인수하는 게 바람직한 매각방안"이라며 "금호측은 산은PEF에서 인수한 가격과 풋백옵션 행사가격(3만1500원)의 차액에 대해 FI들에게 보전하면 된다"고 강조했다. 노조에서 대우건설 지분 인수를 위한 자금을 마련하는 것이 현실적으로 가능하냐는 질문에는 "우리사주조합에서 최소 2000억원 정도는 충분히 마련 가능하다"며 "우리사주조합이 대우건설 지분 5% 가량을 인수하는 방식이 될 것"이라고 했다. 노조는 "대우건설 매각에 참여할 전략적 투자자는 바로 대우건설의 임직원"이라며 "대우건설 임직원을 제외하고 금호, 산은, FI 등만이 참여하는 논의가 이뤄져서는 안된다"고 덧붙였다. 노조의 주장과 달리 금호측은 지분의 부분매각, 풋백옵션 연장 등의 차선책을 염두에 두고 있다. 매각가격 부담 등의 이유로 자베즈파트너스 등 우선 인수협상대상자들에 제때 매각이 어려울 수 있다는 현실론이 고개를 들고 있기 때문이다. 대우건설 노조는 오래전부터 "자베즈파트너스는 금호의 대리인에 불과하다. 국내 주요 대기업이 참여를 타진하고 있다"고 주장해 왔다. 유력한 대우건설 인수후보자로 떠오른 자베즈파트너스의 경우 아부다비투자청 등 해외에서 투자자금의 조달이 여의치 않은 것으로 알려졌다.

---

226) 이대희 기자, 기사입력. 2009-12-03 오후 4:07:33

2) 동상이몽

금융권과 금호측에 따르면 현재 금호아시아나그룹은 당초 이번 달 15일까지로 결정됐던 풋백옵션 행사 연기를 FI측에 요청하고 있다. 지난 2006년 6월 인수시 금호아시아나그룹은 대우건설 주가가 3만1500원 미만일 경우 이 가격에 FI측이 인수한 지분을 되사주기로 한 바 있다. 금호의 옵션행사 연기에 대한 제안은 FI에도 딱히 불만족스럽지 않다. 현실적으로 채권 회수가 불가능할 수도 있는 만큼, 시간을 더 주는 게 유리할 수도 있기 때문이다. 금호측은 또 매각이 무산될 경우 금호산업이 소유한 대우건설 지분 18.64%를 FI에 양도하는 방안도 고려중인 것으로 알려졌다. FI는 옵션권리를 포기하는 조건이다. 사실상 4조원에 달하는 풋백옵션과 대우건설 지분의 일부와 맞바꾸자는 제안이다. 이에 대해 대우건설 노조는 "제안방식이 어떻든 결국 대우건설의 새주인으로 투기자본을 고려한다는 것은 변함이 없다"며 "금호아시아나가 비싼 매각가격(자베즈파트너스의 제안가격은 주당 2만2000원)에 지분을 매각하려는 고집을 부려서는 안된다"고 했다. 노조는 또 "매각 후에도 대우건설 경영권에 영향력을 미치기 위해 지분 일부만 매각하는 방식은 옳지 않다"며 "금호아시아나그룹이 매각에 진정성을 갖고 있다면 보유주식 전량을 매각해야 한다"고 주장했다. 노조의 이와같은 주장에 대해 금호측 관계자는 "지분 전량을 매각하고 싶어도 현실적으로 이를 살 곳이 있느냐가 문제"라고 반박했다. 노조는 "매각 가격만 낮추면 얼마든지 가능하다"고 했다.227)228)

11. 대우건설의 '2011년 최악 산재기업 사망자만 13명'

지난해 노동현장에서 산업재해 사망자가 가장 많이 발생한 사업장은 대우건설인 것으로 조사됐다.229) 2위는 현대건설, 3위는 GS건설, '4대강 재해'

---

227) 이대희 기자
228) http://www.pressian.com/article/article.asp?article_num=60091203152504
   (2013.2.7)

로 인해 MB에게는 특별상이다. 민주노총과 한국노총 등이 참여한 '산재사망 대책마련을 위한 공동캠페인단'은 25일 오전 서울 청계광장에서 기자회견을 열고 "지난해 최악의 '살인기업'으로 대우건설이 선정됐다"며 "대우건설에서 가장 많은 13명의 노동자가 산재로 사망했다"고 밝혔다.

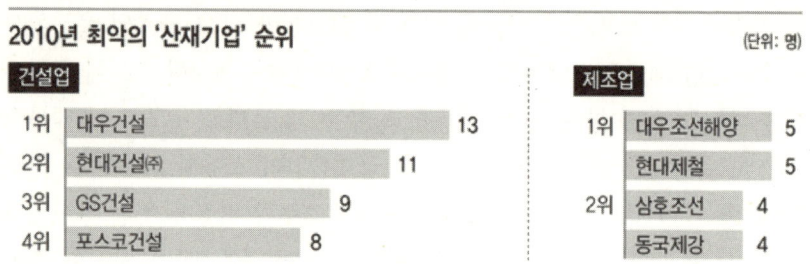

자료: http://www.kuwu.or.kr/kuwu2006/rgboard/view.php?&bbs_id=nochong&page=3&doc_num=446(2013.2.7)

 2위는 11명이 사망한 현대건설, 3위는 지난해 1위를 했던 지에스(GS)건설(9명)이 뽑혔고, 포스코건설(8명)과 대림건설(7명)이 뒤를 이었다. 제조업 분야에서는 대우조선해양과 현대제철이 각각 5명, 삼호조선과 동국제강이 각각 4명이었다. 또 캠페인단은 4대강 공사현장에서도 많은 산재사고가 났다며 이명박 대통령을 '특별상' 수상자로 선정했다. 캠페인단 관계자는 "올해 들어 4개월동안 12명의 노동자가 사망했고 공사가 시작된 2009년 8월 이후 총 20명의 노동자가 4대강 사업현장에서 죽어갔다"며 "이는 산재사망률이 가장 높은 건설업 평균사망률보다 3.7배나 높은 것"이라고 지적했다. 캠페인단은 2006년부터 해마다 산재예방에 대한 사회적 공감대를 넓히고 기업의 사회적 책임을 촉구한다는 취지로 전년도에 산업재해 사망이 가장 많은 업체를 최악의 '살인기업'으로 선정해 발표해왔다.[230][231]

---

229) 대학노조 Date : 2011-05-04 17:09:40 | hit : 801, 대우건설 '2011 최악 산재기업...사망자만 13명', 2위 현대건설, 3위 GS건설...'4대강 재해' MB에 특별상, [0호] 2011년 04월 22일 (금) 편집국 kctuedit@nodong.org
230) 기사공동제휴/ 한겨레 김소연 기자 dandy@hani.co.kr

12. 건설업계에 이공계 CEO의 두각, 기술·경영 접목, 시너지 만점

건설업계에 이공계 출신 경영자들이 주목을 끌고 있다.232) 현장경험이 풍부한 엔지니어 출신 건설업계 최고경영자(CEO)들이 수주와 관리, 경영 등에서 눈부신 실적을 보이고 있기 때문이다.233) 이처럼 이공계 출신 CEO가 주목을 받고 있는 것은 건설수주액, 매출액, 부채비율 축소 등 각 부문에서 두각을 나타내고 있기 때문이다. 기업경영에서 과거 개발시대에는 세계 수출현장을 누비며 시장개척에 나섰던 영업전문가가 중시됐고, 외환위기 전후로는 기업생존이 화두로 떠올라 재무통이 주름잡아 온 것이 사실이다.

하지만 글로벌시대의 치열한 경쟁에서 살아남기 위해 업계의 현실을 제대로 예측하고 경쟁력을 키울 수 있는 안목과 미래예측 및 신속한 결단력의 필요성이 높아지면서 현장경험이 풍부해 '기술과 경영을 아는' CEO가 주목을 받고 있다. 50위권의 건설업체 가운데 36%선인 18개 건설업체의 CEO가 이공계를 졸업한 엔지니어 출신들로 나타났다. 이들은 공통적으로 합리적 사고와 추진력, 현장중시 및 수익성 위주의 경영을 펴고 있다. 카리스마보다는 민주적 리더십을 갖췄고 전공과 공사의 현장경험으로 이론과 실제를 모두 터득한 노하우를 갖췄다. '나를 따르라'형의 독선형보다는 합리적 CEO를 원하는 기업의 환경변화에 따라 나타나고 있는 현상이다.

엔지니어 출신 가운데 최근 경영성적표에서 세간의 이목을 집중시키고 있는 주요 CEO들의 경영철학과 경영스타일, 경영실적들을 살펴본다.

1) '해외건설전문가'

건축을 전공한 대림산업 이용구 사장은 지난 2000년 3월 대표이사에 취임했다. 1971년 연세대 건축공학과를 졸업하고 대림산업에 평사원으로 입사해 대표이사 자리에까지 올랐다.

---

231) http://www.kuwu.or.kr/kuwu2006/rgboard/view.php?&bbs_id=nochong&page=3&doc_num=446(2013.2.7)
232) 목요기획
233) [부농산] 2003년 08월 06일 (수) 19:10

현장은 물론 해외 및 주택영업담당 임원, 기획조정실장 등 그룹내 건설부문의 요직을 두루 거쳤다. 이사장은 풍부한 해외근무 경험을 갖춰 현역 건설인중에서는 몇 안되는 해외건설전문가로 통한다. 이준용 회장이 이 사장을 대림산업 사장으로 낙점한 것은 대림산업이 그룹의 맏형 역할을 하는데 친화력과 원만한 합의도출 능력을 발휘할 수 있는 사람으로 이용구 사장만한 적임자가 없었기 때문이었다는 후문이다. 대림산업이 자랑하는 것은 건설업체 가운데 가장 빚이 없는 기업이라는 점이다. 2000년 3월 취임 때 대림의 부채비율이 166%선이었지만 이 사장이 선장을 맡은 이후 지속적인 부채탕감으로 2002년 말 부채비율이 87.8%로 업계에서는 1위이다.

2000년초 6300원이던 주가도 이 사장의 취임 이후 지속적으로 올라 지금은 2만원을 넘어섰다. 이 사장은 "대림산업은 외환위기라는 초유의 경제위기를 과감한 구조조정을 통해 기회로 변화시킨 대표적인 기업"이라며 "부채비율은 국내 최우량 기업에 견주어도 손색이 없는 재무구조를 확보하고 있다"고 말했다. 수주금액도 지난 3년간 급성장해 2001년 2조8000억원, 2002년 3조3000억원을 기록했다. 올해 목표는 4조원이다.

2) '현장의 최일선에서 뛴다'

연세대 화학공학을 졸업한 롯데건설 임승남 사장은 지난 1998년 취임 이후 4년만에 회사를 건설업계 8위권으로 끌어올려 경영의 귀재로 불린다. 임 사장의 '불도저식 경영' 스타일이 지난달 말 발표한 건설업계 시공능력평가에 나타났다. 2001년 15위에서 지난해에는 11위로 뛰었고 올해는 8위로 10위권에 들었다. 매출과 수주부문에서도 괄목할만한 성장을 이뤘다. 2000년 매출 1조원, 수주 2조1000억원이었던 롯데는 지난해 매출 1조6000억원, 3조 5000억원을 기록해 업계의 다크호스로 부상했다. 임승남 사장은 요즘도 이순(耳順)을 훌쩍 넘긴 나이지만 여전히 활기가 넘친다. 각종 수주전선은 물론 주택·토목·건축 공사현장을 누비고 다닌다. 새로 분양하는 아파트는 디자인 뿐만 아니라 정원조경 등 사소한 부분까지도 그의 손과 눈을 거치지 않고서는 넘어갈 수 없을 정도다. 그는 건설업계에서는 주량으로도 유명하다.

업무의 연장이라면 술도 즐겁게, 최선을 다해 마시는 스타일이다. 지난 1964년 롯데그룹 공채 1기로 입사한 임사장은 롯데제과, 롯데칠성, 호텔롯데 등을 두루 거쳐 1998년 4월 롯데건설 사장에 부임했다. 사장 취임 4년만에 롯데건설을 주택업계 수위를 다투는 회사로 키웠다는 평가를 받고 있는 그는 부채비율 0%의 달성과 주택부문 국내 1위라는 큰 그림을 그리고 있다.

3) '빠른 판단과 결단이 승부수'

SK건설 문우행 사장은 연세대 토목학과를 졸업했다. 문 사장의 경영스타일은 시장변화에 '카멜레온'처럼 변해야 한다는 것이다. 문 사장은 한 사안에 대해 일단 결정이 되면 실행이 가장 빠르다는 평가를 받고 있다. 그에 대한 직원들의 평가는 한마디로 '선이 굵은 경영자'라는 평이다. 실무분야에 정통하고 다양한 현장경험을 갖고 있는 경영인으로 통한다. 그는 직원들의 경조사를 직접 챙기고 직원과의 토론도 즐긴다. 토론을 통해 논리적으로 자신을 설득하면 그 사업을 적극 지원하는 토론형이다. 해외사업부문에서 오랫동안 실무를 담당해 해외에서도 다양한 인맥을 쌓아 공개입찰이 관례화된 해외건설 시장에서도 선점효과를 누리고 있다는 평이다. 2000년 4월 SK건설의 사장으로 취임한 그는 취임 초 강도높은 구조조정을 단행하고 해외플랜트 사업 위주의 조직과 건축부문의 역량을 강화하는 등 공격적인 마케팅을 펼쳤다. 그가 취임하기전인 1999년 전체 매출에서 해외플랜트가 차지하는 비율이 60%선에 이르렀지만 2002년 현재 건축·토목부문이 전체 매출의 70%를 넘었다. SK건설의 올 상반기 수주실적은 목표대비 6%를 초과한 1조6000억원을 기록했다. SK건설은 매출과 수주실적에서 지난해보다 20% 이상 초과달성할 것으로 전망하고 있다.

4) 'CEO는 실적으로 말한다'

서울대 공업교육학과를 나온 대우건설 남상국 사장은 주위에서 '향후 경영전략과 목표는 무엇이냐'는 질문에 항상 "CEO는 실적으로 말한다"고 답한다. 말보다 행동과 실적이 중요하다는 철학을 갖고 있다. 남 사장은 지난 1999년 워크아웃 상태에 돌입한 대우건설의 CEO로 취임했다. 워크아웃 4

년째인 대우건설의 공사 수주 1위와 뛰어난 경영실적은 그의 타고난 경영능력을 보여준다. 3년 연속 흑자를 기록중인 가운데 올 상반기 수주액만 4조2283억원으로 전년보다 46.7%나 급증했다. 상반기 매출도 전년보다 19.39%가 상회한 1조9246억원을 기록했으며 3년 연속 주택공급 1위를 달리고 있다. 2000년 500%의 부채비율을 현재 180%까지 줄였다. 특히 영업수익률 부문에서 9.9%를 달성, 수익성에서 건설업계 1위로 부상했다. 대우건설은 "지난 1997년 4600여명의 직원으로 3조5000억원의 매출을 올렸지만 올해는 3200명으로 매출 4조2000억원을 달성할 것"으로 전망했다. 남상국 사장은 1974년 2월 평사원으로 대우에 입사해 CEO 자리에까지 오른 인물이다. 이공계 출신답게 풍부한 현장경험과 관리능력으로 현장과 영업·관리부문에서 두각을 보이고 있다. 이 회사 임직원 등 간부들은 대부분 한 두번은 남 사장과 함께 근무를 해 본 경험이 있을 정도여서 업무추진 때는 공감대 형성이 쉽다"며 "풍부한 현장근무 경험을 바탕으로 공사의 품질이나 안전까지 직접 챙기는 현장주의자"라고 말했다. 매월 4일 열리는 전체 현장 안전점검행사 때는 아무리 바쁜 일정이 잡혀 있어도 직접 챙길 정도로 기술자다운 열의를 보이고 있다.

5) '건설명가(名家) 자존심 회복'

현대건설 이지송 사장은 한양대 토목공학과 출신이다. 취임 후 현대건설의 취약점으로 지적됐던 유동성 위기를 해소하고 건설명가의 자존심의 회복하겠다는 의지를 불태우고 있다.

현대건설은 현재 7000억원대 이상의 현금을 보유한 것으로 알려질 만큼 유동성도 풍부해졌다. 이 사장은 건설인으로서 이론과 실제, 추진력과 인내력, 자상함까지 갖춘 CEO로 평가받고 있다. 소양강댐 시공 등의 경력으로 댐 전문가로 불리는데다 대학 강의와 수주 엔지니어로서는 드물게 수주영업부서에서의 근무경력까지 갖춘 팔방미인이다. 지난달 홍콩의 컨테이너부두공사 준공식에 국내 건설관련 관계자를 대거 초청해 품평회를 갖는 등 개방적인 마인드의 소유자로 해외건설 재도전도 꿈꾸고 있다. 현대건설은 올해 시공능력 순위에서도 42년째 부동의 1위 자리를 지켜냈다. 상반기에만 2조6950억원의 수주고를 달성해 당초 목표액보다 19%나 상회했다. 재건축·재개발 등 건축부문에서도 1조6000억원의 공사를 계약했다. 이 사장은 지난 1965년 건설부(건설교통부)에서 일하다 건설업계에 발을 내딛은 이후 1976년 현대건설에 입사해 토목사업본부에서 전무를 역임한 후 국내영업본부 본부장을 지냈다. 이후 경인운하㈜ 사장을 거쳐 2000년부터 경복대 토목설계과 교수로 후학을 양성하다 사장으로 현대건설에 복귀했다. 현대건설의 한 관계자는 "재직 당시 수주영업에 탁월한 능력을 보인 그의 도전정신은 창업자였던 현대가와 코드가 맞는 경영인"이라고 말했다.

6) 기타 엔지니어 출신 CEO

이밖에도 경남기업 조병수 사장, 한진중공업 박재영 사장, 삼환기업 강영규 사장, 한화건설 김현중 사장, 극동건설 한용호 사장, 삼부토건 정진우 사장, 우방 김준철 사장, 남광토건 이범익 사장, 금강종합건설 정몽열 사장, 신원종합건설 이시영 사장 등도 엔지니어 출신 CEO이다.[234]

13. 대우건설의 입사, 제2외국어 우수자와 자격증 소지자 우대

해외시장은 물론 국내 주택시장에서도 성장을 거듭하며 초우량 건설사로 도약하고 있는 대우건설의 비전은 '기술과 인재로 최상의 가치를 창조하는 글로벌 엔지니어링·건설(E&C) 리더'다. 특히 기술과 인재 제일주의는 대우건설만의 오랜 전통이다. 회사 슬로건인 '이츠 파서블(It's possible!)' 역시 모든 직원들에게 각인된 대우건설의 정신으로 '도전과 열정, 자율과 책임'을 의미한다.[235] 주요 건설사의 최고경영자(CEO)를 잇따라 배출하며 건설업계의 인재사관학교로 꼽히는 대우건설은 임직원들에게 확실한 권한위임을 통해 스스로 발전할 수 있는 기회를 제공한다는 게 장점이다. 실무자가 업무를 수행하는 데 있어 필요한 권한을 부여해 직원에게는 성취감을 주고,

---

234) sdpark@fnnews.com 박승덕 기자
235) 한국경제 원문 기사전송 2012-09-06 05:02

회사는 빠른 의사결정을 통해 최고의 경쟁력을 확보하는 것이다. 글로벌 E&C기업으로 전 세계에서 사업장을 운영하고 있는 대우건설은 글로벌 건설 리더를 채용한다는 방침이다. 회사의 관계자는 "할 수 있다는 신념과 먼저 준비하고 앞서서 행동하는 도전의식, 불굴의 의지로 혼신의 노력을 다하는 '열정'을 갖춘 인재는 대우건설에 무난히 입사할 수 있다"고 설명했다.

대우건설은 다음주 하반기 신입사원 채용공고를 내고 100명 안팎을 채용할 예정이다. 모집분야에서 필요한 관련 기사자격증 소지자와 제2외국어 우수자 등은 채용에 우대한다.[236)237)]

14. 부지런하고 직원과의 친화력이 돋보이는 CEO, 대우건설 대표이사

1) 평사원에서 CEO

서종욱 대우건설 사장은 지난 1977년 평사원으로 대우건설에 입사해 리비아 등 해외현장과 주택사업담당임원, 관리지원실장, 국내영업본부장 등 주요 요직을 두루 거친 정통 대우건설맨이다.[238)] 특히 세분화된 주택시장에 맞춰 멀티브랜드전략과 구전마케팅 등 새로운 주택분양 마케팅기법을 선보여 주택분양 마케팅의 새로운 이정표를 세웠으며 대우건설의 품질경영 시스템 정착과 수주영업력 극대화를 통해 대우건설의 시공능력평가 1위 달성에 큰 기여를 했다. 서종욱 사장은 타고난 성실함과 부지런함으로 건설업계 최고의 마당발이라는 평가를 받고 있다. 특히 직원들의 경조사를 직접 챙기는 등 끈끈한 동료애와 솔선수범을 바탕으로 직원들의 정열을 불러 일으키는 지략을 겸비한 덕장형 리더로 대우건설의 성장을 이끌어 나가고 있다.

2) 회사 생각에 자다가도 일어나는 부지런함

서종욱 사장은 임직원 사이에 '잠'이 없는 사람으로 유명하다. 그는 매일

---

236) 김보형 기자 kph21c@hankyung.com, 성공을 부르는 습관, 한국경제신문
237) http://news.nate.com/view/20120905n37038(2013.2.11)
238) 내가 존경하는 CEO, 2010.04.08 23:38, 10최은애(eunachoi91), 비서경영, http://cafe.naver.com/miss2006/2198, 첨부파일(1) 내가 보좌하고 싶은 ceo.hwp, fe.naver.com/miss2006/2198

새벽 4시에 기상을 하여 신문을 보고 아이디어 메모를 하고 그날의 일과를 구상하는 것이 습관이다. 서종욱 사장은 '부지런함은 세상의 어느 가치와도 바꿀 수 없는 것'이라고 말했다. 그는 부지런함과 함께 성공 덕목으로 꼽는 것은 '끊임없는 변화'이다. 이 때문에 건설업체는 젊은이들에게 자신을 계발하기 위해 더없이 좋은 '다이내믹(Dynamix)'한 직장이라고 서종욱 사장은 강조한다.

3) 가족을 두고 7년을 해외근무할 정도의 헌신

그는 자기 일에 자부심을 갖고 몰입하지 않으면 직장생활에서 성공하기 힘들다며 가족의 희생은 불가피하다라고 말하였다. 그는 7년간 해외에서 근무하면서 가족을 놔두고 혼자 현지에 나가 있었다는 사실로도 알 수 있다. 그는 자식들한테도 열심히 사는 모습, 부지런하게 일하는 모습을 몸소 보여주는 것으로 교육을 대신하였다.

4) 직원의 가정 대소사에 빠짐없이 챙기는 친화력

부지런함과 회사에 대한 헌신과 더불어 그가 성공한 비결중의 하나는 바로 특유의 친화력과 사람을 아끼는 사고방식에 있다. 요즘도 그는 직원들의 경조사부터 사소한 집안일까지 직접 챙기는 그의 봉사형 리더십 덕분에 앞으로 대우건설의 성장과 안정이라는 두 마리 토끼도 잡을 수 있는 적임자로서의 평가를 듣는 것이다. 요즘 보기 드문 부지런함과 친화력과 헌신을 가지고 있는 그는 평사원부터 최고경영자가 되기까지 많은 노력과 희생이 필요했다. 그의 노력과 친화력 헌신 등을 본받아 내가 보좌하는 CEO와 사원들에게 의사소통을 시킬 수 있는 중간다리 역할을 충실히 하는 비서가 되어 일을 해보고 싶다는 견해를 가진 사람도 있다.[239)240)]

---

239) 작성자- 용인송담대학 비서경영과 최은애, [출처] 부지런하고 직원과의 친화력이 돋보이는 CEO, 대우건설 대표이사 서종욱 (용인송담대학교 비서경영과) |작성자 10 최은애
240) http://cafe.naver.com/miss2006/2198(2013.2.7)

15. 대우건설의 정기 임원인사 및 조직개편 실시

5일 대우건설이 정기 임원인사 및 본사 조직개편을 발표했다.[241] 이번 임원인사는 승진규모를 최소화(전무 2명, 상무 4명)해 전체 임원의 수를 91명에서 82명으로 10% 감축하고, 조직은 내년의 비상경영 상황에 대비해 대규모 구조조정을 통한 본부 축소와 부문제의 확대를 병행했다. 개편내용은 2011년에 도입된 부문제를 확대해 플랜트부문, 재무부문, 기획/영업부문 등 3개 부문을 두고 부문장의 책임과 권한 확대로 핵심역량을 강화하도록 했다.

또한 해외부문에 역량을 집중하기 위해 해외사업위주의 플랜트부문내에 해외영업본부를 편입시켜 영업, 시공, 관리기능이 하나의 부문내에서 유기적인 시너지를 거둘 수 있도록 했다. 이외에도 국내영업본부를 공공영업실로, 개발사업본부를 개발사업실로 축소해 운영하면서 변화된 외부환경에 대응토록 했다. 특히 내년에는 RM(Risk Management)실을 신설해 리스크의 사전예방 및 관리기능을 강화하고 건설업계 최고수준의 IT시스템을 완비하는 한편, 윤리경영팀을 신설하여 시대적 요구에 부응하기 위한 기업의 사회적 책임 및 윤리경영의 이행을 강화하기로 했다. 한편 대우건설은 2013년 상반기 실적을 중간평가해 추가 임원인사의 계획이 있음을 전했다.[242]

16. 대우건설, 조직혁신과 내실경영으로 불황파고 극복

대우건설은 창사 40주년을 맞는 올해를 '비상경영의 해'로 정했다. 계사년 새해를 기업의 미래 명운을 결정하는 중대한 전환기로 설정하고, 일대 혁신을 추진하겠다는 것이다.[243]

---

241) 정장희 기자 | news@engdaily.com, 원문보기 :
http://www.engdaily.com/news/articleView.html?idxno=1173, [출처] 대우건설 정기 임원인사 및 조직개편 실시ㅣ작성자 좌완너구리
242) http://blog.naver.com/h1hiro?Redirect=Log&logNo=50156426833(2013.2.6)
243) 〈특집〉 대우건설, 조직 혁신과 내실 경영으로 불황 파고 넘는다. 기사입력 2013.01.27 15:43, 아주경제 이준혁 기자

서종욱 사장은 신년사에서 "올해 국내외 경기전망과 기업환경은 결코 낙관적이지 않다"며 "비상경영위원회를 가동해 원가혁신의 활동강화와 현금 유동성의 개선, 조직인력의 효율성 제고, 리스크관리를 통한 부실축소 등에 나설 계획"이라고 말했다. 그러면서 그는 'EPC 이노베이션(혁신)'을 올해 경영의 키워드로 내세웠다. EPC 이노베이션이란 효율(Efficiency)·절차(Process)·비용(Cost)에 대한 혁신을 뜻한다. 서 사장은 "EPC 이노베이션 활동을 지속적으로 시행해 나가야만 조직문화에 스며들어 혁신이 일상화내재화될 수 있다"고 강조했다.

▲ 산은에 인수된 이후 새롭게 만든 대우건설 CI
자료: http://news.pullbbang.com/news/newsView.pull?code=14666608(2013.2.6)

 '효율혁신'을 통해 프로젝트의 견적·입찰·계약·시공·준공 등의 과정을 효율적으로 통합관리하고 리스크를 사전에 예방할 계획이다. '프로세스 혁신'을 통해서는 공사의 수주·낙찰·모빌·시공에서 완공까지 절차 및 업역 섹터별 경쟁력을 끌어올릴 방침이다. '원가혁신'으로는 공정의 상시 모니터링을 통해 원가율 상승이 예상되는 프로젝트를 집중관리하는 한편, 투자 및 신규공사 심의 등을 강화할 예정이다. 대우건설은 지난해에 이어 해외 신시장 개척을 통해 해외부문에 대한 비중도 꾸준히 넓혀가기로 했다. 나이지리아·알제리 등 기존 거점시장에서 성과를 높이면서 동시에 중남미와 남아프리카 시장에도 적극 진출한다는 방침이다.
 또 플랜트 외에 토목·건축공사나 도시개발사업 등 사업도 전개해 안정화도 꾀하기로 했다. 아울러 대우건설은 단순시공을 넘어 기획, 설계, 시공은 물론 자금조달과 운영까지 아우르는 건설산업의 융복합으로 해외경쟁력을 끌어올린다는 복안이다. 한편 국내 주택부문에서는 지난해 2만3000여가구 보다 줄어든 1만5000여가구를 공급할 계획이다. 이는 지난해 9000여실에 달했던 오피스텔과 도시형 생활주택 분양 물량이 올해는 3000여실로 줄어 들기 때문이다. 대우건설 관계자는 "서울수도권의 우량한 사업부지의 여건 변화 모니터링을 강화하고, 지방의 수급 불균형 지역과 분양성 양호지역 발굴에 역량을 집중할 것"이라고 말했다.244)

17. 백업 데이터 1/16로 줄여 효율성 극대화

퀀텀코리아(지사장 이강욱, www.quantum.com/kr)는 대우건설이 자사의 VTL 솔루션 'DXi6701'을 도입, 데이터 중복제거기술을 활용해 백업할 데이터를 1/16로 대폭 줄이며 백업 및 복구의 효율성을 크게 향상시켰다고 밝혔다. 내년 6월 오픈을 목표로 통합공사관리시스템을 구축중인 대우건설은 국내외에 분산돼있던 데이터를 본사로 일원화하는 과정에서 퀀텀의 DXi6701을 도입한 것으로 알려졌다. 퀀텀코리아에 따르면 DXi6701 도입을 통해 기존 120TB에 달하던 데이터를 중복제거기술을 통해 백업한 결과 7.31TB까지 감소시켜 스토리지 효율성이 크게 향상됐다. 또한 백업 및 복구시 테이프 이동시간으로 인한 지연이 없어져 빠른 백업과 복구가 가능해졌으며 백업과 소산 과정의 테이프 교체의 번거로움과 비용적인 부담이 사라져 업무의 전반에 걸친 효율성이 향상됐다는 것이다. 아울러 가상 테이프 드라이브 증가로 인해 백업 스케줄 조정과 관리가 쉬워져 업무의 효율성도 극대화됐다고 회사측은 덧붙였다. 이현성 대우건설 전략기획본부 IT기획팀 대리는 "전사적인 데이터 및 시스템 통합으로 인해 관리하고 백업해야 할 데이터는 기하급수적으로 증가하고 있음에도 퀀텀 DXi6701 도입 이후 데이터중복기술을 통해 실질적으로 백업해야 할 데이터양은 크게 늘지 않고 있어 스

---

244) http://news.pullbbang.com/news/newsView.pull?code=14666608(2013.2.6)

토리지의 효율성이 높아지고 있다"며 "아울러 쉽게 증설할 수 있는 가상 테이프 드라이브를 통해 백업 스케줄 조정이 쉬워져 관리자의 업무효율성을 높여주고 있다"고 전했다. 한편 퀀텀 DXi6701 도입을 통해 백업과 복구의 효율성을 높인 대우건설은 온라인 백업의 효율성을 2차 백업으로까지 확대한다는 계획이다. 이강욱 퀀텀코리아 지사장은 "하루가 다르게 증가하는 데이터를 효율적으로 관리해야 하는 빅 데이터 시대에 중복제거기술은 기업의 핵심 경쟁력이 될 수 있다"며 "퀀텀의 VTL 솔루션은 뛰어난 데이터 중복제거기술을 통해 스토리지 효율성을 극대화시킬 뿐 아니라 빅 데이터 시대에 고객들의 비즈니스 경쟁력을 높여준다"고 말했다.[245]

18. 대우건설의 조직개편, '산은' 입김 부나

국내영업본부 조직 축소, 해외사업역량 강화, 임원급 10% 감축, 산은 출신인사 배치 주목[246] 대우건설(사장 서종욱)이 올 연말 대규모 인사를 앞두고 파격적인 조직개편안을 이르면 6일 발표할 것으로 알려졌다.[247] 5일 관련업계에 따르면, 우선 대우건설은 현 국내영업본부장에 자리하고 있는 옥동민 전무를 토목사업본부장으로 임명할 예정이다. 앞서 수백억원대 비자금 조성건 혐의로 구속된 토목본부장 공석을 오랜시간 비워둘 수 없는 이유에서다. 이와 동시에 국내영업총괄본부의 조직개편이 파격적으로 이뤄질 것으로 관측된다. 큰 맥락은 국내영업본부의 권한이 위축되는 구조다.

이에 따라 국내영업담당을 맡고 있는 이훈복 상무는 수주총괄실장에 임명될 예정이다. 또한 경기불황과 함께 저조한 실적으로 인해 토목본부는 정원(TO)을 30% 정도 감축할 예정이다. 대우건설은 또한 전체 임원을 10% 정도 줄이는 등 상층부를 견고히 하는 방향으로 소폭 조직개편을 할 계획이다.

관전포인트는 여기서 대우건설을 인수한 KDB산업은행(이하 산은)이 본

---

245) http://conpaper.tistory.com/3391(2013.2.10)
246) 김대중 기자 | kdjpen@dtoday.co.kr, 승인 2012.12.05 12:05:49
247) 일간투데이, 김대중 기자

격적으로 임원급 인사에 관여할지의 여부다. 실제로 산은은 대우건설을 인수한 이후에도 금융시장 안정화에만 집중하면서 산은 출신 임원 1명을 제외하고는 뚜렷한 인사 액션을 취하지 않은 것으로 유명하다. 그러나 일각에서는 최근 대우건설에 대한 산은의 내부조직 진단이 마무리됨에 따라 유사한 본부를 통합해 부사장급에 해당하는 부문장 자리에 산은 출신의 인사를 적극 배치할 것이라는 관측이 나오고 있다. 이와 관련해 대우건설 관계자는 "산은과 대우 양측 모두 원원하는 조직개편이 이뤄질 것"이라고만 말해 여운을 남겼다.248)249)

19. 노사협력의 우수사례 : 대우건설

1) 대우건설, 위기를 기회로 바꾼 노사협의

사상 최대 해외공사 수주 달성250) '뼈를 깎는' 구조조정, 제2의 중흥기, (주)대우건설은 최근 카타르 남부 메사이드 공업단지내 대규모 석유화학플랜트 건설공사를 수주했다고 11월 17일 밝혔다. 이번에 수주한 카타르 석유화학플랜트는 연간 70만t의 폴리에틸렌과 알파올레핀을 생산하는 시설로서 대우건설과 이탈리아업체가 공동으로 설계, 조달, 시공, 시운전을 총괄하는 형태로 공사를 수행하게 된다. 카타르 석유화학플랜트 공사금액은 총 8억 1,600만달러(한화 8,200억원)로, 대우건설은 전체 시공과 저장탱크, 토목부문 등 3억8,530만달러(한화 4,000억원)의 공사를 수행할 예정이다. 대우건설은 올해에만 카타르에서 2개의 대형공사를 수주했으며 지난 8월에는 예멘에서도 LNG저장 탱크공사를 수주하는 등 중동 건설시장에서 제2의 중흥기를 맞고 있다. 이에 따라 연말까지 해외공사 수주총액이 1조원을 넘어서 연초 목표의 초과달성은 물론 독립법인 출범 후 사상 최대의 해외공사 수주실적을 달성할 전망이라고 대우건설측은 밝혔다. 불과 몇년전만 해도 워크

---

248) 일간투데이, 김대중 기자
249) http://www.dtoday.co.kr/news/articleView.html?idxno=67392(2013.2.6)
250) 노사협력, 노동법률 | 조회 82 |추천 0 | 2007.07.15. 04:36

아웃기업이었던 대우건설의 이처럼 놀랄만한 경영실적은 위기의 순간에 싹튼 노사간 신뢰를 기반으로 한 '뼈를 깎는' 구조조정의 결과이다. IMF 사태 전인 1997년 4,600명이던 직원은 2005년에는 3,200명으로 줄었다. 그러나 2000년 12월 578%에 달하던 부채비율은 2004년 152%까지 낮아졌고, 2000년 1,206억원의 적자를 기록했지만 2004년에는 2,478억원의 순이익을 냈다. 대우건설의 2004년 수주실적은 5조5,925억원, 매출은 4조7,804억원이다.

2) 위기의식 공유하며 사내혁신 추진

지난 1998년 IMF 금융지원 이후 건설업의 경기침체에 따른 수주실적 감소, 금융비용 증가 등 경영악화로 조직축소 개편, 임직원 급여 삭감, 신규사원 채용금지 등 회생노력을 기울였지만 결국 그 해 196명을 명예퇴직시켰다. 그러나 시련은 여기서 멈추지 않았다. 1999년 8월 중순 이른바 '대우사태'가 터지면서 1998년, 1999년에 이어 2000년까지 3년동안 임금이 동결됐고, 2000년 3월 워크아웃(기업개선작업)이 체결되면서 같은 해 7월 희망퇴직 223명, 계약직 전환 64명 등 인력의 구조조정이 단행됐다. 직원과 그 가족들에게 시련과 고통이 계속되는 가운데 사업·인력·조직에 대한 지속적인 구조조정과 경영전반의 시스템 개혁도 함께 진행됐다. 이러한 냉혹한 현실속에서도 노사가 위기의식을 공유하며 '소리없는 사내혁신'을 추진했다.

대우건설 노사는 위기의 순간을 갈등이 아닌 협력으로 헤쳐나감으로써 재도약의 기회로 삼았다. 사업본부제를 통한 책임과 권한의 위임, 노사협의회를 통한 투명경영 실천 등 일련의 노력은 2003년 12월 워크아웃 조기졸업이라는 결실을 맺었다. 특히 노사협의회를 통한 열린경영 노력은 노사간 갈등과 반목보다는 이해와 협력이라는 노사문화가 정착될 수 있는 토양을 만들었으며 '무분규' 전통으로 이어졌다. 대우건설 직원들은 워크아웃을 극복하는 과정에서 내부공감대의 결과로 가치경영, 열린경영, 인재경영을 정신적 좌표로 설정했다. 이 좌표를 통해 3200명의 직원이 사장이 되는 주인이 되는 회사 만들기에 매진하고 있으며, 그 중심에 노사협의회가 있다.

3) 3,200명의 직원이 사장되는 회사

대우건설은 노사협의회를 노사간 마음의 벽을 허물고 신뢰와 이해를 쌓아 기업경쟁력을 강화시키는 도구로 적극적으로 활용한다. 매월 열리는 경영설명회와 CEO간담회, 분기별 개최되는 직원노사협의회를 통해 회사현안에 대한 설명은 물론 직원들의 의사전달 창구역할을 수행한다. 건설현장이 전국에 산재되어 있는 점을 감안해 월 1회 이상, 해외현장은 연 1회 노사협의회 위원들이 직접 방문해 직원들과 공감대를 이루며 경영에 대한 의견을 자유롭게 교환해 회사경영에 반영될 수 있도록 하고 있다. 지난 1999년 11월 전 임직원은 '회사 살리기' 의지표현으로 한마음다지기 모금 및 결의대회를 가졌다. 또한 전사축구대회, 임직원 호프대회, 대우건설 가족 걷기대회 등을 통해 노사화합과 함께 스스로에게 용기와 자신감을 되찾아 주는 행사도 가졌다. 이 모든 것이 노사협의를 통해 일궈낸 성과였다. 특히 2004년 1년간의 연구검토와 회사의 경영실적을 감안해 도입한 선진형 복지제도인 사내근로복지기금제도를 노사협의회 최대의 성과로 꼽았다. 대우건설 노사협의회는 2년 연속 사상 최대의 경영성과를 달성했지만 2005년도 임금협약에 대한 일체의 사항을 회사에 일임했다. 지난 1월에는 개인별 연봉의 2년분을 퇴직금 외에 위로금으로 추가 지급하는 파격적인 조건으로 강요없는 100% 개인 의사에 의한 직원희망퇴직 시행에 회사측과 합의했다.

대우건설은 회사의 미래를 좌우할 M&A를 앞두고 대내외적으로 상호신뢰의 노사관계를 행동으로 보여줌으로써 제2의 도약을 준비하고 있다.[251]

20. 공공공사를 기획제안으로 공략

대형건설사 중심으로 공공부문 영업조직 통합, 개편, 수동적 방식 탈피[252] 기획제안형 수주로 위기탈출 돌파구 마련, 건설업계가 공공부문 영

---

251) http://cafe.daum.net/labor1234/62eO/21?docid=419979056&q=%B4%EB%BF%EC%B0%C7%BC%B3%C0%C7%20%B3%EB%BB%E7%B0%FC%B0%E8&re=1 (2013.2.11)

업조직내의 칸막이를 없애며 기존수주의 영업패턴에 변화를 꾀하고 있다.

'열매가 떨어지기만을 기다리는' 수동적 자세에서 벗어나 수익성을 담보한 기획제안형 수주영업을 모색하고 있다. 5일 업계에 따르면 지난해 하반기부터 올초까지 대형건설사를 중심으로 다수의 중견사들이 흩어져 있던 공공부문의 영업조직을 통합 및 개편했다. 내용과 방식은 조금씩 다르지만 수주역량을 극대화시키고자 인력과 소규모 조직을 하나의 본부나 실(그룹)로 편입시켰다는 공통점을 갖고 있다. 현대건설의 국내영업실, 삼성물산의 글로벌마케팅실, 대우건설의 공공영업실 등이 대표적이며 경남기업과 동부건설 등 중견사들도 조직을 통폐합했다. 이는 표면적으로 장기화되고 있는 주택 등 건설경기의 침체에 대응하고자 인력과 조직을 슬림화하기 위한 구조조정으로도 볼 수 있다.

하지만 다른 차원에서 보면 흩어져 있던 수주역량을 하나로 모으는 동시에 리스크 및 수익성을 관리하겠다는 의도가 담겨있다. 또 공공공사에 대해서도 기획부터 제안, 영업, 관리에 이르기까지 조직 전체가 유기적으로 움직이겠다는 뜻이다. 물론, 이를 부동산PF(프로젝트파이낸싱)나 민자사업처럼 발주자(토지소유자)에게 사업을 제안하고 이를 수주로 연결시키는 방식과는 직접 견주기는 어렵다. 따라서 통합적인 조직내에서 목표 프로젝트를 제안하고 이를 수주하기 위한 영업활동을 기획한 후, 동시다발적으로 제반 관리 및 지원업무까지 추진한다는 뜻으로 해석해야 한다. 업계에게 현실적으로 경기침체로 인한 물량난이 가장 큰 위협요소임에는 틀림없지만 박한 공사비와 낙찰률 하락, 협력업체의 분담금 등 그외 수많은 리스크도 간과할 수는 없다. 따라서 수주영업단계에서부터 전사적으로 리스크를 관리하고 수익성을 극대화시킬 수 있는 기획제안형 수주영업활동이 새로운 대안으로 자리잡아가고 있는 것이다.[253][254]

---

252) 기사입력 2013-02-06 09:00:17
253) 봉승권 기자 skbong@, 앞선생각 앞선신문 건설경제
254) http://www.cnews.co.kr/uhtml/read.jsp?idxno=201302051346190230507

21. 대우건설, 건설업계 최초의 채용 콘서트 개최

　대우건설(047040) (8,730원▼ 70 -0.80%)이 건설업계 최초로 채용 콘서트를 열고 취업 희망자들과 소통하는 시간을 가졌다.255) 대우건설은 23일 서울 강남구 대치동 대우건설 주택문화관 '푸르지오 밸리'에서 상반기 플랜트 부문 신입사원 선발을 위한 채용 콘서트를 열었다고 24일 밝혔다. 이날 채용콘서트에는 대우건설 임직원 20여명과 취업희망자 170여명이 참석했다.

　대우건설은 취업 희망자들에게 심층 정보를 제공하고 취업특강, 임직원과의 상담, 플랜트 부문 강연, 지원자의 자기소개 등 다양한 프로그램을 진행했다. 특히 특허보유자 및 공모전 입상자, 창업 및 장기해외여행 경험자 등 특이경력자를 대상으로 한 '콜럼버스 스피치'는 참가자들의 많은 관심을 받았다고 대우건설측은 설명했다. 대우건설 관계자는 "기존에 서류심사만을 통해 이뤄졌던 1차 선발제도의 한계를 보완하고, 학력과 스펙을 떠나 창의적인 인재를 선발하기 위해 개최된 행사"라고 말했다.

▲ 대우건설 채용 콘서트 모습/대우건설 제공
자료: http://biz.chosun.com/site/data/html_dir/2013/03/24/2013032400419.html (2013.3.24)256)257)

(2013.2.11)
255) 2013. 3. 24 (일), 강도원 기자, theone@chosun.com

22. 5대 건설사중 삼성물산의 직원·임원 연봉 '킹'

지난해 수주액이 높았던 상위 5개 건설사중 정규직 기준으로는 삼성물산이, 계약직을 포함한 연봉은 대우건설이 가장 높은 것으로 나타났다. 임원 연봉은 삼성물산이 단연 높았다.258) 4일 금융감독원에 자료에 따르면 포스코건설, GS건설, 대우건설, 삼성물산, 현대건설 등 수주액 상위 5개 건설사 중 삼성물산은 정규직 기준으로 직원 1인당 평균 연봉이 7천100만원으로 가장 높았다. 이어 현대건설이 7천만원으로 뒤를 이었다. 3위는 6천900만원의 대우건설이었고 4위는 포스코건설로 6천700만원에 달했다. GS건설은 6천만원으로 가장 낮았다. 이중 삼성물산과 현대건설은 정규직만을 대상으로 공시했고 대우건설 포스코건설 GS건설은 계약직까지 포함했다.

5개 건설사 직원 1인당 평균연봉

	직원수	지급총액	1인당평균 연봉
포스코건설	3810	253528	67
GS건설	7053	425154	60
대우건설	4789	328556	69
삼성물산	7233	427902	71
현대건설	4211	293135	70

출처=금융감독원 (단위: 백만원, 삼성물산, 현대건설은 계약직 제외)

자료: http://www.consumernews.co.kr/news/view.html?gid=main&bid=news&pid=
303319(2013.3.24)

사내이사와 사외이사를 모두 포함한 임원 1인당 평균연봉은 5개건설사 중 삼성물산이 10억3천300만원으로 단연 1위였다. 그 뒤를 GS건설(6억6천만원) 현대건설(5억7천800만원) 포스코건설(3억2천700만원) 대우건설(2억8

---

256) ChosunBiz.com, 조선경제i ChosunBiz.com
257) http://biz.chosun.com/site/data/html_dir/2013/03/24/2013032400419.html
    (2013.3.24)
258) 강준호 기자 (blur85@csnews.co.kr) 2012-04-04 08:55:00

천만원)이 따랐다.

5개 건설사 임원 1인당 평균연봉			
	인원수	지급총액	1인당평균연봉
포스코건설	11	3454	327
GS건설	9	5937	660
대우건설	7	1678	280
삼성물산	7	7229	1033
현대건설	7	4045	578

출처=금융감독원 (단위: 백만원)

자료: http://www.consumernews.co.kr/news/view.html?gid=main&bid=news&pid=303319(2013.3.24)

한편 직군별로도 연봉 격차가 많았다. 포스코건설의 경우 남성은 7천400만원을 지급하는 에너지 부분, 여성은 5천100만원을 지급하는 건축/개발 부분의 연봉이 가장 많았다. GS건설은 남성 토목부분과 여성 주택부분에 각각 6천900만원과 5천300만원을 지급했고, 대우건설은 남성은 플랜트사업부분, 여성은 주택사업부분에 각각 7천200만원, 5천500만원을 지급해 가장 많은 연봉을 지급했다. 또한 현대건설은 계약직 직원을 제외하고 남성, 여성 모두 전력사업부분에 각각 8천900만원, 6천300만원을 지급해 직군중 가장 높은 연봉을 지급했으며 삼성물산은 건설부분과 상사부분으로 나뉘어 건설부분 정규직의 경우 남성은 7천400만원 여성은 5천만원을 지급했다.[259][260]

23. 삼성·현대 주력사 직원의 평균연봉 억대 수준

현대차·삼성생명, 8900만원 공동 1위[261] 샐러리맨이 억대의 연봉을 받기

---

[259] [마이경제 뉴스팀/소비자가 만드는 신문=강준호 기자]
[260] http://www.consumernews.co.kr/news/view.html?gid=main&bid=news&pid=303319(2013.3.24)
[261] 2013.03.24(일) 15:58, 천유정 기자(you8888@skyedaily.com), 기사입력 2013-01-31 16:57:42

는 쉽지 않다. 하지만 국내 50대 대기업들의 경우는 1억원에 근접한 연봉을 주는 기업들이 적지 않다. 글로벌 자동차기업인 현대자동차와 글로벌 초우량기업 삼성전자를 지배하는 삼성생명 두 기업의 연봉이 같으면서 가장 많았다. 이들 회사는 각각 8900만원을 주고 있어 실제로는 억대 연봉자들이 적지 않을 것이라는 것을 보여주었다. 매출액 기준으로 단연 1위인 삼성전자의 직원 평균연봉은 7700만원을 보이면서 연봉순위가 7위로 다소 쳐졌다.

매출액 2위인 SK이노베이션도 5185만원의 연봉액에 순위는 31위로 밀려나 이목을 모았다. 엘지전자도 빅5내 매출로 5위에 올랐지만 직원연봉 순위는 16위를 차지했다. 공기업중 이른바 '신의 직장 1호'로 불리는 한국전력의 경우는 7123만의 평균연봉을 받고 있었다. 한전으로부터 분리됐지만 한전의 100% 자회사인 한국수력원자력도 숱한 원전안전 문제가 제기돼 관심을 끌고 있는 가운데 평균연봉이 7661만원에 달해 주목됐다. 또 강남(한강이남)과 강북의 직장인 평균연봉은 각각 6555만원과 6351만원을 보여 의외로 큰 차이가 나지 않았다. 스카이데일리가 연봉정보사이트 페이오픈의 '2011년 매출액 상위 50대 기업의 직원 평균연봉'을 들여다보았다. 국내 50대 기업의 직원 평균연봉중 가장 많은 곳은 삼성생명과 현대차인 것으로 조사됐다. 두 업체는 직원들에게 억대에 가까운 8900만원의 평균연봉을 주고 있었다.262) 국내 매출액 상위 50대 기업중 직장인 연봉 1위는 8900만원인 현대자동차와 삼성생명보험으로 나타났다. 이들 기업의 매출액 순위는 각각 외견상 4위와 9위다. 하지만 현대차는 국내는 물론 해외까지 영역을 넓힌 굴지의 재벌기업이고 삼성생명은 글로벌 초우량기업인 삼성전자를 지배하고 있어 두 기업 모두 알짜 대기업이라는 공통점이 있다.

연봉정보사이트 페이오픈은 31일 이같은 내용을 담은 '2011년 매출액 상위 50대 기업의 직원 평균연봉'을 발표했다. 국내 자동차 시장을 석권하면서 북미시장에서 크게 성장하고 있는 현대차도 직원 평균연봉을 가장 많이

262) 스카이데일리

주는 기업에 올랐다. 이 조사자료에 따르면 기업 매출액(외형) 1위인 삼성전자는 7700만원으로 연봉순위 7위였고, 매출액 2위인 SK이노베이션은 5185만원으로 31위를 보였다. 3위인 한국전력공사는 7123만원에 연봉순위 15위, 4위인 현대자동차는 8900만원에 1위, 5위인 엘지전자는 7100만원에 16위를 각각 기록했다.

강남지역 직장인 평균연봉 순위

단위: 만원

순위	기업명	매출액 순위	평균 연봉	순위	기업명	매출액 순위	평균 연봉
1	현대자동차	4	8,900	13	LIG손해보험	35	6,642
2	기아자동차	11	8,400	14	엘지화학	16	6,300
3	현대모비스	24	8,300	15	에쓰오일	6	6,277
4	우리투자증권	44	7,900	16	한국서부발전	49	6,033
5	삼성전자	1	7,700	17	한국남부발전	48	6,000
6	한국수력원자력	41	7,661	18	동국제강	46	5,800
7	삼성중공업	18	7,600	19	이원	45	5,700
8	호남석유화학	34	7,340	20	동부화재해상보험	36	5,544
9	한국전력공사	3	7,132	21	대한생명보험	22	5,400
10	엘지전자	5	7,100	22	글로비스	40	5,064
11	삼성물산	20	7,000	23	엘지디스플레이	8	4,700
12	한진해운	27	6,928	24	홈플러스	42	2,200

자료: http://www.skyedaily.com/news/news_view.html?ID=8189(2013.3.24)

또 기업 소재지에 따라 강남(한강 이남)과 강북(한강 이북)으로 직장인 평균연봉 현황을 살펴본 결과 강남은 약 6555만원, 강북은 약 6351만원을 각각 나타내 두 지역간 평균연봉 차이가 204만원으로 분석됐다. 강남지역 연봉이 가장 높은 기업은 현대자동차였다. 이어 기아자동차(11위) 8400만원,

현대모비스(24위) 8300만원, 우리투자증권(44위) 7900만원, 삼성전자(1위) 7700만원으로 조사됐다. 다음은 한국수력원자력(41위) 7661만원, 삼성중공업(18위) 7600만원, 호남석유화학(34위) 7340만원, 한국전력공사(3위) 7132만원, 엘지전자(5위) 7100만원 등이다.

강북지역 직장인 평균연봉 순위

단위:만원

순위	기업명	매출액 순위	평균 연봉	순위	기업명	매출액 순위	평균 연봉
1	삼성생명보험	9	8,900	14	한국스탠다드차타드제일은행	15	6,200
2	농협중앙회	14	8,838	15	에스케이텔레콤	19	6,000
3	여천엔씨씨	38	8,700	16	GS건설	32	6,000
4	현대해상화재보험	33	8,400	17	현대상선	31	5,965
5	삼성화재해상보험	21	8,300	18	엘지유플러스	29	5,900
6	대우조선해양	23	7,200	19	효성	30	5,600
7	현대건설	28	7,000	20	하나은행	10	5,500
8	대림산업	39	6,962	21	SK이노베이션	2	5,185
9	대우건설	37	6,900	22	한화	47	4,800
10	한국씨티은행	25	6,800	23	씨제이제일제당	50	4,800
11	중소기업은행	13	6,600	24	에스티엑스팬오션	43	4,400
12	신한은행	12	6,300	25	신세계	26	4,300
13	우리은행	7	6,200	26	롯데쇼핑	17	3,072

자료: http://www.skyedaily.com/news/news_view.html?ID=8189(2013.3.24)

강북지역은 삼성생명보험이 1위를 차지했다. 이어 농협중앙회 8838만원, 여천 NCC 8700만원, 현대해상화재보험 8400만원, 삼성화재해상보험 8300만원 순이었다. 또 대우조선해양(23위) 7200만원, 현대건설(28위) 7000만원, 대림산업(39위) 6962만원, 대우건설(37위) 6900만원 등으로 나타났다. 조사

대상인 국내 매출액 상위 50대 기업중 강남은 23곳, 강북은 27곳으로 조사돼 의외로 강북소재 기업이 강남보다 많았다. 국내 50대 기업중 매출액 순위 '빅5'내 다섯번째를 보이고 있는 엘지전자의 직원 평균연봉은 16위로 쳐져 있는 것으로 조사됐다. 강북에 매출액 상위기업이 더 많이 분포하지만 평균 연봉이 강남이 더 높은 것은 상대적으로 강남에 연봉상위기업이 다수 포진해 있기 때문으로 분석된다. 또 강북에는 연봉이 높은 기업이나 은행권들도 자리하고 있는 반면 상대적으로 이들보다 낮은 연봉의 기업들이 이 지역에 소재한 것도 한 원인으로 풀이된다.263)264)

---

263) 스카이데일리, 주소 : 서울시 서초구 서초동 1550-2번지 진우빌딩 4층, 인터넷신문 등록번호 : 서울시 아01703, 등록일 : 2011년 7월 15일, skyedaily@skyedaily.com
264) http://www.skyedaily.com/news/news_view.html?ID=8189(2013.3.24)

제5장 대우건설의 위기극복과 품질경영

1. 건설사의 올해 경영 키워드, '내실의 강화, 역량집중, 위기극복'

　건설사들의 올해 경영 키워드는 단연 '생존'이다. 생존을 위한 경영방침으로 '혁신'과 '내실다지기'를 정한 건설사들이 적지 않다. 품질·원가의 혁신과 내실 다지기를 통해 장기불황의 파고를 넘겠다는 의지의 표현이다.[265] 건설업계 최고경영자(CEO)들은 신년사를 통해 올해에는 혁신과 내실경영을 통해 위기를 극복하겠다는 결연한 의지를 보였다. 허명수 GS건설 사장은 신년사를 통해 "올 한해는 우려하던 저성장 기조의 장기화가 본격화될 것"이라며 "재무상의 유연성 확보와 리스크관리 차원에서 현금 중심의 사업관리와 수익성 위주의 수주에 집중할 것"이라고 강조했다. 정동화 포스코건설 부회장도 "글로벌 기업으로 거듭나기 위해 체격을 키우는 외형성장보다는 체질과 체력을 강화하는 내실다지기에 주력할 계획"이라고 말했다. 내실강화와 함께 핵심사업 부문에서는 역량을 강화해 수주를 확대해 수익성도 극대화할 예정이다. 정수현 현대건설 사장은 최근 시무식에서 "국내외 경제여건이 지난해 못지않게 힘들 것 같다"며 "핵심상품 중심으로 사업의 포트폴리오를 짜고 글로벌 경쟁력을 확보할 수 있는 역량확보에 집중하자"고 당부했다. 대림산업도 외형확대보다는 체질개선을 통해 내실성장에 주력한다는 계획이다. 김윤 부회장은 "올해는 불황의 장기화에 대비해 내실을 다지는 동시에 회사의 가치를 높일 수 있는 경쟁력 확보와 차별화 전략이 그 어느 때보다 필요한 시기"라고 강조했다. 해외 건설시장 공략과 고수익을 창출할 수 있는 신성장동력의 발굴도 필수전략이다. 삼성물산 건설부문 관계

---

[265] 〈특집〉 건설사 올해 경영 키워드…'내실 강화·역량 집중·위기 극복', 기사입력 2013-01-27 15:37 | 기사수정 2013-01-27 15:41, 아주경제 이명철 기자

자는 "현지에서 해외사업의 인력을 키우는 등.인적 인프라를 확충하고 텃밭인 중동·동남아에서도 토목·플랜트 뿐만 아니라 민관협동사업·병원사업 등 사업기회를 추가로 발굴할 계획"이라고 말했다. 대우건설은 나이지리아 알제리 등 기존 거점시장에서 성과를 높이면서 동시에 중남미와 남아프리카시장에도 적극 진출할 방침이다. 또 플랜트 외에 토목·건축 공사나 도시개발사업 등의 사업도 전개해 안정화를 꾀하기로 했다. 건설사들은 국내 분양사업에도 심혈을 기울일 예정이다. 한국주택협회에 따르면 올해 대형건설사들은 121개 사업장에서 12만2300여가구를 분양할 계획이다. 입지가 좋은 곳에 들어서는 알짜 브랜드 단지도 많아 내집 마련의 수요자라면 관심을 가져볼 만하다는 것이 전문가들의 조언이다.266)267)

2. 대우건설의 도전과 역사

도전과 최초의 아이콘, 대우건설 대우드란트268) 도전이라는 단어는 우리의 생활에 가까이 있을 것 같지만 생각해 보면 참 어색한 단어이기도 합니다. 학생 때는 목표로 했던 대학에 도전하기도 했었고 여름엔 다이어트에 도전하기도 했었습니다. 하지만 살면서 이런 도전을 결심하게 되는 일이 점점 줄어드는 것 같습니다. 어린 시절엔 주위의 시선도 신경쓰지않고, 실패하면 다시 하면 되지!라는 단순한 생각 덕분에 하루에 몇번씩 무언가에 도전하기도 했었는데 말이죠. 도전에 대한 부담과 실패했을 때 주위의 시선도 신경쓰이기 때문일까요? 모두 성인이 되고 나서는 조금씩 몸을 사리게 되고 점차 도전이라는 단어가 어색해졌습니다. 한 사람이 어떠한 일에 도전하기도 그렇게 쉽지가 않습니다. 그렇다면 한 기업의 도전은 어떠할까요?

주춤할 수 밖에 없습니다. 많은 사람들의 밥줄이 달려 있기 때문에 자칫 잘못했다간 많은 사람들이 피해를 보기 때문이죠. 그래서 한 기업의 도전에는

---

266) 이명철 기자 - lmc@ajunews.com
267) http://www.ajnews.co.kr/kor/view.jsp?newsId=20130127000208(2013.2.10)
268) 2012/10/09 17:21, http://owhe9406.blog.me/60173058374

그만큼 많은 준비가 완벽하게 되어 있을 때 가능합니다. 하지만 이런 도전을 밥먹듯이 하는 기업이 있습니다. 바로 도전과 최초의 아이콘, 대우건설!

대우건설의 역사는 도전과 최초라는 단어와 뗄라야 뗄수 없는 사이입니다. 대우건설이 창립된 이후 1976년 최초로 해외건설업 면허를 취득, 남미 에콰도르로 해외진출의 첫 도전을 하게 됩니다. 1983년 수영만 매립과 요트경기장을 당시 세계 최대규모로 도전! 1985년 국내 최초 열병합발전소인 목동 열병합발전소 착공! 1993년 건설업계 최초로 ISO9000 품질인증 획득! 2000년대에 들어서 최우수건설업체상, 한국원자력기술상 금상, 과학기술부 장관상, 대한민국 토목건축 종합대상 수상 등 그동안의 도전에 대한 보답이라도 받듯 상을 휩쓸게 됩니다! 2010년엔 세계에서 제일 긴 자동차 전용 침매터널인 거가대교까지! 굵직한 도전들만 이렇게 정리를 했지만 대우건설의 깨알같은 도전과 최초로 해낸 것들이 이곳에 기술하기에는 너무도 많습니다.

그리고 오늘 또 하나의 대우건설 도전의 결실이 맺어졌습니다! 바로 대우건설이 업계 최초로 가동원전 설계용역 수주를 따냈다는 것인데요! 보통 건설사는 원자력 발전소를 시공을 하지, 설계까지는 하지 않았습니다.

하지만 한국수력원자력이 발주한 가동원전의 설계를 대우건설이 건설업계 최초로 수주하게 된 것입니다. 이에 앞서 대우건설은 종합건설사에서 처음으로 한국수력원자력의 원자력발전소 가동원전의 설계기술 용역의 유자격 공급업체로 선정되기도 했었고요! 자격 설명이 너무 어렵다구요? 쉽게 설명 드릴께요. 대우건설이 건설업계 최초로 국내에 가동중인 20여개의 원자력발전소의 설비개선, 유지보수 등 업무에 필요한 많은 설계입찰에 참여할 수 있는 자격을 말하는 것입니다. 즉, 국내 원자력발전소들의 설비관리를 담당하게 되었다고 생각하면 쉬울 것 같네요. 이로써 대우건설은 업계 최초로 국내 원자력 시설의 시공능력 뿐만 아니라 원자력 시설의 설계수행 능력까지 보유하게 되는 국내 최초의 종합건설사가 된 것이지요. 하지만 대우건설은 이미 2009년에 국내 최초로 요르단에서 연구용 원자로를 직접 설계, 구매, 시공까지 한방에 수주한 경력을 토대로 이미 원자력 분야에서의 일괄수행능력을 발휘하고 있었다는 것, 앞으로 원자력발전소를 짓기만 하는 건설사가 아닌 직접 설계하고, 구매하여, 건설까지 한방에 해결가능한 건설사의 모습으로 더욱 성장할 대우건설, 앞으로의 도전이 더욱 기대되는 기업이네요.269)270)271)

3. 세계 NO.1의 우수 기술력회사, 대우건설

대대홍 5기 대대오~톡이 대우건설의 NO.1 기술력을 소개해주려고 해요.272) 1994년 1월 국내 건설업계 최초로 연구와 실험이 일관된 종합기술연구원을 1만여평 부지 위에 구축하여 본격적인 건설기술개발의 장을 열었다고 해요. 그동안 건설기술 선진화를 위해 끊임없이 노력한 결과, 2000년 3월에는 과학기술부가 주관한 우수기업연구소 대통령상을 수상하였고, 2004년 10월에는 과학기술훈장을 수훈하였으며, 2006년 10월에는 건설교통부가 후원한 건설신기술의 날 행사에서 대통령상을 수상했다고 합니다. 그리고 대우건설은 뛰어난 기술과 품질중심의 경영을 위해 최첨단 기술개발에 많은 투자를 하고 있다고 합니다! 자, 대우건설의 기술력을 자세히 살펴보도록 해요.

자료: http://blog.naver.com/narssinhae/90110512984

---

269) 이상 대우건설 대학생 홍보대사 8기 문희진이였습니다.
270) [출처] 당신은 최근에 어떤 도전을 하셨나요? - 도전과 최초의 아이콘, 대우건설|작성자 똥치킨
271) http://blog.naver.com/owhe9406?Redirect=Log&logNo=60173058374(2013.2.10)
272) 대대홍^^ 2011/04/01 23:57, http://blog.naver.com/narssinhae/90110512984

(1) 침매터널 공법: 육상에서 터널 구조물을 제작한 뒤 바다밑에 가라앉혀 터널을 완성하는 공법

(2) Suction pile 공법: 파일 내부와 외부의 압력차로 말뚝을 지중에 설치하는 공법

(3) DNR(Deawoo Nutrient Removal): 슬러지탈질조, 혐기조, 무산소조, 호기조로 구성된 국내 최다 실적의 생물학적 질소 및 인 제거공법

(4) 프리캐스트 바닥판 공법: 현장타설되는 교량바닥판을 프리캐스트 부재로 제작한 후 현장에서 조립하는 공법

자료: http://blog.naver.com/narssinhae?Redirect=Log&logNo=90110512984(2013.2.10)

(5) Wind Engineering: 모형을 이용한 풍동실험과 고급해석을 통해 평가함으로써 가장 경제적으로 구조물의 내풍 안정성 및 사용성 확보

(6) Erection Engineering: 지상에서 조립된 구조물을 유압적 및 각종 계측장비를 사용하여 지정된 위치로 Life-Up하여 지붕구조물을 설치하고 완성된 지붕을 자립시까지 Jack-Down하여 구조물을 완성하는 기술

(7) CFD Simulation: 쾌적한 실내공간 확보를 목적으로 건축 온열환경과 관련하여 현장계측 및 Computation Fluid Dynamics를 이용한 시뮬레이션을 통해 결로, 단열, 환기, 성능 등에 대한 진단/평가/수행

(8) 격납구조물 해석기술: Candu형 원전 격납구조물 내압 및 특별하중 하의 극한 내력, 파괴현상 등 예측

(9) Thermoselesct 열분해 응용기술 : 환경친화적 폐기물 재활용 기술

(10) 대용량 LNG저장 탱크 설계기술: 세계 최대 지상식 LNG탱크 용량인 20만kl급 탱크의 설계기술 자립화

자료: http://blog.naver.com/narssinhae?Redirect=Log&logNo=90110512984(2013.2.10)

(11) G-7대우 스토카식 소각시스템: 화력자의 마모 및 부식 방지기능을 향상시키고 형상을 단순화시킨 역진적 구동 화격자와 연소실 설계기술

(12) Healthy Housing: 친환경 및 건강자재, 실내환기시스템, 시공현장관리, 소음저감설계, 유니버셜 디자인

(13) Green Housing: Green환경 구현, 자연친화 조경 디자인, Re-cycling system, 에너지절약/대체에너지 적용설계

(14) Ubiquitous Housing: 첨단 홈네트워크 시스템, 지능형 방범/방재시스템, 신소재조명기구

(15) Character Housing: Life Style/Life Span 주택, 가변형 주택, 소비자중심의 평면설계

자료: http://blog.naver.com/narssinhae?Redirect=Log&logNo=90110512984(2013.2.10)

대우건설에는 대단한 기술력들이 많죠? 중요한 것은 대우건설은 끊임없이 더 나은 기술력을 위해 계속 많이 노력한다는 점을 잊지 마세요.[273]

---

273) http://blog.naver.com/narssinhae?Redirect=Log&logNo=90110512984(2013.2.10)

4. 국내최초의 대우건설 탄소배출 저감 콘크리트 '현장에의 도입'

1) 탄소배출 저감 콘크리트 개발
(1) 탄소배출 절감 '소나무 69만그루의 대체효과'
(2) 기존 콘크리트와 품질·성능에서의 차이 없어

대우건설이 국내 최초로 탄소배출 저감 콘크리트 개발에 성공, '송도푸르지오' 아파트건립사업에 적용하면서 건설업이 국책사업중의 하나인 저탄소 녹색성장에 크게 진일보하고 있다는 평가를 받고 있다. 지구온난화 등 환경문제에 적극적으로 대응하기 위해 국내 최초로 탄소배출 저감 콘크리트를 개발·실용화한 것이다. 대우건설 기술연구원의 관계자에 따르면 2년전 '송도푸르지오' 현장에서 처음 실용화 작업을 진행하면서 개발한 탄소배출 저감 콘크리트는 주원료인 시멘트 대신 화력발전소와 제철소에서 부산물로 발생되는 플라이 애쉬(Fly Ash)와 고로 슬래그(Blast Furnace Slag)를 다량 사용하여 일반적으로 사용되는 매트콘크리트보다 시멘트 사용량을 무려 40% 이상 줄일 수 있었다고 설명했다. 그동안 콘크리트의 주원료인 시멘트는 생산과정에서 전 세계 온실가스 배출량의 7%에 해당하는 이산화탄소를 배출해 지구온난화의 주요 오염원중의 하나로 지적돼 왔다. 시멘트는 1톤을 생산할 때 약 0.9톤의 이산화탄소를 배출하는 것으로 알려져 있다. 기존 콘크리트의 경우 콘크리트 1m^3당 219kg의 시멘트가 소요되는데, 이번에 개발된 탄소배출저감 콘크리트는 1m^3당 131kg의 시멘트만을 사용함으로써 시멘트 사용량을 88kg 가량 줄이게 됐다. 이로써 콘크리트 1m^3당 약 79kg의 이산화탄소 발생 저감효과를 거두게 됐으며, 이는 소나무 28그루가 1년간 흡수하는 이산화탄소량과 맞먹는다. 국립산림과학원이 추산한 바로는 소나무 한 그루의 1년간 이산화탄소 흡수량은 2.8kg이다. 김경민 대우기술연구원 전임연구원은 "이번에 개발한 탄소배출 저감 콘크리트를 인천 송도 푸르지오 현장 기초부분에 2만4400m^3의 콘크리트 타설을 완료했으며, 이에 따라 약 1933톤의 이산화탄소 발생이 저감되는 효과를 거두었다"며 향후 "대우건설 현장에 차등 적용할 것이라"고 밝혔다. 이에 따라 이산화탄소 발생 저감량은 소나무 69만그루가 1년동안 흡수하는 이산화탄소양에 해당된다는 것이다. 대우건설의 관계자는 "이번에 개발된 탄소발생 저감 콘크리트는 품질, 시공성, 내구성 등 모든 면에서 기존 콘크리트와 차이가 없다"며, "대우건설은 앞으로도 저탄소 녹색성장을 위해 친환경 건설문화를 선도하겠다"고 말했다. 또한 "대우건설의 그린프리미엄 아이템으로 에너지 제로하우스를 지향하는 대표기업으로 성장하겠다"고 설명했다.

2) 염해대책을 위한 연구 '저탄소 콘크리트 개발 가져와'

최근 아파트 트렌드는 '그린(Green)'이다. 이에 따른 방법들은 제 각각이지만 건설사들은 미래형 건축물 로드맵을 마련하면서 (타사의 로드맵과) 차별성을 두기 위해 노력하고 있다.[274]

자료: http://blog.daum.net/bin1234/755507(2013.2.11)

---
274) 인터뷰 내용, 김경민 대우기술연구팀 전임연구원을 만났다.

차별성은 건설사 고유의 브랜드 이미지와도 맥을 같이 하면서 결국 차별화된 로드맵은 자사의 브랜드 이미지를 높이는 것과 같기 때문이다. 대우건설기술연구원은 이에 꾸준한 친환경 건설문화를 선도하기 위해 꾸준히 노력해왔다. 국내 최초의 저탄소 콘크리트 개발로 저탄소 녹색성장에 앞장서고 있는 김경민 대우기술연구팀 전임연구원을 만나 미래의 건설성장동력이 될 저탄소 콘크리트에 대한 의견을 들어봤다.

3) 저탄소 콘크리트 개발 동기

'송도 푸르지오' 현장은 바닷가 근처에 인접해 있다. 이에 염해에 대한 대책을 꾸준히 연구해 왔다. 연구의 연장선으로 염료에 강한 콘크리트를 개발하면서 효율적인 배합을 검토하다보니 저탄소 콘크리트를 선보이게 됐다.

물론 시멘트의 양이 적게 들어가다 보니 저탄소란 이름을 붙이게 된 것도 사실이지만 아직 매트 기초 실용화에만 성공했다. 물론 제로 콘크리트의 성공사례가 언론 및 연구소에서 발표되고 있지만 연구성이 충분히 높다. 하지만 실용화 단계에 이르지 못한 것을 생각한다면 이번 저탄소 콘크리트는 최초의 실용화 저탄소 콘크리트라고 할 수 있을 것이다.

4) 저탄소 콘크리트의 특성

저탄소 콘크리트는 생산, 품질, 시공성 및 내구성 측면에서 기존 콘크리트와 유사한 수준이다. 또한 기존 콘크리트와 경제성이 동일하다. 또한 초기 압축강도 발현측면에서 다소 저하되는 면도 있지만 기초매트 콘크리트의 특성상 큰 비중을 차지하지 않는다. 이에 따라 산성비와도 연계가 없다.

또한 KS규격에 맞게 슬럼프, 공기량, 압축강도 역시 기존 콘크리트에 비해 전혀 손색이 없다.

5) 앞으로의 실용화 단계

'송도 푸르지오'에 이어 '청라 푸르지오'에 타설할 계획이며 꾸준히 대우건설의 현장에 적용할 예정이다. 또한 대우건설의 그린프리미엄과 연결해 친환경 이미지 홍보에 1등 공신을 하게 될 것이다. 이에 기념석을 제작(친환경 저탄소 1호, 2호)하여 활용할 계획이다.

6) 대우건설 그린프리미엄 아이템

대우건설은 '그린프리미엄'이라는 주거상품 전략을 발표하고 2020년까지 에너지사용량이 거의 없는 '에너지 제로하우스'를 만들겠다는 청사진을 밝힌 바 있다. 대우건설이 '푸르지오' 아파트에 적용하겠다고 밝힌 친환경 및 신재생에너지 기술은 모두 48가지이며 이중 10가지는 이미 최근에 짓는 아파트에 적용하고 있다.

7) 염해대책의 의미

염해란 콘크리트중에 염화물($CaCl$)이 철근을 부식시켜 콘크리트 구조물에 손상을 일으키는 현상으로서 염해에 대한 대책을 줄이기 위해 재료에 대한 품질시험이 필요하며, 시공중에도 지속적으로 관리를 하는 것을 말한다.275)276)

5. 대우건설 돈받고 설계심사, 교수에 징역 1년

대구지방법원 제5형사단독 김진동 판사는 24일 정부가 발주한 턴키공사 설계평가심사위원으로 참여해 대우건설이 공사를 수주할 수 있도록 도움을 주고 거액을 받은 혐의(배임수재)로 구속기소된 대학교수 A(50) 씨에 대해 징역 1년에 추징금 8천만원을 선고했다.

재판부는 판결문에서 "교수의 지위로 설계평가심사위원에 선정됐다면 공정하게 평가심사해야 하지만 부정한 청탁을 받고 좋은 점수를 준 것은 죄가 아주 무겁다"며 "비록 A씨가 적극적으로 금품을 요구한 것이 아니라 대우건설의 적극적이고 조직적인 로비의 과정에서 발생했다고 하더라도 교수 및 심사위원으로서의 청렴성, 공정성에 반하는 것인만큼 비난받을 가능성

---

275) 박재필 기자 pjp@koreaepost.com, 나 원빈 2010.03.08 11:47
   http://blog.daum.net/bin1234/755507
276) http://blog.daum.net/bin1234/755507(2013.2.10)

이 크다"고 밝혔다. 서울지역의 한 사립대 교수인 A 씨는 2008년 건설교통부가 발주한 한 복선전철 공사의 설계평가심사위원으로 선정된 뒤 대우건설 팀장으로 일하던 대학동기로부터 청탁을 받고 대우건설 컨소시엄에 좋은 점수를 준 대가로 3차례에 걸쳐 8천만원을 받은 혐의로 기소됐다.277)278)

6. 건설사의 2013년 사업목표

1) 주요 건설사의 2013년 사업목표 및 경영전략

(1) 현대건설

글로벌 건설 리더 도약, 신시장개척 지역포트폴리오 구성, 수주 22조원, 매출 14조원, 미래성장 기반확보 수처리, 원전, 민자발전, 2020 글로벌 인재육성, 글로벌 역량강화 지역지원조직강화, 지역 포트폴리오-동서남아시아, 아프리카, CIS, 남미, 위기관리체계 구축, 외형보다 내실경영에의 집중, Global Monitoring System의 정착

(2) 삼성물산

글로벌 초일류 도약, 해외비중 70% 이상 글로벌 최고 전문인재개발 전직원 글로벌화, 차별화된 경쟁력 확보, 지역거점 독자사업 능력개발, 신성장 동력 육성 민자발전, 헬스케어, 마이닝

(3) 대우건설

비상경영·Innovation, EPC 가동, 통합관리시스템 정착, 원가혁신 유동성개선위원회 구성, 주단위 추진점검, 부실의 사전차단, 조직인력개편, 전사 직무분석, 플랜트 강화, 기획재무 확대, 글로벌 역량강화 시장구분전략 추진, 해외비중 50% 이상

---

277) 이호준 기자 hoper@msnet.co.kr, 매일신문 공식트위터 @dgtwt / 온라인 기사 문의 maeil01@msnet.co.kr, 매일신문사, 2013년 01월 25일
278) http://www.imaeil.com/sub_news/sub_news_view.php?news_id=4048&yy=2013(2013.2.6)

(4) GS건설

기본실천을 통한 경쟁력강화, 원가·현금·수익중심의 경영수행, 역량강화 및 실천조직 개편, 공기준수, 목표원가달성, 우수인재확보, 원가혁신 조직역량 집결, 저비용 고효율 구조, 수익성 위주의 경영, 재무유연성, 현금기반 수주, 수익성 위주의 사업 선별

(5) 포스코건설

체질 및 체력의 강화, 내실성장, Global TOP 10 기업 진입, 일등상품 육성, 해외시장 확대, 철강, 발전, 신도시 복합개발, 글로벌 역량확보, 현장연결 글로벌통합시스템 운영, 해외전문인력의 확대, 수익중심의 경영, 시나리오경영, 원가경비 절감

(6) 대림산업

수익중심의 경영·Developer강화, 본부별 수익관리, 사업개발역량제고, 수주 13조원, 매출 11조원, 내실경영, 긴축경영, 본부별 수익관리, 해외사업강화 전문인력확보, 영업통합, 수익구조 다각화 개발실 신설, EPC수주탈피, Developer, 리스크관리, 환율·유가·금융경색 대비, 재무건전성, 유동성 확보, Micro관리

(7) 롯데건설

위기극복의 생존경영, 고부가가치 사업, 글로벌 발판 마련, 리스크 및 위기극복 생존경영, 실천과 소통, 책임과 신창의 문화 정착, 고부가가치사업, 플랜트사업, 초고층사업 역점, 글로벌 도약 발판 마련, 쇼핑, 호텔, 제과 등 그룹사 동반진출, 동남아 신규거점 개척

(8) SK건설

수익성 최우선의 전략추진, 기존사업강화, 신성장동력 확보, 수주 10조원, 수익성 경영, 기존사업과 시장강화, TSP 사업기반확충, 신성장동력 확보, 오일샌드 시장진입, 플랜트 운영역량 확보

2) 전문가의 의견

올해도 국내시장의 침체가 예상됨에 따라 예외없이 모든 회사들이 해외사업을 강화한다는 전략이다. 그러나 작년과 달리 무조건 물량을 확보하는 것은 아니다. 과당경쟁으로 인한 수익성 저하를 피하기 위해 시장을 다변화하고 철저한 수익·현금분석에 의한 사업선별 전략을 추진할 계획이다. 대림산업의 최병준 팀장은 "수주마진율이 10~12%를 넘지 않으면 입찰에 참여치 않을 계획"이라며 "수주물량이 줄더라도 이익이 나지 않는 사업은 하지 않겠다"고 수익 위주의 수주전략을 강조했다. GS건설경제연구소 지창구 박사는 "글로벌 금융위기로 저성장이 일상화되는 뉴 노말시대로 이미 접어들었다"고 전제한 뒤 "국내 건설사들도 장기불황과 저성장시대에 맞는 경영구조와 사업전략이 필요하다"고 설명했다. 그는 "성장보다는 불황에 흔들리지 않을 핵심역량 강화가 우선되어야 하며 이를 기반으로 신성장사업을 찾아 나서야 한다"고 전략의 방향을 제시했다. 현대와 삼성은 "해외투자 확대"에 비중을 둔다.

그래도 중요한 것은 역시 수익성이다. 이렇게 대부분의 건설사들이 저성장시대의 적응을 위해 내부역량과 안정성 강화에 집중하는 가운데 현대건설과 삼성물산의 성장확대전략이 눈에 띈다. 현대건설의 경우 작년 해외매출비중은 65%로 국내 건설사중 해외비중이 가장 높다. 외형 뿐만 아니라 해외사업의 이익률도 10.9%로 국내사업 이익률 6.8%보다 60%나 높다. 국내 대부분의 건설사들이 아직은 해외보다 국내사업에서 이익을 많이 내는 것과는 사뭇 다르다. 현대건설과 삼성물산같이 이미 해외시장에서 탄탄한 영업네트워크를 구축하고 있는 회사의 경우엔 저성장시대에도 공격적인 사업목표를 세우고 있는 모습을 볼 수 있다. 현대건설의 경우는 콜롬비아 등 그동안 상대적으로 규모가 작았던 중남미시장을 새로이 공략해 세계적인 건설시장의 리더가 된다는 전략이다. 삼성물산도 올해 해외비중을 70%까지 끌어 올려 초일류 엔지니어링 회사가 된다는 계획이다. 현대건설 관계자는 "국내, 해외가 중요한 것이 아니라 얼마나 이익을 내고 안전하게 유동성을

확보할 수 있느냐가 더욱 중요하다"며 공격적 해외전략의 기본원칙을 설명했다.279)

7. 2010년 아시아건설대상과 대우건설의 '위기는 있어도 시련은 없다'

'위기에 강하다.' 아마 대우건설만큼 위기에 강한 회사도 없을 것이다. IMF 외환위기 당시 대우그룹의 해체, 2002년 기업구조개선작업(워크아웃) 돌입, 2006년 금호아시아나그룹 피인수, 2009년 3년만의 재매각 등 계속되는 시련에도 업계에서 선두권 자리를 놓친 적이 없다.280) 대우건설은 오히려 위기에 강한 '강점'을 내세워 국내를 넘어 글로벌 건설기업으로 거듭날 계획을 세우고 있다. 매출에서 해외비중을 점진적으로 확대해 30%까지 늘리고 올해의 해외수주 목표를 지난해보다 61% 늘어난 45억달러로 정했다.

원자력발전, 바이오가스 플랜트, 조력발전 등 미래 신성장동력사업 선점 등에도 주력하고 있다. 실제로 서종욱 대우건설 사장이 "대우건설의 조직문화와 조직원들 가슴속에는 '위기에 더 강한 DNA'가 있다"고 했을 정도다.

금호아시아나그룹으로 인수됐던 2006년 당시에는 업계의 우려와 달리 매출액 5조7291억원, 당기순이익 4389억원 등으로 오히려 시공능력평가에서 당당히 1위를 차지한 것이 대표적인 사례다. 대우건설은 1973년 창업한 이래 지난 40여년동안 각종 랜드마크를 도맡아 지으면서 국내 최대 건설사중의 하나로 자리매김했다. 인천국제공항, 경부고속철도 건설공사 등 대형 국책사업도 성공적으로 주도했으며 인천 LNG 생산기지, 교보 서초사옥 등도 대우건설의 작품이다. 뿐만 아니라. 월성 원자력발전소, 최첨단 침매터널공법을 적용한 거가대교, 국내 최초이자 세계 최대 시화호 조력발전소, 아시아태평양경제협력체(APEC) 정상회의가 열렸던 누리마루 등도 대우건설의 손을 거쳤다. 주택부분에서는 1999년 국내 최초로 초고층 주상복합 브랜드

---

279) http://www.joseilbo.com/news/htmls/2013/02/20130204170514.html(2013.2.12)
280) [2010아시아건설대상]대우건설 '위기는 있어도 시련은 없다', 기사입력 2010-09-15 11:21:05

'트럼프월드'를 탄생시켰고, 2003년에도 고품격 프리미엄 아파트 '푸르지오'를 선보여 브랜드 인지도를 높였다. 특히 대우건설은 1995년 업계 최초로 친환경 개념을 아파트에 도입한 업체답게 '푸르지오'를 친환경·신재생 에너지를 활용한 주거상품으로 전략화했다. 현재도 대우건설기술연구원을 중심으로 태양광 블라인드 창호, 바이오가스 발전시스템, 태양광 집채광 시스템 등의 기술을 끊임없이 개발하고 있는 상태다. 아예 2020년까지 아파트 단지에서 사용하는 모든 에너지를 친환경·신재생 에너지를 활용해 해결하는 '제로 에너지 하우스(Zero Energy House)'를 만들겠다는 청사진도 제시했다. 상품전략은 '그린프리미엄(GREEN Premium)'으로 정했다. 이러한 '그린'전략의 일환으로 지난해 분양한 청라 푸르지오에는 그린프리미엄 주거상품을 적용해 30%의 에너지 절감효과를 달성했다. 2011년에는 에너지 절감률 50%, 2014년 에너지 절감률 70%, 2020년 에너지 절감률 100%의 제로 에너지 하우스를 건설할 계획이다. 이와같이 한발 앞서간 노력과 최첨단 기술 등으로 대우건설은 2000년 3월 건설부문 최우수 기업연구소 대통령표창, 살기 좋은 아파트 선발대회 역대 최다(4회) 대상 수상, 2001년 10월 지식경영대상 비제조업분야 최우수상, 2003년 디지털 경영대상 건설부문 대상에 이어 2007년에는 7년 연속 아파트 공급실적 1위를 달성했다.[281][282]

8. "혁신(innovation)을 통해 위기를 뛰어넘자"

서종욱 대우건설 사장은 2일 신년사를 통해 올해를 '비상경영의 해'로 정하고 "올해의 경영화두를 'EPC 이노베이션'으로 정하고 글로벌 시장에서 지속적 성장과 발전을 위한 내부역량 강화에 전력을 다하겠다"고 했다.[283][284]

---

281) 조민서 기자 summer@, 제휴사 / 아시아경제
282) http://economy.donga.com/0102/3/0102/20100915/31211351/1(2013.2.7)
283) 서울경제 | 2013-01-02 15:03:33
284) [신년사] 서종욱 대우건설 사장

자료: http://finance.daum.net/news/finance/industry/MD20130102150333336.daum
(2013.2.7)

서 사장이 강조한 'EPC 이노베이션'이란 효율(Efficiency)·절차(Process)·비용(Cost)에 대한 혁신을 의미한다. 그는 "비상경영위원회를 가동해 원가혁신활동 강화, 현금유동성 개선, 조직·인력의 효율성 제고, 리스크관리를 통한 부실의 사전차단, 경비절감 등을 상시 관리하겠다"며 "지속적으로 시행해 나가야만 글로벌 경쟁력을 갖춘 일류회사가 될 것"이라고 강조했다. 서 사장은 이와함께 건설인으로서의 자긍심과 희망을 가질 것을 주문했다. 서 사장은 "건설업은 인류진보와 함께 성장해 온 가장 오래된 산업으로 가장 큰 복지를 제공하고 있다"며 "이웃과 지역사회에 사랑받는 회사와 산업이 되도록 스스로 더 노력해야 한다"고 말했다.[285][286]

---

285) 박성호 기자 junpark@sed.co.kr, 인터넷한국일보(www.hankooki.com)
286) http://finance.daum.net/news/finance/industry/MD20130102150333336.daum
(2013.2.7)

9. 꼬일대로 꼬인 뉴타운과 출구전략 1년의 과제

〈앵커〉

박원순 / 서울시장 : 오늘은 재개발 40년의 역사와 서울을 투기광풍과 공사장으로 온통 뒤덮었던 뉴타운 10년의 역사를 뒤로 하는 날입니다.[287] 지난해 초 서울시는 꼬일대로 꼬인 뉴타운사업을 풀 해법인 뉴타운 출구전략을 내놨습니다. 주민들의 뜻에 따라 뉴타운사업을 계속할지, 아니면 중단할지를 결정한다는 것이 핵심입니다. 경기도가 뒤따라 대책을 내놨고, 1년이 지난 현재 수도권에서는 뉴타운사업을 중단하는 현장이 속출하고 있습니다.

오늘 심층뉴스 시간에는 속도를 내고 있는 재정비사업 출구전략의 진행 상황을 점검하고 앞으로의 과제를 짚어보겠습니다. 김민현 기자입니다.

〈기자〉

재건축과 재개발, 그리고 뉴타운 모두 낡은 주택을 헐고 아파트를 새로 짓는 사업입니다. 재건축·재개발이 소규모 주택단지를 중심으로 이뤄진다면 뉴타운은 도로와 상하수도, 학교 등 도시기반시설까지 함께 짓는 종합적인 도시계획이라고 할 수 있습니다. 일반적으로 사업기간이 10년 넘게 걸리지만 그동안은 한번 구역이 지정되면 중단할 수 없었습니다. 때문에 신축뿐 아니라 증축, 개축도 못하는 상태에서 주민들은 기약없이 기다려야 했습니다. 이에 지난해 2월 1일자로 주민이 희망하면 사업을 중단할 수 있도록 관련법이 개정됐습니다.

지난 1년간 서울에서는 추진의 주체가 있는 전체 250여개 구역 가운데 추진위 3곳과 조합 2곳이 해산됐습니다. 경기도에서 유독 정비사업이 활발했던 부천의 경우, 전체 70여개에 가까운 사업장중 5곳이 사업을 접었습니다. 문제는 뉴타운과 재개발사업을 중단한 현장 곳곳이 상당한 후폭풍에 시달리고 있다는 겁니다. 6년전부터 재개발사업이 추진돼 온 수원 세류동 일

---

287) SBS CNBC 원문 기사전송 2013-02-07 14:24

대는 지난해 5월 주민 52%가 찬성해 전국에서 처음으로 조합설립의 인가가 취소됐습니다. 그러자 사업을 추진해온 조합측이 반발하고 나섰습니다. 일부 신청서에 문제가 있다며 행정심판을 청구한 것입니다.

변영선 / 수원시 재개발팀장 : 행정심판에서 저희와 경기도행정심판위원회간 법률적인 해석의 차이가 있어서 (찬성률) 과반수를 넘기지 못해 조합설립인가 취소를 다시 취소하게 된 것입니다. 출구전략은 다시 원점입니다.

이종원 /수원 113-5구역 조합장 : 허비한거죠. 그 사이에 조합을 다시 살리기 위한 소송쪽에만 집중했으니까. 양측이 대립하는 사이 동네의 분위기는 재개발 이야기만 나와도 고성이 오갈 정도로 험악해졌습니다.

"거짓말 했잖아. 거짓말로 서류 만들어서 주민한테 싹 돌리고."
"(동네 분위기가?) 아주 살벌합니다. 아주 살벌해." 일부 원주민들은 다시 조합해산을 추진할 예정입니다.

조성순 / 개발반대 원주민 : 자식들 회사까지 찾아가서 조합 OS요원들이 철회동의서를 받아갔습니다. 조합이 다시 부활이 됐지만 저희는 다시 50% 이상 해산동의를 받을 수 있고, 이 재개발은 물론 사업성도 없고, 원주민들을 그냥 살게 해줘야지. 경기도 부천의 한 재개발 구역, 지난해 9월 조합이 문을 닫자 공사를 맡은 대우건설과 GS건설은 자금회수에 나섰습니다. 조합이 그동안 건설사에서 빌려 쓴 대여금에 손해배상금을 합친 325억원의 규모입니다. 주민들은 사업도 접은 마당에 가구당 5천만원에 가까운 거금을 고스란히 물어줘야 할 판입니다.

한정순 / 조합원 : 여기 주민들이 거의 달동네라고 생각하면 되거든요. 집이 새고 그래도 수리를 못할 정도인데 4600만원을 어디가서 마련하나요. 없다니까요. 재개발사업에 투입된 돈을 거둬들여야 하는 건설사와 못준다는 조합간의 다툼은 수도권 곳곳에서 벌어지고 있습니다.

이미 확인된 곳만 수도권내 5개 구역으로 비용은 600억원에 달합니다. 건설사도 고민이 깊습니다.

건설관계자 : 일반적으로 계약취소나 해제에 따른 투입비용과 손해배상

청구는 당연한 것입니다. 회사에 손해를 막기 위해서 불가피한 측면이 있죠. 주목할 점은 이같은 잡음이 서곡에 불과하다는 점입니다. 규모가 큰 사업장이 사업을 중단하려면 주민들의 조합해산 동의서를 걷는데만 최소 1년 가까이 소요됩니다. 때문에 올해 상반기부터 무더기 취소사태가 예상되는데요. 그렇다면 뉴타운 출구전략 즉, 정비구역 구조조정이 원만히 진행되기 위해 앞으로 풀어야 할 과제는 무엇인지 파악할 필요가 있습니다.[288)289)]

10. 도서소개: 똑똑한 기업을 한순간에 무너뜨린 위험한 전략

1) M&A의 실패와 교훈

엉터리 전략을 계속 되풀이하는가! 신화가 된 기업도 한순간에 무너질 수 있다! 지난 25년간 실패한 750개 기업을 조사분석한 결과를 최초로 공개![290)] 금호아시아나그룹이 대우건설을 3년만에 다시 매물로 내놓았다. 금호아시아나가 대우건설을 인수했을 때만 해도 재계 순위가 11위에서 8위로 뛰어올라 조만간 건설업계의 1위가 된다는 등 온갖 찬사가 끊이지 않았지만 결국 '승자의 대박'이 아니라 '승자의 저주'로 끝이 났다. 성장에만 집착한 나머지 자체적으로 자금을 조달한 것이 아니라 재무적 투자자들을 끌어들이면서 무리한 약정을 맺은 것이 문제였다. 그런데 과거에도 이처럼 실패한 기업의 사례가 존재하는데 왜 이렇게 잘 나가던 기업들이 똑같은 실수를 되풀이하는 것일까? 《하버드 비즈니스 리뷰》에 지난 25년간 750개의 실패기업을 분석, 실패패턴과 함께 왜 이런 실패가 반복되는지 근본적인 원인과 빠른 해결책을 제시하는 보고서를 작성해 경영자들과 임원들로부터 폭발적인 호응을 얻었다. 그것이 바로 『똑똑한 기업을 한순간에 무너뜨린

---

288) (www.SBSCNBC.co.kr), 김민현 기자 kies@sbs.co.kr, SBS CNBC & SBS Contents Hub.

289) http://news.nate.com/view/20130207n18949(2013.2.7)

290) 춘카 무이, 폴 캐롤 저 |이진원 역 |흐름출판 |2009.07.13, 원제 Billion dollar lessons : what you can lcarn from the most inexcusable, 페이지 384|ISBN 9788990872678|도서관 소장 정보 국립중앙도서관, 판형 A5, 148*210mm

위험한 전략』이다.

2) 실패자 명단에 오르고 싶지 않다면 반드시 읽어야 할 책

세계 굴지의 기업들이 '실패'를 밤새워 공부하기 시작했다! 위기의 시대, 왜 그들이 '실패'에 주목하는가? 2007년 하반기에 미국을 강타한 서브프라임 모기지 사태도 과거에 일어난 금융위기와 유사하다는 사실을 통해 알 수 있듯이 기업들은 계속해서 똑같은 잘못을 되풀이한다. 1991년 '이리듐' 위성전화 프로젝트를 추진하다 천문학적 손실을 입은 모토로라와 1995년 700억원을 들여 위성전화 서비스 '이리듐코리아'를 설립했지만 사업을 청산한 SK텔레콤은 국적은 다르지만 실패의 원인은 같았다. 설립 당시에는 '꿈의 전화'로 불릴 정도로 각광을 받았지만 휴대전화의 기술발전과 고성장에 밀려버렸다. 모토로라와 SK텔레콤은 '시장성없는 첨단기술에 미래를 걸면 실패한다'는 소중한 교훈을 얻었다. 다만, SK텔레콤의 경우는 뼈아픈 실패의 경험을 핵심자산으로 활용해 지금은 해당업종에서 1위를 달리고 있다.

1952년 영국에서 세계 최초의 제트 여객기인 코메트기가 취항했다. 코메트기는 800킬로미터의 빠른 속도에 저진동·저소음의 첨단 항공기였다. 그러나 2년뒤 제트 여객기 두 대가 이륙하다가 공중에서 폭발하는 대참사가 벌어졌다. 동체 내부의 압력 테스트를 잘못하는 바람에 동체 수명이 실제보다 열 배 이상 부풀려졌기 때문이었다. 이 실패사례를 약으로 삼은 곳은 미국 보잉사였다. 보잉사는 가장 먼저 이 문제를 개선하여 세계 항공기산업을 장악한 것이다. 과거에는 실패를 숨기기에 급급했던 기업들이 최근 들어 왜 이렇게 실패에 주목하고 실패를 통해 배우려고 하는 것일까? 위의 사례처럼 실패를 잘 활용하면 기업성장을 위한 훌륭한 반면교사가 될 수 있기 때문이다. 다시 말해 실패사례를 양지로 꺼내면 성공엔진에 힘을 가하는 고농축 에너지가 될 수 있기에 수많은 기업들이 실패를 연구하고 있다. 삼성그룹의 이건희 회장이 "한 번의 실수는 용서하나 반복되면 절대 용서하지 않는다."라고 얘기하면서 계열사들에게 실패사례를 분석해 활용할 것을 주문한 것도 이와같은 맥락에서다.

위기와 혼돈의 시대에는 무리한 성장을 도모해 실패에 수천억달러를 쏟아붓기보다는 치명적 결함과 경고신호를 미리 파악해 성장전략을 신중하게 점검하는 것이 필요하다는 것을 깨닫기 시작한 것이다. 이제 기업들은 엄청난 대가를 치르지 않고도 성공하는 비결을 터득해야 할 때인 것이다. 똑똑한 기업도 피하지 못한 실패전략 7가지!291) 춘카 무이, 그는 스타크래프트, MP3, 디지털카메라처럼 등장하자마자 다른 경쟁제품을 몰아내고 시장을 완전히 재편하는 혁신적인 상품이나 발명품인 '킬러 애플리케이션(Killer Application)'이라는 용어와 함께 이를 설계하기 위한 전략을 제시해 세계적으로 화제를 불러 일으켰다. 컨설팅회사인 다이아몬드 매니지먼트 앤 테크놀로지 컨설턴츠(Diamond Management and Technology Consultants)에서 수석연구원으로 재직중인 그는 전략과 혁신을 주제로 많은 강의와 컨설팅을 하고 있다. 특히 2008년 《하버드비즈니스 리뷰》에 실렸던 <기업이 크게 실패하는 7가지 방법(Seven Ways to Fail Big)>은 경영자들이 갖고 있는 실패에 대한 상식과 전혀 상반되는 내용을 다루어 큰 호응을 얻었다. 이후 기업을 실패로 이끄는 위험한 전략에 대한 연구결과를 더욱 자세하게 소개해달라는 경영자, 리더, 연구원, 컨설턴트, 대학원생 등 많은 사람들의 요청이 쇄도했다. 오랫동안 기업실패에 대해 연구했던 그는 기업이 실패할 확률을 줄이고 성공할 확률을 높일 수 있도록 도와주고 싶은 바람에서 이 책을 준비하게 되었다고 한다. 특히 '실패'라는 단어에 거부감이 많은 한국독자들에게 역사에서 미래를 내다보듯 실패한 기업을 통해 미래의 성장동력을 찾기를 바랐다.292) 그런 의미에서 책의 주요 목차를 살펴보면 다음과 같다.

---

291) [출판사 제공]
292) 폴 캐롤 Paul Carroll, 『빅블루스Big Blues』의 저자인 그는 1997년에 최초로 '신경제'를 정면으로 다룬 잡지인 《콘텍스트》를 창간했다. 춘카 무이와 함께 <기업이 크게 실패하는 7가지 방법>을 발표해 큰 주목을 받았다. 옮긴이 _ 이진원, 홍익대학교 영어영문학과를 졸업하고, 서울대학교 대학원에서 영어영문학 석사학위를 취득했다. 코리아헤럴드 기자, 재정경제부 해외경제 홍보담당으로 일했으며, 현재는 로이터통신사에서 국제뉴스 번역팀을 맡고 있다. 비즈니스 분야의 전문번역가로 활동하면서 『경제학 콘서트2』, 『주식 투자의 군중 심리』, 『미래 기업의 조건』, 『바바

프롤로그: 치명적 결함은 왜 한 발 늦게 깨닫게 되는 것일까?

1장 시너지 효과에 대한 환상
치명적인 시너지의 유혹
시너지에 눈이 멀어 고객들을 쫓아내다.: 유넘프로비던트 사례
- 똑똑한 전략 1) 합병의 수혜자가 누구인지를 명확히 하라
- 똑똑한 전략 2) 과도한 기회비용을 지불하지 마라
- 똑똑한 전략 3) 1 더하기 1은 3이 되게 하라
- 백만불짜리 질문들

2장 허점투성이 금융기법
-숫자를 속여 흑자를 낸 기업의 최후
-단기자산을 담보로 장기대출이 가능하다니?: 그린트리 사례
-똑똑한 전략 4) 결함이 있는 대출방식은 즉시 멈추어라
-똑똑한 전략 5) 무모한 낙관론을 조심하라
-똑똑한 전략 6) 시장의 신뢰를 얻는 회계의 관행을 만들어라
-똑똑한 전략 7) 악순환의 고리는 통제하라
-백만불짜리 질문들

3장 맹목적인 기업쇼핑, 롤업의 무너진 꿈
록밴드를 모아놓으면 오케스트라가 탄생할까?
짝짓기 할 때 빠져서는 안되는 유혹: 로웬그룹 사례
-똑똑한 전략 8) 규모의 비경제성을 고려하라
-똑똑한 전략 9) 성장속도를 통제하라
-똑똑한 전략 10) 아주 사소한 변화라도 무시하지 마라
-똑똑한 전략 11) 잠재적 손해를 예측하라
-백만불짜리 질문들

라 민토, 논리의 기술』, 『검색으로 세상을 바꾼 구글 스토리』 등 여러 권의 책을 번역했다.

4장 변화를 거부하고 주력사업 고수하기
위험이 닥쳤는데도 착각에 빠진 기업들
기존사업에 대한 미련이 몰고 온 처참한 결과 : 코닥사례
-똑똑한 전략 12) 변화하는 현실을 인정하라
-똑똑한 전략 13) 죽어가는 사업모델과는 과감하게 결별하라
-똑똑한 전략 14) 남 좋은 일은 시작도 하지 마라
-백만불짜리 질문들

5장 모양만 그럴싸한 인접사업 진출
수영장 물이 모두 푸른 것은 아니다
인접시장의 경쟁역학을 모른 채 무모하게 뛰어들다.: 오글베이 노튼사례
-똑똑한 전략

[알라딘 제공]
Billion-Dollar Less, Carroll, P. 외 1명
　2008.09, 출판사의 서평, 왜 위대한 기업조차 엉터리 전략을 계속 되풀이 하는가! 신화가 된 기업도 한순간에 무너질 수 있다! 지난 25년간 실패한 750개 기업을 조사분석한 결과를 최초로 공개! 유넘과 프로비던트, 유서깊은 이 두 회사는 상당한 관심을 갖고 합병에 접근했다. 당시 합병과정에 참여했던 한 임원의 말을 빌리면, 마치 "컨설턴트의 교과서를 보고 따라하듯이" 수많은 통합팀을 결성했다. 양사는 합병후 고객들에게 돌아갈 혜택을 크게 부각시키면서 하루 날을 잡아 '고객의 날'을 선포하기도 했다. 그러나 이 계획은 전혀 효과가 없었다. 합병이 완료되는 순간부터 모든 것이 엉망이 됐기 때문이다. 합병이 끝나고 4개월 뒤, 오는 CEO 자리에서 물러났다.
　유넘프로비던트는 1999년 가을, 합병 후 1분기동안의 실적을 발표했는데 무려 6억2천370만달러의 손실을 입었다고 밝혔다. 이 비용에는 합병과 관련된 예상치 못한 비용 4천250만달러도 포함되어 있었다. 오는 신뢰를 잃었고 회사를 떠나야 했다(본문 29쪽). '시너지 효과에 대한 환상'중에서 1997년에 그린 드리가 '매각이익'을 과대 추정했다는 사실이 명백해지면서 이 회

사가 사용한 복잡한 금융공학기법의 실체가 드러나기 시작했다. 장밋빛 실적을 산출하는 데 핵심적 역할을 했던 두 가지 요소는 이제 부메랑이 되어 돌아왔다.

첫째, 장기금리가 떨어지기 시작했다. 이로 인해서 채무자들이 리파이낸싱에 나서면서 대출금 조기상환 건수가 늘어났다.

둘째, 대출금 연체건수가 늘어나기 시작했다. 이 역시 예상했던대로였다. 연체건수는 대출이 실행되고 3년에서 5년 사이에 늘어나기 시작하는 경향을 보였다. 이때쯤 되면 무리해서 대출받은 사람들이 집값보다 대출금이 더 많다는 사실을 알고 고민하기 시작하기 때문이다. 그린트리의 공격적인 대출정책으로 눈덩이처럼 불어난 거액의 대출금도 문제가 되기 시작했다.

1997년 11월 그린트리는 1억9천만달러어치의 손실을 입었다(본문 63쪽, '허점투성이 금융기법'중에서) 1986년 코닥은 오늘날 디지털카메라의 핵심인 작동센서를 최초로 생산했지만 디지털기술과 관련된 초기의 경고신호를 제대로 잡아내지 못했고, 디지털기술의 공격에 대비해 놓지도 않았다. 왜냐하면 과거의 기술에서 창출된 이윤을 지속적으로 향유하기를 원했고 새로운 기술의 확산속도를 과소평가했기 때문이다. 코닥은 필름을 대체하기보다는 필름을 확대하는 데 디지털 기술을 사용하기로 했다. 디지털 세상에 대해 준비를 하기는 커녕 값비싼 대가를 치를 수밖에 없는 방향으로 움직였다(본문 134쪽, '변화를 거부하고 주력사업 고수하기' 중에서).

피터 드러커는 "경영자는 칭찬을 받으면 좋은 결정을 내리지 못한다. 오히려 상반된 의견을 듣고 토론을 나누고 여러 대안을 모두 고려해야 제대로 결정을 내릴 수 있다. 의사결정의 첫번째 규칙은 반대의견이 없으면 결정을 내려서는 안된다는 것이다."라고 말했다(본문 319쪽, '악마의 옹호자: 반대자의 'No' 목소리에 귀를 기울여라' 중에서).[293][294]

---

293) [알라딘 제공]
294) http://book.naver.com/bookdb/book_detail.nhn?bid=6040846(2013.2.7)

11. 일감 확보를 위한 눈물겨운 하소연 "머리도 못감아요"

불황 짙어져 '징크스' 피하기 눈물겨운 풍경, 입찰 앞두고 라면·고기도 안먹어[295] 쌍용건설 토목견적팀에 근무하는 김 모(42) 차장은 건설공사 입찰을 앞두고 꼭 지키는 원칙이 있다.

전날 밤 잠을 자지 않는다는 것이다. 징크스 때문이다. 잠을 자고나서 입찰을 맞으면 불길하다고 느끼는 것이다. 밤을 새우고 나서 수주한 적이 있어 더욱 철칙처럼 여긴다. 장기 침체된 건설경기속에 건설업 종사자들의 일감을 따내기 위한 백태가 눈길을 모은다. 금기사항을 지키지 않았다가 자칫 입찰에서 고배를 마시기라도 하면 온갖 주위의 원망을 다 살 수 있기 때문이다. 치열한 경쟁속에 살얼음판을 걷고 있는 건설업계 임직원들의 씁쓸한 자화상을 보여준다. 김 차장은 작년 말 1419억원짜리 국장국가산업단지 1공구 입찰전날 밤 잠을 청하지 않았다. 새벽녘 온라인을 확인해보니 다른 건설사 관계자들이 접속해있는 것을 보고 다른 전략을 세우고 있음을 간파한 그는 다른 전략을 수립했다. 작전은 성공했다. 28개사나 참여한 입찰에서 초대형 공공건설공사를 따낸 것이다. 김 차장은 "수주영업과 관계된 조직에서는 여러 가지 징크스가 있다"면서 "입찰일 전에 잠을 자지 않는 것은 약과"라고 말했다.

건설사들의 금기사항은 나름대로 뿌리가 깊다. 30~40년 이상 된 중견건설사들은 징크스를 피하기 위한 금기사항을 적잖이 갖고 있다. 건설업계에 20년 가량 몸담은 한 관계자는 "예전에 뽑기로 낙찰자를 선정할 때는 총각들이 대표로 나서고 여성들은 입찰서류도 만지지 못하게 한 적도 있다"며 "아예 몸을 씻지 않는가 하면 머리를 감지 않거나 라면이나 고기를 먹지 않는 등 수주를 위해 저마다의 징크스를 갖고 있다"고 말했다. "공사수주의 경쟁이 워낙 치열하다보니 해볼 수 있는 것은건 뭐든지 다 해보자는 심정"

---

[295] 아시아경제 원문 기사전송 2013-02-04 11:36 최종수정 2013-02-04 14:59, [아시아경제 박미주 기자]

이라는 설명이다. 매년초 건설사들이 수주·안전기원제를 여는 것도 비슷한 맥락이다. 이미 이달 신동아건설과 삼영토건이 수주기원제를 올렸다. 지난 1월에도 대우건설, 두산건설, 남광토건, 금성백조, 한일건설 등 다수의 건설관련업체들이 수주기원제를 지냈다. 김 차장은 "지난해 원주강릉철도 공사 입찰이 있을 때 수주기원제를 갖기 위해 강릉에 갔는데 그쪽에서 다른 회사들도 여럿 기원제를 올렸다"면서 "프로젝트별로 수주기원제를 따로 올려 간절한 마음을 전달한다"고 귀띔했다. 올해 공공공사 물량이 줄어들 것으로 예상되면서 징크스를 피하기 위한 노력은 더 심해질 것이라는 얘기도 나온다. 건설산업연구원에 따르면 올해 건축·토목부문 공공공사발주는 32조~33조원 안팎으로 추정된다. 지난해보다 5% 가량 줄어든 수치다. 업계의 관계자는 "작년에 입찰이 많지 않아 한건도 수주하지 못한 회사도 있었는데 올해는 경쟁이 더 심화될 것이 뻔하다"면서 "불황일수록 점집을 찾는 이치와 비슷하게 건설사 직원들의 수주 징크스를 깨기 위한 노력은 계속될 것"이라고 말했다.296)297)

12. 대우건설의 위기관리 체계화한 조직개편, 임원 10% 감축

플랜트·재무·기획영업 등 3대부문제 도입, 해외사업 강화, 국내영업·개발사업 축소298) 대우건설(047040)(8,760원 60 +0.69%)은 내년 경기악화에 대비해 위기관리시스템을 체계화하고 비상경영 상황에 대비한 조직개편과 임원수를 10% 감축하는 정기인사를 시행했다고 5일 밝혔다. 대우건설은 플랜트부문에만 적용되던 부문제를 ▲ 재무 ▲ 기획/영업을 포함한 3개부문의 부문제로 확대해 부문장의 책임과 권한을 확대키로 했다. 기존 총 14개로 운영되는 본부조직은 각 부문 아래에 두게 된다. 다만, 추후 부문별 구조조정을 통한 본부조직의 통폐합 및 변경의 여지는 남겼다. 본부조직 가운데

---

296) 박미주 기자 beyond@, 아시아경제(www.asiae.co.kr)
297) http://news.nate.com/view/20130204n13167(2013.2.7)
298) 입력시간 | 2012.12.05 14:09 | 윤도진 기자, 이데일리

우선 해외부문의 역량집중을 위해 해외사업위주의 플랜트부문내에 해외영업본부를 편입시켜 영업, 시공, 관리기능이 하나의 부문내에서 유기적인 시너지를 거둘 수 있도록 했다. 국내영업본부의 경우 공공영업실로, 개발사업본부는 개발사업실로 축소해 주택경기 악화 환경에 대응할 수 있도록 했다.

특히 내년에는 RM실(Risk Management실)을 신설해 리스크의 사전예방과 관리기능을 강화하기로 했다. 비자금 의혹 및 수주비리 등으로 사회적 문제로까지 불거진 취약점을 보강하겠다는 의지로 풀이된다. 아울러 윤리경영팀을 새로 만들어 기업의 사회적 책임의 시대적 요구에 부응하고 업계 최고 수준의 IT시스템을 완비한다는 계획이라고 회사측은 설명했다. 이번 정기인사에서는 임원 승진도 전무 2명, 상무 4명 등으로 최소화했다. 전체 임원수는 91명에서 82명으로 10% 감축됐다. 대우건설은 긴축 성격의 이번 조직개편과 인사에 이어 내년 상반기 직후 실적을 중간 평가해 추가 임원인사를 할 예정이라고 덧붙였다.[299)300)]

13. 건설불황의 '파고'를 넘는다, 대우건설

혁신 통해 내부역량을 강화한다. '효율·프로세스·원가혁신'으로 극복, 전체 수주목표 50% 해외서 올릴 것, 全과정 모니터링으로 수익성 향상[301)]

"국내외 경기와 환경이 낙관적이지 않을 것으로 전망됩니다. 올해를 '비상경영의 해'로 선포하고 내부의 역량강화에 주력하겠습니다." 서종욱 대우건설 사장은 올해 건설시장의 불황과 주택경기의 부진을 전망하며 '비상경영전략'을 내세웠다. 이런 비상경영전략은 지난해 12월 단행됐던 조직개편에서도 드러난다. 전체 임원수를 10% 감축하고, 본부 축소와 부문제의 확

---

299) - 대우건설, 사우디·나이지리아서 하루새 8억弗 수주, - [단독] 30대그룹, 이자도 못내는 계열사 100곳 넘어, 종합경제정보 미디어 이데일리
300) http://www.edaily.co.kr/news/NewsRead.edy?SCD=JD31&newsid=02154966599755568&DCD=A00403&OutLnkChk=Y(2013.2.7)
301) [창간26주년] 설불황 '파고'를 넘는다. 대우건설, 2013년 03월 18일 (월) 이헌규 기자 sniper@constimes.co.kr

▲ 서종욱 대우건설 사장
자료: http://www.constimes.co.kr/news/articleView.html?idxno=74275(2013.3.19)

대를 병행했다. 국내 영업본부를 공공영업실로, 개발사업본부를 개발사업실로 축소·운영하면서 변화된 외부환경에 적응한다는 계획이다. 또 리스크관리실(RM)을 신설하며, 리스크의 사전예방 및 관리기능을 강화한 점도 눈에 띤다. 특히 대우건설은 시장침체를 극복하기 위해 '원가혁신활동 강화', '현금유동성 개선', '조직·인력의 효율성 제고', '리스크관리를 통한 부실 사전차단', '경비절감' 등을 내세웠다. 올해의 경영화두도 'EPC 이노베이션'으로 정했다.

효율혁신(Efficiency Innovatiom), 프로세스혁신(Process Innovatiom), 원가혁신(Cost Innovatiom)을 의미한다. 우선 효율혁신을 통해 프로젝트의 견적, 입찰, 계약, 시공, 준공의 전체 사이클을 효율적으로 관리하고 리스크를 사전에 예방한다는 방침이다. 프로세스혁신으로는 공사수주, 낙찰, 모빌, 시공에서 완공단계까지 절차별 및 업역섹터별 전 과정에서 경쟁력을 제고할 계획이다. 또 영업과 수주분야에서 기존의 불합리한 업무관행을 과감히 탈피해 모든 업무과정에서 윤리와 준법의 실행이 동반되도록 할 예정이다. 특히 전 공정의 상시 모니터링을 통해 원가율 상승이 예상되는 프로젝트를 집중관리하는 등 원가혁신을 통해 수익성을 높인다는 전략이다. 서 사장은 "EPC 이노베이션을 통해 사업 전분야에 대한 혁신이 필요하다"며 "글로벌 시장에서 지속적인 성장과 발전을 위해 내부 역량강화에 모든 힘을 다 쏟을 것"이라고 말했다. 올해 해외부문에서는 신시장 개척에 적극 나서기로 했다.

그는 "전체 수주목표의 50%를 해외시장에서 이뤄내도록 하겠다"고 밝혔다. 대우건설은 지난해 아프리카에서 11억달러 규모의 알제리 라스지넷 복합화력발전소와 엘하라쉬 하천정비사업(3억5000억달러), 사우디 지잔정유시설(5억2000억달러), 말레이사 마트레이센터(2억달러) 등 대규모 해외건설 프로젝트를 잇달아 수주했다. 이는 대우건설이 지난해 시장다변화와 공종다변화라는 목표를 성공적으로 수행했다는 대목이다. 올해는 중동, 아프리카, 아시아 등 특정지역에 편중된 수주보다는 지역별 및 공종별 포트폴리오 구성을 통해 수익창출에 나설 계획이다. 중남미, 독립국가연합(CIS), 사하라 이남 아프리카 지역 등이 대표적인 곳으로 꼽힌다. 대우건설은 국내 주택시장에서도 선별적인 공급을 통해 내실화를 기한다는 전략이다.

서울과 수도권 우량 사업부지의 여건변화에 대한 모니터링을 강화하고 지방의 수급불균형지역이나 분양성이 양호한 지역발굴에 역량을 집중한다는 계획이다. 중소형주택 위주로 공급하되 오피스텔과 도시형생활주택 사업에 대해서는 보수적인 기준을 통해 선별적인 공급에 나서기로 했다. 지난해 2만3000여가구의 아파트, 오피스텔, 도시형생활주택을 올해는 1만7000여가구를 공급키로 했다. 서 사장은 "올해 분양물량은 축소됐지만 업계 최고 수준으로 대우건설의 독보적인 시장점유율은 지속될 것으로 기대된다"고 말했다.[302)303)]

---

302) 이헌규 기자, 건설타임즈(http://www.constimes.co.kr)
303) http://www.constimes.co.kr/news/articleView.html?idxno=74275(2013.3.19)

14. 대우건설, 미착공PF 1.4조원 '골칫거리'

미착공 프로젝트파이낸싱(PF)사업장은 그동안 대우건설의 실적을 악화시키는 요인중의 하나였다. 2조원이 넘는 대우건설의 PF 대출잔액 가운데 절반 이상이 미착공 PF에 해당한다. 지난해 매출액과 영업이익에서 만족스러운 결과를 얻었지만 순이익이 기대에 못미친 것도 미착공 PF사업장에 선제적으로 반영된 손실탓이다.304) 미착공 PF관련 대손비용이 늘어나자 대우건설은 지난해부터 착공전환에 주력해왔다. 하지만 이미 사업성이 악화된 곳이 대부분이라 착공에 들어가더라도 손실을 떠안아야 하는 상황이다. 올해도 7000억원 규모의 미착공 PF사업장을 착공 전환할 예정인데 그 과정에서 발생하는 비용이 실적 저하에 영향을 미칠 것으로 예상된다.

1) 손실만 쌓는 미착공 PF사업장

대우건설의 PF 우발채무는 2012년 말 기준 2조2166억원에 이른다. 2010년 4조원이 넘었던 우발채무를 절반으로 줄이는 데 성공했지만 여전히 주요 건설사중에서 가장 높은 수준이다. 대우건설보다 우발채무가 많은 건설사는 롯데건설 뿐이다. PF 대출잔액 가운데 약 1조4000억원이 미착공 PF라는 점은 대우건설에게 큰 부담이다. 대우건설의 미착공 PF사업장은 수도권에 몰려 있다. 김포 풍무, 서울 합정동, 경기 양주신도시, 천안 성성동 등이 대표적인 미착공 PF 사업장이다. 문제는 부동산 경기침체로 착공이 미뤄지면서 이자비용과 대손비용만 계속 쌓이고 있다는 점이다. 지난해에도 대우건설은 미착공 PF에 대한 손실 959억원을 선제적으로 반영한 탓에 외형성장에는 성공했지만 순이익은 시장의 기대치에 못미치는 1730억원에 그쳤다. 부동산 PF사업관련 전체 대손비용은 2300억원으로 알려졌다.

미착공 PF로 인한 대손비용은 결과적으로 현금흐름 개선에도 부정적인 영향을 미치고 있다. 2011년 대우건설의 영업현금흐름은 마이너스 1조637

---

304) [더벨]대우건설, 미착공PF 1.4조 '골칫거리', 머니투데이 원문 기사전송 2013-04-02 10:31, [더벨 최욱 기자], 본 기사는 2013년 03월28일(09:03) 자본시장 미디어 '머니투데이 thebell'에 출고된 기사입니다.

억원이었지만 지난해 영업현금흐름은 마이너스 1조1428억원으로 악화됐다. 현금성자산도 지난해 말 기준 3884억원으로 전년 대비 45.6% 감소했다.

대우건설 주요 미착공 PF 사업장 현황

(단위: 억원)

지역	사업명	PF 보증액
경기도 김포	김포 풍무	3700
서울 마포구	합정 2구역	2100
경기도 양주	양주신도시	826
인천 송도	송도 M1	868
충남 천안	천안 성성동	2500

(출처: 감사보고서)

자료: http://news.nate.com/view/20130402n08407(2013.4.2)

2) 올해 실적은 '클린화 비용'이 관건

미착공 PF사업장이 부담으로 다가오자 대우건설은 지난해부터 적극적인 착공전환에 나서고 있다. 실제로 지난해 4분기 재무개선방안을 내놓으면서 미착공 PF의 착공전환으로 PF 채무보증 잔액을 줄이겠다는 계획을 내놨다.

올해도 미착공 PF를 덜어내기는 계속될 전망이다. 대우건설 관계자는 "미착공 PF 7000억원 정도를 줄인다는 계획을 세웠다"며 "착공전환될 사업장으로는 김포 풍무, 서울 합정동, 경기 양주신도시 등이 거론되고 있다"고 밝혔다. 하지만 업계에서는 착공전환 과정에서 발생하는 '클린화 비용'이 만만치 않을 것으로 추산하고 있다. 올해 실적은 이 비용을 얼마나 줄이느냐가 관건이라는 관측도 나온다. 업계 관계자는 "일부 미착공 PF사업장은 지리적인 입지상 빠른 시일내에 사업성이 회복되기 어렵다"며 "토지 재매각 시점 혹은 사업진행 시점에서 일부 손실처리가 불가피하다"고 진단했다.

한 증권사의 애널리스트는 "올해 미착공 PF 7000억원 이상이 착공전환되거나 리파이낸싱하면서 줄어들 전망"이라며 "상반기에만 미착공 PF처리와 부동산관련 비용으로 2000억원이 발생할 것"이라고 분석했다.305)306)

15. 가스공사의 이라크 현장 피습 소식에 해외건설업계 '조마조마'

2013년 4월 1일 한국가스공사의 이라크 아카스 가스전 건설공사 현장에 무장괴한이 습격해 현지업체 직원 2명이 사망하는 사건이 발생하자 해외건설업계가 긴장하고 있다. 이라크는 재건사업이 활발하게 진행되고 있어 국내 건설사들 상당수가 진출을 타진하고 있는 지역이기 때문이다.[307] 2일 해외건설협회에 따르면 국내 건설업체는 이라크에서 153억달러 규모의 건설공사를 진행하고 있다. 32곳의 공사현장이 가동되고 있고 현장에서 일하는 한국인수만도 150명이 넘는다. 특히 이라크는 재건사업규모가 2700억달러가 넘는 것으로 추산되고 있어 앞으로 현지에 진출할 아국인력의 숫자가 더 늘어날 가능성이 높다. 해외건설업계는 이라크내의 다른 건설현장에서는 별다른 이상 징후가 없는 것으로 파악하고 있다. 해건협 관계자는 "이라크를 비롯한 중동과 아프리카 일부 국가는 치안상태가 불안정하기 때문에 이번과 같은 일이 언제나 일어날 수 있는 지역"이라면서 "현지 보안업체 등과 연계해 자체적으로 안전대책에 신경을 써야 한다"고 말했다. 현지 진출 업계도 사태의 진행상황을 예의 주시하고 있다. 이라크에 대규모 인력을 파견할 한화건설 관계자는 "현장주변을 이중으로 펜스를 치는 등 현장안전에는 별다른 이상이 없다"면서도 "현장안전에 대해서는 예의 주시하고 있다"고 전했다.

〈주요 해외건설현장 납치 및 습격사건〉
#. 나이지리아, 대우건설 근로자 9명 피랍사건
발생일자: 2007년 1월 10일
국가: 나이지리아
업체: (주)대우건설
내용 : 납치 무장단체 공격으로 현지 경비원들과 총격전을 벌이며 대우건

---

305) 최욱 기자 @, '프로페셔널 정보 서비스' 더벨, 뉴스 전문 스크랩이 가능한 기사입니다.
306) http://news.nate.com/view/20130402n08407(2013.4.2)
307) 기사입력 2013-04-02 13:27:46

설 근로자 9명을 납치

\#. 로와리 터널 총격사건

발생일자: 2008년 08월 22일

국가: 파키스탄

업체: 삼부토건(주)

내용 : 신원을 알 수 없는 사람들이 삼부토건 캠프를 향해 약 15발의 총격을 가하고 도망감

\#. SA-1507 현장 하도업체 직원 납치 및 석방사건

발생일자: 2010년 12월 13일

국가: 아프가니스탄

업체: 삼환기업(주)

내용: 도로건설 현장에서 무장괴한에 의해 한국인 2명 납치

\#. 리비아 주택조성단지 현장 점거

발생일자: 2011년 01월 14일

국가: 리비아

업체: (주)원건설 등

내용: 무주택자인 리비아 시민들이 리비아내 주택건설 현장에 난입해 약탈과 방화 시도

\#. 나이지리아 현대중공업 근로자 4명 납치사건

발생일자: 2012년 12월 17일

국가: 나이지리아

업체: 현대중공업

내용: 괴한들이 현대중공업 지사에 침입, 쾌속정으로 직원 4명 납치[308)309)]

---

308) 권해석 기자 haeseok@ 〈앞선생각 앞선신문 건설경제〉
309) http://www.cnews.co.kr/uhtml/read.jsp?idxno=201304021158254060934
   (2013.4.2)

제6장 대우건설의 마케팅전략과 성과

1. 대우건설의 친환경 상품전략 QR코드 화제

48개의 푸르지오 그린프리미엄 소개 담아, 우리집에도 친환경 상품이 적용되었다는데 어떤 원리로 작동하는걸까?[310]

자료: http://bunyang.joinsland.com/2012/news/read.asp?pno=95692(2013.2.6)

최근 많은 건설사들이 앞 다투어 자사의 아파트에 친환경, 신재생 에너지 상품을 적용하고 있다고 홍보하고 있지만 정작 대부분의 입주민들은 이와 같은 의문을 가지고 있을 것이다. 아파트 뿐만 아니라, '하이브리드 자동차', '태양광 전지' 등 친환경 상품들은 봇물을 이루고 있지만, 정작 소비자들은 이런 친환경 상품들이 정말 환경에 도움이 되는지에 대한 궁금증을 해소하

---

310) 입력 2011/06/21 17:14

지 못하고 있다.

자료: http://bunyang.joinsland.com/2012/news/read.asp?pno=95692(2013.2.6)

이러한 분위기에서 친환경 아파트의 '큰 형님'격인 대우건설(대표이사 서종욱)이 자사의 친환경, 신재생 에너지 상품전략으로서 '그린프리미엄'의 상품소개를 담은 QR코드와 모바일 홈페이지를 제작해 화제가 되고 있다.

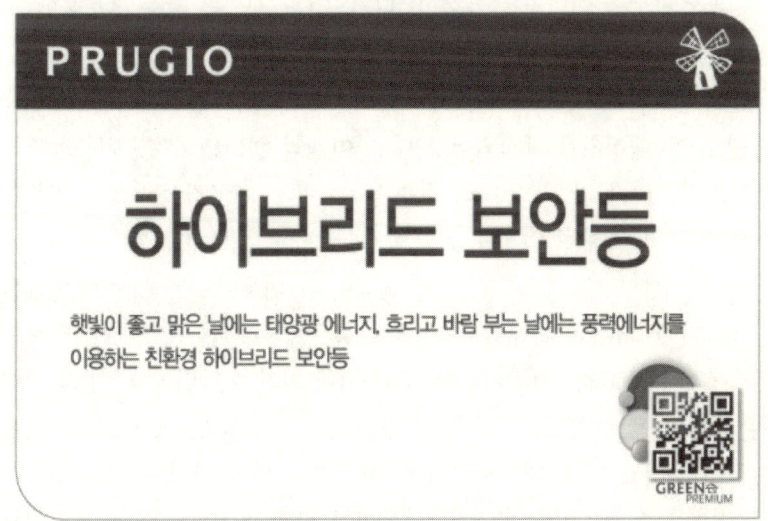

자료: http://bunyang.joinsland.com/2012/news/read.asp?pno=95692(2013.2.6)

대우건설은 친환경 상품에 대한 인식이 부족하던 지난 1995년, '그린홈, 크린아파트'라는 친환경 상품을 내놓아 시장에 큰 반향을 일으킨 바 있다.

2003년에는 '그린홈, 크린아파트'의 친환경 철학과 기술력을 그대로 이어 받은 아파트 브랜드 '푸르지오'를 런칭했고 2009년에 이르러 친환경, 신재생 에너지 상품을 총망라한 '그린프리미엄'이라는 상품전략을 발표함과 더불어 2010년에 이를 실제 주거용 건물에 적용한 '제너하임'을 건립했다. 한마디로 친환경 아파트의 역사가 곧 '푸르지오'의 역사인 셈이다. 대우건설은 지난 2011년 6월 14일, 입주민들의 '그린프리미엄'의 이해를 돕기 위하여 '그린프리미엄'의 개요와 로드맵, 상품요소 등을 일목요연하게 정리한 모바일 홈페이지(http://m.greenpremium.co.kr)를 오픈함과 더불어 이를 연동한 QR코드를 제작했다. QR코드는 사각형 문양의 바코드에 많은 양의 정보를 담을 수 있는 것으로서 일상적인 결재, 상품광고, 쿠폰북 및 개인명함 등 마케팅의 다양한 분야에 활용되고 있다. 최근에는 스마트폰이 대중화되면서 산업전반에 급속도로 확산되고 있다. 대우건설은 QR코드를 발 빠르게 도입해 푸르지오의 이미지를 표현한 '디자인 QR코드'를 각종 홍보물에 적용하는 한편, 지난 4월부터 임직원 명함에도 삽입하고 있다.

이번에 발표한 '그린프리미엄' QR코드는 48개의 '그린프리미엄' 아이템의 개별 소개 페이지가 제작되어 해당 아이템의 QR코드를 촬영하면 스마트폰으로 각 아이템의 사진, 원리 등을 볼 수 있다. 대우건설은 향후 입주민의 이해를 돕기 위해 오는 7월 준공 예정인 '판교 푸르지오'부터 시공단지의 일부 아이템에 QR코드를 부착할 예정이다. 대우건설은 이번에 발표한 '그린프리미엄' 모바일 홈페이지와 QR코드는 물론, 지난 5월부터 진행중인 '페이스북' 이벤트(http://facebook.com/prugio)에 시작 한달만에 4천명의 팬이 모이는 등 최신 트렌드를 반영한 마케팅으로 '푸르지오' 브랜드의 가치를 한층 끌어 올리고 있다. 대우건설의 한 관계자는 "이번에 발표한 '그린프리미엄' 모바일 홈페이지와 QR코드는 '친환경 상품'과 'IT기술' 등 푸르지오의 강점이 한데 어우러진 결과물"이라며, "앞으로도 '푸르지오'는 '사람과

자연이 함께하는 주거문화공간'이라는 핵심가치를 구현하기 위해 고민할 것"이라고 밝혔다.311)312)

2. 건설기술로 소음민원 '제로'와 대우건설의 건설소음관리시스템 (DW-CNMS)

최근 우리학교의 모습이에요. 학교 뒷쪽으로 신도시 건설이 한창이죠.313) 신도시 건설로 학교주변이 개발되는 것은 굉장히 좋죠. 그런데 그놈의 건. 설. 소. 음. 공사가 한창 진행되는 시간에 설계실에 앉아 있으면 고스란히 전해져 오는 건설현장의 소음은 문제입니다.

환경수업시간에 소음에 대해 배운 뒤, 고통스러운 피해가 뒤따른다는 것을 막연하게 알고 있었는데 이번 기회에 직접 체감할 수 있었습니다. 그래서 준비한 포스팅! 건설현장의 소음을 줄이기 위한 건설회사의 노력에 대해서 알아볼까요? 건설현장 근처의 주민들은 소음, 진동, 먼지 등에 의해 굉장한 고통을 받습니다. 때문에 많은 건설회사에서 다양한 공법으로 이러한 고통을 줄여주기 위해 노력하고 있죠. 그 중에서도 열정과 노력의 아이콘 대우건설! 건설공사 현장에서의 소음에 고통받을 주민들을 위해 밤낮 가리지 않고 고민에 연구를 거듭하죠. 그 이름하여 '건설공사장 소음저감방안 및 소음도 예측 프로그램 개발 프로젝트! 그렇게 해서 지난 해부터 현장에 적용하기 시작한 '건설소음관리시스템(DW-CNMS)', 3차원 소음예측프로그램과 소음관리프로그램으로 구성된 이 기술로 건설공사장 인근의 소음민원을 크게 줄일 수 있을 것으로 기대하고 있는데요.

---

311) 보도자료: 위 내용은 조인스랜드부동산의 편집방향과 무관하며, 해당업체가 제공한 보도자료입니다.
312) http://bunyang.joinsland.com/2012/news/read.asp?pno=95692(2013.2.6)
313) [건설기술] 소음민원 '제로'를 꿈꾼다! 대우건설, 건설소음관리시스템 (DW-CNMS) 대우건설 대학생 홍보대사 8기 2012/09/07 23:13, http://blog.naver.com/dlwlsdud2200/20166198077

1) 3차원 소음예측프로그램이란?

시공전 소음예측을 통해 작업공정에 따른 건설장비의 투입시기와 운영방법 등을 사전에 조율해 시공계획수립에 활용할 수 있게 한 프로그램으로서 간단히 말하자면 미리 소음의 정도를 예측해서 공사를 계획하는 프로그램이다.

2) 소음관리프로그램이란?

건설공사장의 소음도를 전광판에 표시함과 동시에 무선으로 현장사무실로 전송하면 현장관리자가 소음발생현황을 상시 모니터링하면서 최적의 소음관리를 수행할 수 있게 하는 프로그램으로서 간단히 말하자면 소음을 실시간으로 관리하는 프로그램이다. 소음관리시스템은 현재 명동성당 증축현장을 비롯해 부산 당리1구역 재개발 현장, 수지 주상복합현장 등 전국 6곳의 현장에 설치해 운영중이라 하는데요. 앞으로 대우건설이 진행하는 전 현장을 대상으로 확대 적용, 소음민원 '제로'(!)를 구현할 계획이라고 합니다.

머지 않은 미래에 건설 공사현장 주변에서도 아이들이 편안히 잠들 수 있는 날을 기대해 봅니다. 관련 기사가 궁금하신 분은 http://www.hkbs.co.kr/hkbs/news.php?mid=1&treec=138&r=view&uid=239054으로 검색하시기 바랍니다.314)315)

3. '10년동안 주택공급 1위'의 대우건설 비법

1) 푸르지오 설정의 의미

한발 앞선 서비스로 고객감동, 그린·마이 프리미엄316) 현재 국내 건설업계는 위기에 빠져있다. '성공의 저주' 덫에 걸려 수년동안 다람쥐 쳇바퀴 돌듯한 탓이다. 2000년부터 2008년 초반까지 국내 건설업계는 '주택경기의 호

---

314) [출처] [건설기술] 소음민원 '제로'를 꿈꾼다! 대우건설, 건설소음관리시스템 (DW-CNMS) | 작성자 Yulia
315) http://blog.naver.com/dlwlsdud2200/20166198077(2013.2.10)
316) 입력 2012.11.01 15:06:07 박지영 기자 | pjy@newsprime.co.kr, [프라임경제]

황'에 빠져 다가올 위기를 예측하지 못했다. 토목이나 플랜트 등 업종의 다각화보다는 당장 돈이 되는 주택사업에만 매달린 결과이다. 세계적 금융위기에 속수무책으로 당할 수밖에 없었던 이유도 여기에 있다. 상당수의 업체들이 퇴출되거나 워크아웃에 빠진 가운데 끝없는 변신을 통해 위기를 기회로 삼은 몇몇 건설사들의 특별한 비결 및 사연을 엿봤다. 대우건설 '푸르지오(PRUGIO)'는 단순 주거공간이 아니라 생활문화공간임을 강조하고 있다.

푸르지오란 깨끗함·싱그러움·산뜻함을 표현하는 순우리말 '푸르다'에 대지·공간을 뜻하는 'GEO'를 결합한 합성어로서 자연과 환경 그리고 인간이 하나가 되는 생활공간을 의미한다. 브랜드의 상징인 '푸르지오 나무(PRUGIO TREE)' 역시 'PRUGIO'의 이니셜 'P'를 모티브로 푸르지오라는 대지 위에 자라나는 싱그럽고 건강한 생명을 형상화한 것이다. "푸르지오는 대우건설의 아파트 철학을 집약시킨 브랜드입니다. 편안하고 여유로운 공간에서 쾌적한 삶이 가능하도록 친환경 및 첨단적 기능요소를 조화시켰죠.

또 이런 브랜드 철학에 어울리는 품위있고 섬세한 고객서비스를 제공하기 위해 대우건설은 꾸준히 노력하고 애쓰고 있습니다. 최초의 품질관리부터 입주서비스, 차별화된 CS(고객만족)활동, 체계적인 하자관리시스템 등이 바로 그것이죠."

2) 최적화 서비스로 푸르지오 명성

고객서비스를 시작으로 여기는 대우건설은 시공단계는 물론 시공후까지 철저한 품질관리를 제공한다. 그리고 준공 막바지에는 주부모니터 요원들을 투입시켜 입주자 눈높이에서 하나부터 열까지 세심한 모니터링을 실시, 그 결과를 반영하고 있다. 또한 입주자와 현장직원들을 통해 입주 전후의 점검과 평가를 실시한다. 1개월전에는 입주자를 대상으로 '내집 방문의 날' 행사를 열어 실질적인 평가를 받는다. 또 입주후에는 실제 시공에 참여한 현장직원들이 단지를 방문, 하자발생 현황과 사례를 점검하는 '사이트 커밍 데이'(Site Comming Day) 행사를 실시한다.

3) 최적화 서비스로 입주자 마음을 사로잡는 대우건설의 푸르지오

차별화된 고객만족활동으로는 대고객서비스 일환인 '푸르지오 사랑서비스'가 있다. 이 서비스는 입주 후 1~5년차 단지를 대상으로 신청에 따라 주방청소, 발코니 및 외부유리창 청소, 단지 조경관리 및 도로청소 등을 제공한다. 여기에 가족사진을 고급액자나 쿠션에 인쇄해 무료로 제공하는 작지만 세심한 이벤트도 진행한다. '돌보미 서비스'는 입주시 노약자를 무료로 돌보는 서비스로 입주자 불편을 최소화해 좋은 반응을 얻고 있다. 입주자 편의를 최우선으로 하는 발 빠른 서비스도 눈에 띈다. △ 긴급 하자보수처리를 위한 기동팀 △ 고객불만에 대해 신속한 확인을 위한 '에이에스 해피콜(AS Happy-Call)' △ 간편한 하자신청을 위한 '홈오토 하자접수' 등을 운영 중이다. '에이에스 콜백(AS Call-Back)'시스템은 퇴근 후 늦은 시간이나 주말에도 전화를 통해 고객의 요청사항을 접수하는 프로그램으로 고객에 대한 세심한 배려가 돋보인다.

자료: http://www.newsprime.co.kr/news/articleView.html?idxno=251484(2013.2.10)

4) 톡톡 튀는 서비스로 고객마음을 훔쳐

대우건설은 체계적 하자관리시스템도 운영중이다. 다양한 고객의 요구와 불만을 유형별로 분석하고 CS활동을 종합적으로 평가하도록 시스템화한 것이 그 특징이다. 모바일을 통해서도 AS접수부터 처리까지 전체의 과정을 고객들이 확인할 수 있다. 올해부터는 하자관리시스템과 대우건설의 협력업체 관리시스템을 연계시켜 하자처리 불성실업체의 평가를 동시에 진행한다. 대우건설 관계자는 "이와같은 차별화된 CS활동을 위해 인적서비스, 시스템 및 제도, 교육 등을 고객의 요구에 맞춰 조직을 운영하고 있다"면서 "브랜드, 분양, 현장, 입주·사후, 계약고객 등을 세분화해 관리하고 있다"고 말했다. 이와 별개로 연 1회 전 직원을 대상으로 한 서비스교육, CS담당자들을 위한 외부전문기관에의 위탁교육 등도 실시한다. 이후 모니터링을 실시해 우수직원과 고객칭찬 직원에게는 선물과 포상을 한다. 대우건설은 새로운 서비스 상품전략도 제시했다. 소비자의 생애주기와 취향을 반영, 집 내부의 모든 요소를 소비자가 직접 선택할 수 있는 고객맞춤형 서비스인 '마이 프리미엄'을 추진할 계획이다.

2015년까지 상품에의 정착을 목표로 로드맵을 추진중이다. 뿐만 아니라 2020년까지 에너지 사용량이 거의 없는 '제로 에너지 하우스'를 실현한다는 비전도 세웠다. 2009년에 친환경·신재생에너지 주거상품으로 구성된 '그린 프리미엄'을 발표한 것도 이 비전에 따른 것이다.[317]

4. 아파트의 브랜드, 푸르지오·래미안·자이·e-편한세상·힐스테이트

브랜드를 만들고 굳히기 '총력전'[318] '아파트 브랜드에 주거공간의 모든 가치를 담아라' '아파트 브랜드 파워가 성공을 좌우한다.' 더욱 거세지고 있

---

317) http://www.newsprime.co.kr/news/articleView.html?idxno=251484(2013.2.10)
318) [홍보 熱戰]⑤아파트-푸르지오·래미안·자이·e-편한세상·힐스테이트 Construction 2012/02/10 16:56, http://polydalai.blog.me/30130916444, 2007년 01월 04일 (목) 00:00:00 기업&미디어 web@biznmedia.com

는 아파트 브랜드 열기를 단적으로 드러내는 표현들이다. 1990년대와 2000년대의 초창기 아파트 브랜드 시대를 지나면서 주요 건설업체들이 브랜드의 위력에 주목, 새로운 브랜드 개발과 업그레이드에 주력하고 있다. 아파트 건설에 제2의 브랜드 전성기가 도래하고 있다고 해도 과언이 아닐 정도다. 주택건설업체 대부분이 톱스타 모델을 앞다퉈 기용, 단기간내에 파급될 수 있는 브랜드 홍보효과를 노리는 것도 이와같은 맥락이다. 또한 최근에는 더욱 다양해진 사후서비스에 정성을 쏟는 것은 물론 기업 이미지의 제고 차원에서 각종 문화사업과 연계시키는 이벤트홍보도 필사적으로 전개하고 있다. 건설업계의 불꽃 튀기는 경쟁은 지난해 9월 말 현대건설의 새 브랜드 '힐스테이트'의 등장으로 더욱 가열되고 있다. 올해 또한 주요 아파트 브랜드를 중심으로 한 광고홍보전이 더욱 치열해질 것으로 전망된다.

대우건설의 '푸르지오': 김남주 모델 광고 확대(격월간지: 푸르지오)
자료: http://blog.naver.com/polydalai?Redirect=Log&logNo=30130916444(2013.2.10)

푸르지오의 마크
자료: http://search.daum.net/search?w=tot&DA=UMEF&t__nil_searchbox=suggest&
sug=&q=%ED%91%B8%EB%A5%B4%EC%A7%80%EC%98%A4(2013.2.13)

    대우건설의 푸르지오에는 '1위'라는 자랑스런 꼬리표가 따라 다닌다. 지난해 전문조사기관인 리서치 인터내셔널 코리아와 AC닐슨 코리아의 조사 결과 브랜드와 광고의 인지도 차원에서 각각 1위를 차지했다. 2003년 푸르지오 브랜드를 런칭한 대우건설은 아파트 설계부터 광고까지 '고품격 생활 공간'이라는 컨셉을 구현, 주택시장에서 확고한 브랜드로 자리잡은 것으로 보고 있다. 푸르지오라고 하면 가장 먼저 김남주가 출연하는 광고를 떠올릴 정도로 브랜드 입지를 굳혔다는 것이다. 지난해 대우건설은 '생활의 프리미엄'이란 카피로 푸르지오가 입주자의 삶의 질을 업그레이드 시켜주는 생활 공간이라는 메시지를 전달하는데 역점을 뒀다.
    푸르지오의 계속된 상한가는 업그레이드된 설계가 광고전략을 뒷받침하면서 소비자들의 주목을 받았기 때문인 것으로 풀이된다. 단지의 설계에서부터 조경, 평면, 인테리어, 설비 등 아파트 전반에 걸쳐 기존의 아파트와 차별화된 생활공간을 선보였기 때문에 소비자들의 마음을 사로잡을 수 있다는 분석이다. 또한 푸르지오의 인기는 특히 추상적인 것에 머물 수 있는 광고를 보다 실질적인 내용으로 구체화시키면서 브랜드에 대한 신뢰도를 높였다는 평이다. 지난해부터 선보인 격월간지 '푸르지오' 매거진을 통해 입주자들에게 일상생활에 필요한 정보를 제공하는 등 꾸준한 사후관리를 한 것도 주효했다. 대우건설 홍보 관계자는 "지난해 특히 생활의 프리미엄이란 카피로 입주자들의 생활의 편리를 광고를 통해 실증적으로 전달하는데 심혈을 기울였다"면서 "실제로 아파트를 짓는데도 실내조명이나 도어록 등 아파트 실내공간에 대해 세심한 관심을 기울이고 있다"고 밝혔다.

 '잘 나갈 때 일수록 더욱 고삐를 죄라'는 말처럼 대우건설은 올해에도 더욱 브랜드 마케팅을 강화할 계획이다. 홍보 관계자는 "프리미엄 아파트라는 콘셉트를 구체적으로 전달하면서 강화시킬 계획"이라며 "또한 브랜드의 경영 차원에서 신평면 개발 등 신상품 개발에 주력할 것"이라고 말했다. 푸르지오는 깨끗함, 산뜻함의 이미지인 순우리말 '푸르다'와 대지와 공간을 상징하는 GEO가 결합된 것으로 사람, 자연 그리고 환경이 하나 된 차원 높은 생활문화공간을 의미한다.

GS건설의 '자이': 이영애 모델 기용・브랜드 차별화 '히트'
자료: http://blog.naver.com/polydalai?Redirect=Log&logNo=30130916444(2013.2.10)

새로운 미래는 자이에서 시작되었다.
Made in Xi

더 스마트하고, 더 아름다운 라이프를 위해
첨단으로 앞선 아파트!

분양정보 보러가기

자이의 마크
자료: http://search.daum.net/search?w=tot&m=&q=%EC%9E%90%EC%9D%B4&nil_profile=jockeytop&nzq=%ED%91%B8%EB%A5%B4%EC%A7%80%EC%98%A4&topq=&DA=SJTO(2013.2.13)

　　GS건설의 지난해 최대의 이슈는 '자이 커뮤니티'의 안착이다. 전국적으로 운영중인 자이 커뮤니티는 GS건설의 지원으로 자이 입주민으로서의 자부심을 심어주는데 큰 역할을 하고 있다. 그것은 바로 다른 아파트와의 차별화를 이끌어 내는 것이다. 이를 뒷받침한 것이 자이의 광고다. 동호회, 가가 자이, 나눔편 등 총 3편으로 구성된 광고는 자이 고유의 '색깔'을 유지하면서 라이프스타일의 변화를 분명하고도 감성적으로 반영하고 있다. 자이는 입주민 뿐만 아니라 일반고객들에게도 충분히 자이에 살고 싶은 동기를 부여하고 있는 것이다. 지난해 선보인 'My special Love' 캠페인은 자이 입주자만이 가질 수 있는 다양한 혜택을 사실적으로 전하며 그것이 곧 자부심으로 자리잡도록 한 것이다. 이 광고는 전국의 자이 입주민 동호회가 소개되고, 고품격 아파트 잡지인 '佳家자이' 등을 주제로 CF가 만들어져, 단순한 아파트라는 공간의 자이가 아닌 문화와 감성을 공유하고 호흡하는 세련되고 품격높은 자이 아파트임을 강조하고 있다. 또한 GS건설은 탤런트 이영애 씨를 모델로 발탁하여 자이의 품격과 이미지를 다양한 홍보매체를 통해 활용한 것도 브랜드 성공의 원인으로 평가받고 있다. GS건설의 이런 적극적인 움직임은 지난해 13개 브랜드관련 상을 휩쓸며 저력을 보여주었다. 또한 GS건설은 전국 150개 현장 펜스와 모델 하우스에 색깔 크기가 통일된 로고를 부착하는 등 브랜드 통합화에 나섰다. 이외에도 자이는 고객만족을 최우선으로 하는 경영전략에 따라 최고의 품질 및 사전·사후 서비스를 제공하고 있다. 전국 5개 권역별 CS사무소를 설치, 고객의 불만요소를 언제든지 파악해 이에 대처할 수 있도록 밀착서비스를 하고 있으며 아파트 입주 전후에 가질 수 있는 고객의 문제를 신속히 처리하고 있다. 특히 하자 발생시 연락 후 CS직원 10분만에 도착하는 '10분 출동 서비스', 주부로 구성된 CS 전문요원인 '자이안 매니저'의 입주 전후 모니터링 활동 등 고객의 눈높이에 맞춘 서비스를 선보이고 있다. GS건설의 홍보 관계자는 "올해도 자이의 적극적인 홍보 및 광고활동을 계속 펼칠 것"이라며 "일년에 3회 정도 새로운 광고가 선보이게 되는데 3월 정도에 첫 광고가 나갈 것"이라고 말했다. 또한 GS건설은 지난해에 이어 올해도 다양한 고객만족활동과 입주민 공동체 위주의 활동을 강화시킬 계획이다.

대림산업의 'e-편한세상': 일반모델 내세워 광고·문화마케팅 강화
자료: http://blog.naver.com/polydalai?Redirect=Log&logNo=30130916444

e-편한세상의 마크
자료: http://search.daum.net/search?w=img&q=%EC%9D%B4%ED%8E%B8%ED%95%
　　　9C%EC%84%B8%EC%83%81&autocvt=0&spacing=0(2013.2.13)

　　최근 '쉼'을 컨셉트로 한 인테리어를 선보이며 큰 반향을 이끌어 내고 있는 대림산업의 e-편한세상은 올해에도 '쉼' 캠페인을 지속적으로 펼쳐나갈 계획이다. '사이버 공동체'로서의 집이 의미를 처음 들고 나온 e-편한세상은 '쉼'을 통해 주거공간이 갖는 가치를 가장 쉽고 편안하게 전달하는데 주력하고 있다. 그런 의미에서 그동안 대림산업은 아파트 최초의 고객만족활동으로 오렌지 서비스와 그린서비스 등의 사후관리를 벌여왔다. e-편한세상은 또한 최근 건설업체 대부분이 빅 모델을 활용한 홍보모델을 펼치고 있는 것과는 달리 일반모델을 활용한 광고활동을 벌이고 있어 더욱 눈길을 끌고 있다. 이와 관련 대림산업 홍보관계자는 "천편일률적으로 보여지는 톱모델 보다는 일반모델을 통해 e-편한세상의 가치를 알리는 작업이 곧 차별화를 이끌어 낼 수 있다고 본다"고 말했다. 대림산업은 그동안 e-편한세상의 홍보활동에 있어 품질과 실용성, 자연과 문화가 접목된 아파트로서의 이미지를 전달하는데 중점을 두었다. 대림산업은 올해에도 그동안 해왔던 문화마케팅을 더욱 다양한 방면으로 확대시켜 벌여나갈 계획이다. 홍보 관계자는 "아파트단지내에 조형물의 설치가 아닌 작품을 전시할 계획"이라며 "음악

회나 대림미술관 초청행사 등이 이뤄질 것"이라고 말했다.

삼성건설의 '래미안': 수요자 참여 디자인 개발·문화이벤트 주력
자료: http://blog.naver.com/polydalai?Redirect=Log&logNo=30130916444(2013.2.10)

래미안의 마크
자료: http://search.daum.net/search?nil_suggest=btn&nil_ch=&rtupcoll=&w=img&m=
&f=&lpp=&DA=SBCO&sug=&q=%EB%9E%98%EB%AF%B8%EC%95%88(2013.2.13)

삼성건설(삼성물산 건설부문)의 래미안 홍보활동은 문화 마케팅과 수요자들이 직접 참여하는 디자인 개발, 독자적인 서비스 브랜드 '헤스티아' 런칭 등으로 정리할 수 있다. 삼성건설은 강북과 강남에 각각 설치한 주택문화관에 래미안 갤러리를 운영하면서 상시적으로 미술·디자인 전시회를 열고 있다. 지난해 서울 일원동 래미안 갤러리에서 어린이를 위한 생활예절 뮤지컬인 '꾸벅이야기'를 선보였으며 루마니아 유리공예품 및 조각전시회도 열었다. 지난 2000년 건설업계 최초로 아파트에 브랜드를 도입한 삼성건설은 최근 들어 더욱 독특한 디자인으로 아파트를 꾸며 수요자의 관심을 끌기 위한 노력을 적극적으로 벌이고 있다. 바로 디자인에 집중하고 있는 것이다. 이와 관련하여 각계 각층의 의견을 수렴하기 위한 활발한 그룹의 운영도 눈에 띈다. 소비자의 취향을 잘 아는 주부들을 참여시키는 '21세기 위원회'와 대학교수 등 전문가들이 참여하는 '디자인 리더스그룹', 외부 디자인회사 사장을 임원으로 영입한 '디자인마스터 그룹' 등을 운영하고 있다. 이와같은 삼성건설의 활동은 입주자들로부터 호평을 받고 있으며 일본 최고 권위의 디자인 공모전인 '굿디자인 어워드 2006'에서 국내 건설업체로는 처음으로 굿디자인상을 수상하기도 했다. 특히 삼성건설은 유비쿼터스 주거의 표준모델 개발을 위해 지난해 5월 미국 마이크로스프트사와 '하우징 프레임워크' 공동개발을 위한 양해각서를 체결하고 연구개발사업을 진행중이다. 이외에도 삼성건설은 입주전 주거의 만족도를 높이기 위한 '좋은집 만들기' 등 사전검사를 실시하고 있으며 서비스 브랜드 헤스티아를 통해 매년 정기점검을 실시하는 등 고객만족에 앞장서고 있다.

현대건설의 '힐스테이트': 고소영을 내세워 '힐스테이트' 광고 박차
자료: http://blog.naver.com/polydalai?Redirect=Log&logNo=30130916444(2013.2.10)

힐스테이트의 마크
자료: http://search.daum.net/search?nil_suggest=sugsch&nil_ch=&rtupcoll=&w=img
&m=&f=&lpp=&DA=IHPV&sug=&q=%ED%9E%90%EC%8A%A4%ED%85%8C%EC%
9D%B4%ED%8A%B8(2013.2.13)

현대건설은 지난해 새롭게 선보인 아파트 전문브랜드인 '힐스테이트' 때문에 웃었다. '집에 담고 싶은 모든 가치의 실현'을 모토로 대대적인 광고공세를 펼친 현대건설은 브랜드 런칭의 성공은 첫 분양에서 증명됐다. 서울 성동구 성수동의 서울숲 힐스테이트 1순위 청약접수에서 평균 75.1대 1이라는 높은 경쟁률로 전 평형 분양이 성공리에 마감된 것이다. 새 브랜드로서의 힐스테이트는 언덕·고급 주거단지를 뜻하는 'Hill'과 높은 지위와 품격을 뜻하는 'State'의 합성어로 고품격 자부심이 있는 공간을 의미한다. 또한 'Hyundai'의 'H'자와 연계해 현대건설의 전통성을 살리면서도 현대적인 감각을 조화시킬 수 있도록 했다. 힐스테이트는 소비자가 원하는 명품아파트를 구현한다는 목적 아래 위엄과 품격의 자부심을 느낄 수 있는 차별화된 외관을 선보이고 있다. 현대건설은 감성적 측면에서 오피니언 리더인 여성층과 싱글, 실버층을 배려한 다양한 상품개발로 한 단계 높은 주거문화공간을 창출한다는 전략을 세워놓고 있다. 특히 힐스테이트의 얼굴로 고품격이고 세련되면서도 도시적 이미지로 사랑받고 있는 고소영을 메인 모델로 발탁해 만든 광고를 대거 선보이고 있다. 함께 등장하는 명사모델인 영화감독 임권택, 작가 최인호, 여성1호 헤드헌터 유순신, 록가스 윤도현 등의 등장도 소비자의 시선을 끌기에 충분하다. 현대건설 홍보 관계자는 "지난해 브랜드 런칭의 성공은 광고와 상품으로서의 아파트의 품질 등 모든 것이 갖춰졌기 때문으로 생각된다"며 "올해도 고소영을 중심으로 한 광고는 계속 될 것"이라고 말했다.319)320)

319) 안산 레이크타운 푸르지오초대형, 호수공원 인접, 4호선 고잔역, 브랜드 프리미엄.www.prugio.com/HOME/2012/ansan김포풍무자이 아낌없는파격분양33개월살고결정. 2800만원입주, 김포자이아파트, 잔금유예2년 파격분양
blog.naver.com/nsg6407개봉푸르지오 특별분양978세대, 30평, 33평, 45평, 중도금무이자, 연말특별이벤트,www.gaebongprugio.co.kr[출처] [홍보 熱戰] 아파트-푸르지오·래미안·자이·e-편한세상·힐스테이트 |작성자 polydalai
320) http://blog.navor.com/polydalai?Redirect=Log&logNo=30130916444(2013.2.10)

5. 푸르지오(prugio)의 마케팅전략과 경영분석

대우건설은 환경친화적인가? 2020년까지 에너지 사용량이 거의 없는 '제로 에너지 하우스(Zero Energy House)'를 만들겠다는 청사진을 제시하였고, 이를 위해 친환경 신재생 에너지 주거상품으로 구성된 상품전략인 '그린프리미엄(GREEN Premium)'을 발표했다.[321]

1) 제로 에너지 하우스(Zero Energy House)'란?

대우건설에서 추진하고 있는 것으로서 아파트 단지에서 사용하는 전력, 난방 등 에너지를 단지내부에서 모두 해결할 수 있는 건설이다.

2) 그린프리미엄(GREEN Premium)'이란?

자연 그대로의 친환경 상품을 추구하는 Geo Nature의 G, 자원을 적극적으로 재활용하겠다는 Recycle의 R, 에너지 효율을 극대화한 Efficient의 E, 에너지 절감을 의미하는 Energy Saving의 E, 친환경 에너지를 활용하는 Natural Energy의 N 등 5개의 키워드의 첫 이니셜을 조합한 것이다. 태양광, 바이오가스 등 친환경 신재생 에너지를 주거상품에 적극 도입하여 지구온난화 등 환경문제에 적극적으로 대응하고 고객들에게 유지관리비 절감을 통한 실질적인 혜택을 제공하며, 친환경 웰빙 주거공간 제공을 통해 고객만족을 실현하고자 하는 대우건설의 의지를 담은 푸르지오의 신개념 상품전략이다. 대우건설은 지난 1995년 업계 최초로 친환경 개념을 공동주택에 도입한 '그린홈, 크린아파트'를 선보였으며, 2003년부터는 이를 계승한 친환경 아파트 브랜드인 '푸르지오'를 통해 차별화된 친환경 철학과 국내 최고 수준의 기술력을 선보이고 있다. 실제로 지난 2007년 입주한 목포 옥암 푸르지오는 국내 민간업계 최초로 태양광발전 시스템을 적용하여 하루 최대 600kWh의 전력을 생산해 단지내 복도, 주차장, 승강기 등의 공용전력으로 사용하고 있으며 2008년 한해동안 가구당 20만원 정도의 전기요금 절감효

---

321) 레포트월드 | 10.09.09 00:00, 분류사회과학, 발행일2010.09.09, 제공처: 레포트월드

과로 입주민들에게 큰 호응을 얻고 있다. 현재 대우건설은 기술연구원을 중심으로 태양광 블라인드 창호, 바이오가스 발전시스템, 태양 집채광 시스템 등 그린프리미엄 주거상품들을 개발, 실제 현장에 적용하거나 적용을 추진하고 있다.322)323)

6. 대우건설 푸르지오의 하반기 TV광고 On-Air

대우건설은 오는 9월 주택 브랜드 푸르지오의 새로운 TV광고를 선보인다고 밝혔다.324) 부동산경기 침체 장기화로 대형 건설사들마저 브랜드 광고에 보수적인 행보를 보이고 있는 현실에서 대우건설은 오히려 공격적인 브랜드 PR전략을 취하고 있어 사뭇 대조적인 모습을 보이고 있다. 이는 대우건설이 아파트 브랜드인 '푸르지오'를 통해 8년간 주택공급실적 1위를 달성하며 주택시장을 선도하고 있고, 올해에도 서울·수도권·부산 등 총 2만 7435가구를 공급하며 공격적인 분양전략을 취하고 있기 때문인 것으로 분석된다. 또한 대우건설의 브랜드인 '푸르지오'도 연속적인 분양성공으로 소비자들로부터 높은 인지도 및 선호도를 형성하고 있으며 '사람과 자연이 함께하는 주거문화공간'이라는 브랜드 핵심가치가 좋은 반응을 얻고 있기 때문에 브랜드 인지도 선두자리를 굳히겠다는 전략도 담겨져 있는 것이다.

1) Real Premium Real Life 두번째 이야기

이번 하반기 광고는 올 상반기부터 진행해온 'Real Premium, Real Life' 캠페인의 후속광고다. 상반기에는 친환경 리더십 강화와 친환경 프리미엄 아파트 인식을 확고히 했다면 하반기에는 친환경 리더십의 인식을 더욱 강화하고 소비자의 공감을 확장하는 것에 초점을 맞췄다. 더욱 친근하고 공감하기 쉽도록 친환경 조경의 실체와 더불어 생활속에서 누릴 수 있는 '푸르지

---

322) 대우건설의 환경인증
323) http://ask.nate.com/knote/view.html?num=2960669&sq=%B4%EB%BF%EC%B0%C7%BC%B3%C0%C7+%C0%FC%B7%AF%B0%E6%BF%B5(2013.2.7)
324) 기사입력 : 2012 08-31 08:57

오'만의 다양한 혜택도 함께 담았다. 이러한 혜택들을 엮은 '푸르지오'의 하반기 광고는 '푸르지오'의 주거공간이 단순한 기능적 가치를 넘어 진정한 삶의 가치를 찾을 수 있는 공간임을 전달한다.

자료: http://news.catchall.co.kr/news/news_view.jsp?seq=214946(2013.2.7)

푸르지오의 일상이 광고안으로 들어온다. '푸르지오'의 하반기 광고는 총 6가지의 혜택을 2편의 광고로 나누어 소개한다. 단지안의 꽃과 나무 이름을 배우는 수업 '푸르지오 숲속학교', 가족이 함께 저녁 별빛을 바라볼 수 있는 공간 '푸르지오 트윙클 전망대', 지친 마음을 사계절 내내 푸른 온실에서 치유할 수 있는 '푸르지오 글라스 하우스', 단지를 대표하는 상징적 나무인 '푸르지오 리멤버 트리', 가족이 함께 추억을 만드는 공방 '푸르지오 투게더 공방', 주민들에게 자전거 대여 서비스를 제공하는 '푸르지오 자전거 쉐어링' 등이 그것이다.

2) 집은 이렇게 짓는 것이고 사람은 이렇게 사는 것

대우건설 관계자는 "이번 하반기 TV-CM을 통해 소비자가 푸르지오의 조경과 다양한 혜택이 만들어내는 행복한 삶을 간접적으로나마 체험하고 공감할 수 있도록 친환경 프리미엄의 이미지를 더욱 확고히 했다"며 "단순히 가격을 높이기 위해 기능만을 강조한 차갑고 건조한 아파트가 아닌 자연과 함께하는 공간, 고객의 생활을 세심하게 고려한 푸르지오의 'Real Premium Real Life'를 누려보기 바란다"고 말했다. 대우건설 푸르지오의 새로운 TV 광고는 오는 9월 1일부터 공중파, 케이블 채널 등을 통해 전파를 타게 되며, 푸르지오 홈페이지(www.prugio.com)에서도 영상물과 이미지 등의 다양한 형태로 소비자들에게 제공될 예정이다.325)326)

7. 대우건설의 업계 최초 입주고객 대상 주거문화상품 '라이프 프리미엄' 론칭

1) 라이프 프리미엄의 개념

대우건설(대표이사 서종욱)은 건설업계 최초로 푸르지오 입주고객에게 제공하는 한차원 높은 주거문화상품인 '라이프 프리미엄'(LIFE Premium)을 21일 발표했다.327) '라이프 프리미엄'이란 입주 후 주거문화를 고려한 특화 서비스로서 대우건설은 이를 통해 단지의 조경과 주민공동시설 등 아파트의 공용시설을 입주민들이 적극적으로 이용할 수 있도록 다양한 프로그램을 제공할 예정이다. 현재 대부분의 건설사들은 입주 후 서비스로 단순 하자보수에 중점을 두고 있다. 대우건설은 2009년 업계 최초로 친환경 상품전략인 '그린프리미엄'을 발표한 이래 맞춤형 주택인 '마이 프리미엄'을 선보이는 등 매년 새로운 주택상품의 전략을 개발, 시장에 선보이고 있다.

---

325) ㈜교차로, 출처 : 대우건설
326) http://news.catchall.co.kr/news/news_view.jsp?seq=214946(2013.2.7)
327) 기사입력 : 2012-11-21 14:21

이번에 발표한 '라이프 프리미엄'은 대우건설 푸르지오가 추구하는 '사람과 자연이 함께하는 주거문화공간'의 개념을 더욱 확장하여, '좋은 집에 산다는 것은 가치있는 삶을 산다는 것'이라는 고객지향의 가치를 담았다.

2) '숲속학교', '자전거 쉐어링' 등 상품으로 고객만족의 극대화

'라이프 프리미엄' 등의 상품개발을 위해 각 계층의 소비자 의견을 청취하는 등 수년간의 연구개발을 진행했다. 그 결과 헬시 라이프(Healthy Life), 컴포트 라이프(Comfort Life), 액티브 라이프(Active Life), 소셜 라이프(Social Life), 크리에이티브 라이프(Creative Life), 프라우드 라이프(Proud Life) 등 여섯 가지 가이드라인을 마련했다. '라이프 프리미엄'은 이 여섯 가지 가이드라인을 기초로 약 40여가지의 다양한 프로그램으로 구성되어 있다.

△ 헬시 라이프(Healthy Life)는 집으로 가는 숲길인 '힐링 포리스트', 어린이들의 놀이공간과 학습공간을 안전하게 이어주는 '키즈벨트' 및 '새싹정류장' 등 쾌적하고 안전한 생활환경을 제공하는 상품들로 구성되어 있다.

△ 컴포트 라이프(Comfort Life)는 푸르지오의 메인터넌스(Maintenance) 서비스인 '더 사랑 서비스'와 평소 주부가 혼자하기 어려운 못박기, 전등교체 등의 가사를 도와주는 '대신맨 서비스' 등 일상생활에 필요한 서비스 상품들로 구성된다.

△ 액티브 라이프(Active Life)는 입주민들이 자전거를 함께 탈 수 있는 '자전거 쉐어링', 푸르지오만의 고품격 주민공동시설인 'Uz센터'에서 어린이 생활체육교실, 에어로빅 강좌 등과 같이 단지별 맞춤형으로 제공되는 'Uz플래닝 서비스' 등 생활에 활력을 더하는 상품으로 이루어져 있다.

△ 소셜 라이프(Social Life)는 입주민 전체가 함께 하는 집들이 '웰컴 파티'와 같이 이웃과 소통하며 함께 할 수 있는 이벤트와 지원시스템으로 구성되어 있다.

△ 크리에이티브 라이프(Creative Life)는 쿠킹 클래스 등 단지로 직접 찾아가는 '컬쳐 이벤트', 생활문화용품들을 보관의 걱정없이 편리하게 대여할 수 있는 '프리 렌탈 서비스' 등 문화체험 프로그램들로 완성되었다.

△ 프라우드 라이프(Proud Life)는 '푸르지오 글라스 하우스', '투게더 공방' 등 푸르지오만의 특화된 외부환경시설에서 '숲속학교', '텃밭 가꾸기'와 같이 다양한 연령대의 고객이 모두 함께 할 수 있는 맞춤형 교육프로그램들로써 구성된다.

3) 기존의 친환경 기술력에 더해 푸르지오의 브랜드 가치 상승 기대

대우건설은 향후 건강, 예술, 교육 등 다양한 문화상품들과의 접목을 통해 '라이프 프리미엄'을 더해 다채로운 상품들로 발전시킬 계획이다. 현동호 주택사업본부장은 "'라이프 프리미엄'은 경쟁사보다 앞서 한 차원 높은 주거문화상품을 선보임으로써, 기존 '푸르지오'가 강점을 보였던 친환경 기술력과 더불어 '푸르지오'의 브랜드 파워를 한층 더 강화시켜 줄 것"이라며, "향후 주택문화관 '푸르지오 밸리'를 활용한 문화상품, 연관산업 제휴 등 지속적인 상품개발을 통해 '라이프 프리미엄' 문화상품의 범위를 점차 넓혀 갈 것'이라고 포부를 밝혔다. 한편 현재의 '라이프 프리미엄'은 기분양된 당진 1차 푸르지오, 울산 신정 푸르지오, 용인 수지 푸르지오 등에 이미 적용되어 활용되고 있고, 향후 준공되는 푸르지오에도 단지별 니즈(Needs) 분석을 통해 각각의 프로그램이 맞춤형으로 적용될 예정이다.328)329)

8. 건설사의 SNS 마케팅 홍보강화와 성과

건설사들이 페이스북 등 소셜네트워크서비스(SNS)를 이용한 홍보를 강화하고 있다. 브랜드 인지도를 높일 뿐만 아니라 투입되는 비용 대비 효율적이어서다.330) 주요 건설사의 경우 올 들어 이들 업체의 페이스북 페이지에 수천명이 구독에 나서면서 기대 이상의 성과를 거두고 있다.

---

328) 출처 : 대우건설
329) http://news.catchall.co.kr/news/news_view.jsp?seq=232984(2013.2.7)
330) 기사입력 2012-11-29 17:11 기사수정 2012-11 29 17:11

1) 공중파 광고 대비 효율적

29일 건설업계에 따르면 SNS마케팅의 선두주자로는 대우건설이 꼽힌다. 대우건설의 페이스북 페이지인 '정대우 씨 이야기'는 현재 5900명이 넘는 이용자들이 구독중이다. 30대 후반~40대 초반의 가상 캐릭터인 정대우 씨가 페이스북의 주인으로 대우건설의 홍보 뿐만 아니라 30~40대의 공감을 일으키는 내용을 전하며 인기를 끌고 있다. 대우건설 홍보팀은 효과를 실감하고 있다. 홍보팀 지미진 과장은 "지난해 5월 시작한 데 비해 빠른 효과를 거두고 있다"며 "최근 방송통신위원회 산하 한국인터넷소통협회가 선정하는 인터넷소통 1위 기업으로 선정됐을 뿐만 아니라 기업 인지도나 선호도 등의 지표가 상승세를 타고 있다"고 전했다. 지 과장은 "홍보특성상 얼마만큼의 비용절감 효과가 있었다고 정량적으로 수치화하기는 어렵지만 일반 공중파 광고 대비 효율적인 것은 사실"이라고 설명했다. 대우건설은 내년까지 7000~8000명의 구독자를 확보하는 것이 목표다. 이와같은 분위기를 타고 포스코건설도 최근 SNS 홍보를 강화하고 나섰다. 포스코건설의 페이스북은 현재 2300여명이 구독중이다. 지난달 본격적으로 오픈한 점 등을 감안하면 놀라운 속도다. 포스코건설 관계자는 "구독자 목표를 올 연말까지 7000명, 내년 8월까지 2만5000명으로 잡고 있다"며 "건설부문에서 SNS마케팅 선두주자로 나서려 한다"고 말했다. 이 관계자는 "신문광고나 방송광고 비용이 어마어마한 데 비해 페이스북은 비용이 거의 들지 않아 비용 대비 홍보효과가 크지만 그렇다고 직접적인 매출에 영향을 주는 것은 아니다"고 덧붙였다. 삼성물산 건설부문의 경우 현재 페이스북에서 1120명의 구독자 수를 기록하고 있다. 홍보실 관계자는 "조만간 아파트 브랜드 홍보 페이지도 만들 계획"이라고 전했다.

2) 인지도 강화에의 초점

건설사들은 SNS를 통한 적극적인 홍보보다는 기업이 소비자들에게 친숙하게 다가가는 데 초점을 맞추고 있다. 그렇게 하는 이유는 아파트 선택에서 브랜드를 고려하는 소비자들을 감안해서다. 대우건설의 지 과장은 "이용자들이 거부감없이 받아들일 수 있도록 일상 위주의 포스팅에 중간중간 기업브랜드를 노출시키고 있다"고 설명했다. 포스코건설의 관계자도 "SNS를 주로 이용하는 젊은층을 대상으로 잠재적인 고객을 만들어 나가는 게 목표"라며 "그렇기 때문에 사회공헌활동 위주로 홍보하고 있다"고 말했다. 이 관계자는 "앞서 아파트 브랜드인 '더-샾의 분양광고성 페이스북을 운영한 적이 있었지만 실패했다"며 "SNS 운영을 목적으로 비용투입에 걸맞은 효과를 거두려 한다면 반응이 적을 수밖에 없기 때문"이라고 설명했다.[331][332]

9. 집 구경하고 이벤트 즐기고, 설맞이 이색 이벤트 화제

유난히 짧은 올해 설 연휴에 고향을 찾기보다는 집에서 연휴를 보내는 사람들이 크게 늘어난다는 전망이다.[333] 이럴 때 인근의 모델하우스를 방문해 내 집 마련의 설계를 해보는 것도 좋은 방법이다. 건설사들도 설을 앞두고 모델하우스를 방문하는 고객들을 대상으로 풍성한 설맞이 이벤트를 진행하고 있어 연휴를 더욱 알차게 보내고자 한다면 좋은 기회가 될 것으로 보인다. 대우건설이 경기 시흥시 죽율동에 분양중인 '시흥 6차 푸르지오 1단지(2차)'는 설을 맞아 모델하우스를 방문하는 내방객들에게 떡국용 떡을 제공하는 이색마케팅을 펼치고 있어 눈길을 끈다. '시흥 6차 푸르지오 1단지(2차)' 분양 관계자는 "설을 맞아 고객들에게 감사하는 마음을 전하기 위해 이같은 이벤트를 기획하게 됐다"며 "일회성 행사에 그치지 않고 설 이후에도 고객들을 만족시키기 위한 다양한 마케팅 활동을 펼칠 예정"이라고 전했다. '시흥 6차 푸르지오 1단지(2차)'는 지하 2층~지상 23층, 20개동, 총

---

331) 이정은 기자, 파이낸셜뉴스
332) http://www.fnnews.com/view?ra=Sent0501m_View&corp=fnnews&arcid=20121128010025227001 4551&cDateYear=2012&cDateMonth=11&cDateDay=29 (2013.2.11)
333) [조인스랜드]입력 2013-02-08 09:15 / 수정 2013-02-08 10:58

1221가구 규모로 실수요자들의 선호도가 높은 전용 59㎡(253가구), 84㎡(968가구)의 중소형 주택으로 구성된다. 작년 100% 분양 완료(전용 85㎡ 이하)된 '시흥 6차 푸르지오 2단지(1차)' 769가구에 이은 분양물량으로 1,2단지 총 1990가구의 특급 대단지 브랜드타운을 형성하게 된다.

최근 분양조건을 이자 후불제에서 중도금 무이자 융자(일부 동.호에 한함)조건으로 변경해 소비자들의 자금부담을 낮춰 주목된다. 분양가는 3.3㎡당 810만원대부터로 저렴하며, 계약금은 총 5%중에서 500만원을 1차로 내고 나머지는 계약 후 1개월 이내 2차분으로 납부하면 된다.

미니신도시급 랜드마크 단지의 주거 메리트
자료: http://realestate.joinsmsn.com/news/read.asp?pno=108020&ref=naver(2013.2.11)

'시흥 6차 푸르지오'와 같은 브랜드 대단지 중소형 주택형은 분양시장 침체속에서도 꾸준히 수요자들이 찾아 집값의 하락폭이 적고 회복세도 빠르게 나타나는 특징을 갖는다. 또한 브랜드가치와 함께 대형건설사의 기술력과 노하우, 사업안정성을 갖추고 있어 주변 시세보다 집값이 높게 유지되는 경우가 많고 불황에도 심리적인 안정감을 가질 수 있다는 점에서 입주자의 만족도가 높아 수요자들의 선호도가 높은 장점이 있다. 주거 인프라도 우수하다.

  시화신도시가 단지와 인접해 있어 이마트, 롯데마트, 홈플러스, 고대안산병원, 중앙병원 등의 생활편의시설을 그대로 향유할 수 있으며 2014년에는 단지 바로 옆에 초등학교도 개교 예정으로 더욱 알찬 주거환경이 조성될 전망이다. 수도권 최대 산업단지인 시화산업단지와 반월산업단지도 가까이 위치해 실거주와 투자를 아우르는 매력을 겸비했다. 교통여건을 보면 지하철 4호선 정왕역과 신길온천역 2개역의 이용이 가능하며 지난 6월 30일 개통된 수인선(오이도역~송도역)을 통해 수도권 서남부로의 접근성도 더욱 좋아졌다. 소사~원시간 복선전철, 수인선 복선전철 잔여구간(송도~인천 구간, 수원~한대앞) 등의 전철망 확충계획(2016년 예정)과 시흥~평택간 고속도로(2013년 예정)도 개통될 예정이다. 뿐만 아니라 1,2단지 총 1990가구의 대규모 단지인만큼 커뮤니티 시설을 대폭 확충하였다. 입주민의 체력증진을 위한 피트니스클럽, G/X클럽, 골프클럽 등 스포츠시설과 보육시설, 주민회의실, 독서실 등 다양한 시설을 갖췄으며 이들을 가까운 곳에 집중 배치하여 이용의 편의성을 증대시켰다. 특히 최근 단지내에서의 어린이 교통사고가 많은 사회문제로 부각되는 가운데, 자녀들이 안전하게 통학할 수 있는 '새싹정류장'과 다양한 꽃을 심어 사계절의 아름다운 변화를 집앞에서 체감할 수 있는 '에세이 산책로' 등 세심한 배려의 설계가 돋보인다. 외부시설만큼 아파트의 내부도 고급스럽다. 남향 위주의 설계로 조망과 채광, 통풍을 극대화하였으며 보조주방 발코니를 활용한 주방 대형수납공간(확장시 제공), 전면 발코니에서 세탁과 건조를 동시에 할 수 있는 원스톱 세탁공간, 자투리 공간을 활용한 수납공간 등 다양한 공간활용으로 입주민의 주거편의성을 극대화했다. '시흥 6차 푸르지오 1단지' 견본주택은 경기 시흥시 정왕동 1799-4번지에 위치하며 입주는 2014년 7월이다.334)335)336)

---

334) 문의 1577-5231, 특집기획팀
335) 중앙일보조인스랜드
336) http://realestate.joinsmsn.com/news/read.asp?pno=108020&ref=naver

10. 설맞은 모델하우스의 이색 마케팅 눈길

차례비용 제공 등 모델하우스는 휴게소로[337] 설 연휴를 맞아 건설사들이 다양한 이벤트를 마련했다. 모델하우스 내방객에게 실속형 경품을 제공하는 등 혜택의 대상도 넓혔다.

자료: http://www.asiatoday.co.kr/news/view.asp?seq=765134(2013.2.11)

7일 삼성물산에 따르면 대우건설과 함께 분양중인 서울 마포구 '아현 래미안 푸르지오'의 경우 설 이전까지 계약을 체결한 수요자에게 차례비용으로 100만원 상당의 상품권을 증정한다. 설 주말동안 상담을 받은 고객에게는 떡국용 가래떡을 증정하고 가계약자에게는 곶감선물세트를 준다. 삼성물산은 운니동 래미안 갤러리에서도 설날 이벤트를 연다. '래미안 전농 크

(2013.2.11)
337) 기사입력 [2013-02-07 10:01], 기사수정 [2013-02-07 10:01], 아시아투데이 임해중 기자

레시티'와 '답십리 래미안 위브'는 11일까지 계약을 맺은 고객에 한해 상품권이 증정된다. 이 기간동안 모델하우스를 방문한 고객에겐 신권으로 돈을 교환(1인 10만원 한도)해주는 행사도 진행한다. 설 전후인 9일과 11일에는 모델하우스에서 사주풀이와 신년운세를 볼 수 있다. 대우건설이 서울 구로구 개봉동에서 분양중인 '개봉 푸르지오'는 설연휴 모델하우스를 방문하는 고객에게 사은품을 제공한다. 신년맞이 이벤트로 계약자에 한해 특별분양 혜택도 제공된다. 세광종합건설이 경기 가평군에서 분양중인 '청평 세광일가' 모델하우스는 설 연휴동안 휴게소로 활용된다. 귀성·귀경하는 고객들을 위해 무료 카페테리아를 운영한다. 민속놀이 체험과 자전거, 쌀 등 경품 이벤트도 있다. 분양 관계자는 "명절 연휴에는 아파트 모델하우스가 가족들의 카페로 활용되기도 한다"며 "매년 호응이 좋았던 만큼 올해 설 연휴에도 가족들과 함께 할 수 있는 이벤트를 선보일 예정"이라고 말했다.338)339)

11. 대우건설의 그린마케팅(Green Marketing)

1) 이름에 부는 그린마케팅

최근 자사 제품에 '청정', '그린' 등의 이름을 붙인 브랜드를 선보이는 그린 마케팅이 늘고 있다. 해태제과는 '다가올수록(綠)', '녹차 칼로리바란스' 등을 연속으로 출시했으며 롯데제과는 녹차를 넣은 웰빙형 샌드쿠키 '첫눈에'로 녹색의 웰빙과자 붐을 주도하고 있다. 이 회사의 '자일리톨 휘바', '녹차 위즐' 등도 껌과 아이스크림 시장을 온통 녹색열기에 휩싸이도록 한 일등공신이다.340) 크라운제과는 이미 '그린마케팅'이란 슬로건을 내걸고 과자시장의 녹색바람 경쟁에 뛰어들었다. '그린산도', '국희', '쿠크다스', '그린하임' 등이 크라운제과가 자랑하는 대표적인 녹색과자다. 월 20억원대의 매출을 올리던 하임은 그린하임 출시와 동시에 매출이 급상승해 현재 월 30억

---

338) 임해중 기자 haezung2212@asiatoday.co.kr, '글로벌 종합일간지' 아시아투데이
339) http://www.asiatoday.co.kr/news/view.asp?seq=765134(2013.2.11)
340) winter21 2006.05.31 13:03 329, 조회 33,845

원대 수준의 매출을 기록하고 있다. 거기에 더해 국내 최고급 품질을 자랑하는 보성녹차를 사용하며 그 가치를 더욱 높였다. 출시와 동시에 보성녹차밭을 배경으로 한 TV광고 등 다양한 마케팅 활동을 전개해 성공적으로 시장에 진입함은 물론 보성녹차의 홍보까지 톡톡히 하고 있어 지역민들에게서 큰 호응을 얻고 있다. 대우건설의 아파트는 브랜드 네임에서부터 그린마케팅을 강조하고 있다. 순수 한글을 응용한 '푸르지오'는 발음 그대로 '푸르다'는 말과 '지오(GEO·대지를 의미)'를 절묘하게 짝지어 만들었다. 대우아파트에는 항상 수풀이 우거져 있다는 이미지를 각인시킨 마케팅이다. 한화건설의 꿈에그린은 '꿈에 그리던'의 준말로 꿈(dream)과 그린(green)의 합성어다. 여기에는 인간중심의 아파트라는 철학과 환경친화적 자연주의를 결합해 21세기 신주거 문화를 실현하겠다는 한화건설의 의지가 담겨 있다.

가전업계에서도 '청정', '그린', '항균' 등의 이름을 붙인 브랜드를 잇따라 출시하고 있다. 삼성전자는 냉장고 신모델 브랜드를 '청정지펠'로 이름 짓고 대대적인 홍보를 벌이고 있다. LG전자도 이미 출시된 냉장고 디오스 제품에 '녹색기술 리니어 디오스'라는 설명을 붙여 친환경 이미지 강화를 위해 적극적인 그린마케팅을 펴고 있다.

아침에 간편하고 든든한 한 끼를 마련하고 싶은 분들께, 부담없는 저녁을 원하는 분들께 적극 추천하는 햇반죽 시리즈, 그 가운데서도 지난 3월 새롭게 출시된 햇반 녹차죽은 은은한 녹차의 향과 개운한 맛이 잘 어우러져 있다. 소스와 흰쌀죽을 따로 담는 햇반죽의 특징을 살려 녹차분말 소스를 따로 포장해 먹기 직전에 섞기 때문에 신선하고 깔끔한 맛이 살아 있다. 햇반 녹차죽은 기존에 출시된 햇반 오차즈케죽의 녹차 함유량을 4배 정도 강화했으며 칼로리가 밥의 ⅓(155kcal)밖에 되지 않고 소화에 부담이 없어 아침식사 대용으로 안성맞춤이다. 이러한 햇반 녹차죽은 이번 달부터 대한항공 국제선 기내식으로도 공급되어 장거리 항공 여행객들로부터 좋은 반응을 얻고 있으며 100% 우리나라 쌀로 만들었다는 점에서 국산 쌀의 우수성과 가공 기술력을 세계에 알릴 수 있는 기회를 잡기도 했다. CJ뉴트라 클로렐라 100도 초록빛 자연을 담은 건강 기능식품으로 많은 사랑을 받고 있다.

클로렐라는 광합성을 하는 엽록소가 들어 있는 녹색식물로 현대인의 체질개선과 건강 증진 및 유지에 도움을 주는 건강기능 식품이다. 현재 시중에는 많은 클로렐라 제품들이 있는데 좋은 클로렐라 제품을 선택하기 위한 기준을 알아두는 것도 좋다. 자연 광합성으로 배양해 직접 태양빛을 받은 클로렐라인지, 엽록소가 많은지, 100% 클로렐라인지를 확인하는 것도 필요하다. CJ뉴트라에서 출시되는 CJ클로렐라는 자연 태양빛에서 자연광합성으로 배양된 순도 100% 클로렐라 제품으로 엽록소가 많아 녹색이 짙은 특징이 있다.

2) 그린마케팅의 원조는 자연친화적인 매장

아웃도어 브랜드로 유명한 팀버랜드는 자연친화적이며 뉴 라이프 스타일에 부합하는 상품군을 중점적으로 전개하겠다는 의지를 반영한 매장을 선보이고 있다. 통나무, 자갈, 원목소재 중심의 인테리어는 상품의 이미지와 알맞은 자연을 느낄 수 있도록 디자인되었다. 태평양 설록차의 오'설록 티 하우스는 기존 테마카페와 차별화된 특성 몇가지를 지니고 있다.

첫째는 매장에 들어서는 순간 마음을 편안하게 하는 그린 컬러의 인테리어이다. 친환경적인 소재의 편안한 원목으로 만든 테이블과 의자가 불편할 것 같아 보이지만 앉는 순간 자연의 품에 안긴듯한 안락함을 가져다 준다.

원목소재로 매장을 꾸미는 곳은 여기 뿐만이 아니다. 우리에게 순수자연적인 화장품으로 유명한 바디샵(The Body Shop)은 친환경적 FSC 목재를 사용하는 대대적인 공사를 펼쳐 명동의 매장을 친환경적 공간으로 리뉴얼했다. FSC 목재는 삼림보호를 목적으로 하는 국제 비영리단체인 FSC(Forest Stewardship Council)의 인증을 획득한 목재다. 업그레이드되는 '그린마케팅'에 따라 주택업체들의 조경마케팅도 차별화되고 있다. 지난 2~3년 전만 해도 '그린마케팅'은 단순히 사업부지내의 녹지면적을 넓히는 수준에 그쳤고 조경 디자인도 매우 인위적이었다. 하지만 이제는 각 아파트의 지역별·정서적 특성에 따라 남다른 '포인트'를 주지 않으면 수요자의 관심을 얻기 어려워졌다.

　단지내에 실제로 실개천이 흐르도록 한다든지 조경의 공간을 봄, 여름, 가을, 겨울 등 사계절 테마로 나눠 계절에 따라 각 공간이 색다른 표정을 갖도록 수목의 종류와 배치 등을 조절하는 수준까지 마케팅 기획력이 한 차원 높아졌다. 또 녹지내에 각종 미술작품 등을 전시하거나 건강관련 시설 등을 설치해 단순히 나무만 많은 공간이 아니라 문화와 여가를 즐길 수 있는 터전으로 기획하는 업체들도 늘어나는 추세다. 누군가에게 오랫동안 휴식같은 존재가 되고 싶었던 나무, 스위트리이다. 그 이름처럼 CJ푸드빌의 스위트리(Sweetree)는 때로는 편안한 이웃으로 때로는 포근한 가족으로 사람들의 곁에 머물고 있다. 네이버후드 레스토랑을 표방하며 지난해 서울 중계점에 처음 선을 보인 스위트리는 동네 사람들이 언제나 부담없이 편안한 차림과 마음으로 찾을 수 있는 곳이다. 이런 이미지를 고스란히 담고 있는 것이 바로 편안하면서도 아기자기한 인테리어 덕분이다. 입구에서부터 친근한 이미지가 풍겨 나오는 초록빛 나무가 스위트리 간판 위로 솟아 있으며, 넓은 홀 한 가운데 동화책에서나 나올 법한 모습의 아름다운 나무가 자리잡고 있어 식사 등을 즐기면서 편안하고 운치있는 분위기를 물씬 느낄 수 있다. 물론 이러한 스위트리 나무로 상징되는 친근함과 편안함은 종업원들의 유니폼과 서비스 마인드에서도 그대로 드러나며 가족들이 찾아와도 부담없이 즐길 수 있도록 한 수유실, 영유아 전용의자 등 세심한 배려들이 고객들의 마음을 끌어당기고 있다.

3) 건자재업계에 부는 그린 바람

　신규 아파트의 실내공기 오염도를 의무적으로 공개하도록 함에 따라 페인트, 접착제 등 기존의 건축자재들이 친환경 제품을 쏟아내며 치열한 경쟁을 벌이고 있다. 이는 웰빙 선호현상의 정착과 더불어 친환경, 이른바 '그린 마케팅'의 붐을 반영한 것이다. 시공시 접착제를 사용하지 않는 바닥재, 아마인유 낙엽송 분말, 송진, 천연안료 등을 혼합해 제조한 순수 천연소재 바닥재, 콘크리트 벽면에 도배를 하기전에 시공하면 인체에 유해한 물질을 차단할 수 있는 대나무 숯보드, 참숯, 쑥 등을 이용한 천연벽지 등 고품질 건축자재의 개발에 열을 올리고 있다. LG화학은 최근 기능성 복합물질을 적용해 혈류개선 및 스트레스 완화 기능을 갖춘 바닥재 'LG 베스티빌 데이 웰'을 출시했다. 회사측은 친환경 제품의 비중을 100%로 끌어올릴 계획이다. KCC는 최근 환경친화형 고급 수성페인트 '숲으로 DIY'를 선보였다.

 이 제품은 냄새가 거의 없고 항균효과가 뛰어나며 원적외선 방출효과가 있다. 디피아이(내츄럴), 삼화페인트(에버그린), 건설화학공업(푸른솔), 조광페인트(인테르니) 등도 친환경 브랜드 제품을 잇달아 선보이고 있다. 건설업계의 관계자는 "실내공기질 관리법 시행으로 도서관, 박물관, 미술관, 학교, 공연장, 쇼핑몰, 아파트, 지하철 역사 등 다중이용시설은 환경호르몬이 기준치 이상으로 발생하면 준공 자체가 불가능하다"며 "앞으로 환경친화적 제품을 만들지 못하는 기업은 시장에서 도태될 것"이라고 전망했다. 초록색 잔디가 산뜻하고 상큼하게 느껴지는 집 마당에 단비가 촉촉히 내린다. 지붕 위에, 나뭇잎 위에, 자전거 위에 등 그 빗방울 떨어지는 소리를 가만히 들어 보니 영롱한 실로폰의 멜로디처럼 느껴진다. 마당 한 켠에 있는 누렁이의 표정에도 즐거움이 묻어나고 빗방울 소리에서 즐거움을 느끼는 젊은 여인의 모습, 그것은 바로 CJ의 공동 브랜드 광고로서 '세상은 즐거움으로 가득하다'의 두번째 광고인 빗방울 교향곡편이다. 총 세 가지 버전으로 나뉘어 만들어진 CJ의 공동 브랜드 광고 캠페인은 '즐거움'이라는 CJ의 브랜드 아이덴티티를 보다 강하게 전달하면서도 우리의 생활속에 자연스럽게 녹아있는 즐거움을 웰빙 트렌드와 조화롭게 녹아내고 있다. 요가, 스파와 같은 다소 인위적인 웰빙이 아니라 우리 주변의 소소한 것으로부터 느끼는 여유와 행복의 단편들을 '즐거움'으로 보여주고 있는 것이다. 푸르른 들판에서 귀여운 꼬마 숙녀가 음정 박자 모두 마구 틀리게 부르는 "사과같은 내 얼굴~" 멜로디가 부모에겐 세상의 어떤 공연이나 연주에 비할 수 없이 즐겁고 감동적인 무대임을 모여주는 '지상 최대의 쇼'편이다. 초록빛 미역이 물에 담기는 소리, 도마에서 음식 나듬는 소리 등 셀러드를 만드는 과정에서 나오는 소리들을 CJ 배경음악과 버무려 즐겁게 표현한 '바다가 담긴 접시'편 등 CJ의 공동 브랜드 광고 시리즈엔 모두 초록색 이미지가 전체적으로 깔려있다. 생활속의 편안하고도 즐거운 이미지를 칼라로 표현한다면 아마 이러한 그린의 이미지가 아닐까?

4) 소중한 자연을 기업이 보호

기업들의 자연보호활동은 기업 이미지와 관련된 그린마케팅의 일환이다. 제일모직 캐주얼 브랜드 빈폴은 지난 2000년부터 '빈폴 자연사랑 캠페인'을 개최하고 있다. '자연사랑 캠페인'은 빈폴의 브랜드 이념인 '자연주의' 철학을 실현하고 고객들에게 '자연사랑' 이미지를 전달하기 위해서 시작됐다. 코오롱스포츠는 산악 봉사동아리 '그린마운틴 봉사단'을 운영하고 있다. 회사의 임직원과 매장직원, 협력업체 직원 및 코오롱 등산학교 졸업생들이 참여하고 있는 그린마운틴 봉사단은 그동안 재활용 쇼핑백 사용을 비롯해 자연정화 캠페인으로 숲을 살리자는 취지의 'Save the Forest' 등 그린마케팅 활동을 꾸준히 펼쳐왔다. 상품 뿐만 아니라 브랜드에 봉사정신을 깃들여 판매한다는 이미지로 브랜드 가치를 높이고 있다. '팀버랜드'는 매년 4월 '지구의 날'을 지정해 전세계 지사들이 모두 자연보호활동을 한다. 전세계 팀버랜드 임직원 및 고객이 함께 참여하는 세계적인 행사중의 하나이다. 자연친화적 브랜드 이미지를 강조하기 위해 모든 포장지와 의류상자를 재활용 종이로 사용한다. 또한 세계적 기업인 스타벅스는 재활용컵의 사용이 환경친화적인 고객을 유치하는 데 도움이 될 것으로 기대하고 재활용 종이컵을 사용하고 있다. 재활용컵은 재활용물질이 10% 정도 포함된 컵으로 음식과 직접 닿는 용기에 재활용물질을 쓰는 것은 국제적인 식음료 체인점 가운데 스타벅스가 처음이다. 이러한 활동은 매년 500만 파운드 정도의 목재섬유를 절약할 뿐 아니라 자연친화적인 기업 이미지를 구축하는데도 상당한 기여를 하고 있다. 문명의 손길이 닿지 않은 순수한 시골마을, 발랄하고 쾌활한 양파 쿵야와 늘 실수 투성이에다 밥알을 잘 흘리는 주먹밥 쿵야, 무식하지만 뚝심있는 무시 쿵야, 소금을 좋아하는 완게 쿵야 등 다양한 쿵야 마을 캐릭터들과, 쿵야와 처음 만나는 인간 수연이, 엽기 마을 청년 웅삼이, 수연이의 친할아버지 이장님 등의 야채마을 사람들이 엮어 가는 동화같은 게임 등이 바로 CJ인터넷의 넷마블(www.netmarble.net)에서 만날 수 있는 교육용 게임 '야채 부락리'다. 사라져가는 시골의 모습을 동화적인 시각으로 구성하였으며 야채 캐릭터들의 귀엽고 깜찍하면서도 엽기적인 행동이 조화를 이루어 그 어떤 온라인 게임에서도 느낄 수 없는 순수한 즐거움이 있다. 야채요정이 되어 시골마을을 지키는 수호자가 되기 위해 다양한 둔갑술을 익히는 둔갑수련 시스템, 나만의 독특하고 귀여운 캐릭터를 만드는 꾸미기 시스템, 캐릭터의 풍부한 표정과 무수히 많은 이모티콘은 게임과 채팅의 재미를 모두 만족시켜준다. 야채 부락리에서의 레벨 업은 사용자가 얼마나 마을을 훼손하려는 무리에 맞서 자연을 지켜내려는 노력을 했느냐에 달려있다. 관광객이 버린 쓰레기를 주워 소각장으로 가져가는 일, 자연 훼손의 주범들을 몰아내기 위해 갖가지 둔갑술로 그들을 도시로 돌려보내는 일, 갖은 열매와 시골주민들이 나눠주는 음식들을 먹고 힘을 키우는 일 등 건전하고 코믹한 방식의 레벨 업 제도 등 '야채 부락리'는 깜찍하고 예쁜 캐릭터의 힘으로 아이들에게 건강한 자연사랑의 메시지를 전달하고 있다.[341)342)]

12. 환경마케팅의 중요성과 대우건설의 사례

환경마케팅의 이론적 정리를 부탁드립니다. 예시를 드셔도 좋구요. 머리에 콕하고 남았으면 좋겠습니다.[343)]

(1) 환경보호주의적인 차원에서의 마케팅활동을 오늘날 일반적으로

---

341) [타인글이나 자료 인용] 블로그 집필 - http://blog.naver.com/winter21.do class='lime' target=_blank〉Cool과 Warm 감성의 차이 의견 7
342) http://kin.naver.com/open100/detail.nhn?d1id=4&dirId=40401&docId=363459&qb=64yA7Jqw6rG07ISk7J2YIOuniOy8gO2MhQ==&enc=utf8&section=kin&rank=1&search_sort=0&spq=0&pid=RelJIc5Y7v4ssaoETn8sssssul-062703&sid=URg76HJvLDIAAFomMJg(2013.2.11)
343) ps3**** 질문 2건 질문마감률100% 2004.12.06 18:28 4. 답변 2 조회 5,758

'green marketing'(환경마케팅)이라고 부르고 있습니다.344)

(2) 환경보호주의(environmentalism)는 컨슈머리즘과 더불어 오늘날 중요한 마케팅 환경요인의 하나가 되고 있는데, 그것은 "인간의 생활환경을 보호 및 개선하기 위한 시민이나 정부의 체계화된 운동"이라고 정의될 수 있습니다. 컨슈머리스트들은 마케팅시스템이 과연 소비자들의 필요와 욕구를 능률적으로 충족시켜 주고 있느냐에 관심을 두고 있는 반면에 환경보호주의자들은 마케팅이 생활환경에 어떠한 영향을 주고 있으며 소비자들의 필요와 욕구를 충족시킴에 있어 부과된 비용이 어떠한 것이냐에 역점을 두고 있습니다. 그리하여 그들은 산림보호, 공장의 매연, 무질서한 광고간판, 유원지의 상실, 각종 공해로 인한 인간과 생태계에 대한 위해의 가능성 등에 관심을 집중시키고 있습니다. 즉, 환경보호가들은 소비, 소비자 선택, 소비자 만족의 극대화보다는 생활의 질의 극대화에 더 치중하여 기업이 야기하는 각종 환경적 비용 내지 사회적 비용을 스스로 부담할 것을 주장하고 있다.

(3) 환경보호주의에 대한 마케터의 대응책으로는 (가) 공해를 최소화하도록 생산방법이나 공정을 개선, (나) 제품의 설계, 포장, 재료를 선택함에 있어 환경보호의 표준치를 설정 및 실행함과 동시에 그것을 판매소구점(selling point)으로 활용, (다) 공해방지 설비나 폐기물질 재처리 설비산업에 투자, (라) 환경문제에 대한 소비자 태도나 의견을 조사하여 의사결정에 반영, (마) 관련업계와 공동으로 공해방지대책위원회를 결성하여 업계 차원에서 노력하는 등의 방안을 생각할 수 있습니다.

(4) 그린마케팅(Green Marketing, 무공해마케팅)이란 소비자와 사회환경 개선에 기업이 책임감을 가지고 마케팅활동을 관리해 나가는 과정을 말합니다. 그린마케팅은 사회와 소비자의 요구에 부응하는 마케팅전략을 전개하는 관점에서는 사회지향 마케팅(Societal Marketing)의 일환이지만, 그 성

---

344) re: 환경마케팅에 대한 개념을 정리해주십시오 gncinema 답변채택률78.4%
    2004.12.07 11:34

격은 첫째, 장기적 관점을 뛰어 넘어 무한한 관점에서 시작되고, 둘째, 자연환경에 더 큰 관심을 가지고, 셋째, 특정의 사회집단이 아닌 범세계적 관심의 대상이 된다는 점에서 다른 사회지향 마케팅과 다르죠. 자연환경의 보존, 생태계의 균형이라는 측면에서 공해발생 요인을 제거한 제품을 생산, 판매, 소비하는 활동 등이 그 예인데 궁극적으로 인류의 삶의 질을 향상시키는데 그 목적이 있다고 볼 수 있죠. 특히 환경생태계의 보전을 염두에 둔 환경 cost를 감안한 것이 생태적 마케팅(Ecological Marketing)의 형태로 나타나고 있습니다.

〈그린마케팅(Green Marketing)의 실례〉

1. KCC(금강고려화학): '숲으로'(회사측 주장으로는 냄새가 나지 않고, 먹어도 해가 없으면서 원적외선까지 방출하는 제품이라고 주장)
2. DPI(옛 대한페인트): '내추럴 키즈칼라'(회사측 주장: 중금속이나 냄새가 없음)
3. 벽산페인트: '그라코트 330'(회사측 주장: 맥반석이나 세라믹을 소재로 하는 제품, 그리고 페인트에 향기 투입)
4. 대우일렉트로닉스: '마이더스 세탁기(세제를 쓰지 않음)', '산소 에어컨 수피아(산소만 분리해 실내에 공급)', 냉장고 '클라세(은을 첨가해 음식물의 보존기간을 늘린)'
5. 삼성전자: 세탁기 '하우젠(살균 마크 획득)'
6. LG전자: 세탁기 '트롬(물, 세제, 전기 모두를 절약)'
7. 대우건설: 아파트 '푸르지오(텃밭과 생태연못 설치)'(부천 중동과 안산 고잔지구 등)
8. 이마트: 자체 제작한 의류 및 생활용품 브랜드 '자연주의'
9. 롯데마트: 그린 세제류 '주부사랑'
10. 까르푸: 재활용 세제 '푸르네' 등[345)346)]

---

345) 자료: 조선일보, 2003. 6. 11
346) http://kin.naver.com/qna/detail.nhn?d1id=4&dirId=40401&docId=34143592&

11. (주)좋은 사람들의 '콩의 옷(內衣)(출시 한달만에 60억원 매출)'
12. 풀무원 두부(순국산콩 사용, 일반 시판 두부보다 50% 이상 높은 가격)
13. 롯데제과의 '자일리톨 껌(1997년 제품 실패<출시 6개월만에 철수>, 2000년 재도전, 천연 감미료<= 전량 수입 의존, 일반 설탕보다 10배 이상 원료가격이 비쌈> 자일리톨 성분 사용, 2001년 1/4분기말로 출시 10개월만에 제과시장 1위 차지)

13. 그린마케팅과 환경보호의 관계

그린마케팅은 환경보호와 관련된 정책을 마케팅, 상품제작 또는 광고 등 제품과 관련된 다양한 분야에 적용하는 마케팅을 의미합니다. 다시 말해 그린마케팅은 환경보호나 자연사랑에 민감한 소비자들을 타겟으로 환경보호를 제품이나 마케팅 내부로 끌어들이는 것입니다.347) 그린마케팅을 실행하는 방법은 실로 다양합니다. 제품의 성분을 환경친화적인 요소로 교체하는 것, 생산라인을 정비해서 전기를 아끼는 것, 제품의 패키지를 환경친화적인 것으로 바꾸는 것부터 시작해서 폐제품을 회수하여 재활용하는 것 등이 모두 그린마케팅입니다. 또한 자연사랑 캠페인을 펼치는 것도 그린마케팅이고요. 제품하고는 관련없이 회사 자체에서 환경보호와 관련된 사업을 펼치는 것도 그린마케팅입니다. 또 회사내에서 쓰레기를 줄이고 전기를 아껴쓰는 캠페인을 벌리고 이것을 널리 홍보하는 것도 그린마케팅입니다.

그린마케팅은 처음에는 여성소비자들이나 환경보호를 중요시 여기는 소비자층을 타켓으로 하기 위해 나온 것인데 현재는 must do 요소중의 하나죠. 환경파괴가 심각해지면서 기업들은 어떤 형식으로든 그린마케팅을 실행할 수밖에 없습니다. 그린마케팅으로 성공한 기업의 대표적인 사례는 역

---

qb=64yA7Jqw6rG07ISk7J2YIOuniOy8gO2MhQ==&enc=utf8&section=kin&rank=2&search_sort=0&spq=0&pid=RelJIc5Y7v4ssaoETn8ssssssul-062703&sid=URg76HJvLDIAAFomMJg(2013.2.1)

347) imcmaster 답변채택률78% 2005.09.24 15:39

시 Body shop이죠. 그 내용은 동물실험을 반대하고 천연재료를 사용하며, 환경친화적 제품 패키지를 만드는 것을 주요 마케팅 포인트로 잡고 있는 것이 body shop입니다. Aveda 역시 천연재료를 사용하는 그린마케팅을 쓰고 있죠. 무엇보다도 그린 마케팅에 적극적인 회사중의 하나는 P&G입니다.

그린 붐을 일으킨 영역이 아무래도 비누나 세제 등이기 때문에 P&G는 그린마케팅에 적극적일 수 밖에 없습니다. P&G의 환경친화적 세제의 제품 라인, 깨끗한 물 만들기 캠페인 등이 P&G의 그린마케팅의 예이고요. 이 외에도 P&G는 강력한 '환경보호정책'을 세우고 사내부터 밖까지 철저하게 환경친화적 기업의 이미지를 만들기 위해 노력하고 있습니다. 토요타의 'Prius'도 환경친화적 제품입니다. 에너지 효율을 높인 차량으로 그린 제품중의 하나지요. 맥도날드는 햄버거 포장지를 재활용이 가능한 재질로 바꾸고 소비자들에게 분리수거를 유도하고 있죠. 제록스도 그린마케팅을 하는 회사중의 하나입니다. 제록스는 그린마케팅을 위해 두가지 전략을 쓰고 있습니다.

첫째는 "End of Life" 정책으로 수명이 끝난 제록스 제품을 소비자로부터 다시 사들여서 재활용이 가능한 부품으로 새로운 상품을 만들어 내는거죠. 즉, 환경파괴의 요인이 되는 산업 쓰레기를 줄이고 자원을 아끼겠다는 것입니다.

둘째는 "Design for the Environment"로서 처음부터 환경친화적으로 제품을 만들겠다는 의지입니다. 즉, 제품의 탄생부터 쇠퇴까지 환경을 위해 애쓰겠다는 것입니다. 많은 여성용 화장품이나 바디제품이 그린마케팅을 광고나 홍보에 이용합니다. 즉, 회사나 제품의 이미지를 자연친화적으로 광고하는 것입니다. 이것도 그린마케팅입니다. 도움이 되었으면 좋겠습니다.[348]

---

348) http://kin.naver.com/qna/detail.nhn?d1id=4&dirId=40401&docId=34310411& qb=64yA7Jqw6rG07ISk7J2YIOuniOy8gO2MhQ==&enc=utf8&section=kin&rank =3&search_sort=0&spq=0&pid=RelJIc5Y7v4ssaoETn8ssssssul-062703&sid=URg76HJvLDIAAFomMJg(2013.2.11)

14. 건설사와 부동산의 불황마케팅 열정

이젠 '브랜드타운'의 시대이다. 따라서 2~3개단지를 통째로 짓는다. 공원 등 인프라가 잘 갖춰져 '분양 보증수표', 인근 아파트보다 최고 1억원 이상의 시세 차이를 보이고 있다. 최근 부동산 시장은 '뭉쳐서' 불황을 타개하려는 바람이 확산되고 있다. 이른바 '브랜드타운'이다. 브랜드타운이란 동일한 브랜드의 아파트단지 2~3개 이상을 집중적으로 짓는 대규모 단지를 말한다.

그렇게 하는 이유는 단일 브랜드의 대규모 단지를 조성함으로써 시너지 효과를 누릴 수 있기 때문이다.

1) 단순 브랜드 아파트를 넘어 '브랜드타운'시대의 개막

1990년대 이전의 아파트는 브랜드라는 개념이 없었다. 단순히 건설사의 명칭을 그대로 활용해서 현대아파트, 대우아파트, 대림아파트 등으로 불려왔다. 2000년대에 들어서면서 대림산업이 용인시 기흥의 아파트 명칭을 'e-편한세상'이라는 첫 브랜드를 달았다. 똑같은 해 삼성건설이 '래미안'이라는 아파트 브랜드를 론칭하면서 아파트 브랜드 시대가 열렸다. 아파트에 브랜드를 처음 단 것은 대림건설이지만, 공식적인 브랜드를 론칭한 것은 삼성건설인 셈이다. 이후 다른 건설사들도 각자의 고유의 브랜드를 만들고 본격적인 브랜드 경쟁에 나섰다. 건설사의 고급화전략에 따라 브랜드가 아파트의 가격을 결정하는 요인으로 작용하기 시작한 것도 이 시기다. 하지만 대부분의 건설사들이 각자의 브랜드를 사용하면서 '브랜드효과'는 점차 낮아지고 있는 상황이다. 왜냐하면 건설사별로 고급스런 이미지의 브랜드를 사용하면서 브랜드의 상향평준화가 이뤄졌기 때문이다. 이에 따라 최근 부동산시장에서는 동일한 브랜드를 단지 한 곳에 몰아 짓는 '브랜드타운'이 주목을 끌고 있다. 브랜드타운은 대형단지의 프리미엄과 인지도와 홍보효과를 누릴 수 있는데다 각종 인프라가 잘 갖춰져 있어 소규모 단지보다 상대적으로 인기가 급상승하고 있다.

2) 랜드마크의 집값 상승, 학교, 커뮤니티시설 등 인프라 구축

부동산 시장에서 브랜드 타운이 주목받고 있는 이유는 다양하다. 우선 대규모단지의 조성으로 인해 랜드마크 효과를 누릴 수 있다. 단지가 큰 아파트일수록 지역을 대표하는 랜드마크로 자리잡을 가능성이 높다. 대단지의 경우 접근성이 좋아 단순히 택시나 버스를 이용하더라도 쉽게 찾을 수 있다. 랜드마크로 인식되면 인지도가 상승하게 되고 이로 인한 아파트 프리미엄도 동반상승하게 된다. 소형단지보다 대형단지를 선호하는 이유도 이 때문이다. 또 부동산 호황기에 집값 상승폭이 높은 반면 침체기에 시세 하락폭은 적다는 부분도 주목할만하다. 소형단지에 비해 거래가 활발하기 때문에 상대적으로 가격이 적게 하락한다.

실제로 서울 마포구 공덕동 일대의 '삼성 래미안타운'이 대표적인 사례다. 공덕동에서는 같은 면적이라도 삼성래미안의 경우 인근 아파트에 비해 수천만원에서 많게는 1억원 이상의 시세차이가 나는 것으로 알려졌다. 또 대림산업이 신도림에 4천가구 이상을 건설한 'e-편한세상'타운에서도 인근 아파트의 같은 평형에 비해 최대 1억원 이상의 높은 시세를 유지하고 있다는 것이 공인중개사들의 설명이다. 여기에 녹지공간이 풍부하고 편의시설이 잘 갖춰진다는 장점도 있다. 최근 단지의 조경과 커뮤니티시설은 아파트가격을 결정하는 중요한 요인으로 작용하고 있다. 중소형 단지는 녹지공간이나 편의시설을 조성할 수 있는 대지가 상대적으로 부족할 수 밖에 없기 때문이다. 브랜드타운으로 대단지를 건립할 경우 녹지 및 편의시설을 조성할 수 있는 공간이 충분히 확보되기 때문에 소형단지에서는 볼 수 없는 체육시설이나 도서관, 영화관 등과 같은 다양한 편의시설이 설치된다. 여기에 기본적으로 도로나 학교, 공원 등과 같은 인프라가 잘 갖춰져 있어 입주민들이 편리한 생활환경을 누릴 수 있다. 전농동 '래미안 왕십리 뉴타운 1.2구역은 '텐즈 힐'이다.

3) 눈길 끄는 브랜드타운

최근 브랜드타운에 대한 인기가 높아지면서 건설사들이 분양에 나서고 있다. 우선 삼성건설은 서울 동대문구 전농동에 래미안 브랜드타운을 건설, 지난 10월 분양을 마친 래미안 전농 크레시티(전농 7구역)를 시작으로 답십리 16구역 등 총 5천여가구가 예정돼 있다.

현대건설은 인천시 서구 일대에 약 3천여가구의 힐 스테이트 브랜드 타운을 조성하고 있으며 검단 힐 스테이트 1차에서 5차까지 약 2천5백여가구에 대한 분양을 마쳤다. 또 현대건설은 응암동 재개발구역에도 브랜드타운을 계획, 이미 응암동 재개발로 1~3차까지 약 3천2백여가구를 건설한 현대건설은 응암 7~9구역도 분양에 나설 예정이다. 재개발이 완료되면 응암동 일대에는 약 6천500여가구의 대규모 힐 스테이트 단지가 들어선다. 포스코건설은 인천 송도국제도시에 더샵 브랜드 타운을 조성할 예정이다. 포스코건설은 이미 송도국제도시에 6천880가구를 공급한 바 있으며 올해 안으로 1천401가구를 분양할 예정이다. 이에 따라 송도국제도시에는 약 8천여가구의 더 샵 브랜드타운이 들어서게 된다. 이와함께 올해 최고의 분양 관심지역으로 손꼽히는 왕십리 뉴타운도 브랜드 타운으로 조성된다. GS건설이 주관사를 맡고 현대산업개발, 삼성건설, 대림산업이 공동(컨소시엄)으로 시공하는 왕십리 뉴타운 1.2구역은 '텐즈 힐'이라는 브랜드타운이 건설될 예정이다.

4) 안산 초지.원곡연립 '푸르지오 타운', 시공자 선정 관심

안산에서만 총 9천461가구를 공급하고 안산 초지.원곡연립구역에 푸르지오 타운을 건설할 예정이어서 관심 집중이다. 대우건설은 초지 연립1단지와 상단지의 시공자로 선정된 바 있으며, 아직 추진위 단계인 원곡 연립1단지와 3단지에서도 시공원이 유력한 상황이다.[349]

5) 온천 4구역의 재개발사업의 향후 전망

토지 등 소유자 여러분, 이렇듯 면적이 큰 재개발 구역은 브랜드타운으로 상당히 유리한 사업의 고지를 선점할 수 있습니다. 온천 4구역 역시 현재 삼성건설 래미안.GS건설의 자이.대우건설의 푸르지오의 브랜드 시공자의

---

349) 하우징 헤럴드 기사입력:2011.12.22 14:32

방문이 이어지고 있습니다. 사업성이 없다면 과연 이어지는 시공자의 발길이 있겠습니까. 2007년~2010년까지 이어졌던 부동산의 침체기로 인한 미분양사태는 이미 치유되었고 2011년의 기점으로 서울 수도권은 아직 2006년의 버블이 미분양사태와 겹쳐 가격하락으로 약세를 면치 못하지만 거품이 어느 정도 가격하락으로 이어져 낮은 가격으로 거래가 2011년 11월부터 기점으로 활발히 이어지고 있습니다.

현재 2012년 선진국의 경기침체 및 유럽의 재정위기로 인한 남유럽 중심의 유럽 부동산 디플레이션은 경제 펀드멘털과 관련에 있어서 한국에 미치는 영향은 있으나 우리와는 큰 차이가 있고 중국의 부동산 거품붕괴나 홍콩.싱가포르.부동산 하락의 문제는 정책상의 문제가 더 크다고 보며 한국은 이들보다 부동산 거품이 과거 수도권 지역으로 형성되었으나 현재 거의 빠졌다고 보는 것이 전문가의 견해입니다. 그러나 2012년은 환율이 2011년보다 절상되어 수출이 감소하고 내수에서도 소비나 부동산 투자가 다소 둔화될 것으로 보여 가격 보합세를 유지하는 선에서 거래가 이루어질 것으로 보입니다. 국토해양부의 아파트 입주물량 자료에 따르면 2011년 20만3천호 정도이나 2012년에는 18만3천호에 불과할 것으로 예상되고 있습니다. 그러나 부동산의 사이클 기점이 지방을 기점으로 활황기에 들어서 부동산의 가격은 물가의 상승으로 2015년까지 상승보합이 이루어질 가능성이 크며 2017년까지는 상승 또는 보합으로 이어질 것으로 판단하는 전문가들이 많습니다. 부산시와 대전시의 경우에는 2011년 매매가격이 전세가격 상승률보다 더 높아 전세.매매비율이 낮아지고 이는 자기자본 투자수익률 하락을 의미하는 것이기 때문에 가격상승에 따른 투자수요가 다소 줄어들것이라는 전망도 있지만, 그 가운데 온천4구역은 2012년 조합설립과정과 그리고 시공자선정과정 등 단계별 분양권으로 인한 소유 부동산 가격상승 과정이 이루어질 것으로 보입니다. 이 시기에 입지, 대단지, 브랜드 등의 재개발 성공 3대요소를 겸비한 온천 4구역은 상당 금액의 부동산 가격상승은 분명히 이루어질 것입니다. 이미 저희들 사업은 10명중 9명(행불자, 거주지 불명자 제외)이

재개발사업에 동의하였으며 창립총회 이후 3월중 조합설립인가를 득하고(예상) 6~7월내 시공자가 선정되어 사업은 본격화될 것입니다.350)351)352)

15. 올해 새 아파트 분양물량은 지난해와 비슷한 수준

건설사별 공급량을 보면 대우건설의 독주와 지난해 분양물량이 많던 현대·호반·중흥종합건설의 감소가 눈에 띈다.

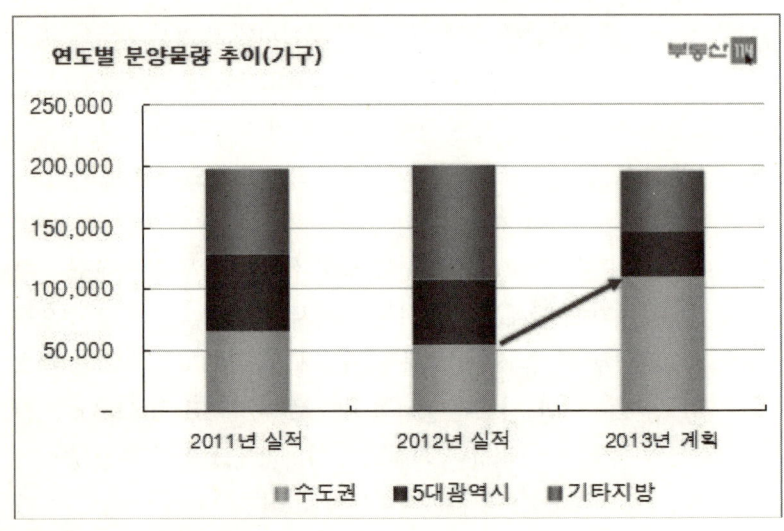

자료: http://blog.daum.net/engineer2002/17089(2013.2.7)

7일 부동산정보업체 부동산114에 따르면 지난해 공급실적 상위 100위내 48개 건설사의 신규 분양예정 물량은 19만5955가구다. 이는 지난해 계획물량인 17만5752가구와 비교해 11% 증가한 수치로 지난해 실적인 20만661가구의 98% 수준이다. 건설사별로 살펴보면 대우건설이 지난해 1만7375가구

---

350) 이 작성자의 게시글 구독하기, sgc9912님의 블로그, 2012/01/16 12:56
351) [출처] 건설사,부동산 불황 마케팅 (온천4구역 주택재개발정비사업조합) |작성자 sgc9912
352) http://cafe.naver.com/oncheon4/581(2013.2.11)

에 이어 올해도 21단지, 1만7438가구로 가장 많은 물량을 털어놓는다. 현대산업개발도 지난해와 비슷한 1만1688가구(14단지)를 분양할 예정이다.

이어 ▲ 삼성물산(1만260가구·10단지) ▲ 롯데건설(1만38가구·11단지) ▲ GS건설(9314가구·9단지) ▲ 대림산업(8276가구·10단지) ▲ SK건설(7132가구·5단지) ▲ 현대엠코(7030가구·10개단지) ▲ 현대건설(6539가구·7단지) ▲ 중흥종합건설(6020가구·9단지) 순으로 집계됐다.

지난해 공급량이 많았던 중견 건설사인 중흥종합건설과 호반건설의 공급량은 올해 대폭 줄어들 전망이다. 중흥종합건설과 호반건설은 지난해 각각 8977가구와 8020가구를 공급했지만 올해는 6020가구와 2877가구로 크게 줄었다. 한편 올해 지역별 주택공급량은 수도권 급증과 지방급감으로 요약된다. 동탄과 위례를 비롯 신도시에 공급계획이 몰리며 물량이 크게 증가한 수도권은 10만9735가구가 공급된다. 올해 전국 주택분양 예정물량 대비 56%에 달한다. 반면 지방은 총 8만6220가구로 14만 6463가구가 공급된 지난해에 비해 절반 수준으로 줄었다. 지방에서는 ▲ 부산(1만2892가구) ▲ 경남(1만1618가구) ▲ 세종(9064가구) 등에 물량이 예정됐다. 올해 지방은 지난해 청약호조를 보였던 세종시와 경남 물금지구, 지방혁신도시 등에 신규공급이 대기중이다.353)354)

16. 건설, MB지워도 '녹색'은 키운다

박근혜 정부가 이명박 전 정부의 '녹색' 지우기에 나서면서 친환경 건축기술 개발에 대한 투자가 위축될 수 있다는 우려가 나오고 있다. 녹색건축에 대한 연구와 세제지원 등과 관련된 정부정책의 지속성이 보장되지 않을 경우 자칫 추진동력이 약해질 수 있다는 것이다. 하지만 에너지 절감이 소비자 선택의 주요 요소로 이미 자리잡은 상황이어서 건설사들의 녹색건축에 대한 투자는 지속될 전망이다.355)

353) [아시아경제], 배경환 기자 khbae@
354) http://blog.daum.net/engineer2002/17089(2013.2.7)

1) 녹색건축 정부지원 계속될까?

이명박 전 정부가 '저탄소 녹색성장'을 국가 패러다임으로 설정하면서 녹색건축사업이 본격적인 국가과제로 추진돼 왔다. 특히 작년 2월 '녹색건축물 조성지원법'이 재정된 것을 분수령으로 에너지 효율을 강조하는 녹색건축관련 제도들이 시행되고 있다. 지난해 3월에는 국토교통부내 녹색건축과를 신설했다. 국토교통부는 ▲신축건축물에 대한 에너지절약설계기준 강화 ▲녹색건축 인증대상 확대 ▲에너지효율 1등급의 절반에 도전하는 녹색건축시범사업 ▲에너지소비 증명제 ▲노후 공공 건축물 그린 리모델링 ▲대형 건축물 목표관리제 등을 시행하고 있다. 현재 정부가 주관하는 친환경건축물 인증, 주택성능 등급표시제도, 건축물 에너지효율등급 인증 등을 얻으면 취득세 5~15% 감면, 용적률 4~12% 완화, 환경개선부담금 20~50% 경감 등의 혜택을 주고 있다. 이런 가운데 박근혜 정부가 창조경제를 내세우며 녹색성장과의 차별화를 시도하면서 녹색건축에 대한 정책의지가 퇴색하는 게 아니냐는 우려가 나오고 있다. 박근혜 정부는 녹색성장위원회를 대통령 직속에서 국무총리실 산하로 위상을 격하시키면서 녹색성장관련 컨트롤 타워의 힘을 뺐다. 국토교통부의 경우도 녹색미래담당관을 연구개발담당관과 합치면서 미래전략담당관으로 이름을 바꿨다. 하지만 구체적인 정부지원엔 변함이 없을 것이란 게 해당 부처의 입장이다. 국토교통부는 녹색건축과에 대한 개명이나 조직 축소는 고려치 않고 있다고 확인했다. 국토부 관계자는 "녹색건축물지원법이 지난 2월부터 시행되는 등 아직 해야할 일이 많다. 타 부처 조직개편으로 이름은 바뀌고 있지만 업무협조 등은 무리가 없을 것으로 보인다"고 말했다.

2) 건설사, "녹색건축은 이제 선택 아닌 필수"

건설사들 입장에선 정부의 지원정책과 상관없이 녹색건축을 대세로 받아들이는 분위기다. 한 대형건설사의 고위관계자는 "에너지 비용을 줄이는 것

---

355) 아시아경제 원문 기사전송 2013-04-01 10:06 [아시아경제 박소연 기자, 이민찬 기자]

은 주거상품의 차별화를 결정짓는 중요한 요소가 됐다"며 "그에 대한 투자는 이제 경쟁력 측면에서 필수"라고 말했다.

대림산업은 친환경 주택개발의 선두주자로 꼽힌다. 2006년 건설사 최초로 건축환경연구센터를 설립했고 2009년에는 '에코 하우스' 현실화를 위한 기술 로드맵을 발표했다. 그 첫 작품이 2010년 4월 분양한 '이편한세상 광교'다. 삼성물산은 에너지 제로 주택 '그린 투모로우'를 통해 친환경 주택의 미래를 제시하고 있다. 그린 투모로우는 68가지 친환경 기술과 신재생 에너지를 가동해 연간 에너지 소비를 제로(0) 또는 플러스(+)로 유지해주는 친환경 건축물의 표본이다. 삼성물산은 이미 단열과 창호의 성능을 강화하고 자연에너지를 이용해 냉난방 에너지 사용량을 30%까지 줄인 아파트를 공급하고 있다. 예컨대 '래미안 동천 이스트팰리스'의 경우 단지내 도로에 지중열시스템을 설치해 겨울에 도로가 어는 것을 방지해준다.

대우건설은 아파트 브랜드 '푸르지오'에서 보여지듯 친환경 프리미엄 아파트를 콘셉트로 기술개발을 해왔다. 실제 2007년 입주한 목포옥암 푸르지오는 국내 최초로 태양광발전시스템을 적용해 하루 최대 600kWh의 전력을 생산해 단지내 복도, 주차장, 승강기 등의 공용전력으로 사용하고 있다. 한해 동안 가구당 20만원 정도의 전기요금 절감효과가 있다는 게 대우건설의 설명이다.[356)357)]

---

356) 박소연 기자 muse@, 이민찬 기자 leemin@, 〈세계를 보는 창 경제를 보는 눈, 아시아경제(www.asiae.co.kr)〉
357) http://news.nate.com/view/20130401n07281(2013.4.2)

제7장 대우건설의 세계경영과 미래전략

1. 12조원 규모의 태국 물관리사업 수주

한국 컨소시엄, 10개 전 부문, 3배수 우선협상 대상자로 선정[358] 中·日과의 경쟁, 4월 최종결정, 태국 정부가 추진하는 12조원 규모의 '통합 물관리사업' 국제입찰에서 한국수자원공사와 농어촌공사 등이 구성한 'K-팀'이 10개 프로젝트에서 모두 우선협상 대상자(3배수)로 선정됐다.

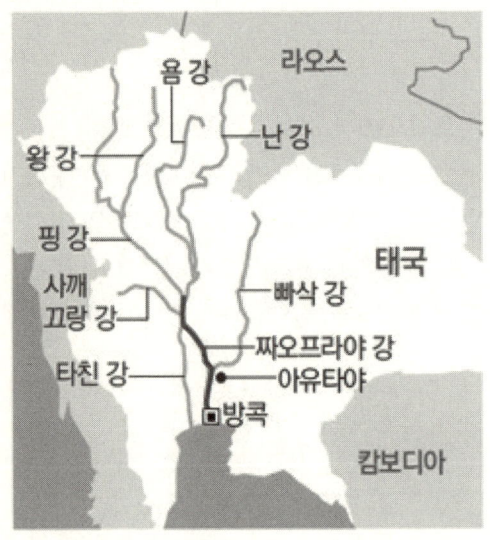

자료: http://news.donga.com/3/all/20130206/52848860/1(2013.2.6)

5일 국토해양부에 따르면 태국 정부는 이날 국무회의를 열어 저수지(댐) 방수로 물관리 경보시스템 등 10개부문 사업별로 업체 3곳씩(총 30곳)을 우

---

358) 기사입력 2013-02-06 03:00:00 기사수정 2013-02-06 10:17:46

선협상 대상자로 선정하는 '쇼트리스트'를 발표했다. 이 사업은 2011년 대규모 홍수의 피해를 겪은 태국 정부가 공사비 약 12조원을 투자해 25개 주요 강의 물관리 통합시스템을 구축하는 공사다. 특히 태국 북부 지역에서 시작해 방콕을 거쳐 바다로 흘러가는 1200km 짜오프라야 강 주변에 방수로와 둑을 지어 수위조절 능력을 향상하는 게 핵심이다. 한국은 지난해 8월 수공과 농어촌공사를 주축으로 현대건설, 대우건설, 삼성물산 등 국내 7개 대형 건설사를 포함한 'K-팀'을 구성해 수주전에 뛰어 들었다. 국내 기술진은 짜오프라야강을 중심으로 상류에는 전력의 생산이 가능한 댐을 짓고 중류에는 관계수로를 개선해 병목구간을 없애는 설계제안서를 제출했다.

여기에는 하류에서 준설, 방수로 건설 등을 하는 방안도 포함됐다. 정부와 건설업계는 이번 쇼트리스트 발표로 우리나라가 태국 통합물관리사업의 최종 수주 가능성이 커진 것으로 보고 있다. 입찰자격사전심사(PQ)를 통과했던 8개 컨소시엄중 10개의 세부 프로젝트에 모두 우선협상 대상자로 선정된 곳은 한국과 중국태국 컨소시엄 뿐이다. 일본은 6개, 태국 3개, 스위스는 1개 부문에서 우선협상 대상자로 선정됐다. 최근 4대강 공사가 부실하다는 감사원의 지적으로 곤혹스러워했던 국토부는 안도하는 분위기다. 김경식 국토부 건설수자원정책실장은 쇼트리스트 발표 직후 기자회견을 열고 "한국의 4대강 논란에도 불구하고 태국 정부가 4대강사업의 내용, 효과, 기술력에 믿음을 나타냈다는 의미"라면서 "잉락 친나왓 태국 총리도 지난해 4대강 현장을 직접 둘러보는 등 내용을 잘 알고 판단한 것"이라고 말했다.

그는 "우리나라 환경단체들이 태국 현지에서 '환경재앙이 온다'라며 한국의 수주반대 활동을 하고 있다"라면서 "있을 수 없는 일"이라고 비판했다. 태국 정부는 사업별 우선협상 대상자들로부터 3월 22일까지 세부 기본설계를 받을 예정이다. 이후 가격, 설계, 기술을 종합적으로 평가해 4월 10일 최종 낙찰자를 선정한다.[359)360)]

---

359) 김철중·유성열 기자 tnf@donga.com
360) http://news.donga.com/3/all/20130206/52848860/1(2013.2.6)

2. 건설사의 올 매출목표 달성 해외수주가 '좌우'

"해외매출 비중을 더 늘려라" 등 총력전361) 대형건설사들이 올해 국내외 수주목표를 대폭 늘려 잡고 해외시장 공략을 강화하고 있다. 5일 건설업계에 따르면 국내시장이 갈수록 위축됨에 따라 건설사들이 해외시장에서 돌파구를 모색하려 해외수주의 비중을 확대하는 등 공격적 수주전략을 세웠다. 현대건설(000720)은 올해 매출 목표를 지난해보다 4% 가량 늘어난 13조 8570억원, 신규수주도 4.5% 증가한 22조1580억원으로 잡았다. 특히 매출 비중은 국내 34.8%(4조8280억원), 해외 65.2%(9조290억원)로 해외비중을 지난해 60.4%에서 65.2%로 4.8% 높였다. 신규수주 비중 역시 해외수주에 힘을 더 실을 전망이다. 지난해 국내수주 비중은 27.5%였지만 올해는 2.9% 줄인 24.6%로, 해외수주의 비중은 지난해 72.5%보다 늘어난 75.4%로 목표를 세웠다. 삼성물산(000830)도 현재 50% 미만인 해외사업비중을 70%까지 끌어올린다는 계획이다. 삼성물산의 올해 매출목표는 29조9000억원, 수주목표는 16조6000억원으로 이 가운데 70%인 11조6000억원을 해외수주로 채운다는 전략이다. 대우건설(047040)은 창사 이래 처음으로 올해가 해외수주의 비중이 국내수주의 비중을 초과하는 해가 될 것으로 전망했다.

자료: http://www.newstomato.com/ReadNews.aspx?no=331742(2013.2.6)

---

361) 입력 : 2013-02-05 오후 4:29:06, [뉴스토마토 원나래 기자]

대우건설의 올해의 매출목표는 지난해 실적 대비 10% 증가한 9조원, 수주목표도 8% 증가한 15조원을 목표로 잡았다. 이 가운데 지난해 46%로 국내수주의 비중보다 적었던 해외비중을 52%까지 늘릴 계획이다. 올해 신규수주를 13조원으로 목표로 잡은 대림산업(000210) 역시 이 가운데 해외수주 비중을 8조7000억원인 약 67%로 확대했다. 건설업계 관계자는 "국내외 경기불황에 따른 발주규모의 축소와 경쟁심화에도 불구하고 건설사들이 올 수주목표를 상향 조정했다"며 "특히 건설사들의 해외수주 상승세가 이어지면서 해외수주의 역량강화는 물론 매출목표 가운데 해외비중을 확대하고 있다"고 말했다.362)363)

3. 대우건설의 나이지리아 등 8억900만달러의 해외수주

하루 2건 수주, 사우디아라비아 자잔 석유화학플랜트, 나이지리아 인도라마 비료공장364) 대우건설이 하루동안 사우디아라비아와 나이지리아에서 2건의 공사를 수주하며, 올해 해외수주 목표의 달성에 한걸음 더 다가섰다.

대우건설은 28일(현지시각) 사우디아라비아 자잔 석유화학플랜트, 나이지리아 인도라마 비료공장 등 2건, 총 8억900만달러(한화 약 8천730억원)의 해외공사를 수주했다고 밝혔다. 사우디아라비아 자잔 석유화학플랜트 공사는 대우건설이 일본의 플랜트 엔지니어링 전문업체인 JGC와의 전략적 합작을 통해 사우디아라비아 국영 석유회사 사우디 아람코로부터 수주했다.

사우디아라비아 남서쪽 자잔지역에 일생산량 약 40만배럴 규모의 정유소 및 터미널을 건설하는 프로젝트이다. 대우건설은 JGC와 설계, 구매, 시공을 공동수행하며, 공사기간은 약 41개월이다. 대우건설의 지분은 전체의 50%인 5억2천만달러이다. 사우디아라비아 정부는 산업다변화 정책의 일환으로 2006년부터 예멘 국경 인근 홍해 연안 자잔지역에서 108㎢ 규모의 '자잔경

---

362) 경제전문 멀티미디어 뉴스통신 뉴스토마토, 원나래 기자, 토마토스탁론
363) http://www.newstomato.com/ReadNews.aspx?no=331742(2013.2.6)
364) 일자 : 2012.11.30. 출처 : 조세일보

제도시' 개발계획을 순차적으로 진행하고 있다. 이번에 수주한 정유소 및 터미널 공사는 도시개발계획의 핵심사업이며 향후 발전소, 항만, 공장설비, 주거시설 등의 발주가 예정되어 있어 대우건설의 추가수주가 가능할 것으로 전망된다. 대우건설은 지난해 11월 중동 최대의 건설시장 사우디아라비아에 재진출한 후 1년동안 이번 공사를 포함해 총 5건, 12억8500만달러의 수주실적을 기록하고 있다. 인도네시아의 석유화학그룹 인도라마가 발주한 인도라마 비료공장 프로젝트는 나이지리아 포트하커트지역 엘레메 석유화학단지에 위치한다. 일일 암모니아 2300톤, 요소 4000톤을 생산하는 비료공장을 건설하는 공사로서 일본의 플랜트 엔지니어링 전문업체 도요와 컨소시엄을 구성해 공사를 수주했다.

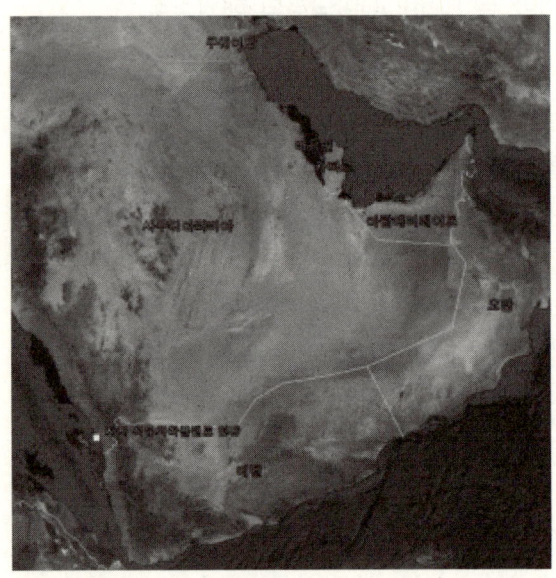

◆ 대우건설, 사우디아라비아 자잔 석유화학플랜트 위치
자료: http://tax.hankyung.com/content/jose_news/Content.asp?num=874725&tm_pos=1

총공사비 7억6500만달러중에서 대우건설의 지분은 2억8900만달러이며 대우건설이 시공과 사전에 시운전을 맡아서 34개월동안 공사를 수행하게 된다.

◆ 대우건설 나이지리아 인도라마 비료공장 위치
자료: http://tax.hankyung.com/content/jose_news/Content.asp?num=874725&tm_pos
=1(2013.2.7)

 나이지리아는 대우건설이 지난 1983년 처음으로 진출해 현재까지 54건, 63억달러 규모의 공사를 수행해온 대표적인 해외거점시장으로서 올해에도 대우건설은 나이지리아에서만 3건의 공사를 수주했다. 대우건설 관계자는 "나이지리아에서 30년간 사업을 해오며 쌓아온 공사수행의 능력과 해외 엔지니어링업체들과의 긴밀한 네트워크가 수주에 결정적인 역할을 했다"고 밝혔다.[365]

---

365) http://tax.hankyung.com/content/jose_news/Content.asp?num=874725&tm_pos=1(2013.2.7)

4. 아프리카 현지화전략의 성과와 성장 기대

한국투자증권은 21일 대우건설에 대해 아프리카 시장의 현지화전략이 성과를 거둬, 내년 순이익이 올해 대비 74% 정도 성장할 전망이라고 분석했다. 투자의견 '매수'와 목표주가 1만3000원을 유지했다. 이 증권사 이경자 연구원은 "1978년부터 나이지리아를 중심으로 이뤄진 아프리카 전반의 '현지화(localization)전략이 통했다"면서 "2년전만 해도 대우건설의 해외수주가 연간 3조원대에 머물렀으나 작년에 5조4000억원으로 성장한 데 이어 올해는 6조원의 달성이 예상된다"고 밝혔다. 대우건설이 나이지리아 대우법인 인력의 90%를 현지인으로 채용하고 자국내 생산의무조항이 강한 아프리카 내 다수의 제조야드(yard)를 건설해 보유하고 있다고 이 연구원은 전했다.

현지화전략의 효과는 삼성엔지니어링의 사우디아라비아 사례가 입증했듯 시간이 필요하지만 강력한 무기가 된다는 평가다. 이에 대우건설의 내년 순이익이 74% 증가한 4380억원을 기록할 것으로 예상했다. 그는 "대우건설이 헤비급으로 급성장한 주요 원인은 역발상전략 덕분이며, 최근 사우디 '지잔'정유에서 일본 JGC와 조인트벤처로 수주한 사례가 대표적"이라며 "30년전 남과 다르게 아프리카로 눈을 돌렸다면 이제부터는 한국 건설업체의 이탈이 시작된 중동에 재진입하고 있다"고 덧붙였다.[366)367)]

5. 대우건설의 막강 영업망과 해외발전시장서 두각

한국의 대형건설사들이 해외 발전플랜트시장에서 급부상하고 있다. 해외 투자자들도 한국 건설업체를 주목할 정도가 됐다. 건설사들은 발전플랜트 사업이 미래의 성장동력이 될 '캐시 카우'로 보고 해외시장을 적극 공략하고 있다. 메이저 건설사들의 발전시장 진출전략을 소개한다.[368)]

---

366) 한경닷컴 오정민 기자 blooming@hankyung.com
367) http://paxnet.moneta.co.kr/stock/researchCenter/userReportView.jsp?report id=79804&menucode=2222(2013.2.7)
368) 〈편집자 주〉, 일자 : 2012.11.07, 출처 : 조세일보

1) 대우건설 리비아 벵가지 복합발전소

대우건설의 해외 네트워크는 오랜 역사를 기반으로 하여 진출국가의 다변화로 국내 뿐만 아니라 해외에서도 유명하다. 대우건설은 이런 글로벌 네트워크를 발판으로 세계 발전플랜트 시장에서 두각을 나타내고 있다. 지금까지 18개 프로젝트 60억달러가 넘는 해외발전소를 건설했는데 최근 2년동안 6억~12억달러가 넘는 규모의 대형수주만 6건을 따내 국내 최고의 발전소 수주실적을 거뒀다. 이 회사는 여기서 그치지 않고 중동지역 중심의 영업망을 북부 아프리카, 사하라 사막 이남, 중남미에 이어 동남아 지역으로까지 넓히고 있다. 대우건설은 강력한 영업망을 바탕으로 세계 곳곳에서 계획되고 있는 화력, 원자력, 수력, 조력 등의 발전소 수주를 따내 경기변동에 흔들리지 않는 글로벌 영업체계를 완성한다는 전략이다.

2) 해외발전소 수주 국내 최고, 발전플랜트 PF통한 민자발전소

대우건설은 2004년 리비아 벵가지 북부발전소 시공 이래 나이지리아 아팜화력발전소, 미수라타복합화력발전소 등 750MW급 대형 화력발전소를 잇달아 건설했다. 그밖에도 지금까지 중동, 아시아, 아프리카 등지에서 총 18개 프로젝트, 60억달러가 넘는 해외발전소를 건설해 발전플랜트 시장의 세계적인 강자로 자리매김했다.

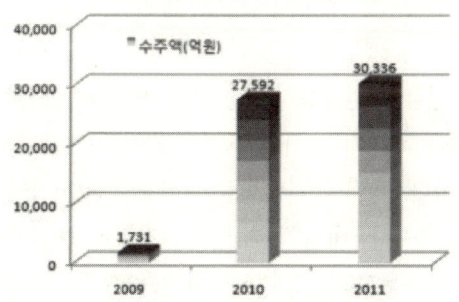

대우건설 발전플랜트 수주실적

자료: http://tax.hankyung.com/content/jose_news/Content.asp?num=873073&tm_pos=1(2013.2.7)

특히 최근 2년간의 수주실적을 보면 총사업비 12억6천만달러 규모의 오만 수르발전소, 11억달러 규모의 모로코 조르프 라스파화력발전소, 6억5천만달러의 UAE 슈웨이핫, 7억2천만달러의 나이지리아 OML58 등 5건의 대형수주를 따내 2010년, 2011년 국내 건설업체중 최고의 수주실적을 거뒀다.

올해도 11억1300만달러 규모의 알제리 라스지넷 가스복합발전소의 건설공사를 수주했다.

3) 대우건설의 모로코 조르프 라스파발전소 건설현장

대우건설의 해외발전소 건설은 발전프로젝트금융을 효과적으로 활용하는 것으로 유명하다. 국내에 건설 프로젝트 파이낸싱을 최초로 도입한 대우건설은 발전소 건설에도 발전플랜트 PF를 도입하여 공공사업 중심이었던 발전사업을 민자개발형 발전사업으로 확대하고 있다. 최근 대우건설은 나이지리아에서 1만MW 규모의 민자발전사업 진행을 위한 MOU를 체결했는데 대우건설에서 올해 추진하고 있는 기획, 금융조달, 시공, 운영에 이르는 융합산업으로의 발전 가능성을 확인시켜주는 대표적 사례로 꼽힌다.

4) 화력발전소를 노하우 기반으로 원자력, 수력, 조력발전까지

대우건설은 화력발전 뿐만 아니라 원자력, 수력, 조력 등의 발전소 진출도 모색하고 있다. 국내에서 가동중인 발전소의 4분의1을 건설한 다양한 발전플랜트 시공경험과 기술력을 바탕으로 발전플랜트 건설을 해외진출 주력사업으로서 집중적으로 육성한다는 전략이다. 대우건설은 1990년대 후반부터 원전분야에 뛰어 들었다. 1998년 대만의 룽만 원전과 중국의 퀸샨 원전 프로젝트 등에 참여했는데 원자로건물과 원자로자관을 세계 최단기간에 설치하고, 구조물 건전성 및 누설 세계 최단기간 시험 그리고 원전 최저 누설률 등 세계적인 기록을 보유하고 있다. 이러한 기술력을 기반으로 2010년에는 요르단에 연구용 원자로를 수출하며 국내기업 최초로 원자로를 해외에 수출해 향후 해외에서 발주되는 연구용 원자로와 상용원전을 수주하는데 유리한 고지를 차지했다. 대우건설 관계자는 "원전시장 선점을 위하여 한국

수력원자력 및 한전 등과 공동개발협력 MOU를 체결했다"며 "베트남, 터키 및 남아프리카공화국에서 사업을 추진중인데 조만간 좋은 성과를 보일 수 있을 것"이라고 자신감을 드러냈다. 수력발전 부문도 충주 수력발전소 등 국내 수력발전소를 건설한 경험을 토대로 1993년 라오스에서 호우아이호 수력발전소, 2000년 인도 다우리 발전소를 완공했으며 2009년에는 파키스탄에서 2억9천만달러의 파트린드수력발전소를 수주했다. 현재도 베트남 등 동남아시아를 중심으로 활발한 수주활동을 펼치고 있다.

5) 대우건설의 라오스 호우아이호 수력발전소

조력발전부문에서 대우건설은 선두주자임을 자처한다. 세계 최대 규모인 시화조력발전소(254MW)를 건설하였으며, 이외에도 가로림, 강화, 아산만 등 다수의 조력발전 프로젝트를 추진중에 있어 경험과 노하우를 쌓았기 때문이다. 이러한 국내 경험을 바탕으로 중동, 아프리카 등에서 조력발전소 수주작업이 한창이다.

6) 축산분뇨, 음식폐기물, 하수슬러지에서 전기 뽑아낸다

대우건설은 2009년 수년간의 연구끝에 독자적으로 친환경 가스발전시스템인 DBS (Daewoo Two Phase Anaerobic Bio-Gas System)공법을 개발하는데 성공했다. DBS는 정부가 지정한 대한민국 10대 신기술로 축산분뇨, 음식폐기물, 하수슬러지 등을 이용하여 가스와 전기를 발생시키는 국내 첫 상용화된 친환경, 고효율 발전플랜트 시스템이다. 대우건설은 지난해 DBS시스템을 이탈리아 테크노플루이드사에 수출하여 국내 최초로 친환경 에너지관련 기술을 해외에 수출하는 쾌거를 올렸다. 대우건설은 DBS공법을 바탕으로 현재 독일기업들이 선점하고 있는 유럽 바이오가스시장에서 10% 이상의 시장점유율을 목표로 하고 있으며 향후 동남아시아 및 세계 최대 유기성 폐자원 시장인 중국으로 수출을 성사시킨 것으로 알려졌다. 업계는 바이오가스시장의 규모가 50조원이 넘을 것으로 추정한다.

7) 안가는 곳 없는 시장다변화, 경기변동 문제없다

대우건설은 2008년 이후 시장다변화를 위하여 기존의 리비아, 나이지리아 중심의 해외시장을 UAE, 사우디아라비아, 오만 등의 중동지역, 알제리, 모로코 등의 북아프리카 지역, 말레이시아 등의 동남아시아 지역으로 확대시켜 국제적인 경기변동에도 흔들리지 않는 영업체계를 구축하고 있다.

8) 대우건설의 나이지리아 아땀발전소

대우건설 관계자는 "올해는 기존시장에서의 경쟁력을 더욱 공고히 하고, 더 나아가 중남미지역과 사하라 이남 지역에까지 지사와 법인을 진출시킬 예정"이라고 향후 계획을 설명했다. 그는 "대우건설의 눈에는 지구가 커다란 에너지 보물섬이다"며 "해외발전소 건설수주를 통해 건설침체국면을 완전히 돌파해 나갈 것"이라고 강조했다.[369]

6. 플랜트강국의 대우건설과 엔지니어링 세계 제패

엔지니어링 인력이 5년새 270명 늘려 국내외 기업인수도 추진[370] 대우건설이 플랜트사업의 역량강화에 나선다. 좁아진 국내 건설시장을 대신해 해외에서 경쟁력을 키우기 위해서이다.[371] 특히 대우건설은 경쟁력을 확보한 플랜트사업 가운데 엔지니어링분야에 중점을 두고 있다. 대우건설은 이를 위해 엔지니어링 전문가 육성에 박차를 가하고 있다. 엔지니어링 분야의 인력은 지난 2007년 160명에서 지난해 말 430명으로 키워냈다. 오는 2015년에는 720명까지 엔지니어링분야의 인력을 확충할 계획이다. 대우건설은 지난 2011년부터 설계직 신입사원을 별도로 채용해 집중적으로 육성하고 있다. 또 전문위원 제도를 신설해 설계직 인력들에게 비전을 제시하고 기술자

---

369) http://tax.hankyung.com/content/jose_news/Content.asp?num=873073&tm_pos=1(2013.2.7)
370) [글로벌 경쟁력을 키우자] 플랜트강국 대우건설, 엔지니어링 세계 제패, 뉴스핌 원문 기사전송 2013-01-28 15:59
371) 뉴스핌=이동훈 기자

로서 장기근무할 수 있는 여건을 마련했다. 뿐만 아니라 주요 국가의 엔지니어링회사와 제휴를 강화하는 한편 국내외 엔지니어링업체의 인수도 적극적으로 검토하고 있다. 해외에 특화하기 위한 조직도 강화했다. 지난해 12월 해외영업본부를 플랜트 부문에 편입하고 원자력 영업실을 신설했다. 조직확대 뿐 아니라 해외 플랜트 및 국내외 원자력 플랜트 부문의 영업력을 강화하겠다는 포석이 깔려 있다.

〈대우건설이 수주한 리비아 벵가지북부발전소 모습〉
자료: http://news.nate.com/view/20130128n22027(2013.2.11)

대우건설은 원자력, 화력, 수력·조력 등 발전 모든 분야에 걸쳐 국내에 가동중인 발전소의 4분의 1을 넘게 시공한 경험이 있다. 이를 바탕으로 복합화력발전소를 해외전략적 사업부문으로 육성하고 있다. 그동안 대우건설은 중동, 아시아, 아프리카 등지에서 총 19개 프로젝트, 60억달러(약 6조5000억원)가 넘는 해외에서 발전소공사를 수주하는 가시적인 성과를 거뒀다. 특히 모로코 '조르프 라스파', 리비아 '즈위티나', UAE '슈웨이핫', 오만 '수르', 나이지리아 'OML58', 알제리 '라스지넷' 등 최근 3년간 해외에서 대형 화력발전소 6건을 수주하며 국내 건설업체중 최고의 경쟁력을 과시했다. 올 연말까지 대형발전소 공사의 추가수주도 예상되고 있다. 아울러 해외경쟁력 강화를 위해 기획, 금융조달, 시공, 운영에 이르는 융합산업도 강화한다. 나이지리아에서 1만MW(메가와트) 규모의 민자발전사업 진행을 위한 MOU(양해각서)를 체결한 것이 대표적 사례다. 석유화학분야에서는 특히 LNG(액화천연가스) 플랜트 시공분야에서 독보적인 경쟁력을 바탕으로 해외수주 확대를 노린다. 대우건설은 국내 LNG 저장탱크의 약 50%를 건설했다.

대우건설은 완전방호식 LNG 저장탱크의 건설실적은 세계 최다의 기록을 보유하고 있다. 지금은 총 10기의 LNG 액화 플랜트를 완공하거나 시공중이다. 이는 세계 시장점유율 10%에 해당하는 실적이다. 대우건설은 이를 바탕으로 주력시장인 나이지리아, 알제리 등을 비롯한 아프리카 시장 뿐 아니라 중동, 아시아, 남미 등으로 시장을 확대할 계획이다.

↑ 대우건설이 모로코 조르프라스파 지역에 짓고 있는 석탄화력발전소 현장전경, 대우건설 제공

자료: http://www.mt.co.kr/view/mtview.php?type=1&no=20121112155631699886&outlink=1(2013.3.24)

신재생 에너지 분야도 대우건설의 강점 분야로 손꼽힌다. 대우건설은 지난 2009년 국내 최초로 친환경 에너지관련 기술을 해외에 수출하는 쾌거를 올렸다. 이탈리아의 세계적인 수처리 및 폐기물처리 전문업체인 테크노플루이드(Technofluids)사와 바이오가스 열병합발전시설에 대한 기술 수출협약을 체결했다. 이를 통해 독자개발한 DBS(Daewoo Two Phase Anaerobic Bio-Gas System)공법을 수출했다. DBS공법은 축산분뇨, 음식폐기물, 하수슬러지 등을 이용해 가스와 전기를 생산하는 국내 첫 상용화 발전플랜트 시스템이다. 친환경적이며 경제성을 두루 갖추고 있다는 점에서 높은 평가를 받아 2009년 정부가 지정한 대한민국 10대 신기술로 선정됐다. 대우건설 홍기표 해외영업본부장(전무)은 "기존의 '오일-가스'(Oil & Gas) 플랜트 중심의 수주에서 항만, 컨테이너터미널, 조선소 등 다양한 공종의 공사수주를 추진할 계획"이라며 "중남미 지역과 사하라 이남 아프리카 지역을 전략지역으로 삼아 신시장 개척에도 힘을 기울일 것"이라고 말했다.372)373)

7. NDR 후기: 국내 주택과 아프리카 시장에의 관심 집중

1) 주요 관심 사항은 두 가지 질문으로 압축

대우건설은 대형건설사중 주택사업을 가장 적극적으로 진행중이며 중동시장의 집중도가 높은 경쟁사들과 달리 전통적으로 아프리카 시장에 강점을 보여왔다. 2011~2012년 두 해 연속 20,000세대 이상의 주택(오피스텔 포함) 공급에 성공하였고, 올 3분기말 기준 해외 수주잔고의 46.1%가 아프리카 지역 프로젝트로 이루어져 있다(중동 비중은 34.2%). 이번 NDR중에도 가장 많은 질문이 대우건설의 주택사업관련 리스크와 아프리카시장의 수성 전략에 집중되었다.374)

---

372) [뉴스핌 Newspim] 이동훈 기자 (leedh@newspim.com), 뉴스핌 & Newspim.com
373) http://news.nate.com/view/20130128n22027(2013..11)
374) 첨부파일 : [31082955]DaewooENC_1031.pdf, 다운로드 : 첨부파일, 다운로드를 클릭하시면 전문을 보실 수 있습니다. 리포트제공: HI투자증권, 맞벌이 富富 직업식

(1) 첫번째 질문: 주택사업관련 리스크의 현황과 전망

주택사업의 리스크는 PF 채무보증과 미입주관련 리스크인데 착공 PF는 큰 문제없는 상황이다. 장기 미착공 프로젝트는 착공 전환되면서 손실이 발생 가능하나 사업성이 확보된 프로젝트 위주로 추진하면서 손실을 최소화 할 계획이다. 평균 매출총이익률 17%를 기록중인 자체 사업을 포함할 경우 양질의 주택현장이 많다는 점도 미착공 PF손실을 상쇄시키는데 도움이 될 전망이다. 최근 미입주와 관련할 경우 우려가 크지만 ① 미입주 선택시 분양자가 감당해야 할 리스크가 크고, ② 지금 입주시기가 돌아오는 사업들은 주택시장 고점 이후인 2009~10년에 분양된 것들로 당시 투기수요가 크지 않았음을 감안하면 크게 걱정할 부분이 아니라고 판단된다.

(2) 두번째 질문: 아프리카 시장 수성 전략

한국 건설사들의 핵심적 해외시장인 중동에서 수주경쟁이 격화되면서 아프리카 등 신규지역으로 다각화 노력이 커지고 있는 것은 사실이다. 하지만 대우건설의 우월한 아프리카 시장경쟁력에서는 단기간내에 큰 변화는 없을 전망이다. 대우건설은 아프리카 주력시장에 지사 설립 및 네트워크 확보가 이미 완료된 상황이며 경험 역시 풍부하다. 신규 프로젝트가 발주되면 다양한 현장에서 공사가 진행중인 만큼 인력, 장비의 이동 등에서 원가절감 여지도 더 크다. 시장진입의 장벽은 분명히 존재하며 경쟁사들 입장에서는 초기비용의 지출이 불가피할 전망이다.

2) 2013년 Top Line 성장과 주택리스크 감소에 주목

공격적 주택공급과 빠른 해외수주 증가가 2013년 매출액 증가를 이끌 전망이다. 연말까지 해외수주 타겟(6.8조원, +26.3% YoY)의 달성 가능성이 크다고 판단되며 이에 따라 국내외 모두에서 균형적으로 성장하는 대우건설의 장점이 부각될 전망이다. 지속적으로 감소중인 PF 채무보증의 잔액이 착공 프로젝트의 분양대금 유입과 미착공 프로젝트의 착공전환으로 감소추

펀드 판매, 행복가족 포토 페스티벌

세를 이어갈 것이란 점도 긍정적이라고 판단된다.375)

8. 금융·시공·운영의 전문 TF팀 구성, 최근 2년 해외서 5건 수주

1) 한국건설의 힘과 대우건설

대우건설은 올해 해외 신규수주 목표를 작년보다 30% 가량 늘어난 64억 달러로 세웠다. 신규시장의 진출과 공종의 다양화로 목표를 달성하겠다는 전략이다. 국내에서 가동중인 발전소의 25%를 건설한 실적과 노하우를 바탕으로 국내외 민자발전사업을 추진하고 있다.

특히 올해초 대우건설은 기획·금융조달·시공·운영 등 전 분야를 아우르는 건설융합서비스를 제공하기 위해 별도의 전문 TF(태스크포스)팀을 구성하고 수주에 나서고 있다. 그동안 대우건설은 중동·아시아·아프리카 등에서 총 18개 프로젝트, 50억달러가 넘는 해외발전소 공사를 수주했다.

2) 발전사업의 최강자

모로코 조르프 라스파석탄화력 발전소, 리비아 즈위티나, UAE 슈웨이핫, 오만 수르, 나이지리아 OML58 등 최근 2년간 해외에서 대형 화력발전소 5건을 수주하며 국내 건설업체중 최고의 수주실적을 기록하고 있다. 최근에는 나이지리아에서 1만MW 규모의 민자발전사업 진행을 위한 협약(MOU)을 체결하기도 했다. 이는 대우건설에서 올해 추진하고 있는 기획·금융조달·시공·운영에 이르는 융합산업으로의 건설사의 발전 가능성을 확인시켜주는 대표적 사례로 꼽힌다. 석유화학분야에서는 업스트림(Up-stream·원유생산부문) 및 탱크팜(Tank Farm·저장시설)분야에서의 경쟁력을 기반으로 정제시설 및 LNG플랜트 EPC공사로 그 영역을 확장하고 있다. 대우건설은 해외분야에서 지속적인 성장을 위한 두 가지 핵심전략으로 시장다변화와 공종다변화를 꼽고 있다. 시장다변화와 공종다변화는 해외시장에서의 위험요소를

---

375) http://paxnet.moneta.co.kr/stock/researchCenter/userReportView.jsp?reportid=78548&menucode=2222(2013.2.7)

분산시키고 침체를 거듭하고 있는 국내 건설시장의 한계를 극복할 수 있다는 장점이 있기 때문이다. 대우건설은 이미 2008년 이후 시장다변화를 위해 기존의 리비아·나이지리아 중심의 해외시장을 UAE·사우디아라비아·오만 등의 중동지역과 알제리·모로코 등의 북아프리카지역, 말레이시아 등의 동남아시아지역으로 확대시켜 왔다. 올해는 기존시장에서의 경쟁력을 더욱 다지고 중남미지역과 사하라 이남지역 등 신규시장 개척을 위해 현지법인을 설립하는 등 공격적인 경영에 나서고 있다. 공종다변화를 위해서는 기존의 오일&가스, 발전플랜트 중심의 수주에서 말레이시아·싱가폴 등에서 시공하고 있는 인텔리전트빌딩, 호텔과 같은 건축공사, 알제리·오만·카타르 등에서 시공중인 컨테이너터미널, 조선소와 같은 대형 토목공사, 사우디아라비아의 7000여가구의 대규모 아파트 단지를 건설하는 주택공사 등 다양한 공사로 확대시켜왔다. 이 외에도 대우건설은 연구용 원자로·조력발전·DB공법과 같은 신재생 친환경 에너지분야에서도 세계적 수준의 실적과 경험 및 기술력을 보유하고 있어 새로운 시장개척에 큰 힘이 될 것으로 기대하고 있다.

　엔지니어링 역량강화 역시 중요한 목표로 설정하여 설계인력 충원 및 내부육성도 계속해서 추진해 2015년에는 720명 수준까지 지속적으로 늘려갈 계획이다. 국내외 엔지니어링업체의 인수도 적극적으로 검토하고 있다. 세계 시장점유율 10%를 차지하며 독보적인 실적을 보유하고 있는 LNG 액화플랜트 시공분야도 더욱 강화한다는 계획이다. 현재 인천LNG인수기지, 통영LNG생산기지 등 국내 LNG 저장탱크의 약 50%를 건설하며 완전방호식 LNG 저장탱크 건설의 세계 최다 실적을 기록하고 있다. 나이지리아·리비아·카타르 등 해외시장에서도 최고의 탱크시공능력과 수준 높은 EPC 프로젝트 수행능력을 검증받아 많은 시공실적을 올리고 있다. 대우건설의 서병운 홍보상무는 "나이지리아에서 대형 LNG 가스 플랜트 공사의 지속적인 수주를 기대하고 있으며 아프리카 뿐 아니라 중동·아시아 등에서도 사업을 추진하며 사업다각화를 꾀하고 있다"고 말했다.[376)377)]

9. 대우건설, 2800억원 규모의 나이지리아 파이프라인 공사 수주

대우건설은 나이지리아에서 약 2억5000만달러(약 2800억원) 규모의 SSAGS 파이프라인 공사를 수주했다고 9일 밝혔다.[378] SSAGS 파이프라인 공사는 나이지리아 델타주 와리시에서 남쪽으로 약 65km 떨어진 늪지대에 총길이 69km의 가스 파이프라인과 부대시설을 건설하는 공사다. 대우건설이 설계·구매·시공을 단독으로 수행한다. 공사기간은 30개월이다.

이 공사는 세계적인 석유개발회사인 쉘과 나이지리아 국영석유회사의 현지 합작회사인 SPDC가 발주한 공사다. 대우건설은 지난 30여년간 축적해온 현지 공사수행 노하우와 철저한 현지화전략이 이번 공사를 수주하는데 결정적인 역할을 한 것으로 평가했다. 대우건설 관계자는 "최근 나이지리아의 자국 석유 및 가스산업 보호를 위한 법안이 제정돼 외국건설사의 신규 진출이 한층 어려워졌다"며 "나이지리아 시장에서 이미 독보적인 위치를 선점한 대우건설의 향후의 수주전망이 더욱 밝아졌다"고 말했다. 한편 대우건설은 1978년 나이지리아에 첫 진출한 이래 현재까지 60건, 약 60억달러 규모의 공사를 수행했다. 현재는 에스크라보스 가스처리시설, 오투마라 노드 가스처리시설 등 5개 공사가 진행중이다.[379][380]

10. 대우건설의 사우디 주택시장 진출

제2의 도시 '제다 주택단지사업' 3억3000만달러에 수주, 총 7200가구[381] 대우건설(대표 서종욱)이 사우디아라비아 주택시장에 본격 진출한다. 대우

---

376) 권영은[kye30901@joongang.co.kr], 중앙일보 조인스랜드
377) http://daegong.joinsland.com/NewsFlash/Total/read.asp?pno=105299(2013.2.7)
378) [뉴시스] 입력 2012.08.09 10:09수정 2012.08.09 10:54, 【서울=뉴시스】 강세훈 기자
379) kangse@newsis.com, '한국언론 뉴스허브' 뉴시스통신사
380) http://isplus.live.joinsmsn.com/news/article/article.asp?total_id=9004347 (2013.2.7)
381) (서울=뉴스1) 김민구기자 입력 2011.11.23 10:21:45 | 최종수정 2012.01.27 06:27:21

건설은 사우디 제다도시개발공사가 발주한 3억3000만달러(3630억원) 규모의 주택사업을 수주했다고 23일 발표했다. 이번 공사는 사우디 제2의 도시 제다에 조성될 총 2만5000가구의 대규모 주택단지 조성공사중 1단계 공사 (360개동 7200가구)다. 이번 수주로 대우건설은 내년 1월에 착공해 2016년 3월에 완공할 예정이다. 대우건설 관계자는 "대우건설의 주택사업 노하우를 인정받아 대형 주택공사를 수주하게 됐다"며 "첫번째 공사를 맡은 대우건설이 추후 단계적으로 발주될 총 10억달러 규모의 공사수주에서 유리한 고지를 선점하게 됐다"고 밝혔다. 사우디는 주택부족 문제가 심각한 사회문제로 등장했으며 압둘라 빈 압둘아지즈 국왕이 주택건설사업을 국가의 핵심사업으로 삼고 직접 진두지휘하고 있다. 이에 따라 사우디 정부는 지난 3월 주택부를 신설하고 2014년까지 총 670억달러를 투입해 총 50만가구의 주택을 건설한다는 계획을 세웠다. 대우건설은 올해 해외사업의 다각화전략 차원에서 사우디 시장으로 진출을 추진해왔다. 이에 따라 이번 주택공사 뿐 아니라 석유플랜트 분야에서도 대형공사 수주가 임박한 것으로 알려졌다.

    대우건설은 이번 수주를 발판으로 향후 꾸준히 성장할 것으로 보이는 사우디의 건설시장을 본격적으로 공략한다는 계획이다. 대우건설은 지난해 12월 산업은행에 편입된 후 안정적 재무구조를 바탕으로 활발한 해외 수주 활동을 펼치고 있다. 올들어 오만 수르 복합화력발전소(12억6000만달러), 아랍에미리트연합(UAE) 슈웨이핫3 발전소(6억5000만달러), 알제리 젠젠 컨테이너 터미널(2억5000만달러), 말레이시아 세인트레지스호텔(1억9000만달러) 등 총 39억달러를 수주했다. 대우건설 관계자는 "해외 건설시장의 공략을 통해 연말까지 올해 해외수주 목표인 53억달러를 달성할 계획"이라고 밝혔다.382)383)

---

382) gentlemink@, 뉴스1코리아
383) http://newsone.kr/articles/460263(2013.2.7)

11. 중동 의존 벗어나 건설시장의 다변화

1) 4대강의 태국 수출 길

1200㎞ 차오프라야강에 19개 저수지·방수로 건설, MB·장관서 대기업까지 수주활동, 전방위 노력 결실[384] 한국수자원공사를 중심으로 한 K-WATER 컨소시엄의 태국 물관리사업 최종예비후보자 선정은 2010년 말 아랍에미리트(UAE) 원자력발전소 수주에 이은 매머드급 해외건설 수출의 결실로 평가된다. 특히 이명박 정부가 초기부터 추진한 4대강 살리기 사업의 노하우가 임기내에 해외수주로 이어지면서 사업의 타당성 여부를 둘러싼 논란도 다소 가라앉을 것이라는 분석을 낳고 있다.

2) 전방위적인 수주 노력의 결실

태국의 물관리 사업은 지난해 3월 잉락 친나왓 태국 총리 방한을 계기로 국내 기업들의 참여 여부가 조심스럽게 타진되기 시작됐다. 당시 잉락 총리는 한강 이포보 현장 등 국내의 물관리 기술에 많은 관심을 보였다. 태국 정부는 그해 7월 12조원 규모의 물관리사업 국제 입찰계획을 발표했다. 사업 내용은 말 그대로 매머드급이었다. 총 길이 1,200㎞에 이르는 짜오프라야강 유역 및 주변 강 유역을 정비하는 이 프로젝트는 19개의 저수지를 짓는 것을 비롯해 방수로 500㎞ 등 10개 사업으로 구성돼 있다. 짜오프라야강 중류의 거대한 저지대인 '몽키칙(Monkey cheek)'은 2011년에 3개월동안 계속된 대홍수 당시 가장 심각한 침수피해를 겪었던 곳이다. 당시 홍수피해는 공식 사망자만 381명, 이재민 11만명, 가옥파괴 80만채에 달했다.

우리 정부는 권도엽 국토해양부 장관을 단장으로 한 수주외교단을 태국에 파견, 한국·태국 수자원 협력 양해각서(MOU)를 체결하는 등 전방위적인 수주활동에 나섰다. 이와함께 한국수자원공사·농어촌공사 등을 주축으로 80여명의 'K-팀'이 구성됐다. 여기에는 4대강 사업을 수행한 현대건설·대우건설·삼성물산 등 7개 대형건설사 기술자들도 참여했다. 입찰단은 지

---

[384] 서울경제 원문 기사전송 2013-02-05 21:39

태국 통합 물관리 사업 개요	
총 사업비	약 12조원
사업 내용	길이 1,200km 차오프라야강 유역정비 (저수지·댐 건설·방수로 건설·토지이용체계 개선·물관리시스템 구축 등 10개 사업)
최종예비후보	K-water 등 6개 기업 선정
최종 낙찰자 선정	2013년 4월 10일

자료: http://news.nate.com/view/20130205n34373(2013.2.7)

난해 9월부터 현장답사와 설계를 동시에 진행하는 강행군을 펼치며 2개월 만인 11월에 입찰제안서를 마무리했다. 특히 지난해 11월에는 이명박 대통령이 태국을 방문, 양국 정상회담을 개최해 양국간 전략적 파트너십 강화를 협의하는 등 수주를 위해 공을 들이기도 했다.

3) 대규모 토목수주의 해외건설로 새로운 이정표

정부와 관련업계는 일본·중국 등 동아시아 주요 국가가 국제경쟁을 펼친 이번 수주전에서 한국 컨소시엄이 10개 프로젝트에서 모두 최종 예비후보자로 선정되면서 유리한 고지를 점령한 것으로 평가하고 있다. 3월 말 최종 제안서 제출을 거쳐 4월 최종 낙찰자를 선정하는 절차가 남아 있기는 하지만 일정 물량 이상의 사업을 확보할 가능성이 높은 것으로 관측되고 있기 때문이다. 특히 수주가 최종 확정될 경우 태국은 물론 베트남·라오스 등 물관리 사업에 많은 관심을 보이고 있는 동남아시아 일대 시장에서 유리한 위치를 차지할 수 있을 것으로 기대된다. 그동안 중동 일대에 플랜트 의존도가 높았던 한국건설의 해외시장 다변화도 가속화할 것으로 보인다.

실제로 한국 건설업계의 해외건설은 중동 의존도는 50%가 넘는 탓에 그동안 중동시장의 상황에 따라 실적에 심한 편차를 보여왔다. 건설업계의 관계자는 "최근 건설업계의 화두가 시장다변화일 만큼 과도한 중동 의존도는 문제로 지적돼왔다"며 "최종 수주로 이어진다면 동남아시아 시장에서 한국 건설업계의 경쟁력을 한 단계 끌어올리는 계기가 될 것"이라고 말했다.[385][386]

12. 해외수주로 불황극복, "플랜트의 역량강화에 올인"

대우건설이 최근 단행한 조직개편의 가장 큰 특징은 플랜트 부문을 대폭 강화한 점이다.[387] 기존 1개본부(플랜트사업본부)체제에서 플랜트사업총괄을 신설하고 산하에 플랜트지원본부·발전사업본부·석유화학사업본부·플랜트엔지니어링본부 등 4개 본부를 두었다. 2010년 12월 플랜트사업본부내에 발전사업실·석유화학사업실·플랜트엔지니어링실을 신설한 데에 이어 1년만에 조직개편을 통해 3개의 실을 본부로 승격하고 1개본부를 추가한 것이다.

이는 플랜트 부문의 역량을 강화하고자 하는 대우건설의 향후 경영전략을 반영하고 있다는 평가다. 또 해외영업본부를 플랜트 부문에 편입하고 원자력 영업실을 신설하면서 플랜트 조직을 확대했다. 조직의 효율성을 제고하는 한편 해외 플랜트 및 국내외 원자력 플랜트 부문의 영업력을 강화한다는 포석이다. 대우건설은 플랜트중에서도 특히 엔지니어링의 역량 강화에 중점을 두고 있다. 설계인력의 외부 충원과 내부육성을 통해 2007년 160명이었던 엔지니어링 인력이 작년말 기준으로 430명까지 늘었다. 대우건설은 2015년 관련 인력을 720명까지 늘릴 계획이다. 이와 관련하여 2011년부터 설계직 신입사원을 별도로 채용하여 집중적으로 육성하고 있고 전문위원제도를 신설해 설계직 인력들에게 비전을 제시하고 고급기술자의 장기 근무여건을 마련하기도 했다. 대우건설은 엔지니어링 역량강화의 일환으로

---

385) 인터넷한국일보(www.hankooki.com), 박홍용 기자 prodigy@sed.co.kr
386) http://news.nate.com/view/20130205n34373(2013.2.7)
387) 아시아경제 원문 기사전송 2012-12-27 13:43, [아시아경제 김창익 기자]

선진 엔지니어링사와의 제휴를 강화하는 한편 국내외 엔지니어링업체의 인수도 적극적으로 검토하고 있다. 대우건설은 지난해 50억6000만달러로 사상 최대 해외수주고를 기록한 것은 발전과 석유화학 업스트림(원유생산부문) 등 플랜트 분야에서의 역량강화가 주효했던 것으로 자평하고 있다.

2012년 대우건설 공종별 해외 수주

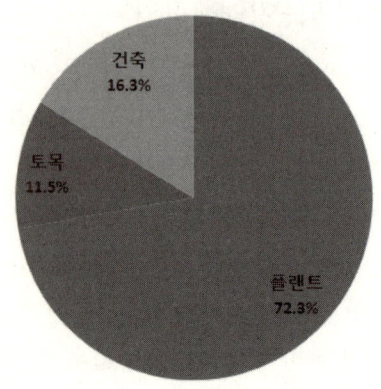

자료: http://news.nate.com/view/20121227n14684(2013.2.11)

실제 대우건설은 원자력·화력·수력·조력 등 발전 전분야에 걸쳐 국내에서 가동중인 발전소의 4분의 1 이상을 시공한 경험을 갖고 있다. 대우건설은 복합화력발전소를 해외전략 사업부문으로 정하고 역량을 기울여 왔다.
 이와같은 성과는 해외수주의 발판으로 이어지고 있다. 그동안 대우건설은 중동·아시아·아프리카 등지에서 총 19개 프로젝트에 60억달러가 넘는 해외 발전소 공사를 수주하는 등 가시적인 성과를 내고 있다. 특히 모로코 조르프 라스파, 리비아 즈위티나, 아랍에미리트연합 슈웨이핫, 오만 수르, 나이지리아 OML58, 알제리 라스지넷 등 최근 3년간 해외에서 대형 화력발전소 6건을 수주하며, 국내 건설업체중에서 최고의 경쟁력을 과시하고 있다.
 특히 대우건설은 최근 나이지리아에서 1만MW 규모의 민자발전사업 진행을 위한 양해각서를 체결했다. 이는 대우건설이 올해부터 역점적으로 추진하는 건설과 금융 융복합의 대표적인 사례로 꼽힌다. 대우건설은 석유화학분야에서는 특히 LNG 액화 플랜트 시공분야에서 독보적인 경쟁력을 보이고 있다. 현재 총 10기의 LNG 액화 플랜트를 완공하거나 시공중이다. 이는 세계 시장점유율 10%에 해당하는 실적이다.

  신재생 에너지 분야도 대우건설의 강점 분야로 손꼽힌다. 대우건설은 2009년 국내 최초로 친환경 에너지관련 기술을 해외에 수출하는 쾌거를 올렸다. 이탈리아의 세계적인 수처리 및 폐기물처리 전문업체인 테크노플루이드사와 바이오가스 열병합발전시설에 대한 기술수출협약을 체결하고 독자개발한 DBS(Daewoo Two Phase Anaerobic Bio-Gas System)공법을 수출한 것이다.388)389)

13. 한국 해외건설 제2의 붐 현장과 해외건설 호황 및 채용지도

  "회사의 미래가 해외시장 개척에 달렸다. 2020년까지 해외비중을 70%까지 늘리겠다."(13일 비전 선포식에서 허명수 GS건설 사장)390) "이곳 직원들의 수당을 회사내에서 최고로 올려라.(2011년 나이지리아 현장을 찾은 서종욱 대우건설 사장의 언급)

---

388) 김창익 기자 window@, 세계를 보는 창 경제를 보는 눈, 아시아경제
    (www.asiae.co.kr)
389) http://news.nate.com/view/20121227n14684(2013.2.11)
390) [한국 해외건설 제2의 붐… 현장을 가다]해외건설 호황, 채용지도 바꿨다, 동아일보
    원문 기사전송 2012-09-18 03:15 최종수정 2012-09-18 04:36

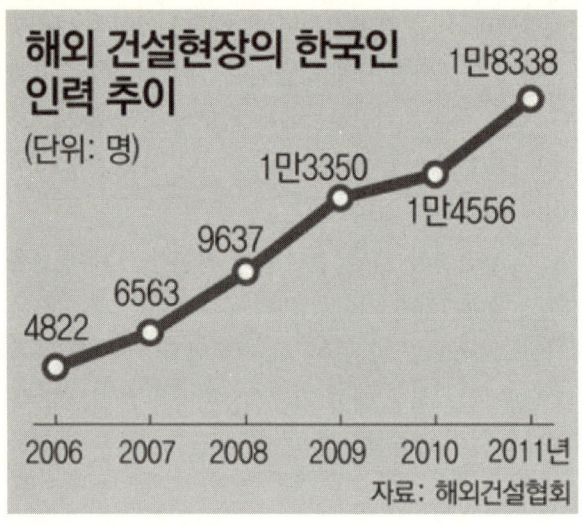

자료: http://news.nate.com/view/20120918n01289(2013.2.11)

  2차 해외건설 붐을 맞으면서 건설업체들이 해외공사 수주에 회사의 미래를 걸고 있다. 플랜트, 발전 등 공사가 늘면서 채용인력의 전공도 토목·건축에서 기계·전기·화학으로 이동하고 있다. 고졸, 여성, 지방대 출신 등에게도 채용의 문이 넓어지거나 열렸다. "채용되면 여자라도 해외에서 일할 수 있나요?" 8월 29일 서울 강남구 논현동 건설회관에서 '2012 건설인재 채용콘서트'가 열렸다. 이 자리에는 김진 씨(여·건축공학과 4학년) 등 여성들이 대거 몰렸다. 29, 30일 이틀동안 참가한 1700명 가운데 700여명이 여성 구직자였다. 대한건설협회의 건설사 입사지원 프로그램인 '건설사 취업인증제' 온라인 과정은 올 6월까지 등록자의 90%가 건축·토목 전공이었으나 현재 등록자의 40%가 기계, 전기, 화학 등 전공자들이다.

  성균관대에서 화학공학을 전공하고 올해 GS건설에 입사한 박준철(29) 씨는 "해외 플랜트 현장에 파견되길 기대하고 있다"고 말했다. 대림산업은 2007년 신입사원 70명중 31명(44%)을 기계·전기·화학 전공자로 채웠으나 올해에는 300명중 205명(68%)으로 늘렸다. 같은 기간 GS건설, 대림산업, 현대건설 등도 이들 분야 전공자의 채용비율을 최근 5년 새 두 배로 높였다. 대우건설은 여성 신입사원을 2007년 17명에서 지난해 32명으로 늘렸다.

2007년까지 전무했던 고졸채용도 올해 10명을 뽑았다. 대림산업은 "올해 지방대와 수도권 대학 출신을 반씩 뽑았다"며 "해외인력의 확보를 위해 출신대학을 가리지 않는다"고 밝혔다. 해외건설협회에 따르면 해외에서 근무 중인 한국인은 2006년 4822명에서 지난해 1만8338명으로 4배 가까이로 늘었고 2015년까지 1만4000명이 추가로 필요한 상황이다. 수주지역이 넓어지면서 영어 이외의 외국어 수요도 커지고 있다. 대우건설은 프랑스어, 스페인어, 아랍어 등에 능통한 지원자에게 가산점을 준다. 현대건설은 이런 언어 전공자를 모아 '특수어 직군'을 따로 채용한다. 스페인어 사내강좌를 수강한 유석준 현대건설 부장은 "콜롬비아·베네수엘라 및 코트디부아르 등에서도 공사를 따내면서 스페인어와 프랑스어가 중요해졌다"며 "언어가 수주 경쟁력으로 이어지고 있다"고 소개했다. 실제로 '2012 건설인재 채용콘서트'에서 채용담당자들은 언어능력을 강조했다. "영어능통자에게 가산점을 준다" "해외에서 대학을 졸업했다면 자기소개서와 면접에서 강하게 어필하라" 등과 같은 조언이 잇달았다.[391)392)]

14. 12조원의 태국 물관리프로젝트 수주 노력

1월 20일 저녁 태국 방콕시의 '솜분 시푸드 레스토랑'에서 한국농어촌공사와 태국 왕립관개청(RID·Royal Irrigation Department)의 핵심인사들이 마주 앉았다. 두 기관의 기술교류 세미나를 기념한 자리였지만 대부분의 대화는 태국 정부의 '통합 물관리사업'에 대한 한국측의 참여를 둘러싸고 진행됐다. RID측 관계자는 "한국의 기술력과 추진력이 매우 인상 깊다"는 칭찬을 쏟아내며 분위기를 띄웠다. 그러나 곧이어 "일본측 담당자들도 옆 테이블에

---

391) 이은우 기자 libra@donga.com, 김수연 기자 sykim@donga.com, 동아일보 & donga.com
392) http://news.nate.com/view/20120918n01289(2013.2.11)

와 있다"고 귀뜸해 한국 방문단을 긴장시켰다.393) 총 12조원 규모의 태국 물관리사업을 두고 한중일 3국의 수주경쟁이 치열하다. 한국이 선점하고 있던 해외건설, 플랜트 수주에 최근 중국과 일본이 적극적으로 뛰어들면서 세계 곳곳의 입찰현장에서 '한중일 삼국지'가 펼쳐지고 있다. 한국 입찰단 관계자는 "이번 사업이 앞으로 펼쳐질 한중일 경쟁의 첫 시험대가 될 것"이라고 말했다.

1) K-팀 '몽키칙(Monkey cheek)을 점령'

2011년 여름 800명 이상의 목숨을 앗아간 대홍수를 겪은 뒤 태국 정부는 통합 물관리사업을 서둘러 추진해 왔다. 이 프로젝트는 방콕을 통해 바다로 빠져나가는 총길이 1200km의 짜오프라야 강 수위를 조절하기 위해 주변에 방수로와 둑을 짓는 것이 핵심이다. 짜오프라야 강 중류의 우묵하게 생긴 거대한 저지대 '몽키칙(원숭이 볼이란 뜻)'은 상습 침수지역으로 대홍수 당시 가장 큰 피해를 입었다. 한국은 지난해 8월 한국수자원공사, 농어촌공사 등을 주축으로 총 80여명의 'K-팀'을 구성했다. 4대 강 사업을 수행한 현대 대우 삼성물산 등 대형건설사 7곳의 기술자들이 참여한 한국 물관리 기술의 '국가대표팀'이다. 입찰단은 지난해 9월부터 현장답사와 설계를 동시에 진행하는 강행군을 통해 두 달 만인 지난해 11월 설계제안서를 마무리했다.

박태선 농어촌공사 태국 입찰준비단장은 "총 40만부의 제안서를 인쇄해야 하는데 태국 인쇄소가 오후 6시에 문을 닫는다고 하더라"며 "결국 우리 직원들이 작동법을 배워 3일간 밤을 새우며 인쇄기를 돌려 서류를 만들었다"고 말했다. 10개부문 사업별로 업체 3곳을 최종후보로 선정하는 '쇼트리스트' 발표가 2월 중으로 예정된 상황에서 한중일 입찰단의 물밑경쟁은 최고조에 이르고 있다. 4대 강 사업이라는 대규모 물관리사업을 최근에 시행했다는 점 등으로 태국 정부내에서 한국측에 우호적인 분위기가 형성돼 있지만 장담할 수 없는 상황이다. 얼마 전엔 일본 정부가 태국에 1400억엔(약 1

---

393) 동아일보 원문 기사전송 2013-02-04 03:10 최종수정 2013-02-06 15:08

조7000억원) 규모의 차관을 약속했다는 소문이 돌아 한국 입찰단을 바짝 긴장시켰다. 한국에서 불거진 4대강 사업 부실 논란도 적지 않은 부담이다.

1월 말에 태국 정부 관계자들을 만난 박재순 농어촌공사 사장은 "태국 정부가 4대강 논란을 크게 문제 삼고 있지 않았지만 중국, 일본 등 경쟁국들이 이를 근거로 '네거티브 전략'을 펼 수 있어 우려되는 상황"이라고 말했다.

2) 일본과 중국의 반격 거세

한국은 지난해 해외건설 누적 수주액이 5000억달러(약 550조원)를 넘는 등 '제2의 해외건설 붐'을 맞았다. 하지만 중국, 일본이 수주경쟁에 공격적으로 뛰어들면서 경쟁구도가 재편되는 분위기다. 특히 아베 신조(安倍晋三) 총리 집권 이후 '아베노믹스'라 불리는 경제부양책을 펴는 일본의 공세가 매섭다. 2011년 3월에 발생한 동일본 대지진 및 쓰나미의 피해를 복구하는 데 전념하던 일본 건설사들이 다시 해외로 눈을 돌리기 시작했다는 것이 전문가들의 분석이다. 특히 일본업체들은 정부와 대형은행들을 통한 대규모 자금을 앞세워 아시아, 아프리카 지역의 '선(先)금융-후(後)발주' 사업을 선점하고 있다. 한국수출입은행 관계자는 "건설과 자금지원을 동시에 원하는 저개발국가의 대규모 공사에서 한국이 자금력을 앞세운 일본과 경쟁할 때의 승률은 100전 100패"라고 설명했다. 가격경쟁력을 앞세워 2009년부터 세계 건설시장에서 선전해 온 중국업체들 역시 최근 정부의 막대한 외환보유액 등을 발판으로 공격적 수주에 나서고 있다. 싱가포르 지사에 나가 있는 한 한국건설사의 관계자는 "그동안 중국 건설업체들은 기술력 부족으로 하청공사만 했지만 이제는 싱가포르의 땅을 직접 사들여 공사를 벌이는 등 '시행사' 역할을 하고 있다"고 말했다. 박민우 국토부 건설정책국장은 "이제 기술력만을 앞세워 해외공사를 수주하기는 어렵다"며 "해외사업을 먼저 발굴해 제안하고 대규모의 금융지원도 총괄하는 등 '통합 해외건설 지원기구'가 필요하다고 판단해 활성화 방안을 검토중"이라고 말했다.[394][395]

---

394) 방콕=김철중 기자 tnf@donga.com, 동아일보 & donga.com
395) http://news.nate.com/view/20130204n01142(2013.2.7)

15. 해건협, 해외건설 환경플랜트 협의회 개최

해외건설협회는 지난 30일 '해외건설 환경플랜트협의회'를 개최했다고 2일 전했다. 이날 협의회에는 한국환경산업기술원 등의 유관기관과 대우건설(047040), 동부건설(005960), 삼성물산(000830), 삼성엔지니어링(028050), 포스코(005490)건설, 포스코(005490)엔지니어링, 코오롱(002020)건설, 한국종합기술(023350), 현대앰코, 현대엔지니어링, SK(003600)건설 등 12개사 25명의 임직원이 참여했다.396) 협의회에서는 해건협의 지난해 해외 물환경플랜트 수주실적 발표와 정부의 물환경사업 해외진출 지원 안내, 수익률 향상을 위해 운영관리를 포함한 개발형 사업진출, 정부주도의 종합수자원 마스터플랜 수립 및 건설외교 지원방안, 중소업체 진출을 위한 공적개발원조(ODA) 참여폭 확대 등 초기시장 진출지원, 업체간 현지업체정보 자료공유를 통한 정보력 강화방안 협의 등이 논의됐다. 해건협의 관계자는 "해외 환경플랜트를 포함한 15개의 플랜트 분야별 협의회를 운영하고 있으며, 이를 통해 미래가치창조를 위한 플랜트 R&D 전략수립 지원, 정부정책 건의, 산학연-대중소 건설사 협력 및 해외진출의 지원 폭을 적극적으로 확대해 나가고 있다"고 말했다.397)398)

16. 서종욱 대우건설 사장, "해외서 매출 40% 달성"

"올해 수주의 45%, 매출의 40% 이상을 해외에서 달성하겠다."399) 서종욱 대우건설 사장이 2일 신년사를 통해 해외사업의 비중 강화를 언급했다. 오는 2015년에는 수주의 55%, 매출의 50% 이상을 해외시장에서 실현하겠다

---

396) 뉴스토마토 기사전송 2013-02-02 10:50, [뉴스토마토 원나래 기자]
397) 원나래 기자의 SNS 계정: [이메일] [페이스북], 경제전문 멀티미디어 뉴스통신 뉴스토마토
398) http://news.nate.com/view/20130202n03854(2013.2.7)
399) [신년사]서종욱 대우건설 사장 "해외서 매출 40% 달성한다", 기사입력 2012-01-02 22:58:00 [아시아경제 배경환 기자]

는 중장기 경영목표도 공표했다. 서 사장은 이를 위해 사우디아라비아, 이라크, 동남아시아, 남부 아프리카, 남미 등 신규시장 진출을 통한 시장다변화를 추진할 계획이다. 일본 종합상사, 유수 엔지니어링업체, 선진 주기기 업체 등과의 전략적 제휴를 더욱 공고히 해 해외사업의 성과도 높인다는 방침이다. 기존의 시공위주의 사업영역에서 탈피해 사업기획, 시공, 금융조달 및 운영이 포괄적으로 융합된 사업도 적극 추진하기로 했다. 이를 통해 가치사슬(Value Chain)의 단계별 부가가치와 다양한 성과를 창출하겠다는 구체적인 계획안도 내놓았다. 서 사장은 "금융자본과 연계한 IPP사업 및 해외 민자 SOC사업의 추진을 통해 새로운 사업기회를 모색할 것"이라며 "다양한 금융기법의 개발 및 KDB 시너지 활용을 기반으로 파이낸싱 동반사업에서의 성과창출도 극대화할 예정"이라고 밝혔다. 동시에 리스크관리 방안도 추진한다. 전공정 원가관리(Total Cost Control)를 통한 원가혁신도 이뤄낸다는 계획이다. 서 사장은 "올 하반기초에는 통합공사관리시스템 구축을 마무리해 프로젝트의 모든 공정에 걸쳐 일관된 원가관리가 가능하도록 할 것"이라며 "이를 통해 가시적인 성과를 달성하겠다"고 말했다.[400][401]

17. 대우건설, 불모지 모로코 개척·알제리서 맹활약

글로벌 한국건설이 세계를 짓는다[402] "대우건설은 해외건설의 산 역사입니다. 1978년에는 누구도 가지 않았던 아프리카 나이지리아로 진출했고, 이후 30여년간 총 50개 공사에서 50억달러를 수주했습니다." 대우건설 해외영업부문의 한 임원은 이같은 성공비결의 원인을 도전정신과 실패를 성공의 바탕으로 만든 열정이 있었기 때문이라고 말했다. 대표적인 곳이 나이지리아 현장이다. 무엇보다도 까다롭고 복잡한 현지 원주민들의 요구를 해결하

---

400) 배경환 기자 khbae@, 세계를 보는 창 경제를 보는 눈, 아시아경제
   (www.asiae.co.kr)
401) http://stoo.asiae.co.kr/news/stview.htm?idxno=2012010222550642656(2013.2.7)
402) 기사입력 2012-04-15 16:58 기사수정 2012-04-15 16:58

고 협상을 잘 마무리해야 했다. 대우건설 특유의 강직함과 철저한 공기준수, 완벽한 품질관리를 통해 '대우건설이라면 무엇이든지 가능하다'라는 발주처의 튼튼한 믿음과 신뢰를 쌓아 온 것도 큰 역할을 했다는 후문이다. 대우건설의 나이지리아 첫 공사는 1982년에 수주한 1889만달러 규모의 우물공사였다. 대우건설은 이후 가격경쟁력을 앞세워 화학공장, 질소비료공장과 소규모 토목공사 등 4~5건의 공사를 추가로 수주하며 나이지리아 진출을 확대해 나갔다.

리비아에서도 많은 활약을 했다. 대우건설은 지난 1978년 벵가지 지역 가리우니스 의과대학 신축공사를 시작으로 리비아에 진출한 이래 30여년간 2000km가 넘는 도로공사, 정부종합청사, 트리폴리 및 벵가지의 메디컬센터 등 총 200여건, 110억달러의 공사를 수행해 왔다. 회사 관계자는 "리비아에서 주택, 교육시설, 병원 및 의료시설, 호텔 및 상업용 빌딩, 도로 및 교량, 공항, 공공시설(상하수도 등), 항만, 플랜트 등 거의 모든 공종의 공사를 수행해왔다"며 "현재는 전후 복구공사 발주동향을 점검하고 있다"고 말했다.

알제리에서도 대우건설의 활약이 돋보인다. 대우건설은 지난 1989년 처음으로 알제리에 진출해 알제 힐튼호텔을 건설, 운영했다. 그러나 알제리가 이른바 '암흑의 10년'이라는 내전에 빠지면서 철수했다가 지난 2008년 6억3000만달러 규모의 알제리-오만 비료공장을 수주하면서 알제리에 재진출하게 됐다. 이후 2억9000만달러 규모의 부그줄 신도시 부지조성공사, 2억8000만달러 규모의 아르주 액화천연가스(LNG) 플랜트, 1억5000만달러 규모의 젠젠항 확장공사 등 대형공사를 잇달아 수주했고, 지난해에는 알제리 젠젠항 컨테이너 터미널 공사를 2억5200만달러에 수주하는 등 알제리에서의 수주액이 17억달러를 돌파했다. 대우건설은 또한 불모지로 알려진 모로코에 국내업체로는 최초로 진출해 유일하게 공사를 수행하고 있다. 대우건설은 지난 2010년 모로코에서 10억2350만달러 규모의 조르프 라스파 발전소 건설공사 플랜트 공사를, 지난 3월에는 3억3000만달러 규모의 인광석 비료공장 건설공사를 수주했다. 대우건설 관계자는 "모로코 건설시장은 유럽업체들의 텃세로 한국건설사들에 진입장벽이 높다"며 "이탈리아, 스페인, 캐나다 등의 세계적인 플랜트 건설업체들을 제치고 공사를 일괄수주했다는 점에서 의미가 크다"고 밝혔다. 사우디아라비아 등 중동지역도 대우건설의 주요 수주국가다. 사우디아라비아에 10년만에 재진출해 제다 주택공사, RTIP 석유화학단지 저장시설 등 6억3500만달러어치의 공사를 연달아 수주하며 성공적으로 자리를 잡았다.

올해는 지난 3월에 1억3000만달러 규모의 사우디아라비아 호우트 가스설비공사를 수주해 올 들어서만 4건에 7억6470만달러의 수주실적을 올렸다.

대우건설이 2001년 이후 10년 만에 진출한 사우디아라비아는 중동 최대의 건설시장으로서 중동 신규시장 개척의 교두보가 될 것이라고 밝혔다. 아랍에미리트연합(UAE)에서는 루와이스 저장시설, 무사파 정유 저장시설, 슈웨이핫3 복합화력발전소 등 총 3건, 약 21억달러 규모의 공사를 진행하고 있다. 특히 최근 3년간 대우건설의 해외신규수주의 약 23%가 UAE에서 이루어졌을 만큼 UAE는 리비아, 나이지리아에 이어 대우건설의 새로운 주력시장으로 떠오르고 있다. 대우건설은 이외에 카타르, 파푸아뉴기니에도 진출했다. 카타르는 지난 2005년 라스라판 산업단지에 있는 정유화학 플랜트 공사에 진출한 것을 시작으로 석유화학 플랜트 시장에 발을 내디뎠다. 특히 2007년에 수주한 카타르 수리조선소는 총 7억달러 규모의 대형 토목공사로 석유화학 플랜트 중심에서 공종다변화에 기여했다. 대우건설 관계자는 "카타르 시장은 2022년 카타르 월드컵 축구대회에 대비한 각종 기간시설의 수주가 기대되는 시장"이라며 "특히 카타르는 중장기적으로 350억달러 규모의 카타르 통합 철도 프로그램을 추진할 예정"이라고 말했다.

파푸아뉴기니에서는 국내 건설사로는 최초로 플랜트 공사인 LNG 플랜트 건설공사를 수행하고 있다. 지난 2010년에 수주한 이 공사는 연산 630만 규모의 LNG 생산시설 2기를 건설하는 것으로 공사금액은 4억2000만달러다.[403][404]

18. 사하라 모래바람·늪지대 위에 꽃피운 코리아 친환경기술

'열악한 입지, 극단적 기후, 치안불안.' 나이지리아 에스크라보스(Escravos) 섬의 대형 플랜트 건설사업 현장은 한마디로 극복하기 어려운 여러 요인이 중첩돼 있다. 하지만 모든 난관을 딛고 이곳에 '코리아의 건설 혼'을 심고 있는 현장이 있다. 대우건설 '에스크라보스 가스액화연료 생산시설'(EGTL·Escravos Gas To Liquids)이 그 프로젝트다.[405]

▲ 대우건설 나이지리아 에스크라보스 가스액화연료 생산시설 프로젝트 현장 엔지니어들이 플랜트 시설 점검을 마치고 나오고 있다(대우건설 제공).
자료: http://www.munhwa.com/news/view.html?no=20121010001032124046007(2013.2.10)

미국의 글로벌 석유개발사인 셰브런(Chevron)이 발주한 EGTL 프로젝트는 국내기업으로는 유일하게 대우건설이 참여해 글로벌 친환경 에너지 산업의 신성장 동력을 창조하고 있다. 가스액화연료(Gas To Liquids·GTL) 생산기술은 대기오염 및 자원낭비를 방지하기 위하여 대기중으로 연소되는 천연가스의 양을 최소화하는 방법이다. 천연가스 자체를 원재료로 사용, 고

---

403) 신홍범 기자, 파이낸셜뉴스
404) http://www.fnnews.com/view?ra=Sent0501m_View&corp=fnnews&arcid=201204130100118700007074&cDateYear=2012&cDateMonth=04&cDateDay=15 (2013.2.10)
405) 대우건설 '나이지리아 EGTL 프로젝트'

효율·친환경의 디젤유 및 나프타 등 액화연료를 생산하는 것으로 석유화학 플랜트 분야의 친환경 선진적 신기술 분야다. 대우건설 해외사업본부 관계자는 "EGTL 프로젝트는 대우건설이 시공사로 참여하는 대규모 GTL사업으로 향후 석유화학 플랜트 분야의 친환경 신시장을 개척하는 첨병역할을 수행할 것"이라며 "EGTL 프로젝트는 시화호 조력발전소, 에너지 제로하우스 주택 등과 함께 대우건설의 친환경 건설기술력의 정점에 있는 사업"이라고 역설했다. 나이지리아 EGTL 플랜트가 가동되면 폐가스 재포집, 가공과정을 거쳐 하루에 디젤 2만2100배럴, 나프타 1만300배럴, 액화석유가스(LPG) 900배럴 등의 연료를 생산하게 된다. 여기서 생산되는 디젤 및 나프타는 불순물이 완전히 제거된 최상품의 연료로 평가되기 때문에 고품질 프리미엄 유류시장에서 각광받을 전망이다. 전문가들도 향후 친환경 사양이 더욱 중시되는 글로벌 트렌드와 맞물려 GTL 연료가 큰 경제성을 누릴 것으로 예상하고 있어 대우건설은 유사한 사업의 추가수주 행진이 계속될 것으로 기대하고 있다.

EGTL 공사는 유수의 글로벌 플랜트 건설회사 4개사가 각 분야별로 건설을 담당하고 있다. 토목은 독일계 건설사인 베르거, 생산시설과 전력 및 공조 시스템 등 유틸리티 공사는 테킨트(이탈리아), 액화연료 생산물을 저장하는 탱크공사는 벤티니(이탈리아)가 수행하고 있다. 대우건설은 GTL 건설공사의 꽃이라고 할 수 있는 주 처리시설(Main Process)을 시공하고 있다.

대우건설은 EGTL현장에서 시공능력 뿐만 아니라 공정관리, 품질관리, 안전관리, 노무관리 등 전분야에 걸쳐 최고 역량을 보여주고 있다. 지난해 대우건설은 전세계의 수많은 셰브런의 파트너중에서 미국 굴지의 건설사 벡텔 등과 더불어 최우수 글로벌 안전관리 건설사로 선정되기도 했다. EGTL 현장은 다양한 지역부족 출신의 근로자와 외국계 건설사의 다민족관리자가 어우러져 근무를 하는 환경이다 보니, 서로 다른 지역부족 근로자간 혹은 외국인 관리자와의 마찰이 빈번히 발생할 수밖에 없다. 대우건설은 EGTL 현장에서 '소통'의 노무정책을 실천하고 있다. 3000여명에 이르는 현지인

근로자들을 배출한 지역부족의 리더들과 유대관계를 강화하고 있으며 이는 소통이 단절되어서는 근로자들의 요구를 파악할 수도 없고 이 경우 어떠한 노무정책도 성공할 수 없다고 판단했기 때문이다. 대우건설의 EGTL프로젝트는 플랜트 사업분야에서 품질과 기술을 앞세워 신성장 동력을 개척하는 선구자적 역할 뿐만 아니라 끊임없는 현지화 노력을 통해 사업진출 국가에서 사회적 책임을 다하는 모범적 기업의 표준을 제시함으로써 한국의 기업 및 국가의 위상을 드높이고 있는 것이다. 공사가 마무리 되어가는 지금은 한국인 직원을 따르는 현지인들의 수가 제법 된다. 그들에게 한국인은 '마스터'로 불린다. 대우건설의 현지동화와 친화력은 사업주와 발주처 등의 마음도 움직여 70여건의 크고 작은 추가계약과 계약금 증액이라는 결과로 돌아왔다. EGTL현장의 대우건설 초기의 도급금액은 7000만달러(약 800억원)에 불과했으나 현재 총 계약금액이 7억달러(약 8000억원)를 상회하고 있다.[406][407]

19. 글로벌 무대로 나가는 니제르델타의 강자 대우건설

대우나이지리아 대표이사로서는 니제르델타 지역의 각종 공사현장을 총지휘하고 있는 강우신 대우건설 상무가 활약하고 있다. 나이지리아 최대 도시 라고스에서 630㎞ 떨어진 항구도시 포트하코트, 남부 유전지대인 니제르 델타에 위치한 이곳은 나이지리아 석유산업의 중심 도시이자 니제르델타해방운동 등 무장반군들의 주요활동 거점이기도 하다.[408] 바로 이 포트하코트를 중심으로 곳곳에 자리잡고 있는 대우건설의 공사현장에서 한국인 448명이 구슬땀을 흘리고 있다. 대우건설이 건설본부를 별도로 설치하고 나이지리아에 본격 진출한 때는 1983년 4월, 무상하게 흘러간 세월만큼이

---

[406] 김순환 기자 soon@munhwa.com
[407] http://www.munhwa.com/news/view.html?no=2012101001032124046007 (2013.2.10)
[408] 재미난스포츠세상 2008/10/08 20:50, 대우건설 강우신 상무 권정상 특파원

나 대우건설의 위상도 많이 변했다. 강우신 나이지리아 법인장은 이제는 확고히 자리를 잡았다면서 대우건설은 나이지리아에서 활동하는 석유 메이저들에게 없어서는 안될 존재라고 자평했다. 대우건설이 그간 진행해온 공사 내용을 살펴보면 질적으로 큰 변화가 있음을 쉽게 발견할 수 있다. 대우건설이 나이지리아에서 처음 시행한 공사는 우물파기였다. 건설본부로 독립하기 한 해 전에 수주한 공사로서 니제르 델타지역에 9개의 우물을 뚫는 단순 토목공사에 불과했다. 그러나 25년이 지난 지금 대우건설이 수행하는 공사는 고부가가치의 플랜트 공사가 대부분이다. 현재 70%의 공정률을 보이고 있는 그바란 우비에 가스처리시설의 경우 공사비가 10억달러에 달한다. 유전에서 솟아나오는 가스를 모아 불순물을 제거하는 설비로서 세계적인 석유회사 셸의 나이지리아 현지법인 SPDC가 발주한 공사다. 역시 SPDC가 발주한 공사비 5억3천200만달러 규모의 아팜 복합화력발전소는 내년 2월 완공되면 나이지리아 실제 전력생산량의 20%를 담당할 대역사다. SPDC의 또다른 발주공사인 바엘사주 오구지역 파이프라인 건설현장에서 시공되는 파이프는 직경이 40인치짜리로, 이는 기존 36인치 파이프 시공 기록을 뛰어넘는 것이다.

대우건설이 가장 큰 기대를 걸고 있는 공사는 델타주 에스크라보스 지역에서 지난해 1월 착공한 GTL공장은 가스를 청정 디젤연료로 전환하는 시설로서 남아프리카공화국 에너지기업 사솔이 유일하게 원천기술을 보유하고 있을 정도로 까다로운 기술을 요구하고 있는 것 만큼이나 최첨단 건설공정이 필요해 아무나 손댈 수 없는 시설물이다. 공사비가 1억1천500만달러로 대규모는 아니만 향후 GTL 공사발주가 계속 늘어날 것으로 예상되는 만큼 이번 경험을 토대로 '싹쓸이 수주가 가능할 것으로 대우건설은 기대하고 있다. 니제르델타의 강자 대우건설이 나이지리아 남부 유전지대인 포트하코트 지역에 건설중인 아팜 복합화력발전소의 670MW 전력 생산능력을 지닌 이 발전소가 완공되면 나이지리아 전력 생산량의 20%를 담당하게 된다.

대우건설이 최고기술을 요구하는 GTL공사를 따낼 수 있었던 것은 1호기에서 6호기에 이르는 보니섬 가스플랜트 공사를 사실상 독점적으로 수행하면서 습득한 기술력의 산물이다. 특히 5,6호기의 경우 전체 시공을 독자적으로 수행하면서 LNG 처리시설에 대한 건설능력을 완전히 검증받는 중요한 전기를 맞게 됐다. 강 법인장은 보니섬 LNG 컴파운드에 들어선 6개의 가스 플랜트중 4호기만 미국 CBI사가 수주했는데, 이는 5호기와 동시에 시공됐기 때문이라면서 1996년 1.2호기를 시작으로 12년간 가스플랜트 공사를 수행하면서 세계 넘버 1으로 자임할만큼 기술력을 확보했으며, 이를 토대로 고부가가치를 지닌 공사를 따내는데 역점을 둘 것이라고 강조했다. 대우건설이 지향하는 고부가가치화는 숫자로도 증명이 된다. 대우건설이 나이지리아에서 2007년까지 완공한 공사는 총 49건으로, 전체 공사비는 15억 달러이다. 그러나 현재 완공단계에 있거나 공사중인 8건의 계약금액은 총 22억9천700만달러로서 1건당 평균 2억9천만달러에 육박할 정도로 단위가 커졌다. 대우건설이 석유 메이저들의 신뢰를 바탕으로 사업영역을 확장할 수 있었던 것은 공기는 무슨 일이 있어도 지킨다는 원칙에서 기인한 것이다. 현지의 지형 특성상 늪지대가 많아 난공사가 다반사였지만 대우건설은 완벽한 품질과 함께 약속한 기일내에 공사를 끝냄으로써 고객감동을 이끌어냈고, 이는 추가수주로 이어졌다. 특히 2006년 이후 석유시설 파괴, 외국인 납치 등 반군활동이 활발해지면서 외국 건설업체들이 속속 공사를 중단하고 철수하는 사례가 속출하고 있는 와중에도 대우건설은 묵묵히 공사를 수행함으로써 신뢰감을 더하고 있다. 최근탁 관리담당 부장은 2006년 6월과 2007년 1월, 5월 등 모두 3차례에 걸쳐 무장단체에 의한 임직원 피랍사건을 겪었다면서 지금은 공사현장에서 이중삼중의 안전장치를 마련하고 군.경이 외곽경비를 담당하는 등 안전확보에 만전을 기하면서 공사를 진행하고 있다고 말했다.409)410)

---

409) jusang@yna.co.kr, 글로벌 무대를 뛴다. 니제르델타의 강자 대우건설, 2008/10/08, 트랙백 주소 :: http://freeguy.tistory.com/trackback/92
410) http://freeguy.tistory.com/92(2013.2.10)

20. 해외 곳곳 뛰어다닌 대우건설 "결국 일냈다"

신규수주·매출·영업익 모조리↑ 남은 일감만 4년7개월치[411] 지난 한해 동안 대우건설이 일군 성적이 30일 금융감독원 전자공시시스템을 통해 공개됐다. 30일 전자공시시스템에 따르면 대우건설(047040)은 지난해 신규수주만 13조8124억원을 기록, 직전년도 13조2708억원 보다 4.1% 증가했다. 특히 국내의 주택·건축부문서 놀라운 성과를 보였다. 대우건설은 연초에 목표했던 것보다 주택부문에서는 110.7%, 건축부문에선 109.8% 호조세를 나타냈다.

해외시장도 예외는 아니다. 주력시장인 북아프리카지역에서 활발한 수주활동을 벌인 결과 6조3612억원 수주실적을 올렸다. 이는 직전년도(5조3841억원) 대비 18.1% 오른 수치다.

이로써 대우건설의 수주잔고는 2011년 말 37조3710억원에서 38조2315억원으로 증가했으며, 연간 매출액 대비 4년7개월치 일감을 확보했다. 대우건설 관계자는 "아프리카 52%, 중동 27%, 아시아 21% 등 해외 수주잔고가 쌓인 까닭은 다각화전략이 가시적 성과를 거둬 안정적 사업포트폴리오를 구성한 덕분"이라고 말했다. 주택·건설부문의 호조로 매출 역시 직전년도 대비 16.3% 성장했다. 대우건설은 국내 건축·플랜트 및 해외부문에서 좋은 성과를 거둬 애초 목표였던 8조원을 훌쩍 뛰어넘은 8조1803억원 매출을 거뒀다. 사업부문별로는 국내 △ 주택·건축부문 36.9% △ 토목·플랜트부문 20.8% △ 해외부문 42.0%로 고른 매출비중을 보였다. 특히 해외 매출비중이 전년 35.6%에서 42.0%로 확대되며 해외중심의 사업구조로 체질개선이 뚜렷했다.

주택부문에서 직전년도(1조2934억원) 대비 14.3% 증가한 매출 1조4786억원을 올렸으며 부동산 경기침체에도 불구하고 아파트 1만3087가구를 공급하며 이 부문에서 국내 1위로 랭크됐다. 건축부문에서도 오피스텔·주상복합 1만406가구 등 독보적인 공급실적을 달성했으며, 매출도 전년 1조2162억원에서 1조5386억원(26.5% 증가)으로 늘어났다. 오만 수르(Sur), 모로코 조르

---
411) 프라임경제 원문 기사전송 2013-01-30 18:47

프 라스파(Jorf Lasfa) 등 대형발전소 현장매출이 본격화되면서 해외부문 매출은 3조4383억원으로 전년(2조5038억원) 대비 37.3% 증가했다.

이러한 매출 증가세는 올해도 계속 될 것으로 보인다. 대우건설 관계자는 "2011년과 2012년의 주택·건축 부문의 분양호조에 힘입어 올해 매출이 약 18% 이상 증가할 것으로 전망된다"며 "해외에서는 알제리 라스지넷(Ras Djinet) 등 북아프리카 지역의 대형발전소 공사를 착공하면서 전년 대비 9.3% 이상 증가할 것으로 예상된다"고 설명했다. 이로써 대우건설은 국내의 주택·건축부문의 성공적 분양과 해외부문 매출총이익률 개선으로 안정적 수익성을 유지하게 됐다. 매출에서 원가를 제한 매출총이익은 8056억원으로 직전년도 6687억원 대비 20.4% 증가했으며, 영업이익은 3652억원으로 직전년도 3111억원에 비해 17.4% 올랐다. 영업이익률 역시 4.4%에서 0.1% 상승한 4.5%였다. 이와 관련하여 대우건설 관계자는 "주택과 건축부문에서는 2011년과 2012년의 성공적인 분양성적이 안정적인 수익성으로 이어졌으며 해외사업의 수익성도 증가세를 보였다"며 "북아프리카 지역 프로젝트의 매출반영이 본격화되는 올해 지속적인 수익성 증대를 기대하고 있다"고 말했다.[412)413)]

21. 대우건설의 '푸르지오' 탄생 10주년 새 BI 발표

대우건설(047040)은 이 회사의 주거상품 브랜드인 '푸르지오'의 브랜드 출시 10주년을 맞아 새로 고친 BI(Brand Identity, 아래 이미지)를 6일 발표했다.[414)]

---

412) 박지영 기자 pjy@newsprime.co.kr, 프라임경제(http://www.newsprime.co.kr)
413) http://news.nate.com/view/20130130n34697(2013.2.6)
414) 이데일리 원문 기사전송 2013-03-06 10:03, [이데일리 윤도진 기자]

자료: http://news.nate.com/view/20130306n07771(2013.3.17)

새 BI는 '푸르지오 트리(P트리)'로 불리는 잎사귀 모양의 이미지를 단순화시켜 고급스러운 감각을 높이고 세련되고 현대적이며 단순한 형태로 개발된 것이다. 특히 녹색계열의 고급화와 색의 다양화를 통해 기존의 친환경 이미지를 유지하고 프리미엄 브랜드의 이미지를 강화했다는 설명이다. 대우건설은 BI 개선과 함께 도시형 소형 주거상품 '푸르지오 시티', 고급 빌라 타운하우스 '푸르지오 하임', 주택문화관 '푸르지오 밸리'의 비주얼 BI도 새롭게 만들었다. 새 BI는 이달부터 사용되며 아파트는 6월 입주 예정인 김포 한강신도시 푸르지오 단지부터 적용될 예정이다.415)416)

22. '대우건설의 신문로사옥' 도이치자산운용이 획득

3.3㎡당 2200만원 넘을듯, 대우건설, 콜옵션 매각으로 1000억 내외 시세차익, 10여개 금융투자업체들이 매입경쟁을 벌인 '대우건설 신문로 사옥'은 도이치자산운용이 승자가 됐다. 특히 대우건설은 매수청구권을 행사할 수 있는 옵션(콜옵션) 덕분에 1000억원 가까운 시세차익을 거두게 됐다.417) 15일 금융투자업계와 대우건설 등에 따르면 대우건설은 신문로 사옥 콜옵션 인수의향서(LOI)에 대한 평가를 거쳐 도이치자산운용을 우선협상 대상자로

---

415) 종합 경제정보 미디어 이데일리, 윤도진 spoon504@
416) http://news.nate.com/view/20130306n07771(2013.3.17)
417) 머니투데이 이규호 기자 |입력 : 2013.03.15 18:55

선정했다. 관련업계는 도이치자산운용이 임대·매입조건을 가장 공격적으로 제시한 것으로 평가했다. 이번 입찰에는 코람코자산신탁, 이지스자산운용, 베스타스자산운용 등 자산운용사는 물론 삼성생명 등 10여개 기관이 참여, 매입의지를 내비쳤다.

기관들이 써낸 매입가격은 현재 시세로 추정되고 있는 3.3㎡당 2200만원을 훌쩍 넘어선 것으로 알려졌다. 당초 대우건설이 콜옵션 행사가격인 2868억원(3.3㎡당 1500만원)보다 최소 1000억원 가까이 증가한 4000억원에 육박했다는 예상이다. 이처럼 대우건설 신문로 사옥이 인기를 끈 이유는 대우건설이 앞으로 5년간 100% 임대하는 것을 조건으로 내걸어서다. 통상 리츠(부동산투자회사)나 부동산펀드 만기가 5년인 점을 감안할 때 5년동안 공실 걱정없이 안정적으로 운영할 수 있다. 저금리 기조가 유지되면서 투자기관들이 수익률이 조금이라도 높은 자산을 찾는데 혈안이 돼있다. 현재 신문로 사옥을 매입·운영중인 제이알제1호기업구조조정부동산투자회사(이하 제이알1호 리츠)의 지난해 2분기의 배당수익률은 5.62%, 연환산배당률로 따지면 11.30%에 달한다. 자기자본수익률(ROE)도 9%를 넘는다. 한 자산운용사 관계자는 "투자처 부족으로 투자자들이 우량 부동산 매입에 집중하고 있다"며 "저금리 때문에 초과수익이 가능하고 대우건설의 임대료로 예측가능한 수익이 나오다보니 다양한 기관이 참여한 것으로 안다"고 말했다. 특히 대우건설은 이번 콜옵션 매각으로 1000억원에 가까운 시세차익을 거둔 것으로 전해졌다. 금호그룹에 편입된 이후 구조조정 차원에서 신문로 사옥을 매각하면서 투자자 유치를 위해 싸게 팔고 비싸게 되사는 고육지책으로 콜옵션을 설정했다. 대우건설 입장에서는 최악의 선택이었지만 오피스 가격 상승 덕분에 막대한 시세차익을 거두게 된 것이다.

2009년 1월 매각 당시 신문로 사옥의 거래가격은 2400억원(3.3㎡당 1350만원대)이었지만 대우건설은 2868억원에 콜옵션 행사가격을 정했다. 앞으로 대우건설과 도이치자산운용은 실사를 거쳐 매각방법 등에 대해 협상을 진행한 뒤 콜옵션 시한인 6월중으로 최종 계약을 맺을 예정이다. 한편 제이알1호 리츠는 최초 매입가격과 대우건설의 콜옵션 행사가격 차이인 468억원만큼 출자사들은 캐피탈게인(매각차익)을 얻게 됐다. 리츠는 운영기간동안 배당수익과 함께 청산시점에서 오른 매입·매각가격 차이만큼 매각차익까지 얻을 수 있는 장점이 있다. 한편 옛 금호생명이 쓰던 대우건설 신문로 사옥은 2000년에 준공된 건물로 부지 3441㎡, 연면적 5만4363㎡, 지하 7층, 지상18층 규모다.418)419)

23. 대우건설의 푸르지오 탄생 10주년 신규 TV광고 On-Air

대우건설은 15일 주택 브랜드 푸르지오의 새 TV광고를 선보인다. 이번 광고는 푸르지오 브랜드 론칭 10주년을 기념해 그 가치를 되짚어 보는 콘셉트의 TV광고이다. 푸르지오가 매해 새로운 광고 캠페인을 통해 친환경 프리미엄 아파트라는 메시지 전달에 힘써왔다면 이번에 선보이는 TV광고는 시장을 리드하는 브랜드로서 푸르지오의 우수성을 알리는 데 집중했다.420) 특히 어려운 부동산 시장 상황에서도 매년 2만여가구 이상을 꾸준히 공급할 수 있는 노하우가 차별화된 브랜드 철학과 한발 앞선 기술력임을 소비자들에게 알리고 정서적으로 공감하는 데 중점을 뒀다. 푸르지오의 새로운 광고는 푸르지오에서의 행복한 가족들의 일상적 모습을 아름다운 영상과 경쾌한 음악으로 표현하고 있다. 특히 광고의 마지막 '8년간 대한민국 아파트 공급실적 1위'가 표현된 영상은 '라이프 프리미엄' 상품요소중의 하나인 '웰컴파티'를 보여주는 장면이다. 푸르지오 입주민들만을 위한 '웰컴파티'를 보여줌으로써 브랜드 론칭 이후 10년동안 '가장 사랑받는 집'이 된 푸르지오를 축하하는 의미를 효과적으로 담고 있다. 아울러 좋은 집에 대한 일상적인 고민을 담은 스토리를 서정적 화법의 나레이션으로 표현하면서

---

418) '돈이 보이는 리얼타임 뉴스' 머니투데이
419) http://www.mt.co.kr/view/mtview.php?type=1&no=2013031516001210388&outlink=1(2013.3.19)
420) 기사입력 2013-03-15 08:31, 헤럴드경제=성순식 기자

자막으로는 푸르지오가 그 고민들에 정답이 되는 아파트라는 점을 통계나 수상실적으로 보여줌으로써 설득력있게 푸르지오 브랜드의 가치를 보여주고 있다. '예쁜 집에 살고 싶어 하죠'라는 나레이션의 물음에 민간업계 최초의 서울시 우수 디자인으로 선정됐다는 자막이 겹치고, '지구를 생각하는 착한 집'에 대한 물음에는 건설업계 최초로 에너지 절감률 70%를 실현했다는 자막이 등장한다. 그리고 그 결과 대한민국에서 가장 사랑받는 아파트가 되어 8년간 대한민국 아파트 공급 실적 1위를 달성했음을 보여주는 것이라고 대우건설은 설명했다. 나레이션과 자막을 통해 푸르지오가 고객의 니즈(Needs)를 파악할 줄 아는 차별화된 노하우를 보유하고 있을 뿐만 아니라 소비자의 눈높이에 맞춘 세심한 상품구성과 친환경 프리미엄 아파트라는 인식을 소비자들에게 쉽게 전달하고 있다. 윤점식 대우건설 주택기획팀 팀장은 "푸르지오는 새로운 광고캠페인을 통해 사람과 자연이 함께하는 프리미엄 주거문화공간에 대한 푸르지오의 핵심가치를 소비자들에게 전달하고자 한다"며 "앞으로도 업계 리더로서 고객과 끊임없이 소통하며 고객중심의 커뮤니케이션 활동을 꾸준히 펼쳐나갈 것"이라고 밝혔다.[421][422]

24. 세계평균의 IQ가 한국이 최고인 이유

스위스 쮜리히 대학이 국민소득과 성장에 대한 민족 I.Q의 연관관계를 조사한 리포트에 의하면 세계최고의 아이큐는 한국이 1위, 일본이 2위, 대만이 3위, 싱가포르 4위 다음 5위가 독일, 그리고 네덜란드, 오스트리아, 이태리 등으로 이어진다.[423][424] 1960년대까지는 세계에서 가장 우수한 두뇌를

---

[421] sun@heraldcorp.com, 〈Re-imagine! Life beyond Media, 헤럴드경제〉
[422] http://news.heraldcorp.com/view.php?ud=20130315000062&md=20130318003921_AO(2013.3.19)
[423] 상식바꾸기 2005/06/09 12:07, http://blog.naver.com/vingoho/100013798066, http://cafe.naver.com/historyspecial/13
[424] The Impact of National IQ on Income and Growth [1], A Critique of Richard Lynn and Tatu Vanhanen's Recent Book, Thomas Volken, University of Zurich

가진 민족으로 유태인을 꼽았다. 그 이유는 세계 서양사에 동양이 채 제대로 등장하기 이전이기 때문이다. 유태인이 서양사에 등장하여 활동하여 유럽의 재계를 장악한 로스차일드가문이나 세계 다이아몬드시장의 90%를 100년동안 장악한 오펜하이머 가문이 바로 대표적이다. 그런데 일본에 이어 대한민국과 China국의 경제발전이 가속화 되면서 평균적인 두뇌를 평가해본 결과 유태민족이 훨씬 뒤처지는 것으로 나타났다. 많은 사람들은 LA의 흑인폭동을 잘 알고 있을 것이다. 그 LA 흑인폭동 이전에 미국 LA법정에서 약 10여년전에 LA의 한인타운의 한국인들을 대상으로 재판이 진행되었다. 유태인들이었다. 미국과 유럽 등지에서 생선유통, 식료품 유통에 많이 진출했던 유태인들은(그 이유는 언제든 본국으로 돌아갈 수 있거나 유사시 변화를 대비하고자 함) LA에 진출한 한국인들 때문에 도저히 사업을 할 수 없어서였다고 한다. 새벽 5시에 싱싱한 생선과 채소를 구입하고자 도매시장에 가면 한국인들은 새벽 4시에 나와 있었다. 유태인들이 새벽 4시에 나오자 한국인들은 새벽 3시에 나와서 줄을 섰다. 유태인들도 새벽 3시에 나오자 한국인들은 그 전날 담요를 들고 와서 미리 죽치고 앉아버린 것이다.

질려버린 유태인들은 이들 한국인 (그들 표현에 따르면 노란원숭이)들 때문에 도저히 사업을 할 수 없다고 공정거래법이래나 뭐래나 아무튼 그런 것으로 소송을 미국 지방법원에 소송을 제기했으나 패소하게 되었다. 그나마 미국에 버티는 것은 그런대로 공정한 사법부로 인해서라는 말이 잘못된 말은 아닌듯 싶었다. 세계평균의 IQ가 한국이 최고인 이유는 전체적으로 5가지를 꼽을 수 있다.

  (1) 한글의 우수성
  (2) 높은 교육열과 높은 인구밀도
  (3) 대한민국의 지세
  (4) 한국의 전통문화
  (5) 역사의 오랜 전통

1) 한글의 우수성

한글의 우수성은 말로 하기 힘들 것이다. 일본이나 미국 혹은 중국에 비해 일단 컴퓨터에 앉으면 문자생성의 속도는 7배에 달한다. 즉, 일본과 중국인이 열심히 과학기술논문을 100페이지 작성할 때 한글로 만들면 700페이지를 작성한다는 것이다. 과학기술이 산술급수적으로 되지는 않지만 그 생산성이 누적되면 말로 다할 수 없다. 현대의 경쟁력은 10%만 더 높으면 상대를 이긴다고 한다. 10% 경쟁력에서 우리는 이미 한글의 우수성에서 엄청나게 따고 들어가는 것이다.

2) 높은 교육열과 높은 인구밀도

높은 교육열로 인해 한국에는 제 아무리 건달깡패라도 정신박약인이 아닌 이상은 의사표현을 글로써 전달할 수 있다. 이로 인해 단위 시간당 주어진 정보전달능력과 정보고속도로는 가장 탄탄하게 되어 있다. 또한 높은 인구밀도로 인해서 거미줄처럼 쌓여진 정보화고속도로로 인해 인터넷 최강국으로써 정보화되어 가장 빠른 인터넷으로 가장 빠른 두뇌회전과 정보습득능력을 갖추게 된 것이다. 흔히 어릴 때부터 혼자 자라거나 사람들과의 접촉기회가 적은만큼 두뇌발달은 더디게 된다고 한다. 높은 인구밀도가 많은 문제점도 야기하지만 이런 장점도 있다.

3) 대한민국의 지세

지형적 위치로 가장 두뇌가 발달되는 지역은 4계절이 뚜렷한 곳임이 잘 알려져 있다. 더울 때 덥고 추울 때 추운 곳이 가장 좋은 곳이다. 그렇다고 너무 덥거나 너무 추워도 좋지 않다. 이는 한방학적으로는 입증된 것이라 할 수 있다. 특히 산동반도에서 시작하는 동북아 지역은 모든 식물에서 가장 약효성이 뛰어난 식물들이라 한다. 중국 서남부 지역이나 미주 지역에도 분명히 산삼이 존재한다. 그러나 이런 중국 서남부 지역을 비롯한 미주지역의 산삼은 우리나라의 10년 묵은 도라지보다 못한 약효성을 띠고 있다. 한방에서 중국산 약재보다 한국산 약재가 더 비싸고 선호되는 까닭은 환율문제만 있는 것이 아니라 그 약효성에서도 비롯된다. 땅의 지기가 그만큼 좋기 때문이다. 우리나라에서 나온 모든 약재와 음식이 약성이나 영양분에서 최고로 평가할 수 있다. 똑같은 배추를 심어도 미국땅에 심어서 재배한걸로 김치를 만들면 맛이 없어 못먹는다. 마찬가지로 무우나 기타 야채들도 그렇다. 이는 똑같은 4계절이 분명한 나라라 할지라도 그렇다. 특히 천마나 만삼 등 특이한 약재는 아예 자라지조차 못하는 나라도 대단히 많다.

4) 한국의 전통문화

대표적으로 숟가락과 젓가락 문화를 들 수 있다. 젓가락을 사용하는 민족으로는 일본과 중국이 있지만 중국이나 일본은 젓가락만 사용하고 숟가락을 동시에 사용하지 않는다. 어린 시절부터 손까락 신경의 발달이 엄청나게 강화되는 것이다. 이로 인해 두뇌세포의 발달이 어린아이 때부터 급속히 형성된다. 아울러 손끝으로 하는 미세한 감각이 요구되는 모든 면에서 대한민국이 최고의 두각을 드러내는 이유가 바로 그런 이유라고 할 수 있다. 미국 슈퍼마켓에 가서 미국인 점원이 계산을 하고 있으면 미국인들은 돌아간다. 왜냐하면 거스름돈 계산하는데 하세월이기 때문이다. 줄서 있다면 단연코 돌아간다. 그런데 한국인이 운영하는 슈퍼마켓에 가면 줄서 있는 사람이 없다. 장사가 안되서가 아니다. 손님은 더 많지만 줄을 설 필요가 없기 때문이다. 돈을 내면 거스름돈 계산이 순식간에 끝나기 때문이다. 우리나라 은행에 가면 은행원이 돈세는 것을 보면 보편적으로 그렇구나 하겠지만 외국인이 대한민국에 처음 방문하여 은행에 가면 그건 일종의 마술이나 예술로 보게 된다. "저게 인간이냐? 오우 굿 원더풀~"을 연발한다. 자기네 나라나 유럽 어디에도 그렇게 귀신같은 돈계산을 하는 사람이 없기 때문이다. 수저를 동시에 오른손에 들고 활용하며 식사를 하는 습관으로 손가락의 근력과 함께 예민한 감각발달은 젓가락만 쓰는 일본이나 중국보다 훨씬 발달도가 높게 나타나는 것이다.

5) 역사의 오랜 전통

역사란 그 민족의 혈통대대로 진화되어가는 과정이 집단무의식속에 각인

되게 된다. 하다못해 동물도 인간이 몇대를 기르느냐에 따라서 인간을 따르는 친숙도가 틀려진다. 예를 들어 오소리나 너구리의 경우 인간이 3대나 4대를 기르면 4대째 오소리는 거의 개와 같이 영리해지고 태어나면서 인간에 대한 본능적인 친밀도를 가지게 된다. 그러나 아무리 어린 오소리를 데려오더라도 야생동물은 1대나 2대에 단박에 인간을 따르는 정도가 늘어나지는 않는다는 것이다. 모든 동물은 역사의 공통분모를 가지면서 그 역사의 깊이에 따라 달라진다는 그것이 바로 민족인 것이다. 본래 그 정신의 역사성을 잃어버린다면 이미 다른 종으로 화해버리게되지만 그 혈통의 정체성은 사라지지 않는다. 인류역사상 민족적 전통이 가장 오래 보존된 민족이 역시 두뇌발달이 가장 뛰어나기 때문이다. Singapore 103으로 4위, Taiwan 104로 3위, Japan 105로 2위, Korea (South) 106으로 세계 1위이다.

E.Q.시대에 I.Q.는 별 의미가 없겠지만 그래도 기왕이면 다홍치마다. 역시 한국인이다. 세계 제일의 창조성은 다음(daum)의 한 외국인의 글처럼 한글의 창조성을 보아도 알 수 있다.[425)426)]

---

425) [출처] [펌] 세계평균의 IQ가 한국이 최고인 이유ㅣ작성자 빈고호
426) http://blog.naver.com/PostView.nhn?blogId=vingoho&logNo=100013798066&parentCategoryNo=&categoryNo=&viewDate=&isShowPopularPosts=false&from=postView(2013.2.13)

제8장 대우건설의 세계경영과 성장전략

1. 대우건설, 싱가포르 벤데미어 콘도미니엄 공사 수주

 대우건설(대표이사 서종욱)은 싱가포르에서 약 1억6800만달러(한화 약 1820억원) 규모의 벤데미어(Bendemeer) 콘도미니엄 신축공사를 수주했다고 5일 밝혔다.427) 싱가포르의 부동산 개발회사인 UE디벨롭먼트가 발주한 이 공사는 싱가포르 칼랑 강변 왐포아 이스트 지역에 29~30층 규모 콘도 4개동과 2~3층 규모 테라스하우스 3개동 등 총 843세대와 부속시설을 신축하는 것으로 대우건설이 단독으로 수주해 30개월동안 공사를 진행하게 된다. 대우건설은 말레이시아 톱 5 초고층 빌딩중 3개와 말레이시아 최대 규모의 컨벤션센터 등 많은 공사를 수행하며 동남아시아 지역에서 건축공사의 명가로 잘 알려져 있다. 싱가포르에는 지난해 재진출해 2건의 건축공사를 수주했으며 이번이 세번째 공사수주이다. 대우건설 관계자는 "동남아시아 최대 건설시장인 싱가포르에서 연이어 공사를 수주하며 경쟁력이 높아졌다"며 "향후 건축공사 뿐만 아니라 지하철, 터널, 항만 등 대형토목공사로 범위를 넓혀 수주를 적극 추진해 나갈 계획"이라고 밝혔다. 428)429)

2. 대우건설 "말聯 스카이라인 바꿔나간다"

 해외건설대상 건축부문 최우수상의 대우건설 '말레이시아 KLCC타워 오피스 빌딩', 대우건설(대표 서종욱)은 중동·아프리카 뿐 아니라 동남아시아에서도 대한민국 대표 '건설명가'로서 명성을 드높이고 있다. 특히 말레이시

---

427) 등록자 주싱가포르대사관, 등록일 2013-03-07 11:12, 헤럴드경제 정순식 기자
428) sun@heraldcorp.com
429) http://sgp.mofat.go.kr/webmodule/htsboard/template/read/hbdlegationread.jsp?typeID=15&boardid=2458&seqno=978965(2013.4.7)

아에선 초고층빌딩 등 건축분야에서 두드러진 성과를 내면서 수도 쿠알라룸푸르의 스카이라인이 바꿔가고 있다.430) 2009년 1억9080만달러에 수주한 'KLCC타워' 빌딩이 대표적인 예다. 쿠알라룸푸르의 상업·금융·문화 중심지에 건설되는 이 빌딩은 지하 5층~지상 60층(높이 267m)의 초고층 인텔리전트빌딩이다. 세계 최고층빌딩중의 하나인 'KLCC트윈타워'(일명 페트로나스타워)에 이은 'KLCC타워'의 3번째 프로젝트기도 하다. 대우건설은 'KLCC타워'빌딩 수주로 1998년 텔레콤 사옥 준공 이후 10년여만에 말레이시아시장에 재진출했다. 이를 계기로 2011년 6월 쿠알라룸푸르 반다라야지구에 들어서는 지하 3층~지상 48층 규모의 6성급 호텔·레지던스인 세인트레지스호텔 프로젝트를 1억9000만달러에 수주했다.

자료: http://news.nate.com/view/20130325n02316(2013.4.7)

이어 같은 해 12월에는 쿠알라룸푸르 중심가 빈자이지구에 짓는 지하 4층~지상 58층 규모의 'IB타워'를 1억8500만달러에 따냈다. 'IB타워' 역시 높

---

430) 머니투데이 원문 기사전송 2013-03-25 06:36, [머니투데이 김정태 기자]

이 274m의 초고층빌딩으로 이 프로젝트 수주를 통해 대우건설은 말레이시아 초고층빌딩 '톱 5'중 3곳을 수주하는 쾌거를 올렸다. 대우건설은 지난해 9월 말레이시아 최대 규모의 컨벤션센터인 마트레이드컨벤션센터 신축공사를 수주한 데 이어 10월에 오피스빌딩, 호텔, 상업시설의 복합단지인 다만사라시티 2단계 공사를 수주하는 등 각종 기념비적인 건축물 공사를 연이어 따냈다. 이처럼 말레이시아에서 초고층빌딩과 기념비적 건축물 수주에 잇따라 성공한 비결은 대우건설만의 최신 건축 신기술력 때문이다. 바람, 지진 등으로 인한 움직임을 사전 예측을 통해 제어할 수 있는 '시공중 변위제어 기술'이 대표적이다. 이 기술은 기존 해외설계사에 의존하던 고급 기술이었지만 대우건설이 1997년 국내 최초로 개발, 독자기술을 확보하고 상용화했다. 시공중에서 발생할 수 있는 각종 간섭을 확인하고 업무간 중복 비효율을 제거, 기업의 생산체계를 혁신하고 성과를 향상시킬 수 있는 'BIM 기술'과 건물의 중앙구조를 먼저 시공하는 '코어 선행공법', 공사구간을 유압식으로 자동포장하는 '오토크라이밍 공법' 등 최신 공법을 적용했다. 대우건설은 이같은 기술력을 바탕으로 싱가포르 최고급 콘도미니엄인 '스콧타워'공사(2012년 9월 수주)와 벤데미어콘도공사(2013년 3월 수주) 등 동남아 시장을 확대해 나가고 있다. 대우건설 관계자는 "지난해 해외에서 6조3612억원을 수주, 전체 수주의 46%를 기록한 데 이어 올해는 50% 이상으로 비중이 높아질 것"이라고 말했다.[431][432]

3. 대우건설 시공 쉐라톤 인천호텔, '세계 친환경 호텔상'

대우건설이 시공한 쉐라톤 인천호텔이 세계 최고의 친환경 호텔에 선정됐다.[433] 대우건설은 지난 12일 인도 뉴델리에서 열린 '2012 월드 트레블 어워드' 그랜드 파이널 갈라 시상식에서 쉐라톤 인천호텔이 친환경부문 최

---

431) 김정태 기자 dbman7@, '돈이 보이는 리얼타임 뉴스' 머니투데이
432) http://news.nate.com/view/20130325n02316(2013.4.7)
433) 기사입력 2012-12-13 11:11 | 기사수정 2012-12-13 11:11, 아주경제 이준혁 기자

고상인 '세계 친환경 호텔'상을 수상했다고 13일 밝혔다. 월드 트레블 어워드에서 모든 부문을 통틀어 국내 호텔이 최고상을 받은 것은 이번이 처음이다.

자료: http://www.ajunews.com/common/redirect.jsp?newsId=20121213000199(2013.4.7)

올해로 19회째를 맞는 월드 트레블 어워드는 전세계 여행산업 전반에 걸쳐 매년 인지도와 고객서비스에 대해 시상하는 상으로서 '여행업계의 오스카상'으로 불리는 여행업분야 최고 권위의 상이다. 세계 160여개국의 회원사와 여행전문가, 일반여행객들의 투표를 통해 비즈니스호텔, 리조트호텔, 비치호텔, 럭셔리 호텔 등 10개 부문에서 세계 최고의 호텔을 선정한다. 앞서 쉐라톤 인천호텔은 2011·2012년 2년 연속 '아시아 친환경 호텔'을 수상했으며, 호텔 시공과 운영에 다양한 친환경기술을 활용한 건물로 지난해 3월에는 국내 특급호텔 최초로 미국 친환경건물인증(LEED)을 획득했다. 또한 고객이 에너지·물 절약에 동참하고 혜택을 돌려받는 그린캠페인(MAGC) 등 친환경 캠페인을 지속적으로 전개해 고객들로부터 호응을 얻었다. 한편 쉐라톤 인천호텔은 수상을 기념해 다양한 친환경 객실 패키지, 미팅 패키지를 선보인다. 2009년 8월 1일 인천 송도 국제지구에 개관한 쉐라톤 인천호텔은 대우건설 자회사인 대우송도호텔㈜이 소유하고, 세계적 호텔경영 전문회사인 스타우드가 운영하는 송도의 유일한 특 1급 호텔이다. 대우건설이 시공한 쉐라톤 인천호텔이 '2012 월드 트래블 어워드' 그랜드 파이널 갈라 시상식에서 '세계 친환경 호텔'상을 수상했다.434)435)

4. 터키원전 수주 실패, 일본에 사업기회 빼앗겨

현대건설, 대우건설 등 사업 수혜주 일제 하락436) 이명박 정부가 한국형 원자력발전소 수출을 성사시키기 위해 공을 들인 터키 원전수주가 사실상 물 건너갔다. 이에 따라 한국측 컨소시엄의 주축인 한국전력과 건설사들에게 후폭풍이 예상된다.437) 산업통상자원부 관계자는 5일 터키 정부가 발주한 원전공사를 일본이 수주할 것으로 보인다고 밝혔다. 한국은 2011년 말 '양국 정상의 사인이 임박했다'는 얘기까지 나돌 정도로 수주에 근접했지만 터키와 세부적 견해차를 좁히지 못한 것으로 알려졌다. 다음달 초 아베 신조 일본 총리가 터키를 방문할 예정이라 양국간 정상회담에서 원전수주 계약내용이 공식 발표될 가능성이 높다.

흑해 연안 시노프에 건설될 터키 원전은 총 4기(출력합계 450만kW)로 총 사업비만 무려 220억달러(약 25조원)에 이른다. 사업비가 어마어마한 만큼 원전수주에 성공하면 불경기에 시달리는 건설기업들에 일부 활로를 열어줄

---

434) [사진제공=대우건설], 이준혁 기자 - leejh@ajunews.com, 글로벌 경제신문' 아주경제
435) http://www.ajunews.com/common/redirect.jsp?newsId=20121213000199 (2013.4.7)
436) 터키원전 수주 실패, 한전·건설사 후폭풍'원전사고'까지 겪은 일본에 사업 기회 빼앗겨
437) 한국아이닷컴 김지현기자 hyun1620@hankooki.com입력시간 : 2013.04.05 17:01:53수정시간 : 2013.04.05 17:05:31

수 있을 것으로 기대를 모았다. 터키의 원전수주가 실패하면서 한국측 컨소시엄의 주축인 한전과 한전으로부터 사업을 발주받을 것으로 기대를 모아 주가 등에 영향을 받은 국내 건설사들은 타격이 불가피해 보인다. 특히 한전은 원전사고까지 겪은 일본에 사업기회를 빼앗김에 따라 자존심에 큰 상처를 입게 됐다. 5일 원전 수혜주로 꼽힌 원전 및 관련 부품주들은 일제히 하락세를 보였다. 한국전력은 전일 대비 3.02% 하락한 3만750원, 현대건설은 2.22% 하락한 6만1,800원, 대우건설은 2.55% 하락한 8,420원, 두산중공업은 4.23% 하락한 4만3,050원으로 장을 마쳤다. 현대건설 관계자는 "현재까지 해외 원전사업은 아랍에미리트연합(UAE) 4기 원전이 유일하다"며 "가능성을 여러 가지로 타진했지만 터키 원전을 결국 포기할 수밖에 없었다"고 말했다. 대우건설 관계자는 "한국전력이 수주한 다음에 발주를 하면 시공사들이 컨소시엄을 구성하거나 단독으로 입찰해 계약하는 방식이기 때문에 한전의 수주여부에 관심을 둘 수밖에 없었다"며 "하지만 일본으로 넘어갈 것이라는 분위기가 팽배해지면서 사실상 손을 뗐다"고 했다. 한 건설업계 관계자는 "원전 수주대금을 매년에 걸쳐 분할로 받는 셈인데, 터키 정부로부터 받는 전기단가가 맞지 않았다"고 밝혔다. 이 관계자는 "원전을 비롯한 해외 플랜트 사업은 수주단가가 크지만 자칫 사업이 실패하기라도 하면 손해가 막대하다. 그래서 원전을 비롯한 해외 플랜트 사업을 '복불복'이라고 한다"고 지적했다. 건설사들은 부동산경기의 침체 해결방편으로 '블루오션'으로 떠오른 발전 플랜트시장을 집중 공략해왔다. 현대건설 삼성물산 GS건설 대우건설 등 주요 건설사들은 2011년부터 원전사업을 위해 필요한 자격증인 한국전력산업기술기준(KEPIC) 인증을 따내는 등 원전플랜트 사업에 총력을 기울였다. 그러나 터키 원전수주에 실패함에 따라 헛물을 켠 셈이 됐다. 또 다른 건설업계 관계자는 "터키 원전 참여의사를 밝힌 건설사들은 한전 눈치만 보고 한전은 이 전 대통령과 정부의 눈치만 봤다"면서 "안 그래도 건설경기가 전국적으로 좋지 않은데 원전 건설사업에 참여하려던 건설사들이 주가급락 등 후폭풍에 시달릴까봐 우려스럽다"고 말했다.[438]

5. 대우건설, '푸르지오' 홈페이지 달라졌네

대우건설(047040)(8,420원 220 -2.55%)은 아파트 브랜드인 '푸르지오' 출시 10주년을 기념하고 고객의 접근성을 높이기 위해 홈페이지와 웹진을 새 단장했다고 4일 밝혔다.[439] 새 홈페이지(www.prugio.com)에는 새로운 브랜드 정체성(BI)과 표어에 맞춰 세련된 도안이 적용됐다. 고객 이용도가 높은 순으로 콘텐츠를 재구성하고 스마트폰과 태블릿 컴퓨터 등에서도 이용할 수 있도록 웹 접근성도 한층 강화했다. 현재 대우건설은 한국웹접근성인증위원회(KWAC)'의 인증마크 획득을 추진 중이다.

▲홈페이지와 함께 개편된 웹진 '푸르지오 라이프' (사진제공=대우건설)
자료: http://www.edaily.co.kr/news/NewsRead.edy?SCD=JD31&newsid=02722406602772840&DCD=A00403&OutLnkChk=Y(2013.4.7)[440]

---

438) http://news.hankooki.com/lpage/economy/201304/h2013040517015221540.htm (2013.4.7)
439) 입력시간 | 2013.04.04 17:13 | 박종오 기자 pjo22@, [이데일리 박종오 기자]
440) http://www.edaily.co.kr/news/NewsRead.edy?SCD=JD31&newsid=02722406602772840&DCD=A00403&OutLnkChk=Y(2013.4.7)

이밖에 '푸르지오 캐스트'를 새로 도입해 뉴스와 분양정보 등을 한 눈에 확인하는 것도 가능하다. 대우건설 관계자는 "이번 개편을 통해 실용적인 콘텐츠를 제공하고 쌍방향 소통을 확대해 고객만족도를 높일 것"이라고 말했다.441)

6. 대우건설이 글로벌 넘버원 건설업체로 가는 길

이제는 건설회사라고 해서 뚝딱뚝딱 건설'만' 하는 시대는 지나지 않았을까요?442)

자료: http://blog.naver.com/merong907?Redirect=Log&logNo=168928084(2013.4.7)

기후온난화, 토양오염, 유해가스배출 등 이미 다양한 분야에서 논란이 되고 있는 여러 환경문제들! 이제는 귀 따갑게 들어 이러한 환경문제의 심각성에 대해 익숙하게 알고 계실텐데요.

Green management

대우건설 녹색 경영팀

자료: http://blog.naver.com/merong907?Redirect=Log&logNo=168928084(2013.4.7)

---

441) 종합 경제정보 미디어 이데일리
442) 녹색경영 대대홍 8기♥ / 대외활동 2012/10/18 00:08,
   http://blog.naver.com/merong907/168928084

그와 함께 환경을 생각하는 지속가능경영의 중요성이 커지면서 요즘 기업경영에서 '환경'은 기업이 성장하는 데에 큰 비중을 차지하는 요소중의 하나로 떠오르고 있답니다. 특히 환경을 생각하지 않을 수 없는 분야인 건설업계에서 항상 발 빠르게 움직이는 대.우.건.설. 은 '환경'부분을 강화하기 위해 '녹색경영팀'을 출범시켰답니다.

첫번째. 녹색 경영팀은 누구인가

자료: http://blog.naver.com/merong907?Redirect=Log&logNo=168928084(2013.4.7)

녹색경영팀은 대우건설의 각 부서에 있던 환경분야 담당자를 한 팀으로 꾸려 총 5명의 직원으로 이루어져 있어요. 녹색경영팀은 업무에 대한 부담감을 최소화하고 효율성을 극대화하기 위해 탄생하게 되었다고 합니다.

두번째. 녹색 경영팀은 어떻게 일을 진행하는가

자료: http://blog.naver.com/merong907?Redirect=Log&logNo=168928084(2013.4.7)

녹색경영팀은 좀더 효율적으로 공부하기 위해 주제별로 담당자를 선정한 다음, 담당자가 수집한 자료를 바탕으로 함께 토의를 한 후 다음 모임에서 발표하는 형식으로 진행된다고 합니다. 지식을 익혀 업무에 도움이 될 뿐만 아니라 업무추진 방향도 서로 공유하게 되어 업무파악에도 많은 도움이 된다고 합니다!

세번째. 녹색 경영팀의 업무 결과는 무엇인가

자료: http://blog.naver.com/merong907?Redirect=Log&logNo=168928084(2013.4.7)

녹색경영팀은 올해 첫 결과물로 <지속가능경영보고서>를 탄생시켰습니다. 이 보고서는 지속가능경영의 핵심분야로 환경을 꼽으며 그 중요성을 명시했다고 하네요. 신생팀인만큼 녹색경영팀의 결과물은 아직 많지 않지만 그 기대치는 높은데요. 저 또한 녹색경영팀은 대우건설이 넘.버.원. 글로벌 회사로 가는 탄탄한 길을 만들어 주는 원동력이 되리라고 많은 기대를 해봅니다. 세계 1위를 향한 대우건설의 무궁무진한 발디딤, 그 이야기가 앞으로 계속됩니다!443)444)

7. 대우건설 주총, "수주 매출이익 두자리수 성장"

대우건설은 올해 플랜트 부문을 대폭 강화하여 수주 매출이익을 모두 두자리숫자로 성장시킬 계획이다.445) 대우건설은 29일 은행회관 국제회의실에서 제13기 정기 주주총회를 열어 이같은 사업계획을 발표했다. 이 회사는 작년 한해 건설경기 침체로 대부분의 건설사들이 어려움을 겪은 가운데서도 수주 13조8124억원, 매출 8조1803억원, 영업이익 3652억원을 달성해 전년보다 성장한 실적을 보였다. 대우건설은 다른 대형건설사와 달리 계열사의 공사물량이 없는 점을 감안할 때 이같이 지속적인 성장세를 보인 실적은 의미있는 것으로 평가된다. 서종욱 사장은 인사말을 통해 "작년 한해는 100대건설사중 20개사가 워크아웃에 들어 갈 정도로 힘든 한해였다"고 얘기한 뒤 "대우건설은 이런 국내 경기침체를 극복하기 위해 지난 5년동안 해외수주를 연평균 32%씩 확대해 왔다"고 작년 경영실적이 좋았던 이유를 설명했다. 서 사장은 이어 "올해는 수주 16조원을 포함해 매출, 이익 등 모든 부문에서 두자리수 성장을 목표로 잡았다"며 "이를 달성하기 위해 플랜트

---

443) [출처] 대우건설이 글로벌 넘버원 건설업체로 가는 길-그 첫번째 이야기)녹색경영| 작성자 SJY
444) http://blog.naver.com/merong907?Redirect=Log&logNo=168928084(2013.4.7)
445) [조세일보] 문성희 전문위원 이메일 : outofhere@joseilbo.com 기자의 다른 기사 보기 입력 : 2013.03.29 13:45 | 수정 : 2013.03.29 13:45

부문을 강화하고 주택사업을 자체사업 위주로 전개하며 이와 더불어 안정적 경영시스템과 내실 경영관리로 수익성을 높이겠다"고 약속했다. 이에 대해 참석 주주는 "2010년 적자가 나 우려했는데 지난 2년동안 많은 이익을 내는 등 크게 성장해 감사하다"며 "올해도 환경이 어려울 것으로 예상되므로 유동성을 확보하는 등 철저히 대비해달라"고 부탁했다. 이날 주총에서는 영업실적 보고외에도 정선태, 김형종 이사가 선임됐고 이사보수는 작년 수준에서 동결하는 안건이 의결됐다.446)

8. 망한 회사 살린 5가지 리더십

특급 구원투수들의 '역전카드', 때론 조폭두목이나 점령군처럼, 직원에 대한 애정 표현은 강력히447) '신(臣)에게는 아직 열두 척의 배가 있나이다.

절망의 늪에서 이처럼 희망을 노래하는 장수가 몇이나 될까? 난세(難世)가 영웅을 만든다고들 하지만 정작 영웅을 만드는 것은 리더십이다. 잘나가는 회사를 죽이는 무능한 리더가 있는 반면 그렇게 죽어가는 회사를 다시 살려내는 유능한 리더도 있다. 한국의 경제위기는 적지 않은 기업에 아픈 상처를 안겨 주었지만, 몇몇 리더들에게는 비장의 리더십을 보여 줄 기회를 만들어 주었다. 이런 '회생 리더십'의 실체는 무엇인가.

1) 실패의 원인을 정확하게 찾아라.

1999년 백갑종 사장이 쌍방울의 법정관리인으로 부임했을 때의 일이다. 쌍방울의 경영을 맡게 됐으니 '쌍방울표' 속옷을 입는 것은 당연하다고 생각해 신제품 팬티 샘플을 몇장 받아와 입었다. 그날 저녁 퇴근해 샤워를 하려고 옷을 갈아입는데 사각팬티가 허리춤까지 둘둘 말려 올라와 있었다. 일전에 선물받은 외국 브랜드 팬티를 입었을 때와는 너무 달랐다. '아니, 쌍방울이 팬티도 하나 제대로 못 만드나?' 하는 생각에 다음날 자신의 외국산 팬

---

446) http://www.joseilbo.com/news/htmls/2013/03/20130329176699.html(2013.4.7)
447) 삐리삐리릴 | 2008-01-16 12:57 | 조회 1828 | 출처: 본인작성

티를 들고 출근했다. 디자인팀장을 불러 팬티를 건네주며 "이것처럼 말려 올라가지 않는 팬티를 만들어 오라"고 지시했다.

자료: http://k.daum.net/qna/openknowledge/view.html?category_id=QP&qid=3QsV5
&q=%EB%8C%80%EC%9A%B0%EA%B1%B4%EC%84%A4%EC%9D%98%20%EC%8
4%B8%EA%B3%84%EA%B2%BD%EC%98%81(2013.4.7)

백 사장은 팬티 한장에서 쌍방울 회생의 실마리를 찾아냈다. 당시 모두가 쌍방울이 망한 이유를 무주리조트 등 무리한 사업확장의 결과라고 여겼다. 물론 사실이다. 그러나 그 패인은 대부분 법정관리에 들어가며 자연 해소됐다. 백 사장은 보다 근본적인 패인이 주력사업인 속옷 브랜드 자체에 있다고 판단했다. '속옷에도 패션이 있다'며 품질개선에 박차를 가하기 시작했다. '이끌림'이라는 패션 언더웨어 브랜드는 그렇게 해서 탄생한 것이다.
그 결과 쌍방울은 불과 1년반만에 270억원대 적자에서 200억원대 흑자로 돌아섰다. 망한 회사를 다시 살리는 방법으로 가장 많이 활용되는 것이 구조조정이다. '자르고 줄이고 아끼고 통합하는' 개혁은 물론 중요하다. 하지만 '뼈를 깎는' '피나는' '눈물겨운' 구조조정을 단행했다고 해서 모든 회사가 되살아나는 것은 아니다. 회생을 추진하는 리더는 기업의 근본적인 경쟁력에 주목할 필요가 있다. 또 LG카드 회생을 이끌어 낸 박해춘 사장도 그랬다. 박 사장은 LG카드의 패인을 정확하게 간파했다. '길거리 카드'라고 불릴 정도로 무분별한 발급을 한 것이 대량 부실을 가져왔음은 주지의 사실이었다. 그러나 박 사장은 그 해결방안을 찾는 데서는 남다른 판단을 했다. 무조건 발급량을 줄이는 것만이 능사는 아니라고 생각했다. 화근인 '출혈발급'은 신용불량 고객을 양산한 것만이 아니었다. 'LG카드=아무나 가질 수 있는 카드'라는 이미지가 더 큰 문제였다. 박 사장은 그것을 불식시키기 위한 방안을 모색했다. 그 결과 VIP급 고객들을 확보하고 관리하기 위한 전략을 구사한다. 플래티넘 카드를 통해 카드의 품격을 업그레이드하는 데 주력했다. 그것은 LG카드의 이미지를 높이는 데 효과가 컸다. 상승작용은 결국 '천만인의 카드'로 확대됐다. '너무 많은 사람이 쓰는 카드'라는 패인이 이제는 마케팅전략이 된 것이다.

2) "당신들은 결코 패자가 아니다"

직원에게 재기의 자신감을 심어 주어라. 망한 회사의 직원들은 대부분 주눅 들게 마련이다. 스스로 '패잔병'이라는 자격지심으로 하루하루 회사를 다니는 것조차 힘들어 한다. 스스로 능력이 있다고 생각하는 직원들은 더 나은 조건의 다른 회사로 떠날 생각을 하게 마련이고 실제로 워크아웃이나 법정관리 기간중에 유능한 인재들이 이탈하는 경우는 비일비재하다. 이런 기업의 회생을 추진하는 리더는 이점에 주목해야 한다. 무엇보다 직원들에게 "당신들은 패자가 아니다"는 확신을 심어 주고 의욕을 가질 수 있도록 북돋워 주어야 한다. 대우건설이 워크아웃을 졸업하던 2003년 말 CEO가 된 박세흠 대우건설 사장, 임원 시절 그는 대우건설이 워크아웃에 들어가면서 회사를 떠나야만 했던 500여명의 직원들을 보며 무척이나 안타까워했다. 그래서 사장이 된 후 그는 직원들부터 챙겼다. 건설현장에서 숙식을 같이

하며 맺어진 끈끈한 동료애를 바탕으로 직원들을 독려했다. 그런 의리를 보여 준 것이 직원들이 회사를 떠나지 않고 남은 이유가 됐다. 한국의 벤처신화를 이룩했다가 몰락한 메디슨을 보면 직원들의 사기가 얼마나 중요한지 잘 알 수 있다. 파산 직전의 메디슨이 3년만에 다시 부활의 노래를 부를 수 있었던 것은 직원들의 자신감과 애사심의 힘이 컸다. 부도 직후 당시 메디슨을 방문한 인사들은 하나같이 "어떻게 망한 회사의 직원들이 그렇게 자신만만해 할 수 있는지 의아했다"고 말하곤 했다. 메디슨의 공동대표들은 직원들이 의기소침해지지 않고 계속해 연구개발과 마케팅에 전념할 수 있도록 지원을 아끼지 않았다. 강력한 구조조정을 하면서도 해고는 없었고 월급이 깎이지도 았았다. 심지어 부도전보다 인력은 더 늘었다. 박해춘 사장도 직원들의 사기를 높여 주기 위해 안간힘을 쓴 CEO다. LG카드 사태로 우리사주가 휴지조각이 되면서 LG카드 직원 대부분은 손해가 막심했다. 그들 중에는 빚을 얻어 주식을 산 이들도 많아 곤란에 빠지기도 했다. 박 사장은 사상 최대의 흑자를 기록한 지난해 보상 차원의 특별 보너스를 지급했다.

채권단 대표인 산업은행의 반대를 무릅쓴 강행이었다. 그 때문에 박 사장의 연봉은 채권단에 의해 동결당하기까지 했다. 지난 3월 퇴임한 이지송 전 현대건설 사장도 재임중 "사람을 소중히 여겨야 한다"며 직원의 사기를 높이기 위해 노력을 아끼지 않았다. 작업복 차림으로 직원들과 어울리며 과거 승승장구했던 '현대건설맨'의 자존심을 상기시키는 데 주력했다. 그렇게 살아난 자긍심으로 전직원이 재건에 나서도록 유도할 수 있었다.

3) "난 점령군이 아니다. 함께 얘기하자"

모든 의사결정은 아래로부터, 망한 회사의 직원들은 새로 부임하는 사장에 대한 시선이 그다지 곱지 않은 것이 사실이다. 마치 점령군처럼 보일 수도 있다.

게다가 개혁을 한다며 안 그래도 만신창이가 된 조직을 뒤흔들어 놓을 것이라는 우려도 크다. 하이닉스반도체의 화려한 부활을 주도한 우의제 사장은 부임 후에도 언제나 혼자 다녔다. 비서가 있기는 하지만 주로 내근하도록 하고 수행비서도 없이 현장을 누비는 것이 우 사장의 스타일이다. 공장을 방문할 때면 작업장을 둘러본 후 식당으로 가는 것이 그의 기본 코스다. 그리고 주걱과 국자를 들고 직접 배식을 한다. 직원들에게 격려와 애정을 '퍼주기' 위해서다. 우 사장은 사장 부임전 하이닉스반도체의 사외이사를 맡기는 했지만 그는 외환은행에서 수십년을 보낸 금융맨이다. 하이닉스반도체의 회생을 맡아달라고 했을 때 몇 차례나 거절을 한 것도 반도체 사업분야에 자신이 없다고 판단했기 때문이다. 하지만 그는 그 어떤 반도체 전문경영자도 할 수 없는 놀라운 성과를 만들어냈다.

전문성이 아니라 감성 리더십이 회생의 밑거름이 된 것이다. 그는 직원들과 스스럼없이 섞이는 것을 주저하지 않았다. 회의를 진행할 때도 직접 노트북을 들고 와 선을 연결하고 끝나면 주섬주섬 챙겨 갔다. 현대전자 시절 현대의 권위주의적 경영방식에 익숙해 있는 직원들에게 그런 CEO의 모습은 낯설었지만, 이전까지 느껴보지 못했던 사장에 대한 친근함은 직원들에게 큰 힘이 됐다. 직원들과 터놓고 대화하다 보니 반도체에 대한 전문성도 따라서 갖추게 됐다. 감성경영이 지식경영으로 이어진 셈이다. 백갑종 사장도 직원들에게 소탈했다. 백 사장은 쌍방울에 첫 출근하는 날 임원들에게 자신이 절대로 법원에서 보낸 점령군이 아님을 분명히 밝혔다. "내 사람을 절대 데려오지 않겠다"는 얘기도 했다.

박세흠 사장은 28년을 대우건설에서 일한 만큼 회사 사정과 임직원들의 장단점을 누구보다 잘 알고 있었다. 무슨 일이든 중요하다고 생각되면 사내에서 그 분야를 가장 잘 안다고 판단되는 사람을 찾아 상의했다. 어떤 결정도 독단적으로 내리는 법이 없었다고 한다. 박 사장은 1년에 몇 차례씩 호프데이를 열어 직원들과 격의없는 대화를 나누곤 했다. 박 사장은 직원들의 능력을 높이 평가했고 그 기량을 십분 발휘할 수 있도록 장을 활짝 열어두었다. 대우건설 인수의 우선협상자로 선정된 금호아시아나그룹의 박삼구 회장도 "대우건설의 직원을 산 것"이라고 말했을 정도다. 한때 세계경영의 중심축이었던 대우인터내셔널을 회생시킨 이태용 사장도 직원들의 의견에 귀를 기울였다. 주말마다 직원들과 북한산에 오르는 부지런한 행보를 지속했다. 이지송 사장은 공사수주 때마다 직원들에게 떡을 돌리고 시무식 등 주요 행사 때마다 직원들에게 떡을 나눠주면서 사기를 높이는 덕에 '시루떡 사장'이란 별명까지 얻었다. 대우자동차 회생의 주역인 닉 라일리 전 GM대우 사장은 화합과 상생의 새로운 노사문화를 정착시킨 CEO로 평가받는다. 그런 노사간의 협력 덕분에 대우 인천차를 조기 통합할 수 있었다. 지난 3년반 동안 노사분규없이 조업을 지속할 수 있었던 것도 노조와 원만한 관계를 이뤘기 때문이다. 정리해고자를 모두 복직하겠다는 직원과의 약속을 끝까지 지키고 회사를 떠난 아름다운 리더로 기억되고 있다.

4) "살고자 하면 죽고, 죽고자 하면 산다"

욕 먹더라도 때로는 '무섭게', 우의제 사장은 하이닉스의 워크아웃 조기졸업이 결정된 날에도 샴페인을 터뜨리지 않았다. 대신 "들뜨거나 자만하지 말라"는 내용의 메시지를 모든 직원에게 돌렸다. 정상에 서 있는 것은 망하는 지름길이라며 자기만족은 실패를 낳고 지금의 껍질을 벗지 못하게 한다는 것이 그의 얘기였다. 직원들에게 그토록 자상하게 의욕을 북돋워준 그였지만 정작 성공의 문턱에 도달했을 때는 오히려 의연함을 보이고 직원들을 단속한 것이다. 박해춘 사장은 망한 회사의 CEO는 조폭 두목처럼 생각하고 행동해야 한다는 얘기까지 했다. 그의 '조폭경영론'의 핵심은 회생기간 내내 조직을 긴장시켰다. 직원들을 절대로 느슨하게 풀어 주는 법이 없다. 회사 전체의 이익과 부합하지 않는다면 노조와도 타협이란 없었다. 취임 직후 노조간부들을 만나 "나와 한 덩어리가 돼 회사를 살릴 것인지 죽일 것인지 지금 이야기해달라"며 "안하겠다면 나는 지금 그만두겠다"고 정면돌파를 강행했다. 그 결과 노조로부터 무분규와 조기출근 협조를 모두 얻어낼 수 있었다. 박 사장은 모든 결정을 속전속결로 진행했다. 파산위기가 어디서 왔는지 그 실체를 빨리 파악해 타개전략을 세우려면 지체할 틈이 없다는 이유에서다. 박종원 코리안리재보험 사장도 회생을 위해서라면 무서운

CEO가 돼야 한다는 데 주저하지 않았다. 1998년 파산으로 치닫던 코리안리재보험(당시 대한재보험)의 대표자리를 떠맡은 후 조직을 완전히 바꾸는 혁신을 단행했다. 그 결과 아시아 1위의 초우량기업으로 탈바꿈시켰다. 해병대 출신이어서인지 그의 경영스타일은 '독하기' 짝이 없다고 한다. 1963년 정부투자기관인 대한손해재보험공사로 시작된 코리안리는 1978년 민영으로 전환했지만 여전히 독점적인 사업권을 누리면서 위기의식이라고는 찾아볼 수 없을 정도로 유약해졌다. 이런 조직문화에 근성을 키워주기 위해 박 사장은 취임 후 직원들을 이끌고 등반을 시작했다. 취임하자마자 전체 인원 320여명중 3분의 1을 정리했다.

퇴출 대상에 전직 노조위원장까지 오르자 노조와의 갈등을 우려한 임원들이 반대하고 나섰다. 정치권으로부터의 압력도 있었다. 그렇지만 한 명이라도 예외를 두면 원칙이 무너진다는 이유로 전직 노조위원장을 포함한 대상자 전원을 예외없이 정리했다. 전 과정을 투명하게 처리해 누구도 반론을 재기하지 못했다.

지금도 주 1회씩 열리는 간부회의에 노조대표가 참석한다. 1963년 설립 이후 1997년까지 35년 동안의 누적 당기순이익이 827억원에 불과하던 코리안리재보험은 그의 취임기간인 1998~2005년 불과 8년동안 3700억원의 누적당기순이익을 기록했다.

5) "돌격하라"가 아니라 "나를 따르라"

지휘하지 말고 직접 나서라. 망한 회사를 되살리려면 잘나갈 때보다 몇 배는 힘이 든다. 직원들도 지치게 마련이다. 그런 직원들에게 무조건 나가서 싸우라고 하는 것은 설득력이 없다. 리더가 앞장서야 한다. 리더의 솔선수범은 백 마디의 지시보다 직원에게 강력한 힘을 발휘한다. 이태용 사장은 채권단을 일일이 찾아가 "대우의 해외 네트워크를 살려달라"며 설득하고 다녔다. 이지송 전 사장도 회사회생을 위해 고희를 바라보는 나이에도 수주를 위해 중동으로 발품을 팔며 돌아다녔다. 사장 취임 직후에는 미국에서 이라크 미수금을 받아내기 위해 눈물로 호소하기도 했다. 지난 3월 퇴임하

기 며칠전까지도 두바이에서 직접 공사계약을 체결하고 돌아오는 등 열정적으로 회사일에 매진했다.448)

9. 김우중 전 대우회장의 대우그룹 창립행사 참석

김우중 전 대우그룹 회장은 1999년 8월 대우그룹이 공중분해된 후 한국을 떠나 타향살이를 하면서 골프에 재미를 붙였다. 베트남에 머무르며 매일 오전 5시에 일어나 9홀을 돌며 골프를 친다는 김 전 회장이 3월20일 귀국했다. 22일 서울 부암동 에이더블류(AW) 컨벤션센터에서 열린 대우그룹 창립 46주년 기념행사에 모습을 보였다. 이 자리에는 이경훈 대우인회 회장(전 대우 회장), 장병주 대우세계경영연구회 회장(전 대우 무역부문 사장), 김용원 전 대우전자 회장, 고재호 대우조선해양 사장, 강영원 전 한국석유공사 회장, 김태구 전 대우자동차 회장 등 대우그룹 출신 인사 300여명이 참석했다. 즉, 과거 대우그룹을 이끌던 핵심이 총출동했다.449) 김 전 회장은 2010년부터 매년 창립기념식에 참석해왔다. 경영일선에 복귀하려는 사전작업이라는 소문이 돌았지만 재기설에 대해 김 전 회장은 "건강이 좋아져야 뭘 할 수 있지 않겠는가"라는 짧은 말로 재기계획이 없음을 시사했다. 대우세계경영연구회 관계자는 3월24일 "김 전 회장은 이미 출국해서 현재 한국에 없다"며 "언제 다시 입국할지 알지 못한다"고 말했다.

김 전 회장의 지휘 아래 똘똘 뭉쳐 세계시장을 누볐던 대우맨들은 10여년이 지난 지금도 끈끈한 관계를 유지하고 있다. 특히 대우인회와 대우세계경영연구회 등이 눈에 띄는 단체다. 또, 매년 창립기념식을 통해 대우의 기업정신을 반추한다. 김 전 회장이 주창한 대우정신이 박근혜 정부 출범을

---

448) http://k.daum.net/qna/openknowledge/view.html?category_id=QP&qid=3Qs V5&q=%EB%8C%80%EC%9A%B0%EA%B1%B4%EC%84%A4%EC%9D%98%20%EC%84%B8%EA%B3%84%EA%B2%BD%EC%98%81(2013.4.7)

449) 때가 온 걸까? 골프채 놓고 김우중 돌아오다. 박근혜 대통령 가족과 끈끈한 인연, 여권에 대우맨 여럿 포진, 기사입력시간 [1224호] 2013.04.03 (수) 노진섭 기자 | no@sisapress.com

맞아 꿈틀거린다는 관측이 파다하다. 김 전 회장의 경영복귀설이 요새 뜨거운 감자인 배경이다.

재계 관계자는 "김 전 회장을 따르는 사람이 여전히 많다"며 "그들을 지지기반으로 삼고 현 정부에 자리를 차지한 대우출신 인사들이 힘을 보태면 복귀가 불가능하지만은 않다"고 전망했다. 김 전 회장은 몇 해 전 베트남에서 열린 강연에서 "지금도 가끔 대우가 재기할 수 있을 것으로 착각할 때가 있다"며 "대우가 다시 창조적인 비즈니스를 하면 얼마나 좋을까 하고 생각해본다"고 말했다.

당시 일각에서는 "박근혜 후보가 대통령이 되면 그의 경영복귀 시기가 당겨질 것"이라는 관측이 나왔다. 또 최근 "제품을 팔 시장이 없으면 시장을 만들어서라도 미래를 개척하는 김 전 회장의 경영철학은 박근혜 정부의 창조경제와 통한다"는 전 대우그룹 관계자의 말도 예사롭게 들리지 않는다.

김 전 회장과 박 대통령 가족의 관계는 대구사범학교에서 시작된다. 김 전 회장의 아버지 고 김용하씨는 박정희 전 대통령의 대구사범학교 은사였다. 연세대 경제학과를 졸업한 1960년부터 1966년까지 한성실업에 근무했던 서른한 살 청년 김우중은 1967년 서울 충무로에 대우실업을 창업했다. 자본금은 500만원이었지만 하는 일마다 성공했다. 1970년대 대우건설·대우증권·대우전자·대우조선 등으로 사업영역을 확장하면서 신흥재벌이 됐다. 모두 박정희 전 대통령의 임기중에 이뤄진 일이다.

박근혜 대통령의 동생 박지만 EG그룹 회장과의 인연도 남다르다. 박 회장이 삼양산업(EG의 전신)을 인수할 자금 9억원을 빌려준 사람이 김 전 회장이다. 새 정부 들어 국회는 물론 청와대에 대우출신 인물들이 요직을 차지하고 있는 점도 그의 재기설을 뒷받침한다. 박 대통령의 측근중의 한명인 이한구 새누리당 원내대표는 전 대우경제연구소 사장이었다. 백기승 청와대 국정홍보비서관은 대우그룹 홍보담당 임원이었다. 최경환·안종범·강석훈·정희수 새누리당 의원도 대우경제연구소 출신이다. 서승환 국토해양부 장관은 김 전 회장의 연세대 경제학과 후배로 친분이 있다. 김 전 회장이

사면받은지 5년이 지났고 대우그룹의 공과도 객관적으로 평가받을 만큼 세월이 지났다는 점과 지난해 체납 세금 14억5000만원을 모두 완납한 것도 경영복귀설에 무게를 더한다.

김우중 전 대우그룹 회장(맨 오른쪽)이 3월22일 열린 대우그룹 창립 46주년 기념식장에 들어서며 전 임직원과 악수하고 있다(연합뉴스).
자료: http://www.sisapress.com/news/articleView.html?idxno=60173(2013.4.7)

　1998년의 외환위기로 한국경제가 큰 타격을 받았고 그 여파로 부채비율이 600% 이상이었던 대우그룹은 1999년 8월 워크아웃(재무구조 개선작업)을 신청했다. 당시 부채는 500억달러였다. 김 전 회장은 검찰수사를 피하려고 출국한 후 베트남·중국 등지에서 도피생활을 했다. 이때도 나름으로 인간관계의 폭을 넓혀왔다. 김 전 회장이 재기할 무대는 한국이 아니라 베트남이 될 것이라는 관측이 나오는 배경이다. 베트남 국토개발사업을 자문하면서 쌓은 인맥이 상당하고 현지에서 대우 브랜드에 대한 인식도 여전히 좋기 때문이다. 그는 인재육성에 공을 들이고 있다. 지난해부터 대우세계경영연구회가 주관하는 세계경영인 육성과정(글로벌 영비즈니스맨)에서 특강을 하고 있다. 해외시장 개척과 경영에 관심있는 국내 대학 졸업생 30~40명을 선발해 1년동안 교육을 통해 실전형 인재를 키우는 과정이다. 지난해 베트남 국립 달랏 대학교에서 이 과정을 마친 1기생 33명 전원이 연봉 2만~3만달러를 받으며 베트남에 진출해 있는 한국기업(포스코, CJ푸드빌, 한솔 등)에 취업했다. 김 전 회장이 국내기업에 미치는 영향력이 건재함을 과시한 대목이다. 현재 교육받고 있는 2기 학생 40명을 대상으로 김 전 회장을 비롯해 장병주 전 대우그룹 무역부문 사장(세계경영연구회 회장) 등 대우그룹에 몸 담았던 사람들이 교육하고 있다. 하지만 재기의 가능성이 작다는 관측도 만만치 않다. 자금이 없는 데다 나이가 많아 체력적으로 무리라는 이유에서다. 오랜 해외 도피생활을 마치고 2005년 6월 귀국한 그는 검찰조사를 받았다. 2006년 분식회계 등의 혐의로 징역 8년6월에 벌금 1000만원, 추징금 17조9200억원의 형을 선고받았다. 항소를 포기하고 복역하다가 노무현 정권 말기인 2007년 12월31일 특별 사면됐다. 당시 링거를 맞으며 법정에 들어설 정도로 그의 몸은 만신창이였다. 과거 심장수술도 받은 이력이 있는 데다 지난해 대우그룹 창립기념식에는 보청기까지 착용했다. 하지만 최근 그의 모습이 달라졌다. 행사장에 들어서는 모습은 78세의 노구에도 꼿꼿했다. 얼굴빛은 맑았고, 보청기도 착용하지 않았다. 시종일관 밝은 표정을 지었고 행사 중반에는 행사장에 모인 참석자들과 일일이 악수하면서 노익장을 과시했다. 그는 "한달에 한번 건강을 체크한다"고 했다. 세브란스병원에서 매달 건강검진을 받는 것으로 확인됐다. 세브란스 관계자는 "김 전 회장은 나이가 많지만 특별한 병은 없는 것으로 안다"고 말했다. 한때 삼성그룹과 LG그룹을 제치고 현대그룹에 이어 재계 서열 2위까지 대우그룹을 성장시켰던 그는 공항에서의 수속시간을 줄이기 위해 작은 가방 하나만 들고 세계를 누볐다. 부인 정희자 아트선재센터관장이 지난해 한 공식 석상에서 농담 반 진담 반으로 "다시 태어나면 남편과 결혼하지 않을 것"이라고 말할 만큼 일에 미쳤던 사람이다. 그가 앞으로 어떻게 할 것인가에 대해 관심을 기울이지 않을 수 없다.450)451)

10. '세계경영' 대우건설의 '통큰' 가족사랑

출장과 외근이 많고 상명하달식의 남성적 직장문화를 가진 건설업계에 가족친화경영의 붐이 일고 있다. 대우건설은 가족의 소중함이 강조되는 사회적 흐름에 발맞춰 올해부터 '아이러브 대우건설 패밀리' 캠페인을 시작한다고 밝혔다. 이 회사는 각종 행사에 가족들을 초청해 오붓한 시간을 갖게 하고 가족들의 회사에 대한 이해도를 높이는 일석이조의 효과를 거두고 있다. 예전부터 실시해오던 대우건설의 어린이날 가족사랑 걷기대회는 직원들 뿐만 아니라 그 가족들 사이에서 이미 인기행사로 자리 잡았다. 또 전직원에게 매년 한차례 가족여행을 다녀올 수 있도록 배려하고 여직원들을 위한 복지도 세심하게 신경쓰는 등 가족친화경영을 실천해 가고 있다.

1) "대우와 함께 땀흘려 일하는 우리 아빠 최고!"

지난 2월 22일 강남에 위치한 대우건설 주택문화관 '푸르지오밸리'에서는 'I ♥ 대우건설 family' 캠페인의 일환으로 '아빠, 엄마 사랑 편지쓰기' 행사가 열렸다. 이날 행사에는 대우건설 직원가족 80여명이 참가해 서로간에 편지쓰기, 마술쇼 관람 등을 함께 했다. 편지쓰기 시간에는 유치원 자녀부터 중학생, 그리고 해외에 근무하는 남편에게 편지를 쓰는 엄마까지 정성스레 편지를 쓰는 모습이 사뭇 진지했다. 행사에서는 거가대교, 대형발전소 등 대우건설이 국내외에서 수주한 각종 대형공사에 대한 홍보영상과 땀흘려 일하는 직원들의 모습을 담은 동영상을 상영해 직원 자녀들에게 아빠의 직장에 대한 자긍심을 심어주기도 했다.452) 한 직원은 "행사에 다녀온 아이

---

450) 노진섭 기자, 입력시간 2013.04.03 10:18, 시사저널 (http://www.sisapress.com)
451) http://www.sisapress.com/news/articleView.html?idxno=60173(2013.4.7)
452) [가화만사성] '세계경영' 대우건설의 '통큰' 가족사랑, 아시아투데이 원문 기사전송 2011-03-16 15:58 최종수정 2011-03-16 18:15, [아시아투데이=류정민 기자]

가 무척 즐거워했다. 아이가 아빠 회사가 무슨 일을 하는지 궁금해 했는데 동영상을 보고 난 후 아빠가 자랑스럽다고 해 뿌듯했다"며 "열심히 일하고도 막상 집에 들어가면 소홀한 것 같아 항상 미안했는데 한결 마음이 가벼워졌다"고 말했다. 또한 지난 1월에는 직원가족들을 초대해 브런치시네마 행사를 가졌다. 직원들은 가족들과 함께 휴일 오전 브런치를 즐기고 영화를 보며 가족과의 오붓한 시간을 보냈다. 참여한 직원들은 행사가 끝난 후 사내게시판에 "다음 기회에도 참가하고 싶다", "더 많은 직원들에게 기회가 돌아가면 좋겠다" 등의 소감을 남기기도 했다.

2) "손꼽아 기다려요" 어린이날 가족걷기 행사 개최

대우건설은 'I ♥ 대우건설 family' 캠페인 뿐 아니라 이전부터 가족참여 행사를 진행해왔다. 2002년 이후 매년 어린이날에는 남산에서 '가족사랑 걷기대회'를 열고 있다. 지난해 행사에서는 서종욱 사장을 비롯한 약 5500명의 직원가족들이 함께 남산길을 걸으며 봄의 싱그러움을 만끽했다.

자료: http://news.nate.com/view/20110316n20810(2013.4.10)

가족사랑 걷기대회는 신나는 가족놀이 마당과 함께 다양한 공연과 선물도 준비되어 직원자녀들이 손꼽아 기다리는 행사로 자리잡았다. 매년 8월에는 임직원 자녀들을 초청해 '대우건설 꿈나무 초대행사'를 진행한다. 참가 자녀들은 1박2일동안 대우건설 본사, 주택문화관, 기술연구원 등 회사시설을 견학하고 퀴즈대회, 실내스키 등 다양한 활동을 함께한다. 문화공연 관람을 통한 감성경영도 직원들의 호응도가 높다. 몇 해 전부터 시작한 오페라 공연관람 역시 직원들의 뜨거운 반응으로 대우건설의 새로운 전통으로 자리잡고 있다. 지난해에는 '오페라의 유령' 공연관람에 약 1300명의 가족들이 참여해 공연장을 가득 메웠다.

3) 가족사랑휴가에 특급호텔 지원

대우건설의 각종 복지제도를 살펴봐도 가족친화적인 기업문화가 녹아있다는 것을 알 수 있다. 이 회사에서는 매년 국내근무 직원은 하루, 해외근무 직원은 이틀간 '가족사랑휴가'를 떠난다. 휴가기간동안의 특급호텔 숙박이 지원되어 직원들은 적은 부담으로 가족과의 단란한 여행을 즐길 수 있다.

가족들에게 건강검진도 제공된다. 대우건설 직원들은 연 1회 본인 뿐만 아니라 배우자나 직계가족의 건강검진도 지원받을 수 있다. 직원 90% 이상이 남성인 만큼 자칫 소홀해지기 쉬운 여직원들을 위한 복지에도 세심하게 신경쓰고 있다. '워킹맘' 직원들에게는 출산, 육아휴직 이후에도 근무시간 단축혜택이 주어진다. 만 6세 이하의 유아를 둔 직원에게는 월 10만원의 양육지원비가 지급된다. 또 임신중인 직원에게는 산부인과 검사에 드는 비용을 회사에서 지원하는 방안도 검토중이다. 회사에서 적극 지원하는 여직원들 전원이 가입하는 모임인 '한울회'도 있다. 이 모임에서는 요리, 수공예 등 실용적인 교양강좌도 마련해 여직원들의 호응이 매우 좋다. 대우건설 관계자는 "앞으로도 의견을 적극 수렴해 직원 뿐만 아니라 가족을 함께 배려하는 대우건설만의 직장문화를 만들어 가겠다"고 말했다.[453]

---

453) http://news.nate.com/view/20110316n20810, '글로벌 석간 종합일간지' 아시아투데이, 류정민 기자 ryupd01@asiatoday.co.kr

■ 노 순 규(魯淳圭) 경영학박사

약 력
- 고려대(석사) 및 동국대(박사)
- 서울대학교 행정대학원 박사과정 수료
- 배성여상·상서여상 등 6년간 교원역임
- 새마을본부 연수원 5년간 교수역임
- 한국기업경영연구원 원장(25년간 재임중)
- 한서대학교경영대학원 강사역임
- 대한상공회의소, 한국경총, 한국생산성본부
- 한국능률협회, 한국표준협회, 현대중공업
- 현대자동차, 한국전력, 롯데제과, LG산전 강사
- 건설기술교육원, 건설산업교육원,
- 영남건설기술교육원, 건설경영연수원
- 전문건설공제조합 기술교육원
- 건설기술호남교육원 외래교수
- 경기중소기업청 공무원 경영혁신 강사
- 한국기술교육대학교 노동행정연수원 강사
- 경기도교육청(갈등관리와 교원의 역할) 강사
- 대구시교육연수원(리더십과 갈등관리) 강사
- 충남교육연수원(공무원노조의 이해) 강사
- 서울시교육연수원(교육관련 노동법) 강사
- 경남공무원교육원(단체교섭 및 단체협약 체결사례) 강사
- 속초시청(공무원 노사관계) 강사
- 부산시교육연수원(교원노조와 노사관계) 강사
- 울산시교육연수원(교원노조의 이해) 강사
- 전남교육연수원(갈등관리의 이해와 협상기법) 강사
- 제주도탐라교육원(갈등 및 조직활성화 전략) 강사
- 경북교육청(학교의 갈등사례와 해결방법) 강사
- 제주도공무원교육원(조직갈등의 원인과 유형) 강사
- 경북교육연수원(인간관계와 갈등해결) 강사
- 전북공무원교육원(공무원노조법) 강사
- 충남공무원교육원(사회양극화 해결방안) 강사
- 대구시교육연수원(복지행정) 강사
- 부산시공무원교육원(조직갈등의 해결방안) 강사
- 광주시공무원교육원(투자활성화의 기업유치 전략) 강사
- 대전시공무원연수원(갈등의 원인과 해결) 강사
- 충북단재교육연수원(교원단체의 이해) 강사
- 경남교육청(학생생활지도와 인권교육) 강사
- 강원도교육청(직장인의 스트레스와 자기계발) 강사
- 전북교육연수원(커뮤니케이션의 기법) 강사
- 경북교육청(학교경영평가의 배경과 대응전략) 강사
- 경북교육연수원(청소년의 심리와 정서 이해) 강사
- 충남공무원교육원(소통에 대한 이해) 강사
- 대구시교육연수원(학생교원 인권교육) 강사
- 새마을운동중앙회(협력적 노사관계와 커뮤니케이션) 강사
- 전북인재개발원(문제해결과 자아성찰) 강사
- 충북단재교육연수원(교사의 자기관리) 강사
- 경북, 인천시, 광주시, 강원도 교육연수원 강사
- 한국방송대(전략적 인적자원 개발론) 강사
- 현대파워텍(노사관계와 노사협의회) 강사

주요 저서
- 건설업의 회계실무와 세무관계
- 건설업의 타당성분석과 사업계획서
- 건설업의 원가계산과 원가절감
- 건설업의 노사관계와 노무관리
- 한미·한EU FTA와 경제전략
- 경영전략과 인재관리
- 건설업의 VE(가치공학)와 품질경영
- 부동산투자와 개발실무
- CM(건설경영)과 시공참여폐지의 노무관리
- 산재·고용·연금·건강의 사회보험 통합실무
- 토지투자와 부동산경매
- 21세기 리더십과 노무관리
- 협력적 노사관계의 이론과 실천기법
- 신입사원의 건전한 직업관
- 종업원의 동기부여와 실천방법
- 공무원노조와 노사관계
- 교원노조(전교조)와 노사관계
- 교원평가제와 학교개혁
- 학교운영의 리더십과 갈등관리
- 교사의 올바른 역할과 개혁
- 프로젝트 파이낸싱(PF)과 건설금융
- 비정규직의 고용문제와 해법
- 한·EU FTA와 경제전략
- 학교의 갈등사례와 해결방법
- 공무원의 갈등관리의 리더십 및 BSC
- 녹색성장과 환경경영
- 교육의 개혁
- 리더의 자기관리와 성공법칙
- 노동조합의 개혁과 역할
- 사교육 없애기 공교육 정상화
- 조직갈등의 원인과 해결방안
- 학교장 경영평가와 CEO 리더십
- 학생지도방법과 인권보호
- 건설업의 클레임과 민원해결
- 지역갈등·주민갈등·사회갈등
- 칭찬의 갈등효과와 조직관리
- 건설공사원가의 건축행정
- 사회양극화 해결과 복지행정
- 미래사회의 변화와 성공방법
- 학교와 교원의 개혁방법
- 사업계획회의 사업타당성 분석
- 커뮤니케이션 기법(skill)과 효과
- 리스크관리(Risk Management)
- 공정한 사회의 실천방법
- 지방자치단체의 기업유치 전략
- 학생체벌의 사례와 금지효과
- 건설업의 원가관리(Cost Management)
- M&A(인수합병)의 사례와 방법
- 학교장의 역할과 혁신의 리더십
- 기업가치평가의 방법과 실무
- 직장인의 스트레스와 자기계발
- 창의력 개발과 인성교육
- 청렴교육·주민감동·옴부즈만
- 복수노조·타임오프·제3노총
- 친절교육·고객만족·고객감동
- 학교폭력의 원인과 해결방법
- 퇴직후의 인생설계 재테크
- 정보보고와 전교조 분석
- 가정폭력의 원인과 해결방법
- 성폭력 성추행 성희롱의 해결
- 1인 창조기업의 창업경영
- 윤리경영과 기업윤리(사회적기업)
- 청소년 문화이해와 상담보호
- 소통의 교육 행정 경영 효과
- 주폭(酒暴)과 음주문화의 개선
- 담배(흡연)의 폐해와 금연방법
- 미인되는 방법과 미인의 효과
- 입학사정관제 분석과 합격전략
- 아동 성폭력의 해결과 예방
- 문제해결 자아성찰 목표관리
- 한류열풍(K-POP)과 강남스타일
- 싸이(PSY)의 강남스타일 성공과 한류
- 건설업의 원가계산과 공사비
- 삼성전자의 조직과 전략
- 현대자동차의 품질과 경영
- 자기주도학습법과 입시전략
- 대우건설의 성장과 세계경영 외 141권 저서

강의문의 : 011-760-8160, 737-8160
E-mail : we011@hanmail.net

대우건설의 성장과 세계경영   정가 40,000원

2013년 5월 1일 초판인쇄
2013년 5월 6일 초판발행

판권본원소유

저 자   노 순 규
발행인   노 순 규
발행처   한국기업경영연구원
        서울특별시 양천구 목동 505-11 목동빌딩 1층
등 록   제2006-47호
전 화   (02) 737-8160

<제본이 잘못된 것은 교환하여 드립니다>

값 40,000원
03320

ISBN 978-89-93451-62-7